ISBN 978-0-267-26509-1
PIBN 10648029

LAS MOCEDADES

DE

HERNAN CORTÉS.

Comedia histórica

EN TRES ACTOS, ESCRITA EN VERSO

R DON PATRICIO DE LA ESCOSURA.

MADRID.

IMPRENTA DE D. JOSÉ REPULLÉS.

Mayo de 1845.

PERSONAS.

HERNAN CORTÉS, *de 23 años.*
EL CAPITAN D. PEDRO ALVARADO, *su amigo.*
D. JUAN SUAREZ, *hidalgo granadino.*
D. DIEGO VELAZQUEZ, *Adelantado de Cuba.*
CHACON, *criado de Cortés.*
JUAN ESCUDERO, *alguacil y carcelero.*
DOÑA CATALINA SUAREZ, *hermana de don Juan.*
BEATRIZ, *hija de Escudero.*
MARTA, *criada de doña Catalina.*

ALGUACILES, *y* ALGUNOS EMBOZADOS QUE NO HABLAN.

La accion pasa en la villa de Baracóa, primera poblacion de la isla de Cuba, fundada por Velazquez. -- Año de 1508.

Acto primero.

Una sala en casa de don Juan Suarez; puerta al foro; otra y una ventana á la izquierda del actor; puerta á la derecha, todas practicables; adorno esmerado, pero sin riqueza.

ESCENA PRIMERA.

DOÑA CATALINA. -- MARTA. (*Sentadas haciendo randa con palillos.*)

MART. ¡Qué callada estais, señora!
¿De qué nace tal humor?
CAT. No puedo, en verdad, decirte
si es que alegre ó triste estoy.
MART. Aburrida, es lo mas cierto.
CAT. Pensativa.
MART. ¿Será amor?
CAT. ¡Quién sabe!
MART. Niña y hermosa,
de festiva condicion,
que calla tanto, y suspira
sin que la aqueje dolor,
ó tiene amores, señora,
ó de amores no sé yo.
CAT. ¡Amores en un desierto!
MART. No tan desierto, por Dios,
que, amen de los indios bravos,
que, aunque bravos, hombres son,

Castilla ha enviado á Cuba
de sus galanes la flor.

CAT. Algo menos.

MART. Gollerías
no pidamos: teneis dos
amantes, ambos discretos,
con nobleza y con valor;
¡pedir mas en esta isla,
que aun apenas se pobló,
perdonadme la franqueza,
fuera, señora, ambicion!

CAT. ¿Y á ti quién te ha dicho, Marta,
que la tengo?--Amiga, no:
antes, por sobra de amantes
suspirar me miras hoy.

MART. ¡Porque os sobran suspirais!
¡Una muger tal error!
¡Y una muger que á casarse
solo vino á esta region!

CAT. A casarse la trajeron,
que ella no se vino, no.
¿Mas cómo, huérfana y sola,
resistiera? Si aqui estoy,
bien sabes tú que mi hermano
á embarcarme me obligó;
que es tan pobre como vano;
mírame como á pension,
y casarme facilmente
viniendo á Cuba pensó:
cada vez que lo imagino
muero, Marta, de rubor.

MART. Señora, vamos á cuentas,
aqui para entre las dos.
Sois tan pobre como hermosa,
y no teneis vocacion
de monja: estan los maridos
en España escasos hoy,
que si hay soldados galanes,
son mariposas de amor;
los letrados buscan dote,
y doblan sobre doblon;
los mercaderes nos compran,

al peso, como el arroz;
los cortesanos piratas
son no mas de nuestro honor.
El viejo, para las pobres
es mundo de perdicion:
con que en traeros al nuevo
vuestro hermano y mi señor,
estoy casi por deciros
que ha tenido gran razon.

CAT. Mercancía sin salida
en España, en Cuba estoy,
porque es el mercado escaso;
y se me vende á pregon.

MART. ¡Válganos Dios, qué capricho
de ponerse en lo peor!
Y en tanto Diego Velazquez,
(no penseis que ciega soy)
como quien no dice nada,
General, Gobernador
y Adelantado de Cuba,
ya á vuestros pies se rindió.

CAT. ¡Buen galan!

MART. Harto maduro,
pero noble como el sol;
rico en indios, y en dineros;
generoso, emprendedor;
algo vano; tiene canas,
y no le falta su tos;
pero ha de ser un marido
cual sueña mi corazon.

CAT. Escuchele sin desden,
pero no me inspira amor.

MART. Pues hablemos del segundo.

CAT. No te entiendo.

MART. El pobreton:
Hernan Cortés, un prodigio,
célebre en lances de amor.

CAT. ¡Célebre dices! ¿Es cierto?

MART. Como yo cristiana soy.
Poco hace que vino á Cuba:
más fama de burlador
dejó, y grande, en la Española.

CAT. ¿Tuvo alli alguna pasion?
MART. ¡Alguna! -- Muchas, señora:
por semana al menos dos.
CAT. ¡Qué, es inconstante!
MART. Ni el viento
mas que él se muda veloz.
Verdad es que, en cambio, tiene
pacífica condicion.
Jamas, si le contradicen,
en decir, «*mentís*,» faltó;
sus razones son las manos,
la espada su conclusion;
búrlase de todo el mundo;
es alegre, decidor,
generoso, como pobre;
ingenio tiene y valor.
Para galan pasar puede:
marido, líbreme Dios.
CAT. Qué mal te hizo ese cuitado,
que tal ira provocó.
MART. No me hizo mal, no señora,
mas le temo junto á vos.
CAT. ¡Si yo le amara!
MART. Pues de eso.
nace solo mi temor;
que le amais, se lo habeis dicho...
CAT. ¡Marta!
MART. Lo sé por Chacon.
¿Pensásteis que no veia,
que me engañabais...? Pues no.
Os he visto por la noche
hablarle desde el balcon;
sé que viene algunas veces...
CAT. ¡Ah Marta mia! ¡Por Dios! (*Levántase.*)
MART. Merecierais que en castigo (*Levántase.*)
se lo contara á señor;
pero desde que nacisteis
vuestra madre he sido yo;
y ademas soy indulgente
con los pecados de amor.
CAT. Mi hermano viene: no digas...
MART. Callaré: no os vendais vos.

ESCENA II.

Entra DON JUAN SUAREZ *con capa y sombrero.* MARTA. DOÑA CATALINA.

SUAR. Tengo que hablaros, hermana.
CAT. A escucharos pronta estoy.
SUAR. Salid, Marta.
MART. Ya obedezco.
(*Ap.*) Hay tempestad. ¡Santo Dios!
(*Vase por la izquierda.*)

ESCENA III.

DOÑA CATALINA. DON JUAN SUAREZ.

CAT. (*Ap.*) Airado está: quiera el cielo
tener de mí compasion.
SUAR. Seré breve, que negocios
me llaman adonde voy.
CAT. Marchar podeis, y á la vuelta...
SUAR. ¿Para qué tal detencion?
Porque que salgo es importante,
Catalina, que á mi honor
prevenga un riesgo, y al tuyo
evite la perdicion.
Noches ha que en nuestra calle,
apenas se oculta el sol,
ronda un galan embozado;
quién es sabemos tú y yo.
La carcel que está frontera
le servirá de mansion,
si se obstina en galanteos
inútiles ¡vive Dios!
mientras Velazquez se llame
de Cuba Gobernador.
Por mi parte, si le encuentro,
le haré ver que tengo honor;
y á tí, si lo que no creo)
le escuchares ni una voz,
en un convento te espera
mas segura reclusion.

(*Va á hablar Catalina, y Suarez se lo estorba.*)
No repliques, Catalina;
el oirme te bastó.
Yo pensaré en tu acomodo,
que tu hermano y padre soy.
Á tratar voy de mi hacienda;
pronto vuelvo.--Hermana, á Dios.
(*Vase por el foro.*)

ESCENA IV.

DOÑA CATALINA.

¡Quién vió mayor tiranía!
No soy libre ni en amar.
¿Pues que yo me he de casar,
la eleccion no ha de ser mia?
¡Oh! ¡mal haya, amen, la impía
dura ley, obra del hombre,
que de humanos, solo el nombre
á las mugeres dejó...!
¿Y habre de sufrirla yo?
¡No, hermano, no, aunque os asombre!

ESCENA V.

DOÑA CATALINA. MARTA.

MART. Salir he visto á don Juan:
¿hubo sermon?
CAT. Y amenazas.
MART. ¿Y temeis...?
CAT. No: busco trazas...
MART. ¿Las buscais?--Pues se hallarán.
CAT. Solo temo por Hernando,
¡que habló de carcel y muerte...!
MART. ¿Nada menos? De esa suerte
sereis suya.
CAT. ¿Cómo? ¿cuándo?
MART. Cómo, dirálo el destino:
cuándo, no sé; mas será;
que amor perseguido va

cada vez siendo mas fino.

CAT. Marta, avisarle quisiera
del peligro á que está expuesto...

MART. Si Chacon está en su puesto...
(*Asomándose á la ventana.*)
Pues; como siempre, allí espera.
¿Le llamo?

CAT. No sé qué diga.

MART. Señor, al campo ha marchado...

CAT. Llámale.

MART. (*A Chacon por la ventana.*) ¡Escuche, soldado!

CAT. ¡A cuánto el amor obliga!

MART. Volando viene, señora.

CAT. ¿Y su dueño? ¿Está en la esquina?

MART. No le veo. ¡Ay, Catalina,
que os llegó el cuarto de hora!

ESCENA VI.

CHACON, *de soldado por la derecha.* DOÑA CATALINA. MARTA.

CHAC. Dejad que en ese chapin,
mas breve que mi racion,
imprima un camaleon
sus labios, ¡oh serafin!

CAT. Chacon, deja las locuras,
oye y vete, que hay peligro.

CHAC. Entonces, señora, emigro:
no busco yo desventuras.

CAT. Tu señor ronda esta calle.

CHAC. El es hombre de rondon.

MART. Calle en mal hora el Bufon.

CHAC. Bufon, sí, mas de buen talle.

CAT. Mi hermano ya lo ha advertido...

CHAC. ¡Lo advirtió! Lance tenemos.

CAT. Capaz es de mil extremos;
para mí tiene marido...

CHAC. ¡Santo Dios! Ya basta y sobra:
¡marido, hermano y pendencia!

MART. Cortés viene.

CAT. ¡Qué imprudencia!

CHAC. ¡Al diablo el barato cobra!

ESCENA VII.

CHACON. CORTÉS. DOÑA CATALINA. MARTA.

CORT. Perdóname, Catalina,
la osadía del venir;
vi á quien me estorba salir,
que mi centro es esa esquina;
llamastes á ese criado,
tardó en volver; celos tuve,
bien sé que es viento, que es nube,
mas ella el sol me ha ocultado.
Yo por ti sola respiro,
no vivo si no te veo,
el cielo eres que deseo,
la gloria porque suspiro.
Perdóname, dueño hermoso;
perdóname, otra vez digo...;
mas callas, y no hay castigo
para mí mas horroroso.

MART. (*A Chacon.*) No vi mas rendido amante.

(*Marta y Chacon al foro, miran con frecuencia á la puerta y ventana.*)

CHAC. A todas dice otro tanto.

CAT. Cortés, si callo, si en llanto
ves bañado mi semblante,
no es tanto porque viniste,
sin pensar en mi decoro...

CORT. ¡Catalina, yo te adoro!

CAT. Mil veces me lo dijiste:
¿pero es prueba, cuando el dia
claro alumbra, entrar aquí?
Quien mas me amara que á sí,
ciertamente no lo haria.

CORT. Amor no atiende á razon.

CAT. Si no juzga, siente al menos
y suele consejos buenos
dar un noble corazon.
Pero en fin, Cortés, si es cierto
que te inspiro algun amor,
no mancilles, no, mi honor.

Mancillarlo! antes sea muerto.

Catalina, este soldado,
que con su amor te importuna,
poco debe á la fortuna
que á este mundo le ha arrojado.
Pobre, aunque noble naci,
con tan esforzado aliento
que subir al firmamento
fuera poco para mi.
¿Sabes tú por qué á la mar
le confié mi ventura?
¡Por no tener vida oscura,
por vencer, no por medrar!
¡Ah! ¡el honor! despues del santo
que allá en los cielos impera,
es mi Dios. -- Y antes yo muera
que en él te cause quebranto.
Mal hice en venir á verte;
aunque lo hice por vivir;
pero mas quiero morir
que mirarte de esa suerte.
¡A Dios, señora del alma,
hasta la noche me alejo...!
Recobra, pues que te dejo,
mi Catalina, tu calma.

CAT. Espera, ya que has venido,
sabrás si soy desdichada;
te amo y de tí soy amada,
y me dan otro marido.

CORT. ¡No es verdad, no puede ser!

CAT. ¡Pluguiera al cielo, bien mio!

CORT. ¡Tú de otro! ¡Es un desvarío!

CAT. ¡Ah! ¡Que he nacido muger!

CORT. ¿Tú no me amas?

CAT. No; te adoro.

CORT. Pues entonces...

CAT. ¡Y mi hermano!

CORT. ¡Yo le diré que esta mano
es mi bien, es mi tesoro!
Catalina, y á esta espada,
mi sola y unica hacienda,
yo la haré que te defienda.
No temas, no temas nada.

CAT. ¿Y si el brazo te encadenan?
CORT. ¿Quién?
CAT. ¡Velazquez!
CORT. ¿Él pretende...?
CAT. ¿No lo sabes?
CORT. Si me ofende,
verá en breve á los que penan.
CAT. Tú, Hernando, opones tu acero,
tu noble pecho y valiente
á la fuerza del potente;
él es juez, tú caballero.
¿Qué harás, pobre secretario,
contra el hombre que aqui manda?
¿Podrás ganar la demanda
contra tanto mercenario?
No malogres tu fortuna
por un amor insensato:
deja mi calle, y mi trato...
CORT. ¿Por qué no he muerto en la cuna?
¡Ah! Tú, por la vez primera
casto amor en mí encendiste;
tú sola hasta aqui pudiste
hacer que Cortés sintiera.
Antes de ver tu hermosura,
no niego mis galanteos,
ardí tal vez en deseos,
tuve mas de una aventura;
mas solo ese rostro bello,
tu modestia, tu candor,
me hicieron ver que el amor
tambien del cielo es destello.
Por tí, hermosa Catalina,
olvidando altos empeños,
he desterrado, hasta en sueños,
la ambicion que me domina.
Que al venir al nuevo mundo
soñé reinos, soñé imperios,
soñé arrancarle hemisferios
de su seno al mar profundo.
Todo al verte lo olvidé,
ser tu amante es ya mi gloria;
ni aun de mí tengo memoria

desde que á tí te miré.
Por tí sufro de ese Diego
Velazquez la altanería;
¡por llegarte á llamar mia
sufriera el eterno fuego!
¡Y tú, cobarde ó traidora,
llamas mi amor insensato,
dices que deje tu trato
á quien vive porque adora!
Si por pobre me desdeñas...

CAT. No, Hernando, no, dueño mio:
desdichas del hado impío
en achacarme te empeñas.
Pobre te llamas: ¿quién rico
es como tú en pensamientos?
¿Quién te iguala en los alientos
que yo comprendo y no explico?
En tu ardiente corazon
hay para mí mas riqueza,
que cuantas naturaleza
inventó en su profusion.
Tu valor es un tesoro,
tu alma un mundo, aun ignorado,
que á mí sola has revelado,
cuando me dices: «¡*Te adoro*!»
Sí; yo tambien por ser tuya
la vida alegre arriesgara;
no hay peligro que temblara...

CORT. ¿Y me aconsejas que huya?
¡Catalina, no por Dios!

CAT. Por no verte perecer...

CORT. Huyamos, pues que ha de ser;
mas mi bien, juntos los dos.
Un mundo entero cercano
tenemos desconocido.
¡Quién sabe! pobre he nacido,
puedo morir soberano.
Bosques hay en esta tierra
que nunca el hombre pisó;
y que hollar Cortés pensó
cuando soñaba en la guerra:
hora el amor es mi guia.

Ven : mi espada me acompaña ;
yo te haré una nueva España,
ya que aqui no has de ser mia.

CAT. ¡ Huir, Hernando ! ¿Y mi honor?

CORT. Honrada irás con tu esposo.

MART. (*Miraba por la ventana, y acude apresurada al proscenio.*)
Velazquez. ¡Dios poderoso!

CHAC. ¡ Huye pronto, pecador!

CAT. ¡ Ay de mi!

CORT. Vióme al entrar
Escudero.

CHAC. ¡ Habrá soplon!

CAT. Vete, Hernando.

MART. ¡ Huye, Chacon!

CORT. No me voy.

CHAC. Yo á mas andar.

CORT. ¿Dónde vas? ¡ Aguarda, loco! (*A Chacon.*)

CAT. ¿No te vas? (*A Cortés.*)

CORT. No es tu marido.

CAT. ¡ Al menos aqui escondido...!

CORT. No, Catalina, tampoco.

ESCENA VIII.

(*Dichos y don Diego Velazquez, que entra demudado y altanero. -- Cortés, sereno y resuelto, le saluda con afectado respeto. -- Catalina está llena de turbacion.-- Marta y Chacon al foro; el último amedrentado.*)

DON DIEGO VELAZQUEZ. CORTÉS. DOÑA CATALINA. MARTA. CHACON.

VEL. ¿ Qué hace aqui mi secretario?

CORT. Besar los pies de una dama.

VEL. Vuestro trabajo os reclama.

CORT. Fiesta reza el calendario.

VEL. Vos, hermosa Catalina,
no sabeis de ese mancebo
las mañas.

CORT. Si no me muevo,
don Diego, ya de su esquina.

VEL. ¡ Conmigo tal insolencia!

CAT. ¡ Señor Velazquez! ¡ Hernando!

MART. ¡Va á tronar! (*Aparte á Chacon.*)
CHAC. (*Aparte á Marta.*) Ya está tronando.
VEL. No temais: tengo prudencia;
y ya avisé á vuestro hermano.
MART. (*Ap.*) ¡Bueno va!
CHAC. (*Ap.*) ¡Cristo nos valga!
VEL. De aqui Hernando al punto salga.
CORT. ¿Es precepto soberano?
VEL. Soy aqui Gobernador.
CORT. Aqui no tal, perdonad:
aqui manda esa beldad;
aqui la ley es amor.
¿A qué andamos con rodeos?
Si el señor Adelantado, (*A Catalina.*)
de vos está enamorado,
los mismos son mis deseos.
Desiguales en poder,
no lo somos en la cuna;
probemos, pues, la fortuna:
á vos os toca escoger.
VEL. ¡Cómo! ¿A competir conmigo
se arroja vuestra locura?
CORT. Tendreis mas facil ventura
cuanto mas flaco enemigo.
VEL. Tiene esta dama un hermano
que le hace oficios de padre.
CORT. ¿Y no creeis que le cuadre
que ella á mí me dé la mano?
Comprendo; pero es cruel
que en la suya esté mi suerte...
CHAC. (*Ap.*) Este hombre busca su muerte.
CORT. Pues no me caso con él.
CAT. Señores, la turbacion
hasta aqui embargó la lengua,
mas no he de sufrir que en mengua
riñais vos, de mi opinion.
Quien nació en nobles pañales
ama solo á su marido;
quizá le tenga elegido,
mas faltan los esponsales.
(*A Cortés.*)
Vos al ruego de una dama

no dejareis de ceder:
idos. (*Ap.*) ¡O vais á perder
para siempre á la que os ama.
(*A Velazquez.*)
Y el señor Gobernador,
tan sin derecho celoso,
recuerde que no es esposo,
sino simple pretensor.
Vamos, Marta.

VEL. Oid, señora.

CAT. Temprano es para mandar;
muy tarde para rogar.

(*Vanse Catalina y Marta por la izquierda.*)

CHAC. (*Ap.*) ¡Ea! Nosotros ahora.

ESCENA IX.

CORTÉS. DON DIEGO VELAZQUEZ. CHACON.

VEL. Cortés, vuestra altanería,
vuestro loco desenfreno...

CORT. Yo ruego que ponga freno
á su lengua useñoría.

VEL. ¿Olvidais que familiar
en mi casa...

CORT. Mas no esclavo.

VEL. ¡Mi secretario...!

CORT. Hoy acabo
tal cargo de ejercitar.

VEL. Yo de la isla os destierro.

CORT. Yo no puedo salir de ella.

VEL. Saldreis.

CORT. ¡Bah!

VEL. Necia querella.
Desde aqui vais á un encierro.

CORT. ¿Sí, Velazquez?

VEL. Y con grillos.

CORT. ¡Grillos á mí!

VEL. Y con esposas.

CORT. Decísme, Velazquez, cosas
que asustan... á los chiquillos.
Cierra, Chacon, esa puerta.
(*La de la izquierda.*)

VEL. ¿Qué haceis?
CORT. Pronto se verá.
¿Está cerrada?
CHAC. Sí está.
CORT. Sal por la otra que está abierta.

(*Vase Chacon por la derecha; Cortés la cierra y se mete la llave en el bolsillo. -- Velazquez, asombrado, pasa á la izquierda.*)

ESCENA X.

CORTÉS. DON DIEGO VELAZQUEZ.

CORT. Ahora aqui somos iguales;
ambos estamos armados,
somos nobles, enconados,
y sobre todo rivales.
Pronto: la espada en la mano,
no perdais tiempo, don Diego;
que el vivo no caiga luego
en las uñas del hermano. (*Saca la espada.*)
VEL. (*Sacando la espada.*)
Como noble sé reñir:
yo os perdono el desacato
al Rey.
CORT. Velazquez, yo trato
de matar ó de morir.
Renunciad á Catalina,
ó hablen solos los aceros.
VEL. Ya he domado otros mas fieros.
CORT. Teneis la lengua divina.
VEL. Prueba mis manos ahora. (*Van á reñir.*)
CORT. Yo te haré sentir la mia.
(*Golpes en la puerta del foro.*)
SUAR. (*Dentro.*) ¡Abrid!
VEL. ¡Don Juan!
CORT. ¡Suerte impía!
(*Golpes en la puerta de la izquierda.*)
CAT. (*Dentro.*) ¡Hermano!
CORT. Callad, señora.
(*Golpes mas fuertes en el foro.*)
SUAR. (*Dentro.*) Echaré la puerta abajo.
VEL. Abrid, Cortés.
CORT. Abrid vos.

CAT. (*Dentro.*) ¡Piedad de mí!

SUAR. (*Dentro.*) ¡Voto á Dios!
No cede: ¡en vano trabajo!

(*Cortés, despues de un momento de meditacion, corre á la puerta de la izquierda, abre, y salen Catalina y Marta despavoridas. Entre tanto abre Velazquez á Suarez, que entra espada en mano; pero Cortés, apoyando la espalda en el muro, se pone en guardia.*)

CORT. Salid, mi bien.

CAT. ¡Ay, mi Hernando!

VEL. ¡Entrad, don Juan!

SUAR. (*A Cortés.*) ¡Ah traidor!

CORT. Venid los dos.

CAT. (*Ap.*) ¡Qué valor!

VEL. ¡Morirás!

CORT. Sí: ¿pero cuándo?

SUAR. Si con vida has de salir,
será siendo su marido.

CAT. (*Ap.*) ¡Oh dicha!

CORT. ¿Te la he pedido?

SUAR. Ó casarte, ó á morir.

CORT. Escúchame; la idolatro,
mas por fuerza no la quiero;
reñir mil veces prefiero,
no con dos, sino con cuatro.

CAT. ¡Tal dices!

VEL. ¡Muera!

CORT. No es
matarme tan facil cosa.
Lo dicho: no quiere esposa
mal su grado Hernan Cortés. (*Vase.*)

(*Arremete á Suarez, le desarma, y sale antes que pueda ofenderle Velazquez. Este y Suarez le siguen.*)

VEL. Vamos tras él. (*Vase.*)

SUAR. (*Recobrando su espada.*) ¡Morirá! (*Vase.*)

CAT. ¡Ay Marta, muero si muere!

MART. ¿Quién, señora, á ese hombre hiere?
(*Mira por la ventana.*)
¡No temais, en salvo está!

(*Catalina cae de rodillas en actitud de orar.*)

FIN DEL ACTO PRIMERO.

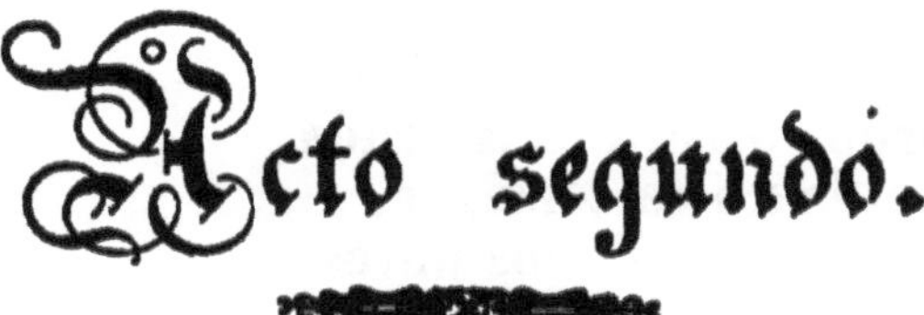

Acto segundo.

El teatro representa una sala en casa de don Pedro Alvarado, con puerta al foro y otras laterales. Una mesa, dos sillas, armas colgadas en las paredes.

ESCENA PRIMERA.

(*Aparece Cortés sentado junto á la mesa, en cuerpo y meditabundo.*)

CORTÉS.

Caprichos tiene fortuna
-- ¡ vive Dios ! -- incomprensibles.
Lo que promete no cumple,
mas le da á quien menos pide;
y si al hombre le concede
el don que su pecho elije,
sabe dárselo de modo
que él no goce y se lo envidien.
Mas conmigo es por demas:
de Escila me echa á Caribdis;
y un lazo sé que me tiende
cada vez que se sonríe.
Cortés, ¿qué suerte es la tuya?
¿Morirás oscuro y triste,
ó en el templo de la fama
brillará tu nombre insigne?
¡Pierdo el juicio cuando piso
de lo futuro en la linde!

Siento una voz que en el alma
me grita: «grande naciste;
astro de gloria, Cortés,
á tus destinos preside.»
Y esa voz desde la cuna
es la norma que me rige.
Pensé primero en las letras;
¡altos son sus claros timbres!
más árdua oscura es la senda,
tarde el lauro se consigue.
¡No es el polvo de los libros,
no son razones sutiles
para un pecho que palpita
gozoso si oye clarines!
Las armas, las armas, sí,
escoge el ánimo firme.
(*Toma la espada que estará sobre la mesa.*)
¡Oh mi espada, mi tesoro!
¡tú que siempre fiel me sirves,
no perderé la esperanza
mientras tersa y pura brilles,
mientras mi brazo robusto
vibrarte pueda en las lides!
Contrarios, riesgos, fortuna,
Hernan Cortés solo pide;
si tú me das la ocasion,
yo me encargo de los timbres.
Pensamiento, ¿adónde vas?
vuelve en tí: no asi delires.--
¡Secretario de un Velazquez,
secretario que *él* despide,
feliz serás, si en Italia
una Gineta consigues!
¡En Italia! ¿El nuevo mundo
dejaré? Mentí, si dije
que hay hombre que á Hernan Cortés
de su intento le desvie.
No será: el Adelantado
vanamente me proscribe.
Si en Cuba medrar no puedo,
cerca está la tierra firme;
lisonjeros del que manda

vivan aqui gentes viles;
¡no faltarán á Cortés
generosos adalides,
que imperios desconocidos
para su patria conquisten!
Mas ¿qué será de Alvarado?
Asilo á pedirle vine,
y no quisiera perderle
porque, amigo, me recibe.
El viene.--¡Viven los cielos
que estoy harto de escondite!

ESCENA II.

ALVARADO *por el foro.* CORTÉS.

CORT. ¿Qué hay, Alvarado?
ALV. La villa
hierve en corrillos y en chismes;
Velazquez, hecho una furia,
quiere ahorcarte el muy belitre;
Suarez, tu suegri-cuñado,
como á herege te maldice;
Catalina, toda es llantos
y desmayos y melindres;
Juan Escudero, el alcaide
de la carcel, ¿qué le hiciste?
te busca con un enjambre
de soplones y alguaciles,
y me engaño, por San Juan,
si los pasos no me sigue.
¡Tú has logrado, vive Dios,
que el mas pintado te envidie!
¡Locuras como las tuyas
ni yo, con ser yo, las hice!
CORT. Eres modesto, Alvarado:
¿quién la palma no te rinde?
ALV. Hernan Cortés, un doncel
que cuenta pocos abriles,
pero gran fama en amores,
altas glorias en las lides.
¿Cuándo yo á un Adelantado,

casi un Rey, como quien dice,
soplé la dama, y encima
forcé á reñir, cual tú hiciste?
¿Dije yo nunca á un hidalgo:
«tu hermana es bella, la quise
cuando tú no me la dabas,
mas ya no, porque lo exiges?»
¿Acuchillé yo de dia
Gobernador y alguaciles,
y despues con gran cachaza
en casa alguna metíme?
Una de dos, mi paisano,
ó has de ser Cid entre Cides,
ó mueres en alto puesto...

CORT. No, paisano, ¡Dios nos libre!
No se hicieron los cordeles
para gentes de mi extirpe.

ALV. Dios te oiga.--Vamos al caso:
¿me dirás qué hacer decides?
Casa, brazo, pecho, vida,
todo es tuyo; al fin naciste,
como yo, en Extremadura,
cuando tú á estas islas vine,
tu valor, tu discrecion
adoro.--Mándame, dime,
que hasta el infierno, si es fuerza,
dispuesto estoy á seguirte:
mas la prudencia, el valor
en este caso limite;
que Velazquez aqui manda
como el Rey mismo, no olvides;
y que si una vez te ahorcan,
no es facil que resucites.

CORT. No soy tan santo, Alvarado,
que en milagros me confie,
ni lidiar con el verdugo
me parece alegre chiste;
mas ahorcar á un caballero,
no se hace como se dice,
que un Monarca los destinos
de la España justo rige...

ALV. Del Monarca, Hernando amigo,

no alcanzan á estos confines
las manos.

CORT. A todas partes,
donde sus vasallos viven.
Dios y el Rey siempre estan cerca
del noble: nunca lo olvides;
á su poder las distancias
la obediencia no redimen.

ALV. Bueno está: mas si te prenden...

CORT. Veremos si lo consiguen.

ALV. Sin rodeos, temo ya
que sospechen dónde vives.

CORT. Cambiaré de asilo.

ALV. ¿Y dónde
ha de ser que te retires?

CORT. ¿Han de cerrarme la plaza?

ALV. ¡Hombre del diablo! ¿Qué dices?
Te verán.

CORT. No tiene duda,
si Dios no me hace invisible.

ALV. Morirás.

CORT. Pero matando.

ALV. ¿Y qué muriendo consigues?
¿Ya renuncias á la gloria
que aqui buscando viniste?
¿No es mejor, si has de morir,
hallar en la tierra firme,
ó bien la muerte gloriosa,
ó los reinos que tú dices?

CORT. ¡Tentador! ¿Qué estás diciendo?

ALV. La verdad pura te dije.
Mira, Hernando, no eres solo
quien en Cuba opreso gime:
muchos son, tú los conoces,
contrarios del que nos rige;
sus quejas, ellos quisieran,
á la audiencia que reside
en la Española, enviar...

CORT. ¿Quién quita que las envien?

ALV. Que salgan naves del puerto
Velazquez no lo permite.

CORT. De noche, en una piragua,

á un hombre ¿quién se lo impide?
ALV. ¿Dónde hay hombre que á la mar
en tal bajel se confie?
CORT. ¿Dónde? aqui.
ALV. ¡Tú!
CORT. Hernan Cortés.
ALV. Contigo nadie compite.
Bien, Hernando: asi te salves
y de Velazquez nos libres.
Esta noche...
CORT. ¡Ay Catalina!
ALV. ¿Verdad será que suspires?
CORT. ¡Sí, la adoro!
ALV. ¡Y no te casas!
CORT. ¿Por qué diablos me lo exigen?

ESCENA III.

DICHOS, *y* CHACON *por el foro.*

CHAC. (*Ap.* ¡Juntos los dos extremeños!
No harán ellos cosa buena.)
A fuera está un alma en pena...
CORT. ¡Chacon!
CHAC. Que con mil empeños,
con un millon de suspiros,
pide ver...
CORT. ¿A mí?
CHAC. A Alvarado.
ALV. ¿A mí?
CHAC. Sí.
ALV. ¿Y quién es?
CHAC. Tapado
tiene el rostro; y no deciros
puedo si es linda ó si es fea.
ALV. ¿Es muger?
CHAC. Asi lo siento.
CORT. Te dejo...
ALV. En este aposento...
(*Entra Cortés por una de las puertas laterales.*)
CHAC. ¿Entra?

ALV. Que entre, y Dios provea.
(*Vase Chacon al foro.*)

ESCENA IV.

ALVARADO. BEATRIZ, *tapada*.

BEAT. ¿Estamos solos?
ALV. Sí estamos.
Quitad las nubes al sol.
BEAT. Salutacion de español:
un requiebro.
ALV. Asi lo usamos.
BEAT. Pensareis que por vos vengo.
ALV. Pedro Alvarado es mi nombre.
BEAT. Pues aqui me trae otro hombre.
ALV. A nadie en mi casa tengo.
BEAT. Sí teneis.
ALV. ¡Hola!
BEAT. A un amigo,
camarada, y aun paisano.
ALV. Engañada estais.
BEAT. No, hermano,
sé muy bien lo que me digo.
ALV. Sois muger, aunque tapada,
y he de usar de cortesía;
si fuerais hombre os daría
respuesta de una estocada.
Si un amigo aqui tuviera,
como decís, escondido,
tened, señora, entendido,
que ni á Dios se lo dijera.
Así, el tiempo estais perdiendo,
que no hareis ningun hallazgo.
BEAT. ¡Mas Cortés...!
ALV. ¿Es mayorazgo
que estabais vos poseyendo?
Rogad á Dios que le guie
y proteja en esos mares.
BEAT. ¿Partióse?
ALV. Vuelve á sus lares.
¿Traeis algo que le envie?

BEAT. Si partió, Dios le proteja.
ALV. ¿Dudais de mí?
BEAT. Dudo á fé.
ALV. ¿Por qué causa?
BEAT. Un no sé qué...
ALV. Que me ofende.
BEAT. Injusta queja.
Vos y Cortés con mugeres
sois de oficio burladores;
¡mal año en vuestros amores!
ALV. ¡Ea! Sepamos quién eres,
y no riñas con ventaja.
BEAT. ¡Pues no está Hernando, me voy!
ALV. ¡Sin verte!
BEAT. Tapada estoy.
ALV. Debes de ser buena alhaja.

ESCENA V.

DICHOS. CHACON *al foro haciendo señas misteriosamente á Alvarado.*

CHAC. ¡Ce! ¡Señor! Oidme aparte.
ALV. ¿Qué es ello?
CHAC. Es una invasion
de ninfas. -- Un aluvion
de busconas de buen arte.
ALV. ¿Mugeres hay?
CHAC. Otras dos.
ALV. ¡Tiene tu amo cien amores!
CHAC. Si es concurso de acreedores,
muchas faltan ¡vive Dios!
ALV. Dos damas por mí preguntan;
si salís os han de ver;
con que os habreis de esconder.
CHAC. ¡La que habrá si ellas se juntan!
BEAT. ¡En todo soy infeliz!
ALV. Tráelas, Chacon. (*Vase Chacon.*)
Venid pronto.
(*Ofrece la mano á Beatriz, ella para dar la suya suelta el manto, que Alvarado aparta rápidamente con la izquierda para verle el rostro.*)

BEAT. ¿Qué haceis?

ALV. ¡Habrá mayor tonto!
No he conocido á Beatriz.

(*Hace entrar á Beatriz por otra puerta distinta que á Cortés.*)

ESCENA VI.

ALVARADO. DOÑA CATALINA *y* MARTA, *con mantos. Luego* CORTÉS *y* BEATRIZ.

CAT. Señor don Pedro Alvarado,
si aqui, en mengua de mi honor,
me veis, culpad al amor
que Hernan Cortés me ha inspirado.
Cuando aqui se refugió
sus enemigos le han visto;
decid, por amor de Cristo,
decidme que se marchó.

ALV. (*Ap.*) No sé qué respuesta dar.

CORT. (*Al paño.*)
Mucho se tarda Alvarado.
¡Hola! está bien ocupado.

CAT. ¡Quereisme desesperar!

CORT. ¿No es la voz de Catalina?

ALV. Suspenso estoy, lo confieso.

CAT. ¿Qué es de Hernando?

CORT. ¡En cuanto á eso,
á tus pies, muger divina!

CAT. ¡Hernan Cortés, dueño mio;
aunque tú no quieras serlo,
vas á morir, y á mi á verlo
me condena el hado impío!

BEAT. (*Al paño.*) ¡Traidor!

CORT. Señora del alma,
riesgos finge tu delirio.

CAT. Ciertos son.

CORT. Venga el martirio
si tú me ofreces la palma.

BEAT. (*Al paño.*) Ya me falta la paciencia.

ALV. ¡Si esto escucha Beatriz!

CORT. Si tú me amas soy feliz.

BEAT. (*Al paño.*) ¡Y esto pasa en mi presencia!

CAT. Si es el amor tan ardiente
que me tienes, cual lo dices,
¿no podemos ser felices?

CORT. Mi estrella no lo consiente.

CAT. ¿No te ofrecieron mi mano?

CORT. No, mi bien.

CAT. Claro lo oí.

CORT. Pero yo las armas vi
de Velazquez y tu hermano,
Catalina; ¡y ni en la historia
claro nombre dejar quiero,
ni del Dios á quien venero
morar un dia en la gloria,
si laurel y salvacion
tan caros me han de costar,
que haya á un hombre de humillar
mi soberbia condicion!

BEAT. (*Al paño.*) ¡Albricias, que no se casa!

ALV. (*Ap.*) Es de bronce este doncel.

CAT. ¡Que tal me digas, cruel!

CORT. Mas por tí el pecho se abrasa.

CAT. Amar, Cortés, tú no sabes.

CORT. ¿No sé amar? ¡Cómo te engañas!

CAT. Las pruebas ¡ay! son extrañas.

CORT. Riesgos intenta cuan graves
lo alcance tu fantasía,
un abismo, un precipicio;
¡verás si por tu servicio
los arrostro, amada mia!
¡Ah! Que me nieguen tu mano,
que me amenacen de muerte
si contigo uno mi suerte,
verás que todo es en vano:
yo, Catalina, te adoro
como al Señor de los cielos:
tú, causa de mis desvelos,
tú eres sola mi tesoro.
Mas antes, vuelvo á decir,
que á Cortés la fuerza doble,
pendiente de un duro roble
le verá el mundo morir.
(*Ap.*) Lo merece por traidor.

CAT. ¿Que, en fin, me amas y te pierdo?
ALV. (*Ap.*) En no casarse obra cuerdo.
CORT. ¿Tú no me tienes amor?
CAT. ¡Ay de mí! Mas que quisiera.
CORT. No: te adoro.
CAT. ¿Será cierto?
CORT. Pues mientras yo no sea muerto,
Catalina, ama y espera;
que en teniendo libertad,
mi vida, para escoger,
te juro que tú has de ser
de Hernan Cortés la mitad.
BEAT. Y fiad en su promesa (*Sale tapada.*)
como en palabra de Rey,
que él es hombre de tal ley,
que hizo doscientas como esa.
CAT. ¡Dios mio!
ALV. (*Ap.*) ¡Perra Beatriz!
CORT. ¿Quien será?
MART. ¡Buena la hicimos!
CORT. (*A Catalina.*) ¡Señora!
CAT. ¡Aparta!
MART. (*Ap.*) Vinimos
en ocasion infeliz.
BEAT. Si le amais, lástima os tengo,
que es maestro en las traiciones.
CORT. (*A Catalina.*) Te juro...
BEAT. Y en invenciones
un prodigio, os lo prevengo.
CORT. ¿Quién eres, muger fantasma?
ALV. (*Aparte á Cortés.*)
Vale mas que esté encubierta.
CAT. Vamos, Marta, que estoy muerta.
MART. ¿Pues no os lo dije? ¿Qué os pasma?
BEAT. No os marcheis, la enamorada,
que el campo cedo, y me voy:
vos, Cortés, sabreis quién soy
de manera muy sonada. (*Vase por el foro.*)

ESCENA VII.

CORTÉS. DOÑA CATALINA. ALVARADO. MARTA.

CORT. Quién es, mi bien, yo lo ignoro.
ALV. ¡Y yo tambien, vive Dios!
MART. ¡Son dos angeles los dos!
CAT. Vamos, Marta.
CORT. ¡Mi tesoro!
CAT. Parte de él, querreis decir.
ALV. Yo os juro que está inocente.
CAT. Sí estará; mas, Marta, vente.
CORT. No enojada te has de ir.
CAT. ¡Yo enojada! Qué locura:
triste vine, alegre vuelvo,
á imitaros me resuelvo.
CORT. ¡Quién se vió en tal desventura!
CAT. Quien falso, mal caballero,
hombre sin fé y sin honor,
se burla de un casto amor
que provocó lisonjero;
quien á una noble doncella,
que le amó con alma y vida,
abrió tan profunda herida
que ya maldice su estrella.
¡Plegue á Dios, engañador,
que en pena de tu delito,
tambien tú mueras maldito,
sin laureles, sin amor!
Vive y muere en la sentina
de tus infames placeres,
¡mas no llevar á ella esperes
á la triste Catalina!
Yo te aborrezco, Cortés:
trocóse en odio el amor;
asi pudiera mi honor
olvidar que aqui me ves.
ALV. (*Ap.*) ¡Fuego de Dios, qué descarga!
CORT. Si es verdad lo que me dices,
seremos ambos felices.
CAT. Yo lo soy. (*Ap.* ¡Oh suerte amarga!)
CORT. Mas lo serás. -- ¡Ah, Chacon! (*Sale Chacon.*)

La gorra, gaban y espada.
(*Dalo Chacon.*)

ALV. Eso es locura extremada.
CAT. ¡Cortés!
CORT. Te doy la razon:
soy un malvado, señora,
acepto en todo tu juicio;
merecedor de un suplicio,
y en su busca voy ahora.
CAT. ¡Dame muerte de una vez!
ALV. Hernando, no lo consiente.
(*Hace seña á Chacon, que se retira.*)
CORT. Ha de ser.
CAT. ¡Cuánto tormento
nos prepara esa altivez!
CORT. (*A Alvarado.*)
Ya oiste cómo en mi mengua
denuestos y maldiciones,
injurias, imprecaciones,
prodigó su airada lengua.
Yo no sé de la tapada,
mas que aqui el diablo la trajo;
si en defenderme trabajo
es inútil, no oye nada.
CAT. (*A Marta.*)
Tú, Marta, has visto salir
de esa estancia á una muger:
por mí vino. -- ¡Puede ser...!
CORT. Por mí no pudo venir.

ESCENA VIII.

DICHOS, y CHACON *apresuradamente.*

CHAC. ¡Santos cielos, el hermano!
CAT. ¿Quién?
CHAC. ¡El vuestro!
MART. ¡Qué tramoya!
CORT. Venga en buen hora.
ALV. Arda Troya.
CHAC. Dios nos tenga de su mano.
ALV. El salir no es ya posible.

Retiraos á esa estancia. (*Señalando la de Beatriz.*)

CAT. ¡Allí!

MART. ¡Por la peña de Francia,
que es hermano, y es terrible!

(*Cortés se acerca tambien á Catalina, y ella, cediendo al fin, entra con Marta en el cuarto.*)

ESCENA IX.

ALVARADO. CORTÉS. CHACON.

ALV. (*A Cortés.*)
Retirate.

CORT. No en mis dias:
Cuando llegue puede entrar.

(*Chacon va á suplicar; Cortés le amenaza y él vase.*)

ALV. Eso es echarlo á rodar.

CORT. ¿Y qué quieres? cosas mias.

(*Alvarado y Chacon obligan á Cortés á entrar donde anteriormente estuvo. -- Chacon se va por el foro.*)

ESCENA X.

(*Chacon al foro precediendo á Suarez. Alvarado sale á su encuentro: salúdanse con gran comedimiento. -- Vase Chacon.*)

ALVARADO. SUAREZ. *Despues* CORTÉS.

SUAR. Señor don Pedro, un hidalgo
noble soy de sangre goda,
pobre en bienes de fortuna,
mas rico hasta aqui en la honra.
Un año hará, poco mas,
dejé la playa española,
con una hermana que tengo,
por mi desdicha, harto hermosa.
Prendado de la beldad,
y virtudes que atesora,
el Gobernador Velazquez
pidiómela para esposa:
yo se la daba contento;

pronto se hiciera la boda;
mas estorbólo Cortés
con pretensiones tan locas...

ALV. Ved que me hablais de un amigo;
poned medida en la boca,
que ofenderle es ofenderme.
¡Y vive Dios...!

SUAR. No haya cólera:
porque sois su amigo
os hago esta visita forzosa.
En mi ausencia entró en mi casa,
con mi hermana estuvo á solas,
y aunque de Velazquez pierdo
la alianza poderosa,
no me es dado vacilar
cuando hay riesgo de deshonra:
Catalina de Cortés,
es ya, para mí, la esposa.
Poco há se negó á admitirla,
ya lo sabeis de su boca;
tal vez porque estaba en riesgo,
su condicion valerosa
le movió á que no aceptara
enlace de tanta honra.
Yo respeto á un valiente
tal conducta escrupulosa,
mas el honor de mi casa
tambien defender me toca;
asi, pues, señor don Pedro,
ya que no puedo en persona,
porque anda oculto Cortés,
tratar con él de estas cosas,
vos que, como tan su amigo,
sabreis qué es de él á estas horas,
decidle, si tal merced
os debemos yo y su esposa,
que si con ella se enlaza
verá que olvidadas todas
sus juveniles locuras,
la gracia al punto recobra
de Velazquez, y en su empleo
le reintegra sin demora.

Mas si insiste, y no lo creo,
en hacer de mi honor mofa,
podeis decirle que juro
por Dios y su eterna gloria,
que si escapa de mis manos
morirá muerte afrentosa.

CORT. (*Presentándose.*)
Sin la gracia de Velazquez,
y la muerte aterradora,
os juro que á vuestra hermana
iba á tomar por esposa;
pero, Suarez, conmigo
no hay promesas seductoras,
y amenazarme es perder
en necias salvas la pólvora.

SUAR. Dejadme que aun otra vez
la paz, Hernando, os proponga.

CORT. Sin condiciones, la acepto.

SUAR. Yo no, si pierdo mi honra.

CORT. Pues mirad cómo ha de ser,
que Hernan Cortés no se dobla.

SUAR. Remitamos la sentencia,
ya que asi hablais, á las hojas. (*Desenvaina.*)

ALV. (*A Suarez.*)
Primero reñid conmigo. (*Desenvaina.*)

CORT. (*Poniéndose en medio.*)
¡Cómo!

ALV. Por causa notoria:
sois mi huésped, y me atañe
defender vuestra persona.

CORT. A mí, Pedro, por retado
reñir primero me toca.

SUAR. Ya con la espada en la mano
reñir es mi deuda sola.
Mi honor al que le agravió
á lid sangrienta provoca;
él verá lo que ha de hacer
con quien el combate estorba;
y, en fin, si quereis ventaja,
dos espadas no me asombran.

CORT. ¡Ventaja! -- ¡Viven los cielos
que la cólera me ahoga!

Alvarado, no indiscreto
á mi venganza te opongas,
ó á pesar de la amistad
que nos une... (*Rumor dentro.*)

ALV. ¿Voces sordas
no oisteis?

SUAR. Sí.

CORT. Pues dejadlas.
¿Qué á nosotros nos importan?
(*Mas cerca voces y pasos.*)

ALV. A tí nada. -- Tal vez vienen
para llevarte á la horca.

CORT. Tengo espada.
(*Sale Alvarado por el foro.*)

SUAR. Nuestro duelo
aplacemos por ahora,
y hasta salir de este riesgo
contad con brazo y persona.

CORT. Sois caballero.

SUAR. Despues
lo probaré con las obras.
(*Inmediatas las voces y los pasos.*)

ALV. (*Sale.*) Pronto, ocúltate.

CORT. ¡No es mengua?

ALV. Es Velazquez con su ronda.

SUAR. El temor á la justicia
no es miedo, es lealtad forzosa.

ALV. Entra pronto.

CORT. Hasta mas ver. (*A Suarez.*)

SUAR. Pero en el campo y á solas.

(*Entra Cortés donde antes; Suarez y Alvarado envainan, y se colocan delante de la puerta.*)

ESCENA XI.

DICHOS. DON DIEGO VELAZQUEZ. JUAN ESCUDERO. ALGUACILES *armados*. CHACON.

VEL. ¿Decis que está aqui, Escudero?

ESC. Sino vuela, aqui ha de estar.

VEL. ¿Alguno le ha visto entrar?

ESC. (*Aparte á Velazquez.*)
¡Mi Beatriz!
VEL. Vengarme espero.
En nombre del Rey os mando (*A Alvarado.*)
que me entregueis á Cortés.
ALV. Siento que imposible me es
serviros.
VEL. ¿Se está burlando?
¿No es vuestra la casa?
ALV. Es mia.
VEL. Sé que Hernando en ella está.
ALV. ¿Le visteis, señor?
VEL. Quizá...
ALV. Yo á que no os apostaria.
VEL. ¿Vos, Suarez, le habeis visto?
SUAR. Le veré para reñir.
VEL. ¿Queréismelo, ó no, decir?
Mirad lo que haceis ¡por Cristo!
Que al Rey aqui represento,
y á quien ampare á un traidor...
ALV. No lo es Cortés, no señor.
CHAC. (*Ap.*) Ya por ahorcado le cuento.
ALV. Y, en resúmen, soy su amigo,
Velazquez, á todo trance.
SUAR. Yo le amparo en este lance,
don Diego, por enemigo.
VEL. Pues yo vengo á hacer justicia,
y la he de hacer, vive Dios,
por mucho que pueda en vos
el afecto ó la malicia.
ALV. Cumpla yo con la amistad,
y suceda lo que quiera. (*Empuña.*)
SUAR. Aqui es la deuda primera
cumplir con la lealtad.
VEL. Vos me lo habeis de entregar.
ALV. Cuando honor y vida pierda.
VEL. En vos, Suarez, mas cuerda
respuesta debo esperar.
¿Insistís?
SUAR. Insisto.
ALV. Y yo.
VEL. Al Rey haceis resistencia.

ALV. Vos en su nombre violencia,
que el Rey no intentara, no.

VEL. Os mando, Juan Escudero,
mi alguacil, que de esta casa
registreis...

ALV. Eso no pasa
con quien nació caballero.

VEL. Obedeced.

ALV. Seor ministro:
si por una puerta entrais,
es posible que salgais
sin cabeza del registro.

VEL. ¿Escudero, habeis oido?
Traidor será quien resista.

ESC. Daré muerte á quien me embista.

(*Echa á andar al cuarto donde está Catalina. Alvarado se le interpone espada en mano. Suarez va á desenvainar.*)

ALV. Pues señor, por resistido.

SUAR. Y yo esta puerta defiendo.

(*Se coloca delante de la puerta del cuarto donde está Cortés.*)

VEL. ¡Vos, Suarez!

SUAR. Ya lo dijé:
entre dos males elije
mi lealtad, como estais viendo.

VEL. Matadlos.

ESC. Mueran los dos.

ALV. Como nobles moriremos...

ESCENA XII.

DICHOS y HERNAN CORTÉS. (*Sorpresa general.*)

CORT. Nobles son tales extremos
de honor y amistad, ¡por Dios!
pero no es justo, señores,
que yo ponga en riesgo tal
ni al amigo ni al leal
por unos locos amores.
Don Diego, tengo mi espada;
sangre costará el prenderme;

mas si quereis concederme
una gracia, no hago nada.

VEL. ¡Gracia á vos!

CORT. Me entregaré.
Si os place, podreis ahorcarme;
antes, habeis de jurarme
por el honor, por la fé,
que ni á Suarez ni á Alvarado...

ALV. ¡Calla, loco!

SUAR. Es noble en todo.

CORT. No pese de ningun modo
lo que por mí han intentado.

VEL. Por evitar disensiones
consiento.

CORT. Tomad mi acero. (*Dale su espada.*)

VEL. Ea, llevadle, Escudero.

SUAR. ¡Don Diego!

VEL. No mas razones.

CORT. (*Aparte á Alvarado.*)
Pon en salvo á Catalina.

ALV. (*Aparte á Cortés.*)
¡Y á tí si el mundo se arde!

VEL. Partamos; no mas se tarde.

(*Vanse Escudero, Velazquez y los alguaciles, que se llevan á Cortés.*)

SUAR. ¡Quién á ese hombre no se inclina!

ESCENA XIII.

ALVARADO. *Despues* MARTA *y* CATALINA.

ALV. Salid, señora. (*Salen Marta y Catalina.*)

CAT. ¡Ay de mí!

MART. Pronto á casa.

CAT. ¡Triste Hernando!

ALV. ¡No le salvareis llorando!
Y yo con mi espada sí.
(*Vanse por el foro.*)

FIN DEL ACTO SEGUNDO.

Acto tercero.

El teatro representa una calle vista por el espectador de frente á su boca (la de la calle) y en toda su longitud. A la derecha del actor está la carcel, edificio de bulto cuyo primer piso sea visible (suprimiendo el lienzo de muro que corresponde al frente del público) y practicable para los efectos de la comedia.-- Se ve el calabozo que ocupa Cortés, con puerta al foro, y reja saliente y practicable á la izquierda del actor. Al foro, derecha, un tablado de cama con jergon, manta y cabezal. El frente de la carcel correspondiente al público ha de tener algo menos del tercio de la longitud de la línea de embocadura, y estar paralelo y á tres pies de ella: el fondo del calabozo, cuya planta será rectangular, á lo menos de doce á quince pies. Debajo de la reja, puerta practicable. A la izquierda del actor, y frontera á la carcel, la casa de Suarez, de bulto, pero sin mas que dos ó tres pies de salida. Frente al público una ventana abierta en el piso principal, y en el mismo frente á la carcel, balcon saliente y practicable con celosías. Debajo de este puerta tambien practicable. El telon de foro, distante á lo menos dos varas de las espaldas de la carcel y casa de Suarez, que estarán en una misma línea, figura una iglesia, con su gran puerta en el centro con un postigo practicable; y delante de ella un atrio con verja, y su puerta en el centro. Es de noche durante todo el acto.

ESCENA PRIMERA.

(*En la carcel Cortés con grillos y esposas, tendido en el tablado y durmiendo. En la calle y á la puerta de la carcel la ronda de alguaciles. En el atrio de la iglesia Alvarado y Chacon.*)

CORTÉS. ESCUDERO, *sale de la carcel.* BEATRIZ, *al umbral.* ALGUACILES. ALVARADO. CHACON.

ESC. No me abras, Beatriz, á nadie,
como á Velazquez no sea.
BEAT. Padre, marchad sin cuidado,
que os prometo estar alerta.
(*Escudero sale; Beatriz cierra con llave por dentro.*)
ESC. Ahora nosotros, muchachos,
vamos á dar una vuelta,
aunque preso Hernan Cortés,
poca cosa es lo que resta.
¡Maldito! Tiene una mano
de plomo. ¡Y cómo la sienta!
Pero, merced á Velazquez,
le tenemos ya en la trena.
Para morir, quiera Dios
que tan solo salga de ella.
Vamos á rondar, ministros:
ocultad esas linternas.

(*Dirígese Escudero con la ronda al foro. Alvarado y Chacon al verle se entran en la iglesia. Vase la ronda por el foro, izquierda. Salen Alvarado y Chacon al atrio.*)

ESCENA II.

CORTÉS. ALVARADO. CHACON.

ALV. Ya se fue.
CHAC. Con Belcebú
vaya, amen, y munca vuelva.
ALV. ¿Qué diablos tiene ese hombre

contra Hernando?

CHAC. ¡Una friolera!
Le debe unos cuantos palos,
y cabezadas sin cuenta;
un cintarazo en la nuca,
haberle roto una pierna,
y un puntapie en sucia parte
que por poco le revienta.

ALV. ¿Por qué con tanto rigor
trató á ese pobre babieca?

CHAC. Porque persigue á las mozas,
porque protege á las viejas,
porque estorba á los amantes,
porque averigua pendencias,
porque es alguacil, y es padre,
señor, de Beatriz la bella.

ALV. ¿Cuándo fueron los amores
de Cortés y esa mozuela?

CHAC. Mientras fuisteis á Española,
don Pedro, y disteis la vuelta:
mi señor, que tiene pecho
de sobra para doscientas,
pagóse de la Beatriz
por lo linda y desenvuelta.
Dió en seguirla, ella en mirarle;
ya sabeis cómo él requiebra,
y en tres dias me la puso
mas blanda que una manteca.
Advirtiólo el alguacil,
(que es zahorí, ve bajo tierra,)
y temiendo, bien temido,
que un percance le suceda,
dió en guardar á la Beatriz
mas que á monja recoleta.
Vino en esto de Granada
Suarez: su hermana bella
dió al traste con la Beatriz,
dos Lauras y tres Marcelas;
y en bien la historia concluye
si á la postre no le cuelgan.

ALV. No le han de tocar, Chacon,
ni un pelo de la cabeza,

mientras Pedro de Alvarado
corazon y espada tenga.
CHAC. Os ahorcarán á los dos,
y hareis muy linda pareja.
ALV. ¿Si pudiéramos hablarle...?
A esa ventana te acerca.
CHAC. Apostaré á que el soplon
soltó algun perro de presa.
ALV. Tú sí que sueltas el miedo.
(*Desde aqui, reconociendo la reja para ver si hay medio de escalarla.*)
Alta está, por Dios, la reja.
CHAC. Y le tendrá el muy caribe
cargadito de cadenas.
ALV. ¿Qué hará el triste?
CHAC. Yo me engaño,
sino duerme á pierna suelta.
ALV. ¡Alma grande!
CHAC. El mundo en ruina
puede ver y no se altera.
ALV. Por la reja es imposible.
CHAC. ¿Qué haremos?
ALV. Ir por la puerta.
CHAC. ¡Digno amigo del amigo
por quien tu amistad se emplea!
(*Alvarado llama á la puerta de la carcel.*)
Eso ya es tentar á Dios;
¡no hemos hecho mala hacienda!
(*Vuelve Alvarado á llamar con mas fuerza.*)
Asi: fuerte; llama, llama,
tú verás la que te espera.
BEAT. (*Dentro.*) ¿Quién llama?
ALV. ¡Amigo! Beatriz.

ESCENA III.

DICHOS. BEATRIZ.

BEAT. (*Al postigo.*)
¿Qué buscais?--Aqui no se entra.
ALV. No es posible que cruel
os mostreis siendo tan bella.

CHAC. ¡Requiebros tan á deshora!
BEAT. Lo seré por carcelera.
Buenas noches.
ALV. Escuchadme.
BEAT. No puedo, que estoy de priesa.
ALV. Si no me ois, una muerte
cargará vuestra conciencia.
CHAC. (*Ap.*) Mal conjuro: aqui el refran:
«dádivas quebrantan peñas.»
BEAT. El me dió muerte en el alma,
que en el cuerpo la padezca.
ALV. Beatríz, mirad que la muerte
ya con nada se remedia,
y que no es tanto el agravio
que tal venganza merezca.
BEAT. Tampoco será de muerte,
como vos decís, la pena.
ALV. No os fieis en ese error;
mirad que á Velazquez ciega
la pasion, que es poderoso,
y sus ímpetus no enfrena.
BEAT. ¡Cielos!
ALV. Y habeis de llorar
cuando el llanto en vano sea.
BEAT. ¡Dejadme!
ALV. Al rayar el dia
le han de cortar la cabeza.
BEAT. No es posible.
ALV. De Velazquez
tal ha sido la sentencia.
BEAT. ¿Quién os lo dijo?
ALV. Andrés Duero,
secretario que le queda.
BEAT. ¡Ay! ¡si él lo dijo, es verdad!
¡Y yo soy, yo, quien le entrega!
ALV. Aun podeis, Beatriz, acaso
hacer á ese yerro enmienda:
dejadme entrar.
BEAT. Imposible;
si mi padre á veros llega...
ALV. Pues al menos, entregadle
esta carta; y la respuesta

traedme.

BEAT. Bien.

ALV. Sin tardanza;
marchad pronto: el tiempo vuela.

ESCENA IV.

ALVARADO. CHACON.

CHAC. Reacia estaba la moza.

ALV. Está celosa y es hembra:
mas lo que importa, Chacon,
es que todo se prevenga.

CHAC. Por de pronto, ya tenemos
franca la entrada á la iglesia;
tu doblon al sacristan
de alcornoque tornó en cera.

ALV. Pronta estará una piragua
con indios que diestros reman.

CHAC. Yo de oro algunos tejuelos
he metido en la maleta,
que donde quiera que arribe
acrediten su nobleza;
que el oro es ejecutoria
comprensible en todas lenguas.

(*Beatriz abre la puerta del calabozo, y entra en él con una lámpara. Suarez sale de su casa, y Marta le acompaña hasta el umbral, alumbrándole. Al oir el ruido de la llave en la puerta, Alvarado y Chacon se retiran precipitadamente á la iglesia.*)

ALV. Calla.

CHAC. Callo.

ALV. Vente.

CHAC. Voy.

ALV. Vamos al puerto, y á priesa.
(*Vanse, foro derecha.*)

ESCENA V.

CORTÉS *y* BEATRIZ *en el calabozo.* SUAREZ *y* MARTA *en la calle.*

SUAR. Me manda el Gobernador

que esta noche á verle vuelva.
Siento salir á estas horas,
mas forzosa es la obediencia.
Vos, Marta, de Catalina
procurad calmar la pena,
que yo veré si á Velazquez
puedo mover á indulgencia.

MART. Salvadle, si no quereis
que mi señora se muera.

SUAR. Está bien: idos adentro,
que yo pronto estoy de vuelta.

(*Vase Marta á su casa, y Suarez por el foro izquierda.*)

ESCENA VI.

CORTÉS. BEATRIZ.

BEAT. Cual pudiera en blanda pluma,
duerme tranquilo. Su rostro
de temor no da señal,
no lanza un suspiro solo;
¡y entre hierros yace opreso
en inmundo calabozo!
¡Tal vez el sueño le finge
á sus pies deshecho un trono!
Mas no: la paz que respira
no es de sueños ambiciosos.
¡Amor, amor le enagena...
y necia por él me expongo!
La imagen de Catalina
turba sola su reposo;
y yo, por él engañada,
por su bien lo arriesgo todo.
¿Qué me importa á mí que viva?
¡Su vida ha de ser mi potro,
si en brazos de otra muger...!
¡Muera pues!

(*Toma la lámpara, hecha á andar hácia la puerta, pero al pasar junto á la cama, fija la vista en Cortés y se detiene.*)

¡Ay, que le adoro!
Y si él muere, poco yo

tardaré en tornarme polvo.

(*Deja otra vez la lámpara en la mesa, y acercándose á Cortés le traba del brazo para despertarle.*)

¡Cortés! ¡Cortés!

CORT. ¿Quién me llama?
Perdí un sueño delicioso.

BEAT. Yo soy.

CORT. ¡Beatriz!

BEAT. Yo, Cortés.

CORT. Atado estoy, como loco,
sino, mis brazos te dieran...

BEAT. Cortés, los tiempos son otros;
ya no fio en tus palabras,
ya tus engaños conozco.

CORT. ¡Calumnias!

BEAT. Pluguiera al cielo
que me engañaran mis ojos.

CORT. Yo pequé, pero la enmienda
contrito, humilde propongo.

BEAT. Dejemos esa materia
á tiempos mas venturosos.
Los instantes de tu vida
mide ya plazo muy corto.

CORT. ¡Ah! Sí; mañana me ahorcan.

BEAT. ¡Lo dices con ese tono!

CORT. Beatriz, tal muerte no es cosa
que me cause ningun gozo:
si tuviera de mis brazos
expedito el uso y pronto,
yo te juro que á Velazquez
costára el matarme un poco;
pero tu padre de hierros
me ha cargado de tal modo,
que de mis miembros, Beatriz,
mal mi grado, no dispongo.
¿Quieres que riegue este lecho
con infame estéril lloro?
No me acierto amedrentar,
no temo sino á Dios solo,
y si el tiempo no me niegan
para implorarle devoto,
moriré sin verle al miedo,

vive el cielo, el torpe rostro.
Con que déjame dormir,
pues que es el plazo tan corto.

BEAT. (*Ap.*) ¡Qué muger resistir puede
á un hombre tan valeroso!
(*A él.*) ¿Nada intentas por salvarte!

CORT. Dame tú estos hierros rotos,
dame una espada, y corridos
enséñame los cerrojos;
¡y verás si por salvarme
no hago esfuerzos generosos!

BEAT. ¿Con qué pagáras, Cortés,
servicio tan peligroso?

CORT. Con mi amistad, que á pagarlo
no basta, Beatriz, el oro.

BEAT. Verdad es. -- Mas ese afecto
de amistad, tambien es poco.

CORT. Te entiendo. -- Pero no alcanzo
ni á ofrecerte, ni á dar otro.
Mentir por lograr favores
de una hermosa, no me opongo:
pero mentir, por salvarse,
de un caballero es impropio.
Disculpe mi groseria
por esta vez lo forzoso:
mi corazon tiene dueño,
tú me gustas, y á otra adoro.
¡Con que, déjame dormir,
ya que es el plazo tan corto!

BEAT. Cortés, sola en este instante
de tu vida yo dispongo.

CORT. De la mia y de la tuya
dispone Dios poderoso.

BEAT. ¿Renuncias á Catalina
por salir del calabozo?

CORT. Por no casarme á la fuerza
ya sabes que riesgo corro.
Mas por salvar dos mil vidas
(por testigo á Dios te pongo)
no renuncio á un solo instante
de contemplar aquel rostro.
Tus celos estan vengados;

¿qué mas pretende tu encono?
Mañana al romper el alba
de la muerte soy despojo:
déjame dormir, te digo,
pues tengo plazo tan corto.

BEAT. ¡Alma de hierro! O muy grande
eres, Cortés, ó muy loco.

CORT. Por ahora soy un hombre
que tiene un sueño espantoso.

BEAT. Al despertar, tu garganta
segará el alfange corvo.

CORT. Por eso es bien que aproveche
el tiempo de que dispongo.

BEAT. ¿Qué dijeras si, aunque herida,
me arriesgase en tu socorro?

CORT. Que eras un angel del cielo.

BEAT. ¿Y Catalina!

CORT. ¡Soy tonto!
¡Está celosa, y presumo
tendrá afectos generosos!

BEAT. Vas á verlo.--Por salvarte
de una vez lo arriesgo todo.

(*Acércase á Cortés y le quita las esposas de las manos.--Cortés se incorpora.*)

CORT. ¡Dios te bendiga!--Un abrazo:
¡no seamos rencorosos! (*Apártase Beatriz.*)

BEAT. Lée esa carta de Alvarado. (*Dásela.*)

CORT. Mucho pesa: ¡traerá plomo! (*Abrela y lée.*)
¡Buen amigo! le prometo
que he de hacerle poderoso.

BEAT. ¡Que tienes grillos, Cortés!

CORT. Verás cuán breve los rompo.

BEAT. ¿Con qué?

CORT. Aqui tengo una lima.

(*Enséñale una que ha sacado de la carta de Alvarado.*)

BEAT. Te falta tiempo.

CORT. Sí.

(*Despues de tantear el grueso de la barra.*)

BEAT. ¿Cómo
sin mi auxilio has de salvarte?

CORT. Ellos son terrible estorbo.

ESCENA VII.

DICHOS *en el calabozo.--En la calle* ESCUDERO *y* SU RONDA.

BEAT. Toma esa llave.
(*Dale una con que Cortés abre el candado de los grillos, y se los quita saltando inmediatamente al suelo.*)
CORT. En pudiendo
te hago una efigie de oro.
BEAT. Sé feliz y eso me basta.
CORT. ¡Ah! ¡Qué tarde te conozco!
ESC. Buena gente, á descansar,
que por hoy ya mas no rondo. (*Vase la ronda.*)
Nada: sujeto Cortés,
no hay pendencias ni alborotos. (*Llama.*)
¡Hola, Beatriz!
BEAT. ¡Dios! ¡Mi padre!
CORT. No tardes; ábrele pronto:
ponme esos grillos en falso;
(*Echase en la cama.*)
las esposas que entren poco.
Bien está.
ESC. (*Llama.*) ¡Beatriz! Durmióse.
BEAT. Protéjate Dios piadoso. (*Vase por el foro.*)

ESCENA VIII.

En el calabozo CORTÉS. *En la calle* ESCUDERO *impaciente.* BEATRIZ *baja y abre.*

ESC. ¿Dónde estabas?
BEAT. (*Abriendo.*) Me he dormido.
ESC. (*Entrando.*) Si otra vez te duermes... voto...
(*Cierra.*)

ESCENA IX.

CORTÉS.

Está visto: yo naufrago,
cuando á la orilla ya toco;
tengo pies y tengo manos,

pero... suenan los cerrojos.
Hagámonos los dormidos,
no alarmenos al reposo.

ESCENA X.

(*Cortés aparentando que duerme. Escudero con espada desnuda, broquel, una lámpara, y un manojo de llaves en la cintura. Asi que entra deja la lámpara sobre la mesa. Despues Alvarado y Chacon.*)

ESCUDERO. CORTÉS.

ESC. Grillos tiene, tiene esposas
de buen hierro, y buen tamaño:
mas él hace tales cosas...
¡tiene tal fuerza! ¡Mal año!
No son sus bromas chistosas.
Bien duerme. ¡Es un desalmado!

(*Escudero reconoce prolijamente las paredes del calabozo.*)

¡Sabe que muerte le espera,
y se está tan sosegado!

(*En la calle Alvarado y Chacon por el foro derecha.*)

CHAC. Yo temo.
ALV. Yo no.
CHAC. Dios quiera,
señor don Pedro Alvarado...
ALV. Calla y llama.
CHAC. Callo y llamo.

(*Llama á la puerta de la carcel. Escudero al oir los golpes se suspende.*)

Se hace la sorda Beatriz.
ESC. ¡Llamaron!

(*Vuelve Chacon á llamar: Escudero abre con llave las ventanas de la reja y sale á ella.*)

Ya van, nuestro amo.

(*Desde que Escudero abre la ventana, Cortés, con gran tiento, se desembaraza de las esposas y los grillos, salta de la cama y se arroja sobre su carcelero, abrazándole por la espalda y tapándole la boca para que no pueda gritar. En seguida lo arrastra al interior del calabozo. A los primeros golpes de Chacon,*

Marta se ha asomado al balcon para observar; á los segundos acude Catalina, á quien su criada hace señas de que calle y observe. Chacon al oir la voz de Escudero retrocede á la espalda de Alvarado. Este saca la espada y permanece en observacion.)

ESCENA XI.

En el calabozo, CORTÉS *y* ESCUDERO. -- *En casa de Suarez*, CATALINA *y* MARTA. -- *En la calle* ALVARADO *y* CHACON.

CORT. Calla ó mueres, infeliz.
CAT. ¡Es él, Marta! Es el que amo.
CHAC. ¿Oiste?
ALV. ¿No fue su voz?
MART. Observemos.
ALV. Atendamos.
CHAC. Lance tenemos y atroz.
CORT. En paz la fiesta tengamos,
suelta las armas veloz.
Bien está. -- Y ahora las llaves:
sea este lienzo tu mordaza.
(*Tápale la boca con un pañuelo.*)
No vi facciones mas graves:
mucho me engaña tu traza
como en un palo no acabes.
Trocáronse los papeles.
¿Cómo ha de ser, Escudero?
serán contigo, lo espero,
las irás menos crueles
de Velazquez el severo.
(*Toma y pónese el gaban y la espada de Escudero, y el manojo de llaves en la mano.*)
A Dios: si mueres por mí,
colgado por el pescuezo,
que pudiera ser asi,
consuélate, que te rezo
un «*Domine: ¡parce mihi!*» (*Vase, foro.*)
MART. Uno se va.
CAT. ¡Si es Cortés!
ALV. Nada veo.

CHAC. Yo tampoco.

ALV. Mucho temo algun revés.

(*Abre Cortés la puerta de la carcel, sale embozado, pero con la espada desnuda.*)

CHAC. Huyamos.

ALV. (*Se emboza y saca la espada.*)
Espera, loco.

CORT. A fuera.

ALV. Diga quién es.

CORT. El diablo.

CHAC. ¡Cristo! Abrenuncio.

ALV. Al diablo, amigo, la cruz.

CORT. Ese es refran andaluz.

ALV. Y extremeño, se lo anuncio.

CORT. ¡Extremeño! ¡Oh Dios! ¡Qué luz!
(*Desembozándose.*)
¡Señor don Pedro Alvarado!

ALV. (*Abrazándole.*)
¡Hernan Cortés de mi vida!

CAT. ¡Está libre! ¡Dios bendito!
Baja, Marta. (*Vase Marta.*)

CHAC. ¡Alma perdida!
¿Qué, saliste del garlito?

CORT. Milagrosa es mi salida.

CAT. ¡Huye, mi bien!

CORT. ¡Amor mio!

ALV. Pronto, á la iglesia, á sagrado.

CORT. ¡Catalina!

CAT. ¡Hernando amado!

CORT. Pude mas que el hado impío:
pero baja, que un instante
al menos cerca te vea:
baja, mi bien: tu semblante
el astro propicio sea
de este pobre navegante.

(*Catalina vase apresuradamente al foro. Marta abre la puerta de su casa y sale.*)

MART. (*Presenta á Cortés una caja.*)
Estas joyas, mi señora,
aunque pobre, ha reunido;
sed con ellas socorrido.

CORT. (*Rehusando.*) Otros bienes atesora...

MART. Que serán de su marido. (*Sale Catalina.*)
CAT. Todo por tí lo atropello,
familia, casa y decoro.
CORT. ¡Mi Catalina! Angel bello
eres del celeste coro.
Ciñan tus brazos mi cuello;
tuyo seré mientras viva,
tu esposo si á triunfar llego,
¡que eterno no será el ciego
furor de la suerte esquiva!
CAT. Ah mi Hernando: el mismo fuego
que á tí te abrasa, me quema:
tengo fé en tu porvenir;
por qué no sabré decir,
mas de tu desdicha extrema
jurara que has de salir.
CHAC. ¡Mira, señor, que el cordel
te tienen ya preparado!
ALV. Vamos, Cortés.
CORT. ¡Alvarado!
¡Dejarla es cosa cruel!
CHAC. Será novia de un ahorcado.
CAT. ¡Vete, mi bien!
CORT. Un momento.
ALV. Dos bultos venir diviso.
CAT. ¡Huye!
CORT. ¡Cuán breve contento!
CAT. Ni aun este la suerte quiso
de zozobra darme exento.
ALV. Que se acercan: con Chacon (*A Cortés.*)
entra, y luego, al templo tú:
ganad vos vuestra mansion. (*A Catalina.*)
CHAC. ¡Hoy nos lleva Belcebú!
CAT. ¡Huye, ténme compasion!
(*Abrazánse tiernamente Catalina y Cortés. Ella y Marta vanse á su casa.*)

ESCENA XII.

ALVARADO. CORTÉS. CHACON.

ALV. A la iglesia. -- Allí me espera.

Voy á buscar nuestra gente.
La piragua es muy ligera...

CHAC. Deja que yo se lo cuente.
Vamos.

ALV. Anda.

CORT. ¡Suerte fiera!

(*Vanse Cortés y Chacon á la iglesia.--Alvarado, foro izquierda.--Entran por el foro derecha Velazque y Suarez.*)

ESCENA XIII.

DON DIEGO VELAZQUEZ. SUAREZ.

VEL. No os canseis, señor don Juan:
procederé recto y justo:
ó Cortés me pide gracia,
ó le abandono ál verdugo.

SUAR. Justicia severa es
á veces rigor, y sumo.

VEL. Morirá, si en menos tiene
la vida que el necio orgullo;
mas, estais en vuestra casa...

SUAR. Perdonadme si os disgusto
por vez primera: os suplico
seais clemente: vea el mundo
que ni pasiones os ciegan,
ni haceis del poder abuso.

VEL. Resistióse á la justicia,
y en la villa que aqui fundo
fuera ejemplo peligroso
dejar impune el insulto.

SUAR. Pena muy dura es la muerte...

VEL. La ley, don Júan, se la impuso.

SUAR. Ved que soy el agraviado
y perdono.

VEL. Yo le juzgo,
del Rey en nombre, y no debo
ceder á extraños impulsos.
Vos, cual noble, perdonais
mirándole en tal apuro;
yo, como juez, le sentencio
por la ley, no por mi gusto.

Y, en fin, solo por serviros,
veré si pide el indulto:
confiese que está culpado,
reconozca el fallo justo,
y en un destierro perpetuo
conmutar la pena os juro.
Más no he de hacer, y si poco
lo juzgais, yo lo creo mucho.

SUAR. Os agradezco el favor,
pero temo...

VEL. Estad seguro
de que si puedo salvarle
lo haré. Entrad.

SUAR. ¡Qué! ¿Sin ninguno
que os sirva aqui?

VEL. Entrad os digo;
no hay riesgo: está en esos muros
mi enemigo, y aunque no,
tambien de noble presumo.

SUAR. Con todo...

VEL. Entrad, que Velazquez
con su espada está seguro.

SUAR. Delito es el no serviros.

VEL. No será, pues yo lo excuso.

SUAR. Me rindo, pues. Dios os guarde.

VEL. Id con él.--Pesado estuvo.

(*Don Juan abre la puerta de su casa y entra en ella.*)

ESCENA XIV.

En la calle, DON DIEGO VELAZQUEZ *solo.--Al paño, en el atrio*, CORTÉS *y* CHACON.

VEL. ¿Habrán domado los hierros
de ese mancebo los humos?
De su altiva condicion,
¡vive el cielo que lo dudo!
Vamos á verle: Escudero
le tendrá en lazos muy duros.
Llamaré.--¡Cielos! ¡Abierto!
¡Hola! ¡Ah de casa! ¡Aqui alguno!
¡Nadie responde...! Entraré

aunque está el zaguan oscuro.
(*Saca la espada y entra en la carcel.*)

CORT. (*En el atrio.*) Está la juala vacía:
Velazquez, de tí me burlo.

CHAC. No hagas tal, mientras no tengas
tu pescuezo mas seguro.

CORT. Diera por ver su semblante
allá arriba medio mundo.

CHAC. Por de pronto, no te arriesgues
á que te cacen el bulto.
(*Vuelven á colocarse al paño.*)

VEL. (*Espada en mano en el calabozo.*)
(*Al foro.*) Todo abierto, á nadie encuentro.
(*Entra.*) ¡Escudero! ¡Estoy iluso!
(*Quítale la mordaza.*)

ESC. Nos han vendido; se huyó.

VEL. ¿Rompió los grillos? ¿Es brujo? (*Desátale.*)

ESC. Y las esposas de hierro.

VEL. ¿Y cómo?

ESC. No sé: presumo...

VEL. ¿Te sorprendió?

ESC. Por la espalda.

VEL. ¡Y Beatriz!

ESC. Como acostumbro
por la noche, la he encerrado.
Vine aqui.--Fingióse astuto
el dormido y...

VEL. ¿Qué me importa
el cómo escaparse pudo?
Corre al puerto, que un bajel
á su boca salga al punto,
y aprese ó pase por ojo
cualquier barco que haga rumbo
á la mar.--Llama tu gente;
registradme uno por uno
los rincones de la villa;
á quien le halle mil escudos;
y á tí mañana la horca,
si el reo en salvo se puso.

ESC. Consiento en ser ahorcado
si en breve no le aseguro.
(*Vase Escudero al foro.*)

ESCENA XV.

DICHOS, *menos* ESCUDERO.

CORT. Mucho tarda: sal á ver
lo que pasa.

CHAC. Tengo un susto
que á dos pasos no distingo,
señor, de la iglesia el bulto.

CORT. Anda, cobarde, ó por Cristo...

CHAC. Ya voy. -- Dóime por difunto.
(*Con timidez va adelantándose al proscenio.*)

VEL. Beatriz le ayudó á salvarse:
¡cautivarla galan supo!
¡Mas qué importa! -- Que á Española
no llegue, sí importa, y mucho:
si yo de nuevo le prendo
no me vive dos minutos. (*Vase por el foro.*)

(*Escudero con capa, sin sombrero, y con una espada en la mano, sale de la carcel al mismo tiempo que Velazquez se retira del calabozo.-- Chacon, que con exquisitas precauciones va acercándose á la puerta de la carcel, al verle se detiene.-- Cortés se ha metido en la iglesia.*)

ESC. Aun no puede haber salido
de la villa. -- ¡Hola! -- Quién va.

CHAC. Nadie, amigo.

ESC. Venga acá.

CHAC. No puedo, que estoy tullido. (*Retirándose.*)

ESC. Pues hácia atrás anda bien.

CHAC. Soy de casta de cangrejos.

ESC. Ríndase sin ir mas lejos. (*Arremete á él.*)

CHAC. Si uced corre yo tambien.

(*Chacon sale corriendo de la escena por el foro derecha, y Escudero tras de él.*

ESCENA XVI.

DON DIEGO VELAZQUEZ *sale de la carcel.-- Despues* CORTÉS *sale de la iglesia.*

VEL. Ese hombre me ha de perder,

su fama me es importuna;
¿de su valor y fortuna
qué cosa no es de temer?
(*Embózase, y despacio se encamina al foro.*)

CORT. No vuelve Chacon. ¡Pelmazo!
(*Atravesando el atrio.*)
Será aquel. — Alto parece:
la noche su sombra crece,
ó se estira el collonazo.
(*Sale del atrio y se encamina á Velazquez.*)
¿Dónde diablos estuviste? (*A Velazquez.*)

VEL. (*Reconociendo la voz se hace atrás y saca la espada.*)
¡Ah traidor! ¡Al fin te encuentro!

CORT. (*Reconociendo á Velazquez y desenvainando tambien.*)
Verdad es: fuera del centro
del palacio que me diste.

VEL. Date á el Rey.

CORT. Yo no le veo;
verdad es que está algo oscuro.

VEL. Date, Cortés, ó te juro...

CORT. Ya sé yo tu buen deseo.
Perdiste ocasion muy linda
y no has de volverla á hallar,
que es muy raro el encontrar
razones porque me rinda.

VEL. Pondré á precio tu cabeza.

CORT. No la paga el mundo entero.

VEL. Antes muy poco dinero.

CORT. Velazquez, será torpeza;
mas, si tú vivo salieres
de este encuentro que bendigo,
muerto estará tu enemigo,
trátale como quisieres.
Tú, rémora de mi suerte,
me persigues sin cesar:
tal lucha se ha de acabar
con la tuya ó con mi muerte.
Arma, pues; vivos los dos
no cabemos en la tierra;
terminemos esta guerra,

defiéndete, y juzgue Dios.

VEL. Doncel, probarás mi espada.

CORT. Ya sé que es la de un valiente.

VEL. Norabuena: ponte en frente, (*Riñen.*)

CORT. Bien: repara esa estocada.

(*Desármale y pone el pie sobre su espada.*)

VEL. ¡Mátame!

CORT. Hablemos primero:
Velazquez, mia es tu vida.

VEL. Sereno aguardo la herida.

CORT. Te portas cual caballero;
mas quiero probar un medio
de paz: un seguro dame
para marchar...

VEL. ¿Que me infame
te parece buen remedio?
Soy español: sé morir
tambien sin doblar la frente:
si puedo yo, impunemente
de Cuba no has de salir.

CORT. Mira que puedo matarte
segun justa ley del duelo.

VEL. ¡De mi alma se apiade el cielo!

CORT. (*Levantando del suelo la espada de Velazquez, y entregándosela por el puño.*)
Bien dicho.--Puedes marcharte.

(*Por detras de Cortés, y sin que Velazquez los vea, salen Escudero y los alguaciles, y cautelosamente se van acercando al primero.*)

VEL. Mira que soy tu enemigo.

CORT. En todo te he de vencer.

VEL. ¿Dásme vida?

CORT. Asi ha de ser.

(*Échanse los alguaciles sobre Cortés, y le desarman y sujetan.*)

ESCENA XVII.

ESCUDERO. CORTÉS, *sujeto por los alguaciles: estos con linternas.* VELAZQUEZ.

ESC. (*Gritando.*)
Llegó el plazo á tu castigo:

Hernan Cortés, ya estás preso.
CORT. ¡Traidor!
CAT. (*Dentro.*) ¡Hernando! ¡Ay de mi!
ESC. Sujetadle. -- Bien: asi.
VEL. Ya eres mio.
CORT. Lo confieso.
SUAR. (*Dentro.*) Luces, Marta.
VEL. ¡Y bien, Cortés!
CORT. Lances son de la fortuna.

ESCENA XVIII.

ESCUDERO. CORTÉS, *preso*. VELAZQUEZ. CATALINA. MARTA, *con luz*. SUAREZ, *en cuerpo y con la espada desnuda.*

CAT. No hay esperanza ninguna,
el que adoro el preso es.
SUAR. ¿Qué es esto?
VEL. Que está en prision.
CAT. ¿No pudiste haber huido?
(*Queriendo abrazarle, los alguaciles se lo impiden.*)
CORT. ¡Mi bien! Matarle he podido.
VEL. Y no quiso: noble accion.
CORT. Él por no darme un seguro,
noblemente iba á morir.
CAT. ¡Y aun le podreis perseguir! (*A Velazquez.*)
SUAR. No podrá, te lo aseguro.
VEL. Verdad es: soltadle al punto.
(*Sueltan á Cortés.*)
CAT. (*De rodillas á los pies de Velazquez.*)
Como á Dios, mi fé os adora.
VEL. ¿Qué haceis? Levantad, señora.

ESCENA XIX.

DICHOS. ALVARADO *y* CHACON *con dos ó tres embozados.*

ALV. Todo el mundo está aqui junto;
Cortés y sus enemigos.
No te importe: en todo evento
tú y yo valemos por ciento,

y no nos faltan amigos.

CORT. Libre estoy.

VEL. Y está olvidado,
Cortés, ya lo que pasó.

CORT. ¿Mandais que me case?

VEL. No.

CORT. Sois un digno Adelantado.
¿Vos, don Juan? (*A Suarez.*)

SUAR. ¿Ya, qué he de hacer?
Nada pido.

CORT. ¿Y tú?

CAT. Tampoco.

CORT. Dame tu mano.

CHAC. (*Ap.*) Este loco
se ahorca en una muger.

CAT. ¡Ah mi Hernando! ¡Soy feliz!

SUAR. Dadme los brazos, hermano.

CORT. ¡Con el alma! (*A Escudero.*) Castellano,
¿qué hicisteis de la Beatriz?

ESC. En su estancia bajo llave
derramando llanto amargo.

CORT. Yo de su dote me encargo.
Buscadle un marido, y grave.
¿Me honrareis siendo padrino (*A Velazquez.*)
de mi boda?

VEL. Hágase luego,
y despues, Hernando, os ruego
que acepteis nuevo destino.

CORT. Mandadme como á un esclavo.

VEL. A tierra firme una armada
tengo, Hernando, destinada...

CORT. Verdad es.

VEL. Sereis su cabo.

CORT. Alvarado, ¿no vendrás?

ALV. Al infierno iré contigo.

SUAR. Yo tambien.

CORT. Don Juan, amigo,
de mi esposa cuidarás.
Sí, Velazquez: iré á esa tierra extraña;
para siempre acabasteis, mocedades;
cada locura borrará una hazaña,
daré por mi rescate cien ciudades.

Y á tí, mi Catalina, nueva España
te prometieron dar mis vanidades;
¡sabrételo cumplir, que vasto imperio
someterá á mi espada este hemisferio!

FIN DE LA COMEDIA.

REPARTO DE LA COMEDIA.

D.ª Catalina Suarez. . .	D.ª TEODORA LAMADRID.
Marta.	D.ª GERÓNIMA LLORENTE.
Beatriz.	D.ª PLÁCIDA TABLARES.
Hernan Cortés.	D. JULIAN ROMEA.
D. Pedro Alvarado. . . .	D. FLORENCIO ROMEA.
D. Juan Suarez.	D. PEDRO SOBRADO.
Chacon.	D. ANTONIO DE GUZMAN.
D. Diego Velazquez. . . .	D. LÁZARO PEREZ.
Juan Escudero...	D. LUIS FABIANI.

DEDICATORIA.

A la inteligencia, buena voluntad y acierto con que los actores y actrices (*) del teatro del Príncipe han ejecutado esta Comedia, me confieso deudor de la benévola acogida que en el público ha encontrado. Dedicársela no es por consiguiente, mas que pagar, en cuanto puedo, una deuda sagrada.

Recíbanla, pues, como testimonio del aprecio y gratitud de su amigo

PATRICIO DE LA ESCOSURA.

(*) No habiéndose impreso, por un olvido, el reparto de la comedia en su primera página, hallará el lector en la última los nombres de las personas á quienes se dedica.

EL AMANTE UNIVERSAL.

COMEDIA EN TRES ACTOS Y EN VERSO,

DE

DON PATRICIO DE LA ESCOSURA.

MADRID.
IMPRENTA DE LA VIUDA DE JORDAN É HIJOS.
1847

PERSONAGES.	ACTORES.
LA CONDESA MATILDE.........	D.ª MATILDE DIAZ.
LA DUQUESA CLARA..............	D.ª MARIA CORDOBA.
DOÑA TEODORA, *sobrina de la Duquesa*..............................	D.ª JOSEFA PALMA.
DON CARLOS DE GUZMAN, *General*....................................	D. JULIAN ROMEA.
DON FELIX DE TOLEDO, *primo de la Duquesa, capitan de navío*....................................	D. PEDRO SOBRADO.
UN ABOGADO.........................	D. FLORENCIO ROMEA.
UN BANQUERO......................	D. LAZARO PEREZ.

La escena en una casa de campo de la Duquesa, inmediata á Madrid.

La accion empieza al anochecer de un dia y termina al amanecer del siguiente.

ACTO PRIMERO.

El teatro representa un salon de la quinta de la Duquesa con puertas al foro y costados.

ESCENA I.

Por una de las puertas laterales salen al levantarse el telon D. Carlos *y* D. Felix.

Carlos. ¡Que otra vez vuelva á estrecharte! (*Abrázale.*)
Felix. ¡Abrázame, Cárlos mio!
Carlos. ¡Bien haya, amen, el estío
que fue causa de encontrarte!
Felix. Tras diez años de ignorar
uno de otro el paradero...
Carlos. Y, diga usted, caballero,
¿á quién hemos de culpar?
Sin decir oste ni moste
se está diez años muy largos...
Felix. ¡Ay, amigo; y cuán amargos!
Carlos. Mejor cara de preboste
no ví, Felix, que la tuya.
Felix. ¡Siempre el mismo!
Carlos. ¡Hasta morir!
Felix. Ya es locura tal reir.
Carlos. ¿Y quién no tiene la suya?
Felix. Un General ya debiera...
Carlos. ¿Se opone la risa al brio?
¿Y el capitan de navio
qué en ser alegre perdiera?
Pero, en fin, la seriedad
fue siempre tu privilegio:

desde chico, en el colegio,
me prendó tu gravedad.

FELIX. Y á mí en los años primeros
tu travesura y donaire.

CARLOS. Pues hora estoy de mal aire.

FELIX. ¿Qué es ello? ¿Faltan dineros?
Partiremos el bolsillo.

CARLOS. Gracias, Felix.

FELIX. ¡Cumplimientos!

CARLOS. Oro tengo, y sentimientos.

FELIX. ¡Tú, Cárlos!

CARLOS. Y es muy sencillo!
no se compra con el oro
lo que mi pecho ambiciona;
ni pagara una corona
lo que codicio.

FELIX. Un tesoro
Debe ser.

CARLOS. Nó, que son dos.

FELIX. ¡Dos tesoros!

CARLOS. Dos mujeres.

FELIX. ¿Y con dos, hacer qué quieres?

CARLOS. ¡Adorarlas, vive Dios!

FELIX. ¡Digo que estás rematado:
como nunca, Cárlos, loco!

CARLOS. Si nó, me falta muy poco.

FELIX. ¿De dos te has enamorado?

CARLOS. Y en uno soy dos Macías.

FELIX. ¡Cosas tienes singulares!

CARLOS. ¿No olvidaste en esos mares
aquello de, cosas mias?
Mas dime de tus fortunas.

FELIX. Pocas venturas, amigo.

CARLOS. ¡Pobre Felix!

FELIX. Verdad digo:
pero desdichas algunas.
Diez años há, por desgracia,
ví en Cádiz una mujer,
que un ángel pudiera ser
por su rostro y por su gracia.

Enamoréme...

CARLOS. ¡Tú, amor!

FELIX. ¡Y tan grande, tan ardiente,
que hoy mismo el alma lo siente
con su antiguo inmenso ardor!
Sufrí templados desdenes,
gocé de honestos favores:
y á pocos meses de amores
ofrecí mi mano y bienes.

CARLOS. ¡Soltaste la blanca mano,
pecador! Ya no me admiro
cuando tan triste te miro.
¡Disparate soberano!

FELIX. No sé si es loco ó si es cuerdo
casarse: mas yo lo hiciera,
si un rival no lo impidiera.

CARLOS. ¿Cómo anduviste tan lerdo?

FELIX. ¡Culpa fue de mi destino,
fortuna de mi rival!
Yo teniente, él General...

CARLOS. ¡Vamos! el resto adivino:
los padres... ella inconstante...

FELIX. Mártir ¡ay!

CARLOS. ¿Hubo violencia?

FELIX. Cedí yo.

CARLOS. ¡Por la Excelencia
te vendió, cuitado amante!
Tú, Amadís de nuestro siglo...

FELIX. Huí, Cárlos, á la Habana.

CARLOS. Y ella quedóse aqui ufana
á vivir con su vestiglo.
¿Y en Cádiz la has vuelto á ver?

FELIX. Vine á Madrid por no hallarla.

CARLOS. ¿Aun no has podido olvidarla?

FELIX. Mientras viva, no ha de ser.
Vamos, vamos á tu historia,
que ha de ser curiosa y bella.

CARLOS. Entre la tuya y mi estrella
hacen linda pepitoria!
Yo era teniente tambien

cuando en Madrid me dejaste;
y cuando te desterraste
amaba... Ya no sé á quien.
Tuve despues mil amores,
buenas y malas jugadas,
grados, cruces, estocadas,
herencias, deudas y honores.
Hice versos en campaña,
cortejé cien mil patronas,
pinté Apolos y Madonas,
ví á Francia, regresé á España.
Fuí, en resúmen, jugador
(muy malo, soy caballero),
poeta fuí, viagero,
soldado, amante y pintor.
A veces tuve fortuna,
otras rodé cuesta á bajo,
muchas salí con trabajo,
pero infamado ninguna.
Mas hoy, Felix, ¡ay dolor!
(no te rias que es de veras).
Sí, con dos flechas certeras
me ha herido á un tiempo el amor!

FELIX. ¡Dos mujeres!

CARLOS. Nó: dos cielos;
una blanca, otra trigueña.

FELIX. ¿Y una chata, otra aguileña?

CARLOS. ¿Te burlas de mis desvelos?
¡Soy infeliz!

FELIX. ¿Calabazas?

CARLOS. No, Felix.

FELIX. ¿De qué te quejas?

CARLOS. De que parecen dos viejas,
segun eluden mis trazas.
No las puedo persuadir
de que á entrambas las adoro.

FELIX. ¿Qué diablos con ese moro
estilo has de conseguir?
¿Quién son tus damas?

CARLOS. La una

tu parienta.

FELIX. ¿Quién? ¿Teodora?

CARLOS. La misma.

FELIX. Es encantadora;
gran nombre, inmensa fortuna!

CARLOS. ¿De la Duquesa tu prima,
que en su quinta nos hospeda,
piensas tú que me conceda
su mano?

FELIX. En mucho la estima.
Mas tú te llamas Guzman...

CARLOS. Tengo propia pingüe renta..

FELIX. La faja por algo cuenta...

CARLOS. Es verdad: me la darán.
¿Y la otra?

FELIX. ¿Quién?

CARLOS. La viuda.

FELIX. ¿Cuál?

CARLOS. La blanca: la Condesa.

FELIX. Pues á Teodora ó á esa,
perderás, no tiene duda.

CARLOS. ¡Perder alguna! ¿Y por qué?
Cedan las almas vulgares;
para adorar dos altares
me siento Felix con fé.

FELIX. ¡Quien mucho abarca...!

CARLOS. Y rivales
tengo.

FELIX. ¿Si?

CARLOS. Gente que embiste.

FELIX. ¿Pues la viuda que dijiste?

CARLOS Ella es causa de mis males.

FELIX. ¿Y quién toca ese registro?

CARLOS. Es un flamante abogado,
aprendiz de diputado,
y pretendiente á ministro.
Dice que tiene *mision*
sobre la tierra; quc aspira
á cantar en bronca lira
no sé que triste pasion:

pero come á dos carrillos,
bebe puro y de lo caro,
habla mucho y con descaro,
bulle en cafés y en corrillos;
escribe en treinta periódicos;
baila la polka en el filo
de una espada; y tiene el hilo
de cien lances espamódicos.
La viuda á la pelota
juega con él.

FELIX. Y hace bien:
pero Teodora...

CARLOS. ¡Tambien!

FELIX ¿Hay quien esa te escamota?

CARLOS. Un quidam, que no hace un año
era pobre mendicante,
y hoy, rico, grande, elegante.

FELIX. ¿Qué dices? ¡Prodigio estraño!

CARLOS. ¿De dónde sales, marino?
Pues qué, ¿no sabes que hay *treses*
que pueden en pocos meses
hacer un Dios de un pollino?

FELIX. Te veo en grave peligro.
¡Un ministro!—¡Un propietario!

CARLOS. No prosigas, temerario.

FELIX. Huye de aquí.

CARLOS. Yo no emigro.
Es posible que hoy enganche,
si tengo suerte, á las dos.

FELIX. Gran corazon, vive Dios!

CARLOS. Y aun le queda algun ensanche.
Mira, Felix, yo no sé
por qué causa se censura
que, si hay mas de una hermosura,
adore á todas mi fé.
No haya mas de una belleza
y yo seré *mono-amante*,
mas ¿cómo he de ser constante,
si es varia naturaleza?

FELIX. Locos hay en Zaragoza

con mucho menos motivo.

CARLOS. Tú eres cuerdo en ser cautivo
de ese amor que te destroza.

FELIX. Silencio: Clara y Teodora
ya del café se retiran.

CARLOS. Veremos como me miran
tus ojos, encantadora!

ESCENA II.

La DUQUESA, TEODORA, CARLOS, FELIX.

DUQUESA. Vamos, niña, al tocador,
que pronto vendrán las gentes.
¡Aquí mi primo, y Guzman!
¿De qué tratarán ustedes?

FELIX. Recordamos mocedades.

DUQUESA. ¿Y no aventuras presentes?

CARLOS. Yo no ha mucho recordaba
la rosa de estos vergeles. (*A Teodora.*)

(Carlos y Teodora en conversacion; Felix y la Duquesa lo mismo al otro estremo del tablado.)

TEODORA. ¿Quién es hoy?

CARLOS. ¿Quién ha de ser?
La que adora el alma siempre.

DUQUESA. Es, Felix, una viuda
jóven discreta y alegre;
honrada, ademas, y rica;
te digo que te conviene.

(La pantomima de Felix indica que se resiste.)

TEODORA. Si usted á todas les dice
lo mismo, ¿puedo creerle?

CARLOS. Urbanas frases, Teodora,
nunca á un hombre comprometen;
ni ser con todas galan
es razon de que se infiere,
que no ha de haber en su pecho
quien la palma á todas lleve.

DUQUESA. La Condesa vá á venir,
deja que yo te presente,
sé cortés; si no te agrada

retirarte en salvo puedes.

FELIX. Clara, yo tengo un amor...

DUQUESA. Esas, Felix, son vejeces.

TEODORA. Veremos: nada prometo.

CARLOS. ¿Me permite usted que espere?

DUQUESA. Teodora, en oir á Carlos
te advierto que el tiempo pierdes.

CARLOS. ¡Duquesa!

DUQUESA. Nos conocemos.
(*A Teodora.*) Felix su brazo te ofrece,
acéptalo; vé á vestirte.

TEODORA. ¿Y tú, tia, no te vienes?

DUQUESA. Allá voy en cuanto diga
dos palabras.

CARLOS. ¿A mí?

DUQUESA. Breves.

ESCENA III.

La DUQUESA *se sienta y con el ademan indica á* CARLOS *que haga lo mismo.*

CARLOS. (*Aparte.*) No me gustan, vive Dios,
conferencias tan solemnes.

DUQUESA. No ponga usted ya la cara
compungida del que teme
que justas reconvenciones
sus imprudencias motejen.

CARLOS. Yo, Duquesa, nada temo.
(*Aparte.*) ¡Qué diablos decirme quiere!

DUQUESA. ¿Nada dice esa conciencia?

CARLOS. Nada.

DUQUESA. ¡Yá! A todo se aviene;
mas la mia de tutora...

CARLOS. ¡Jesus! en años tan verdes...

DUQUESA. Sé lo que soy, y no busco
que Don Cárlos me requiebre.

CARLOS. Pues oculte usted sus gracias
si le enoja las celebren.
alavera!

CARLOS. ¡Qué injusticia!
DUQUESA. Cierto ¡cuitado inocente!
Sin contar por esos mundos
qué sé yo cuántas mujeres,
aquí en mi casa, á mis ojos,
el General pisaverde
á la Condesa y Teodora
juntas de amores requiere.
La viuda, vaya en gracia,
sabrá como defenderse;
pero mi pobre sobrina
que del mundo y sus vaivenes
nada sabe; que en las flores
no vé oculta la serpiente!
Guzman, ni usté es generoso
cuando su conquista emprende,
ni yo debo consentir
que al precipicio la lleve.
CARLOS. ¡Válgame el cielo, Duquesa!
¿Es posible que usted piense...?
DUQUESA. Que usted en estas materias
ancha manga y pecho tiene;
que requiebra por costumbre,
mas que nunca un lance pierde;
y que, si nada consigue,
basta que el mundo lo piense.
CARLOS. ¡Ha de tener tan mal gusto
Teodora, que en mí se empléel
DUQUESA. ¡Hipócrita! usté es buen mozo,
Don Cárlos, no hay quien lo niegue;
noble nació; es General
en la edad de los alféreces;
talento y gracia le sobran,
sus locuras entretienen;
y lo que en juicio le falta
lo suple con lo valiente.
La que á tanto se resiste
digo, Guzman, que es muy fuerte.
CARLOS. ¿Se ha propuesto usté embromarme?
DUQUESA. Yo sé que usted no lo cree.

CARLOS. ¡Ay de mí, si hago la prueba!
DUQUESA. ¿Quién le estorba á usted que pruebe?
CARLOS. ¿Si yo dijera: «Duquesa,
»ya que en tanto usted me tiene,
»oiga propicia mis votos?»
DUQUESA. No tema usted que me niegue.
CARLOS. ¿Será verdad?
DUQUESA. Sí por cierto.
CARLOS. De esos labios los claveles
mal dijeran, en verdad,
¡Oh Clara! crudos desdenes!

(*Levántase la Duquesa y la sigue Guzman.*)

DUQUESA. Guzman, ¿qué está usted diciendo?
CARLOS. De amor, de entusiasmo hierve
mi sangre, Clara divina.
¡Amor, amor para siempre!
DUQUESA. ¿A Teodora?
CARLOS. ¡A Clara, á Clara!!!
DUQUESA. ¡A mí! ¡Santo Dios, valedme!
CARLOS. Y yo necio que no osaba
á mi ventura atreverme!

(*Toma con entusiasmo una mano á la Duquesa.*)

ESCENA IV.

Dichos, la CONDESA MATILDE *de sombrero.*

MATILDE. Si he quebrantado el onceno
mandamiento...
DUQUESA. ¡Que tal digas!
¿Cuándo estorban las amigas?
CARLOS. (*Aparte.*) ¡La viuda por quien peno!
MATILDE. La verdad, hay ocasiones...
DUQUESA. Este Guzman es un loco.
MATILDE. Muy galan.
CARLOS. (*Aparte.*) ¡Ay!
DUQUESA. Poco á poco;
Matilde, has visto visiones.
MATILDE. ¿Clara, sí? sea enhorabuena,
yo tengo la vista corta

y en cosa que no me importa,
se me dá muy poca pena.

DUQUESA. El señor quiere á Teodora.

MATILDE. ¡Tambien!

CARLOS. (*Aparte.*) Tambien, ¿por qué no?

MATILDE. Sí; á la tia requebró,
mas á la sobrina adora.

DUQUESA. A veces las apariencias...

MATILDE. (*A Cárlos con intencion.*)
Mucho engañan, ya lo sé.

CARLOS. (*Aparte.*) ¿Cómo del paso saldré?

DUQUESA. El mundo tiene exigencias...

MATILDE. Muy crueles. ¿Verdad, Clara?
Dar la mano á un pretendiente
de Teodora es inocente;
y otra que yo sospechara...!

CARLOS. La espera á usté el tocador, (*á la Duquesa.*)
Señora; bella Condesa, (*á Matilde.*)
perdone usté á mi sorpresa...
(*Aparte.*) Válgame aquí lo hablador.
(*Aparte á la Duquesa.*) Vaya nsted, que yo me encargo
de desmentir la sospecha.
(*Aparte á Matilde.*) Matilde, si usted la echa...

MATILDE. (*Aparte.*) Lo que he visto...

CARLOS. (*Aparte.*) Sin embargo.
(*A las dos.*) Muy lucido estará el baile;
la ópera ayer fué divina...

DUQUESA. (*Aparte.*) Este hombre me desatina.

CARLOS. Duquesa, tiene usté un fraile.
(*Bajándola el vestido*)

ESCENA V.

Dichos, TEODORA *ya vestida.*

TEODORA. Por Dios, tia, que es ya noche.
¡Matilde! (*Se abrazan y besan.*)

MATILDE. ¡Bella Teodora!

TEODORA. ¿Aqui estabas?

MATILDE. Llego ahora.

TEODORA. Pues no he sentido tu coche.
DUQUESA. Vea usted que compromiso. (*Aparte á Cárlos.*)
por esa mala cabeza!
CARLOS. Yo enmendaré mi torpeza. (*Aparte á la Duquesa.*)
DUQUESA. Matilde, con tu permiso.
Ven Teodora.
TEODORA Voy allá. (*Despídese de Matilde.*)
(*Aparte.*) ¡Don Cárlos solo con ella!
CARLOS. (*Aparte á Teodora.*)
¡Qué hermosa está usted! ¡qué bella!
DUQUESA. (*A Matilde.*) Don Cárlos te entretendrá.
(*Vánse la Duquesa y Teodora.*)

ESCENA VI.

DON CARLOS, MATILDE.

(*Matilde se sienta con afectada indiferencia, toma un libro y se pone á leer: Don Cárlos la observa y parece indeciso.*)

CARLOS. (*Aparte.*) ¡Nublado el cielo! Señal
evidente de tormenta.
MATILDE. (*Aparte.*) ¡Me ha de pagar, vive el cielo,
venderme por una vieja!
CARLOS. (*Aparte.*) Es el diablo esta viuda:
no sé por dónde la emprenda.
MATILDE. (*Aparte.*) ¿Tan en poco ya me estima
que hasta engañarme desdeña?
CARLOS. (*Aparte.*) Yo rompo. ¡Audacia! Probemos:
salga el sol por Antequera!
(*A Matilde.*) ¿Qué entretenida está usted?
¿Es sabrosa la leyenda?
MATILDE. Sí, Don Cárlos; me entretienen
los lances de esta novela.
CARLOS. ¿Son muy nuevos?
MATILDE. Nó: comunes.
CARLOS. ¿Y á usted lo antiguo recrea?
MATILDE. Todo es viejo en este mundo.
CARLOS. ¡Hasta el amor!
MATILDE. ¿Quién lo niega?

No el amor, porque ese existe,
tal vez, no mas que en la idea,
pero ha siglos que en el orbe
se propala esa quimera.

CARLOS. Negar usted el amor,
siento decir que es blasfemia.
Tanto vale llamar nieve
la llama que nos incendia.

MATILDE. Muy bonito y muy bien dicho,
pero son palabras huecas.

CARLOS. ¡Qué incredulidad!

MATILDE. Acaso
cuando llegue á los cuarenta
puede ser que, como alguna,
en amor sincero crea.

CARLOS. (*Aparte.*) ¡Ay mi jamona! (*Alto.*) Entretanto...

MATILDE. Entretanto soy incrédula.

CARLOS. ¡Conforme!

MATILDE. No entiendo.

CARLOS. Yo
trataré de que me entiendan.
Si á usted un hombre sincero,
que por sus encantos pena,
«muero de amor,» mas de un año
por tarde y noche dijera;
y si el tal, como soldado,
careciendo de elocuencia,
mas sentir que ponderar
supiera su llama intensa;
para dejar de creerle
cualquier fútil apariencia
bastara. ¿Es verdad, Matilde?

MATILDE. Cierto: cualquier bagatela,
como verle, por ejemplo,
de una beldad reverenda
estrechar contra sus labios
la mano.

CARLOS. Y cuando eso fuera,
¿no hay razones que esplicaran
el hecho?

MATILDE. ¡Qué desverguenza!

CARLOS. Supongamos que una dama
esquiva me desespera,
y que acudo, por salvarme,
de los celos á la prueba...

MATILDE. Es donosa la salida,
pero me hace poca fuerza.

CARLOS. Para probar que fué ardid,
tal vez torpe, en nuestra guerra,
¿no le basta comparar,
santa mujer, á cualquiera?
Yo hago juez aqui al espejo:
contemple usted su belleza,
y dígame si es posible
que haya un mortal tan babieca,
que de Matilde se aparte
por conseguir la Duquesa.

MATILDE. Cuanto mas bajo el motivo
menos disculpa la ofensa.

CARLOS. Si yo fuera el Abogado,
posible es que me creyeran:
él solo tiene ventura..

MATILDE. Sabe tal vez merecerla.

CARLOS. No niego yo lo que vale:
tiene espedita la lengua,
tiene crédito.

MATILDE. Y constancia.

CARLOS. No me gana en esa prenda.

MATILDE. ¡Bien por Dios!

CARLOS. Sí, lo repito;
tambien yo constancia eterna
puedo jurar, sin temor
de que el tiempo me desmienta;
que conozco una mujer,
mal dije, es una hechicera,
que el corazon me ha fijado
de amor con aguda flecha.

MATILDE. ¿Y esa dama está casada?

CARLOS. No á fé.

MATILDE. Pues será soltera.

CARLOS. Tampoco.
MATILDE. Pues es viuda.
CARLOS. Forzosa es la consecuencia.
(*Levántase Matilde.*)
MATILDE. Para que usted la conquiste
ha de amarla muy de veras.
CARLOS. Con el alma y con la vida.
MATILDE. No ha de adorar otras bellas.
CARLOS. En ella toda hermosura
á mis ojos se compendia.
MATILDE. Si usted un dia tan solo
de constante amor da pruebas,
tal vez...
CARLOS. ¿Tal vez?
MATILDE. Yo qué sé;
mas amor ablanda peñas;
y mujer que á un hombre escucha
satisfacciones como estas,
no me parece imposible
que al cabo un dia le quiera.
CARLOS. ¿Será verdad?
MATILDE. Lo primero
es probar la consecuencia;
y tenga usted entendido,
que mujeres de mis prendas,
si amables oyen al hombre
que las sirve y galantea,
nunca dan el corazon
de veras mas que en la iglesia! (*Váse.*)

ESCENA VII.

DON CARLOS.

¡Iglesia!! Siempre lo mismo!
¡Ponzoña de los amores,
áspid oculto entre flores,
matrimonial parasismo!
¿Yo he de lanzarme en tu abismo?
¿Yo he de renunciar por tí

á cultivar ¡ay de mí!
este amor *omni-queriente*,
que profeso consecuente
desde el dia que nací?

ESCENA VIII.

Dichos y DON FELIX.

FELIX. Cárlos: ¡Qué estremos! ¿Qué es ello?
CARLOS. Ser nacido en hora mala
FELIX. ¿Qué te sucede? ¡por Dios!
CARLOS. ¡Una terrible desgracia!
La viuda que te dije...
FELIX. ¿Qué? ¿te ha dado calabazas?
CARLOS. No, Felix, nó: lo contrario.
FELIX. ¿Lo contrario?
CARLOS. Sí, me ama.
FELIX. ¡De eso te quejas! ¿Pues no
dijiste que la adorabas?
CARLOS. Y la adoro; pero escucha:
¡Me han hablado de casaca!!
¿No te horrorizas?
FELIX. ¿Por qué?
CARLOS. ¡De bronce tienes el alma!
¿No te figuras ya verme
hacer, por Semana Santa,
el paso en la procesion
con la dueña de mi casa?
¿Lucirla por Corpus Cristi,
al Prado en coche llevarla,
y vivir, como una ostra,
en la concha de sus sayas?
¿No me ves con un chiquillo,
por dogal á la garganta,
admirado cuando chilla,
y asombrado cuando calla?
¿No imaginas, si me llego
por acaso á una muchacha,
que al verme tuerce el hocico

y las narices se tapa,
diciendo: «Jesus que asco!
»esta olla está pasada!»?
¿No miras cómo á un tresillo
entre dos viejas me amarran
en los bailes, y me sientan
á los salones de espaldas?
Si soy celoso, me silban;
si nó, me tienden la capa;
si la acompaño, soy posma;
si va sola, soy un maudria;
avaro, si anda modesta,
despilfarrado, si gasta!
En público me censuran:
¿Y en secreto, qué me pasa?
Si me quiere mi mujer,
de amor y celos me mata;
si nó, Felix... Ya me entiendes,
no tiremos de la manta.
Si esto á tí no te horroriza,
¿por qué diablos no te casas?

FELIX. Todo eso, Cárlos, es bueno
para dicho, tiene gracia:
pero cuenta el matrimonio
tambien inmensas ventajas.
Dos corazones unidos,
que casto amor firme enlaza,
del mundo á las tempestades
oponen fuerte muralla.
¿Quién, si padeces, dará
mas dulce alivio á tus ansias
que una bella compañera,
amiga á un tiempo y amada?
Y los hijos, dulces prendas,
tiernos pedazos del alma,
¿No serán verdes capullos
en la nieve de tus canas?
Al pobre le dá su esposa
fortaleza en la desgracia,
y poco de sus tesoros,

sin ella el rico gozára.
No quieras; ¡ay! como el hongo,
vivir sin raiz ni ramas;
mira que al tronco que está
solitario en la montaña,
aunque fuerte, fácilmente
el huracan le descuaja!

CARLOS. Hazme el favor de decirme
cuándo demonios te embarcas.

FELIX. ¿Tanto te pesa el oirme
que ya quieres que me vaya?

CARLOS. ¡Miedo me das!

FELIX. ¡Calavera!

CARLOS. Miedo, Felix; y no es chanza,
porque me van conmoviendo
los idilios que me cantas.

FELIX. Y es tiempo ya de que pienses,
Cárlos, en sentar tu baza.

CARLOS. ¿Y esta costumbre maldita
de requebrar cuantas faldas
se me ponen por delante?

FELIX. Todo consiste en quebrarla.

CARLOS. Yo no vivo sin amor.

FELIX. Lo tendrás dentro de casa,
siendo bella tu mujer.

CARLOS. Será la primer semana.

FELIX. Luego vendrá la costumbre.

CARLOS. ¿Y si antes, Felix, me cansa?

FELIX. La obligacion contraida...

CARLOS. Cadena es siempre y pesada.
Yo fuera esposo modelo
en pais de poligamia:
un solo amor, caro amigo,
te lo confieso, me espanta.

FELIX. Una mujer ingeniosa,
sin ser inconstante, es varia:
hoy te prenda por humilde
y por entera mañana;
si aqui al favor te encadena
al desden allá te amarra.

CARLOS. ¿Será cierto? Y la Condesa,
tesoro rico es de gracias.

FELIX. Pues siendo asi, Cárlos mio,
la ocasion la pintan calva.

CARLOS. Alto pues; cambio de frente,
y á banderas desplegadas,
al campo del Himeneo
me voy con bagaje y armas!

FELIX. Bien: yo seré tu padrino.

CARLOS. Pues abrázame. ¿Qué aguardas?
¡Voy á buscar mi futura,
á soltar la vil palabra!
á Dios, libertad querida,
á Dios, las pompas mundanas;
me caso. ¿No es penitencia
mayor que entrar en la Trapa? (*Váse.*)

ESCENA IX.

DON FELIX.

¡O quién tuviera ese humor!
¡Quién de todo hiciera burla!
A pocos concede el cielo
¡ay de mí!—tanta ventura.
(*Quédase pensativo y siéntase.*)

ESCENA X.

Dicho y MATILDE.

MATILDE. (*Sin ver á Felix.*) Hoy prolonga el tocador
mucho mas que lo acostumbra.
¡Pobre mujer! La deslumbra
con sus frases mi traidor.
¿Dónde estará? Indiferente
no me busca, y yo esperaba...
¡Apostemos que esto acaba
por amarle sériamente!

FELIX. (*Levantándose sin verla.*)

¡Siempre la misma quimera!
¡Siempre este mismo martirio!
¡Mi necio amor, ó delirio,
conservaré hasta que muera!
(*Vénse.*)
¡Matilde!

MATILDE. ¿Quién es?

FELIX. Un hombre
tan en todo desdichado,
que apenas, si le han quedado
sus desgracias y su nombre.
Yo soy Felix de Toledo;
diez años há no pisé
mi patria, mas que guardé
su memoria decir puedo.
¡Acaso usted no recuerda
que me conoció algun dia!
A mí la memoria impía
cuanto ha pasado me acuerda.
Perdone usted si importuna
le parece mi presencia,
que venir dulce violencia
ha sido de la fortuna

MATILDE. Tal ha sido mi sorpresa
viendo á usted en tal parage,
y de su estraño lenguaje
tan grande ha sido la priesa,
Señor Don Felix, que apenas
responder ni callar puedo;
porque si callo concedo,
si respondo aumento penas.
Recuerdos de la niñez
muy tarde ó nunca se olvidan:
mas no por deuda se pidan
memorias á mi altivez!
¿No pudo en tan larga ausencia
calmar el resentimiento,
pensar que con sentimiento
se cedió á la conveniencia?

FELIX. ¡Ah! Que el amor verdadero

nunca á conveniencias cede!

MATILDE. Usted disputarlas puede
A un andante caballero.

FELIX. ¡Oh sí! ¡No soy de este siglo!

MATILDE. ¿Por que nació usted en él?

FELIX. ¿Habrá mujer mas cruel?

MATILDE. No señor: soy un vestiglo:
escuché niña á un teniente
muy buen mozo, pero pobre;
y le quise, aunque era sobre
sentimental, exigente.
Pidió un General mi mano,
mi familia se la dió...

FELIX. ¡Pronunciara usted un nó!

MATILDE. Disparate soberano!
¿Resistir á aquella edad?
¿Y qué hicieramos casados?

FELIX. ¡Ah!

MATILDE. ¿De chiquillos cargados,
pedir pan por caridad?
Cedí entonces con dolor
al mandato de mi tia;
mi bien ella conocia
mas que yo: mucho mejor.

FELIX. ¿Con que ha sido usted feliz?

MATILDE. Pan y cebolla mi Juan
no me dió: mas con el pan
me dió el buen viejo perdiz.

FELIX. ¡Le ha podido usted amar?

MATILDE. ¿Amar? no sé: le he querido
como se quiere á un marido
desvelado en agradar.
Hasta al morirse pensó
en mi bien; si soy Condesa,
si rica, mi fé confiesa...

FELIX. ¿Condesa usted?

MATILDE. ¿Por qué no?

FELIX. ¿Y conoce á Guzman?

MATILDE. Sí.

FELIX. ¿Al General?

MATILDE. Ciertamente.
¿Pero usted está demente?
FELIX. Poco me falta. ¡Ay de mí!
Ya el muerto tiene remplazo.
MATILDE. Estoy, Don Felix, viuda.
FELIX. ¿Y no amante?
MATILDE. Eso está en duda.
FELIX. ¡Hoy ciñe á usted nuevo lazo!
MATILDE. Pues mas sabe usted que yo.
FELIX. Soy de Cárlos confidente;
me ha dicho que usted consiente.
MATILDE. ¿Quién se lo dijo? Yo nó.
FELIX. ¿Pero, en fin, usted le ama?
MATILDE. ¿Es usted mi confesor?
FELIX. ¡Ah! ¡piedad de mi dolor!
MATILDE. ¡Ay! ¡qué marino tan dama!

ESCENA XI.

Dichos, la DUQUESA *y* TEODORA *de baile,* DON CARLOS *dando el brazo á la primera.*

DUQUESA. (*Aparte.*) Mi primo con la Condesa:
esto cuadra á mi proyecto.
(*A Matilde.*) Mucho he tardado.
MATILDE. En efecto;
mas que bella estás, Duquesa!
CARLOS. (*Aparte á Matilde.*)
Por Dios, caridad, Matilde!
MATILDE. ¿Vamos al jardin, Teodora?
CARLOS. (*Aparte á Teodora.*)
Sí, hermosa!
TEODORA. (*A Matilde.*) ¿Vamos?
(*Aparte á Cárlos.*) ¡Me adora!
CARLOS. (*Aparte á Teodora.*) Y sin quitarle una tilde.
DUQUESA. Sí, del fresco gozaremos;
y solas. Estos señores
permitirán.
CARLOS. De las flores
envidiosos quedaremos. (*Vánse las damas.*)

ESCENA XII.

CARLOS. (*Aparte.*) Juntas las tres, no me pesa
no ir con ellas, á fé mia.
FELIX. (*Aparte.*) ¿Quién tal lance esperaria?
Nada iguala á mi sorpresa.
CARLOS. (*Aparte.*) Y en sabiendo este mochuelo
cuanto pasa, habrá sermon!
FELIX. (*Aparte.*) Cuando él sepa mi pasion,
¿qué va á decir, santo cielo?
CARLOS. ¿Qué haces ahí tan pensativo?
FELIX. Iba á decir otro tanto.
CARLOS. No me falta algun quebranto.
FELIX. Penando sabes que vivo.
CARLOS. ¡Ay de mí!
FELIX. ¡Triste de mí!
CARLOS. ¿Los dos en la misma nota?
FELIX. ¡Eh! ¡Ya estamos de chacota!
CARLOS. ¡Para burlas estoy; sí!
FELIX. Cárlos, te quejas de vicio.
Tu amada te corresponde.
CARLOS. ¿Pero cuál de ellas? Responde.
FELIX. ¿Quiéres hacerme un servicio?
CARLOS. Dí cuál es.
FELIX. Hablar formal,
ó no hablarme.
CARLOS. Concedido.
FELIX. ¿En fin, la mano has pedido...?
CARLOS. Te diré: el lazo nupcial,
aunque en principios se funda
que respeto, es cosa grave;
tú me lo pintas muy suave,
pero en efecto, es coyunda.
FELIX. No te he pedido un discurso;
una respuesta y no mas.
CARLOS. Si tú me escuchas, verás
que no tengo otro recurso.
FELIX. Pero ¿qué diablos ensartas?
CARLOS. ¿No quieres formalidad?

FELIX. Sí; mas tambien claridad.
CARLOS. Pues no me embrolles las cartas.
FELIX. ¿Pediste, en fin, esa dama?
CARLOS. A pedirla fuí derecho.
FELIX. ¿Y lo has hecho, ó no lo has hecho?
CARLOS. Pues en eso está la trama.
FELIX. ¿Qué trama?
CARLOS. La del destino
FELIX. No te entiendo por quien soy.
CARLOS. Pues bien claro hablando estoy.
FELIX. Acaba ó me desatino:
ya no tengo mas espera.
CARLOS. Sabe el secreto, rebiento,
escúchame que lo cuento,
y suceda lo que quiera.
Iba á casarme resuelto,
mas casarme no es mi estrella:
hallé á Teodora tan bella,
que libre fuí, y libre he vuelto!
FELIX. ¡Ah! respiro.—Has hecho bien.
CARLOS. ¡Eso dices!
FELIX. Bien, repito.
CARLOS. ¡Yo aguardaba un sermoncito,
y me das el parabien!
FELIX. Sí, amigo, que el matrimonio
es una cosa muy grave,
y aunque yo lo pinté suave...
CARLOS. Ese es un plagio, demonio.
¡Qué estraña revolucion
hicieron cortos instantes!
«Cásate,» me dices antes,
con empeño, con uncion:
«no te cases,» con empeño
tambien, me dices ahora!!
FELIX. A quien dos damas adora
querer casarle es un sueño.
CARLOS. ¿Pues antes ya no sabias
que era bígamo mi amor?
FELIX. Lo pensé luego mejor
CARLOS. Di: ¿A Matilde conocias?

FELIX. Poco... muy poco... de vista.
CARLOS. ¿Serás, Felix, mi rival?
FELIX. ¡Ah! no me juzgues tan mal.
CARLOS. Vamos pasando revista...
FELIX. No te canses, que me voy.
CARLOS. ¡Te vas! ¿Y á dónde?
FELIX. A Sevilla.
CARLOS. De prodigio en maruvilla
me llevas.—¿Y cuándo?
FELIX. Hoy;
y no me preguntes mas
que responderte no puedo. (*Váse.*)
CARLOS. Loco, aguarda.—Hay tal enredo!
FELIX. (*Dentro.*) Cárlos, á Dios por jamás.
(*Don Cárlos haciendo estremos le sigue.*)

FIN DEL ACTO PRIMERO.

ACTO SEGUNDO.

El teatro representa un salon de la quinta de la Duquesa, con puertas al foro y costados. Es de noche, los salones estan iluminados, se oye la música, los del baile entran y salen continuamente.

ESCENA I.

La DUQUESA *y* DON FELIX.

DUQUESA. ¡Buena la haces, botarate,
si no te encuentro al salir!
¡Con que te gusta, la quieres,
y te retiras asi!
FELIX. Clara, el cielo te perdone...
DUQUESA. ¡Eres bravo paladin!
FELIX. Si tengo un rival amado...
DUQUESA. ¡Es gran remedio el huir!
¿Quién te ha dicho que le quiere?
¿Que no te prefiere á tí?
¿Pretendes apenas llegas
con esa pasion febril,
que se te rinda Matilde?
Lo de vine, ví y vencí,
está bueno en las novelas
de Galaor y Amadís.
FELIX. Años há que de Matilde
soy, Clara, amante infeliz!
DUQUESA. Con que es ella!
FELIX. Sí, la misma,
y siempre ingrata ¡ay de mí!
DUQUESA. (*Aparte.*) No lo estraño! (*Alto.*) Si me escuchas
tal vez consigas tu fin,

y para tí trueque en galas
Matilde el triste mongil.

FELIX. Imposible.

DUQUESA. Lo veremos.

FELIX. ¿Cómo?

DUQUESA. Déjame decir.
tú la obsequiaste rendido
y ella burlóse de tí;
pues acude sin tardanza
de amor al eterno ardid.

FELIX. No te entiendo.

DUQUESA. Dale celos.

FELIX. ¡Matilde celos de mí!

DUQUESA. Los tendrá, que una mujer
de su orgullo en el zénit,
no gusta de que su esclavo
mas humilde quiera huir.

FELIX. ¿Y con quién?

DUQUESA. ¡Con quién! ¿Qué importa?
con una mora zegrí!
Con mi sobrina, ó conmigo,
ó con las dos, ó con mil.

FELIX. No sabré.

DUQUESA. ¿Tanto te cuesta
que te gustamos, fingir?

FELIX. No es eso: mas si la enojo...

DUQUESA. ¿Qué perderás, Felix, dí?
¿No estás ya sin esperanza?
Pues si al cabo has de morir,
ensaya el remedio heróico.
Vuelve, vuélvete al jardin,
dale el brazo á la primera
que halles suelta por allí,
muéstrate fino, rendido,
llámala rosa de abril,
aunque fea te parezca,
si Matilde puede oir.
Tú verás como se ablanda...

FELIX. De mí te quieres reir!

DUQUESA. Podrás ser en tu navio

muy vareroso adalid,
pero en amor...

FELIX. ¡Tengo tanto
que no lo acierto á mentir!

DUQUESA. Haz un ensayo conmigo ..

FELIX. ¡Clara!

DUQUESA. Vamos.

FELIX. ¡Imposible!

DUQUESA. ¡Felix!

FELIX. Vaya.

DUQUESA. Rompe al fin.

(D. Felix haciendo un esfuerzo se acerca á la Duquesa, y le toma una mano.)

FELIX. ¡Señora!

DUQUESA. ¡Jesus que tono!

FELIX. ¡Sois una flor!

DUQUESA. ¿De alelí?

FELIX. Si te me burlas no hay medio
de que pueda proseguir.

DUQUESA. Déjate de ese lenguage
muy bueno en tiempo del Cid;
dí sin temor: «Es usted
»mas bella que un serafin,
»yo la adoro, y ruego humilde
»que sus ojos fije en mí.»
No suspires, no te aflijas
cual si fueras á morir,
que las mujeres tememos
mas que la garza al neblí
á un amante jeremias
de retórica sutil.
Otra vez.—Audacia, Felix.

FELIX. Vamos, no sé que decir.
Los marinos, Clara mia,
viven tan dentro de sí,
que de las artes del mundo...

DUQUESA. No saben lo que Merlin,
ya lo veo: pero es fuerza,
que aprendas, claro, á fingir;
ó te prepares á ser

siempre víctima infeliz.
Tu amigo viene (*Siéntase*)... A mi lado...
Sentimental—bueno: así.

(D. Felix se sienta al lado de la Duquesa que le coloca en actitud sentimental, y aparenta escucharle ella misma con grande interés. D. Cárlos aparece por el foro con aire de mal humor.

ESCENA II.

La DUQUESA, DON FELIX, DON CARLOS.

CARLOS. (*Aparte.*) ¿Qué yerba habré yo pisado
que todo me sale mal?
¡Oh noche! ¡Oh baile fatal!
FELIX. ¿Nos mira? (*Aparte á la Duquesa.*)
DUQUESA. (*Aparte á Felix.*) No ha reparado.
CARLOS. (*Aparte.*) Matilde con el Ministro
en fárfara; la Teodora
con el Banquero... ¡Traidora!
Muy bien. ¿Y yo qué administro?
No encuentro ni á la Duquesa.
¡Cuerpo mayor!—¡Bah! ¿Qué importa?
FELIX. ¿Tiene Cárlos vista corta? (*Aparte á la Duquesa.*
DUQUESA. Ya mira. (*Aparte á Felix.)*
CARLOS. (*Reparando.*) ¡Calle! ¿Ni esa?
DUQUESA. Primo, de amor repentino
á mi edad no se confía.
CARLOS. (*Aparte.*) Esta es fiel; esta es la mia.
Calabazas: lo adivino.
DUQUESA. Bien; tú me juras constancia;
si cumples el juramento,
no digo...
CARLOS. (*Aparte.*) ¡Soy un jumento!
DUQUESA. ¿Si otra pasion...?
CARLOS. (*Presentándose.*) Esa es rancia.
DUQUESA. ¡Cómo! ¿Usted nos acechaba?
FELIX. ¡Carlos!
DUQUESA. ¡Bonito papel!
CARLOS. ¡Señora!

DUQUESA. ¡Es cosa cruel!
Espiarnos.
CARLOS. Yo pasaba
sin designio...
DUQUESA. Por supuesto.
CARLOS. Y sin quererlo escuché...
DUQUESA. Que Felix me ama... ¿Y bien, qué?
CARLOS. Que callo y le cedo el puesto.
DUQUESA. Antes de ceder, amigo,
posesion se ha de tener.
Vamos, Felix: (*A Don Cárlos.*) podrá ser
le llame para testigo. (*Vánse.*)

ESCENA III.

DON CARLOS.

¡Me han dejado hecho una mona!
¡Digo, el marino, el cobarde!
¡El mocito empieza tarde,
mas me birló la jamona!
Del mal el menos: sintiera
mas que el otoño de Clara,
que en Teodora me quitára,
la florida primavera;
ó que la antigua pasion
de Matilde el hado impío
renovase, y sin estío
dejára mi corazon.
¿Pero, en fin, Cárlos, qué hacemos?
Si en pos de las tres me afano,
claro está que lo que gano
perder es amor y estremos.
Ello es triste, pero cierto,
una sola hay que escoger;
una sola, y para ser
marido... ¡Primero muerto!
Pues renunciar á las tres
y vivir á lo cartujo...
Teodora es como un dibujo:

me caso... y me aburro al mes.
De Matilde el claro ingenio
sospecho que ha de fijarme...
¡Mas gusta de predicarme,
y yo tengo mal genio!
Clara prefiere al marino...
¡Bobería...! Está celosa;
me conviene para esposa,
sabe vivir, tiene tino...
Pero tambien los cuarenta;
y con diez años encima...!!!
Felix, te cedo á tu prima,
y saldemos nuestra cuenta.
¿Qué hago, cielos? ¿Qué escoger?
Célibe soy y me aburro,
y si en casarme discurro
siento el cabello crecer.
¿Sí? Pues que ruede la bola,
á la fortuna me entrego.
Mi Matilde... ¡Ah ya estoy ciego!
A esta quiero y á esta sola.

ESCENA IV.

Don Carlos, Matilde.

Matilde. ¿Pues cómo tan solitario
el galan de cien beldades?
Carlos. ¿Y cómo tan sin cortejo
el ídolo de galanes?
Matilde. Porque el ídolo, Don Cárlos,
se está quieto en los altares,
y sabe que el humo es humo.
Carlos. Pero cierto mi homenage.
Matilde. ¿A Teodora? ¿A Clara? ¿A mí?
Usted mismo no lo sabe.
Carlos. Mi corazon de usted sola...
Matilde. No lo dudo: en este instante:
pero, en fin, Señor Don Cárlos,
fuerza será que esto acabe,

que ya es pesada la burla
con mujeres principales.

CARLOS. Protesto que mi respeto
á mi amor puede igualárse.

MATILDE. Justo es respetar á todas,
que todas son respetables;
pero amar á todas es
corazon tener muy grande.

CARLOS. Matilde, usted en mi pecho
reina sola y sin rivales.
¿Por qué no exige usted pruebas?
¡Ah! cuantas yo pueda darle,
juro...

MATILDE. ¡Si no hay juramento
que Don Cárlos no quebrante!

CARLOS. Permítame usted...

MATILDE. Inútil:
ya á mí no puede engañarme.
Teodora me ha confesado
que usted esta misma tarde,
apenas eterno amor
acababa de jurarme,
tambien á ella... No creo
que presuma usted que caben
Teodora y Matilde juntas
en un pecho... Y esto baste. (*Váse.*)

ESCENA V.

DON CARLOS.

¿Qué es esto cielos? ¿Qué es esto?
¿No hay un rayo que me abrase?
¿Mas para qué quiero rayos
si ya me abrasan desaires?
¡Perdidas Clara y Matilde!
Pues bien, altivas beldades,
tal vez os debo la dicha
que pensais arrebatarme.
¿Del incrédulo equinoccio

no fué locura prendarse?
¿En Matilde, qué ilusiones,
viuda y coqueta, caben?
En tus brazos, inocencia,
corro, vuelo á refugiarme.
Vírgen casta, suave estrella,
que pura y fúlgida naces,
pon término con tu amor
á mis locas mocedades.
¡Lástima que no me escuche,
porque es un trozo admirable!
¡Oh ya viene...! Mi fortuna
aquí á punto me la trae.

ESCENA VI.

DON CARLOS, TEODORA.

CARLOS. Gracias á Dios, señorita,
que ya libre de galanes
podrá usted unos minutos,
si es que se digna, escucharme.
TEODORA. Don Cárlos, si ora me aparto
de la confusion del baile,
que es solo buscando á usted
debo ingenua confesarle.
CARLOS. ¡Oh delicioso candor!
¡Oh franqueza inimitable!
¿Teodora, cómo he podido
merecer favor tan grande?
TEODORA. El tiempo vuela: no quiero
que mi tia lo repare:
escúcheme usted, le ruego,
ya que es forzoso que le hable.
CARLOS. (*Aparte*) Tenemos lo de intenciones:
mas me resuelvo á casarme.
TEODORA. Usted, General, me honra
de unos meses á esta parte
con atencion cortesana...
CARLOS. ¡Con amor imponderable!

TEODORA. Y aunque jóven, ya del mundo
se me alcanza lo bastante
para saber que esas cosas
en sério no han de tomarse.
CARLOS. Usted se engaña, Teodora,
mi amor sincero y constante...
TEODORA. Sincero no sé qué diga,
pero firme, como el aire...
CARLOS. ¿Tambien oye usted calumnias?
TEODORA. ¡Tambien...! ¿Luego hubo otro lance?
CARLOS. Nó, mi bien: pero no ignoro...
TEODORA. Tampoco estoy ignorante
de que usted á cuantas vé...
CARLOS. ¡Es cosa de suicidarse!
Porque hablándo con las damas
en cortesano lenguage,
tal vez soy tan lisongero
que me paso de galante,
¿Se ha de presumir, Teodora,
que soy tan necio, tan frágil,
que no ha de poder mi amor
en parte alguna fijarse?
Si en la rosa purpurina
la mariposa inconstante
detiene el vuelo, y tal vez
mover las alas no sabe;
si el aura inquieta en el bosque
en reposar se complace;
si en la pradera el torrente
sus aguas tranquilo esparce;
hallando yo la fragancia,
la sombra y florido esmalte
en usted, que es, mi Teodora,
no una mujer, sino un ángel,
¿Por qué dudar de que puede,
y para siempre, fijarme?
TEODORA. Si á usted le dejan hablar
no han por cierto de ahorcarle.
CARLOS. Pues bien: apiádese usted.
TEODORA. Procure usted enmendarse.

CARLOS. ¿Puedo esperar...?

TEODORA. Fuera en vano.

CARLOS. Tal rigor...

TEODERA. Ese me salve.

CARLOS. ¿Mi delito?

TEODORA. La inconstancia.

CARLOS. ¿Otra vez?

TEODORA. Siento enojarle,
pero sepa usted, Don Cárlos,
que me pretende ya en balde;
pues no he de ser la rival
de quien me sirve de madre. (*Váse.*)

ESCENA VII.

DON CARLOS.

(*Despues de una breve pausa, durante la cual parece confundido.*)

¡Todas! ¡Las trés! ¡Oh ilusiones!
¿Vuestros ensueños que valen?
No hay que dudar; ya en Madrid
para mí no habrá beldades:
estas corren la palabra
y me lloverán desaires.
Huyamos, pues; justamente
me deleitan los viages.
¡La fuga!—¿Y sin combatir?
Nó, que fuera deshonrarme.
Sangre fria; meditemos
con detencion este lance.
Felix amaba á Matilde:
¿Pudo tan pronto mudarse?
No es su género... Aqui hay trampa:
Clara ha querido asustarme.
¿Matilde, que ya conoce,
ha mucho tiempo mis aires,
se asombra de una chiquilla
de quien pudiera burlarse?
Si su enojo es verdadero,

que en la frente me lo claven.
La Teodora, vaya en gracia,
de veras pudo enfadarse:
pero no, que sus palabras
resueltas, punzantes, acres,
no sientan bien en la boca
de una niña tan amable.
¡Ah Duquesa! Vuestra mano
aqui no puede ocultarse:
se conjura contra mí.
¡Y á dónde quieren llevarme?
Está claro: á uncirme al yugo
de himeneo en los altares.
¿Guerra á muerte? ¿No es verdad?
Pues guerra, esterminio, sangre;
y la victoria al mas fuerte
en las lides, al mas hábil.
¡Ola! ¿Qué es esto...? ¿Varones?

ESCENA VIII.

DON CARLOS, DON FELIX, *el* ABOGADO, *el* BANQUERO.

FELIX. Cárlos, celebro encontrarte.
ABOGADO. General, vengo á pedirle
de audiencia algunos instantes.
BANQUERO. Quisiera cierto negocio
que entre los dos se tratase.
CARLOS. Caballeros, soy de ustedes;
ya escucho: pueden hablarme.
FELIX. Es urgente... Con permiso.
Oyéme, Cárlos, aparte.
ABOGADO. Perdone usted: la cuestion
para mí es muy importante.
BANQUERO. Y no sufre dilaciones
el negocio que me trae.
CARLOS. Yo soy uno, tres ustedes,
y si en trozos no me parten,
alguno ha de ser primero
y otros dos han de esperarse.

FELIX. Yo tengo la primacía.
CARLOS. Pues estoy pronto á escucharte.
ABOGADO. Yo no cedo mi derecho,
General, indisputable.
BANQUERO. Ni yo, que del tiempo aprecio
en su valor los quilates.
CARLOS. Los tres ló pierden ustedes
sin mas fruto que estorbarse.
Una de dos: ó los tres
á un tiempo sus pechos me abren,
en cuyo caso es posible
que los sesos me devanen;
ó á su vez me van diciendo
lo que intentan confiarme;
y pues soy el confidente,
yo elejiré el que me cuadre:
di tú, Felix.—Soy de ustedes.
Ya puedes desahogarte

(*Don Felix y Don Cárlos en un estremo del Teatro.—El Abogado y el Banquero al otro.*)

FELIX. Años hace, Carlos mio,
que soy de Matilde amante.
CARLOS. De la Duquesa tu prima
lo eres solo de esta tarde.
FELIX. Ardid fué, te lo confieso,
debilidad el prestarme.
CARLOS. ¿Invencion de la Duquesa?
Ya conozco yo sus artes.
FELIX. Mas del amor á Matilde
la llama en mi pecho arde,
como el dia que primero
á sus pies me vió postrarme.
CARLOS. Diez años de amor es fecha,
sobre todo amando en balde.
FELIX. La encuentro libre, y mi vida
yo quisiera consagrarle.
CARLOS. Consagra, Felix, consagra.
FELIX. ¡Ah! Si tú no lo estorbases...!
CARLOS. ¡Yo estorbarlo!—No por cierto.
FELIX. Ella te ama,

CARLOS. ¡Disparate!
FELIX. ¿Qué dices?
CARLOS. No ha dos minutos
que acaba de desahuciarme.
FELIX. ¿Dices verdad?
CARLOS. Te lo juro.
FELIX. ¡Oh ventura imponderable!
CARLOS. ¡Eres cortés!
FELIX. ¡Ah! Perdona.
De júbilo no me cabe
el corazon en el pecho.
¡Cárlos, deja que te abrace!
¿Qué quieres que haga por tí?
CARLOS. Nada, Felix, que te cases;
que de tu fácil victoria
eso bastará á vengarme. (*Váse Felix.*)
Señor Banquero.
BANQUERO. Aquí estoy.
ABOGADO. ¡Yo el último! ¡Qué desaire
BANQUERO. Pensando en establecerme
cual conviene á un hombre grave...
CARLOS. Ni tengo hija, ni hermana
con quien pueda usted casarse.
BANQUERO. Lo sé: pero en cambio tiene
reputacion formidable
de seductor...
CARLOS. ¿Y usted quiere
en su servicio emplearme?
BANQUERO. No señor; lo que pretendo
es tan solo que se aparte
de mi camino.
CARLOS. ¿Y cuál es?
¿Teodorita?
BANQUERO. Hácia otra parte...
CARLOS. Su tia. ¡Yá!
BANQUERO. Varié.
CARLOS. No hace mucho.
BANQUERO. Hombre, que diantre,
cuando un negocio se pone
así, vamos, de mal aire,

el que es prudente lo deja
mucho antes de engolfarse.

CARLOS. ¿Es decir que la muchacha
no quiere?

BANQUERO. No: es muy amable,
me ha ofrecido su amistad.

CARLOS. Ya comprendo, eso equivale,
y lo siento, á calabazas.

BANQUERO. Con la tia he de casarme.

CARLOS. Que sea por muchos años.

BANQUERO. ¿Si usted no me disputase...?

CARLOS. ¿La posesion de una dama
para mí tan respetable?
No señor: yo reconozco
en usted tantas y tales
prendas, que á ese consorcio
le dan derecho innegable.

BANQUERO. Muchas gracias, pero usted
(ruégole que no lo estrañe),
permitirá que procure
saber antes de casarme
hasta qué punto mi honor
puedo á Clara confiarle.

CARLOS. Lo mas prudente seria,
señor mio, no embarcarse,
ó embarcarse á ojos cerrados.
Mas pregunte usted, no obstante.

BANQUERO. ¿La Duquesa ha dado á usted,
así... no acierto á esplicarme...
vamos... prendas ó palabras...?

CARLOS. No señor: me hizo desaires.

BANQUERO. ¡Mujer juiciosa y discreta...!

CARLOS. ¿Usted se atreve á insultarme?

BANQUERO. Mil perdones... no señor...
quise decir... (fiero lance)
si indiscreto...

CARLOS. Basta: entiendo.

BANQUERO. Cuando usted necesitare
poner fondos en Paris,
ó si á la bolsa jugare,

tendré un placer en servirle,
y lo haré casi de balde *(Váse.)*

CARLOS. Mil gracias. *(Al Abogado.)* Cuando usted quiera.
(Aparte.) Que facha de botarate.

ABOGADO. La cuestion que nos ocupa,
señor General, es grave.

CARLOS. Mientras la ignore, no puedo
saber si es ó no importante.

ABOGADO. Soy letrado.

CARLOS. Lo celebro.

ABOGADO. Y Diputado.

CARLOS. Adelante.

ABOGADO. Soy siempre en la mayoría
de los hombres principales!

CARLOS. Con verle á usted se conoce.

ABOGADO. Relaciones familiares
me enlazan con los Ministros.

CARLOS. Pues ya es usted hombre grande.

ABOGADO. Soy hidalgo.

CARLOS. En hora buena.

ABOGADO. Tengo hacienda en Castro-Urdiales.

CARLOS. ¿Cebada?

ABOGADO. Poca.

CARLOS. Lo siento.

ABOGADO. Comercio en el cabotage;
soy literato...

CARLOS. ¡Prodigio!

ABOGADO. Y, en fin, pretendo casarme.

CARLOS. ¿Conmigo?

ABOGADO. Nó.

CARLOS. Buenas noches.

ABOGADO. Permítame usted que acabe.
Mi corazon, que á los tiros
de amor no es invulnerable...

CARLOS. ¡Ministerial y sensible!

ABOGADO. Casos hay escepcionales.

CARLOS. En resumen, la Condesa
el pecho supo ablandarle.

ABOGADO. ¿La Condesa? Diré á usted:
no puede en verdad negarse

que es hermosa, que es discreta,
que es rica, en fin, adorable;
pero al cabo ya es viuda,
y en el mundo, usted lo sabe,
una viuda es viuda,
la viudez tiene percances...

CARLOS. Pues no ha mucho que á sus pies
le ví á usted rendido amante.

ABOGADO. Cierto: son galanterías
que no pueden escusarse;
pero ella misma conoce
lo absurdo de nuestro enlace.

CARLOS. Ya estoy: no quiere.

ABOGADO. Temiendo
filos de lenguas mordaces;
y me ha dado un buen consejo:
que con Teodora me case.

CARLOS. Escelente.

ABOGADO. Yo no temo
ni temer debo rivales:
sin embargo, hay apariencias,
tremendas aunque falaces;
y usted comprende que un hombre
cual yo, en gubernamentales
círculos tan conocido,
un hombre, en fin, de los graves,
no se arroje al matrimonio
como un fátuo petulante.

CARLOS. Ya lo veo.

ABOGADO. En tal supuesto
me atreveré á interpelarle,
aunque no está en las costumbres
de filas ministeriales,
para saber si Teodora,
en uno de esos instantes
en que las niñas se pierden
sin saber lo que se hacen,
contrajo algun compromiso
con usted, bastante grave
para que de su himeneo...

mi pensamiento se aparte.

CARLOS. Aunque tal vez por usted
debiera á todo negarme,
en obsequio de Teodora,
para mí muy respetable,
diré á usted, que de su labio
no pudo nunca escaparse
ni una palabra que deba
retraer ni á usted ni á nadie.
Esa niña, á cuyo mérito
tributé humilde homenage,
me desaira.—Ya lo he dicho,
váyase usted, no me canse,
que aunque es mucha mi paciencia
es posible que se acabe.

(Váse el Abogado.)

ESCENA IX.

DON CARLOS.

La Duquesa no ama á Felix,
ni al Banquero mi Teodora;
Matilde le dió á ese fátuo
calabazas y muy gordas;
Marino, Creso y Pedante,
variando de maniobra,
sus blancas manos ofrecen
respective á *Doña otra;*
yo cumplí mi obligacion,
tengo á cubierto la honra;
ya saben que desairado
estoy, esos papamoscas.
¿Mas me declaro vencido?
¡Bah! Que no canten victoria:
mucho les falta que hacer,
y á mí el aliento me sobra.
Les ha de costar sudores
que me pronuncie en derrota.
Matilde con el marino:

bien: dejémoslos á solas.
Quien se lleva el gato al agua
se verá en muy breves horas. (*Váse.*)

ESCENA X.

MATILDE *del brazo de* FELIX *prosiguiendo una conversacion que se supone comenzada.*

MATILDE. Amigo, es cosa muy séria
pasar á segundas bodas.
FELIX. ¡Diez años de suspirar...!
MATILDE. Está bien, pero fué á solas:
deme usted tiempo, veremos.
FELIX. ¡Siempre cruel como hermosa!
MATILDE. Calle usted que viene gente.
(¿Cómo salir de este posma?)
FELIX. ¿No lograré que á mis votos
al menos se me responda?
MATILDE. Responderé.
FELIX. ¿Pero cuándo?
MATILDE. Antes que luzca la aurora.
Váyase usted, que se acercan.
FELIX. ¿Sin una esperanza sola?
MATILDE. O se vá usted ó le doy
mi negativa redonda.
(*Váse Felix saludando humildemente.*)
Gracias á Dios... ¡Y Don Cárlos
á mí renuncia! Estoy loca.

ESCENA XI.

MATILDE *se sienta pensativa en un sofá. Aparecen por el foro del brazo, el* ABOGADO *y* TEODORA.

ABOGADO. Si usted no acepta mi mano,
oh bellísima Teodora,
ciñe á mis sienes, lo juro,
del martirio la corona.
TEODORA. Morir de amor! ¡Bobería!

No, amigo, pasó la moda.
Agradezco hasta no mas
el favor con que me honra...

ABOGACO. Pronuncien un sí esos labios.

TEODORA. ¿Tan de pronto?—Usted me embroma;
pero déjeme le ruego.
que quien nos mire aquí á solas
pudiera pensar...

ABOGADO. Mi mano...!

TEODORA. (*Soltándole el brazo y haciendo una reverencia.*)
Muy buenas noches.

ABOGADO. ¡Señora!
(*Váse confuso.*)

ESCENA XII.

MATILDE.—TEODORA.

TEODORA. ¡Qué amor tan parlamentario!
¡Qué discursos y qué prosa!

MATILDE. ¡Pobre jóven!

TEODORA. ¡Ay Matilde!

MATILDE. ¿Te persigue?

TEODORA. Me sofoca.

MATILDE. Y á mí Felix.

TEODORA. Pero ese
es, Matilde, otra persona.

MATILDE. Un santo será, si quieres,
pero á mí no me enamora.

TEODORA. Don Cárlos, tal vez, Matilde
conquistar tu afecto logra.

MATILDE. ¡Don Cárlos! ¡Un calavera!
Gracias á Dios no estoy loca.

TEODORA. Haces bien; su poco juicio...

MATILDE. Su conducta escandalosa...

TEODORA. Su inconsecuencia...

MATILDE. Su lengua...

TEODORA. ¿Quién le ha de amar?

MATILDE. Una tonta.

ESCENA XIII.

Dichas y la Duquesa, *á quien se ve soltar el brazo del* Banquero *antes de entrar en escena.*

Duquesa. ¿A quién haceis, hijas mias,
quereis decirme, esas honras?
Teodora. A un calavera.
Matilde. A un grosero.
Duquesa. ¡Que os tiene, acaso, celosas!
Teodora. A mí no tal.
Matilde. Le desprecio.
Duquesa. Pero en fin, ¿cómo se nombra?
Teodora. El General.
Matilde. Tu Don Cárlos.
Duquesa. ¡Mio! ¡La alhaja es preciosa!
Teodora. Ya ves: tenemos razon.
Matilde. Y justicia que nos sobra.
¿Un hombre que se permite
engañar una tras otra,
y en una noche, á tres Damas!
Duquesa. ¿Qué hiciera con tres fregonas?
Matilde. Que como letra de cambio
cede su amor y le endosa.
Duquesa. ¿Luego sabes...?
Teodora. ¿Quién te ha dicho?
Matilde. ¿Y quién os dijo á vosotras?
Duquesa. El Banquero.
Teodora. El Abogado.
Matilde. Y á mí Felix en persona.
Se ha dignado el Señor mio
permitir que sea su esposa.
Duquesa. A mí tambien...
Teodora. ¿Cómo, tia?
Duquesa. Me cede.
Teodora. Y á mí.
Matilde. ¡Qué embrolla!
Duquesa. Poco á poco: esto merece
una venganza espantosa.

MATILDE. Entendámonos primero.
DUQUESA. Nada, es muy clara la historia:
Don Cárlos, que á todas tres
por turno nos enamora,
á Felix, al Abogado
y al Banpuero nos endosa.
TEODORA. Quiere decir que se burla
el pérfido de nosotras.
MATILDE. Quiere decir que es un hombre
que está pidiendo una horca.
DUQUESA. ¡Nada, abrasarlo á desaires!
MATILDE. ¡Que no halle misericordia!
(*A la Duquesa.*) Cásate con el Banquero.
DUQUESA. Muéstrate á Felix piadosa. (*A Matilde.*)
MATILDE. Escucha á tu pretendiente. (*A Teodora.*)
(*Aparte.*) Me safaré de estas bobas.
TEODORA. (*Aparte.*) Si ella se casa, yo triunfo.
DUQUESA. (*Aparte.*) Sin Matilde, ó yo ó Teodora.
MATILDE. Vedle: allí viene.
DUQUESA. (*Aparte.*) Es buen mozo.
TEODORA. (*Aparte.*) Qué apostura tan graciosa.
MATILDE. (*Aparte.*) ¡Que un tan grande calavera
en tal cuidado me ponga!

ESCENA XIV.

Dichas y DON CARLOS.

CARLOS. (*Aparte.*) ¡Las tres juntas! Esto es hecho:
¡O la muerte ó la victoria!

(*Las tres Damas se separan.—La Duquesa frente á un espejo aparenta componerse el tocado.—Matilde, sentándose, apoya la cabeza en el brazo, como rendida al cansancio.—Teodora, como si esperase á su tia, mira su vestido y le compone los pliegues ó arregla las guarniciones.*)

CARLOS. ¡Postura sentimental! (*Mirando á Matilde.*)
Bien: escena lacrimosa.
¿Espejo y rizos? ¡Orgullo, (*Mirando á la Duquesa.*)
frases huecas, gran prosodia!
¿Plieguecitos al vestido? (*Mirando á Teodora.*)

¡Pobre inocente paloma!
Enojo franco y cordial...
Ea, manos á la obra.
(*A ellas.*) ¿Las tres perlas de la fiesta
á un tiempo nos abandonan?

(*Las tres vuelven á un tiempo la cabeza, miran á Don Carlos con aparente indiferencia, y recobran sus primitivas posiciones.*)

CARLOS. (*Aparte.*) ¡Ay qué furia! Estan de acuerdo.
(*A ellas.*) Si aquí mi presencia estorba,
me retiro.

DUQUESA. (*Sin mirarle.*) Por mi parte
ni me agrada ni incomoda.

MATILDE. ¡Ah! que era usted!—No habia visto.

TEODORA. Esta falda me está corta.

(*Don Cárlos acercándose á la Duquesa y hablando en voz baja.*)

CARLOS. ¡Lindo tocado! ¡Qué bien
le sienta á usted esa rosa!

DUQUESA. ¡Qué impudencia!

CARLOS. ¿En qué he pecado?

DUQUESA. Lo sabrá usted, mas no ahora.

CARLOS. Cuando usted guste.

DUQUESA. A las tres
aquí.

CARLOS. Sin falta.

DUQUESA. Mi cólera
con discrecion y obediencia,
podrá calmar, aunque es honda. (*Váse.*)

CARLOS. (*Aparte.*) Anda con Dios.—¡Y cuán pronto
se ablandan estas jamonas!

(*Teodora, haciendo que sigue á su tia, pasa por el lado de Don Cárlos, quien la detiene con galantería.*)

CARLOS. ¿No me dirá ustéd, al menos,
lo que conmigo la enoja?

TEODORA. Repase usted la conciencia.

CARLOS. Limpia la tengo, señora.

TEODORA. A Dios entonces.

CARLOS. ¿No es justo
que mi defensa se oiga?

TEODORA. Sigo á mi tia.
CARLOS. ¿Mas luego?
TEODORA. Nó... Veremos...!
CARLOS. ¿A qué hora?
TEODORA. A las tres aquí. (*Váse.*)
CARLOS. (*Aparte.*) ¡Qué diablo!
¡A las tres tambien la otra!

(*Acércase á Matilde que, observándole con disimulo, ha permanecido al parecer indiferente.*)

CARLOS. ¡Bella Matilde!
MATILDE. ¡Don Cárlos!
En fin mi turno me toca.
CARLOS. ¡Qué injusticia! Cuando yo
por hablar á usted á solas...
MATILDE. A Clara y á su sobrina
ha colmado de lisonjas.
CARLOS. Solo para mí sarcasmos
pronuncia esa linda boca.
MATILDE. La de usted tiene requiebros,
segun dicen, para todas.
CARLOS. Matilde, deba yo á usted
justicia ó misericordia.
¿Qué hay aquí? ¿De qué me acusan?
¿Cuáles delitos me agobian?
MATILDE. Yo no acuso á usted de nada.
CARLOS. Mas castiga rigurosa.
MATILDE. Le doy gracias, al contrario,
de que apresura mi boda.
CARLOS. Yó aspiré á ser, lo confieso,
y en época no remota,
esclavo de esa beldad,
de esa gracia seductora.
¿Qué conseguí?—En esto apelo
de usted misma á la memoria.
Un amigo vino luego,
para aumentar mi congoja,
á decirme: «mi ventura
tú eres solo quien estorba.»
¿Qué pude hacer?—«Me desaira,
»respondí, Matilde hermosa;

»y no alcanzo á disputar,
»aunque me pese, tal joya.»

MATILDE. Quien fácilmente las cede
en poco estima las cosas.

CARLOS. ¿Cómo puede defenderse
propiedad que no se goza?

MATILDE. No es amante apasionado
quien tan discreto razona.

CARLOS. Si un asomo de esperanza
yo tuviera, si una sombra,
pocos fueran en verdad
los paladines de Troya
para lograr que cediese
ni una espina de tal rosa.

MATILDE. Con mujeres como yo
quien no merece no logra,
Don Cárlos; y favorecen
por lo mismo que se enojan.

CARLOS. Matilde, ¿Y cuando desairan?

MATILDE. Aun entonces no baldonan.

CARLOS. No, mas aterran el alma
y el corazon emponzoñan.

MATILDE. La gangrena de desaires
con rendimientos se corta.

CARLOS. Si el rendimiento sus fuerzas,
como suele, no redobla.

MATILDE. Ese es orgullo, Don Carlos,
ó mas bien soberbia loca;
y amor sincero no admite
ni altiveces ni retóricas.

CARLOS. Pues bien Matilde, á esos pies,
mi vanidad se despoja
de sus fueros; yo confieso
que de inconstante la nota
merecí bien; que insensato
amores dije á Teodora,
y tambien á la Duquesa;
sí, Matilde, y á mil otras.
Pero creedme, que os habla
el corazon en la boca;

la flecha que amor aguda
clava en mi pecho y ahonda,
de los ojos ha salido
de la bella encantadora
que con sus iras crueles
á su humilde esclavo agobia;
y en premio de esta franqueza,
que es acaso vergonzosa...

MATILDE. Decir lo que todos ven
no es franqueza muy costosa.

CARLOS. ¡Está visto: sobre mí
hoy el cielo se desploma!

MATILDE. Le sienta á usted grandemente
ese aspecto de congoja.
No hay mas de que yo no soy
ni crédula, ni muy boba.

CARLOS. No es generoso abusar,
Matilde, de la victoria.

MATILDE. ¡Vencer á usted! ¡Disparate!

CARLOS. ¡Es usted como una roca!

MATILDE. Acusar á usted de serlo
fuera injusticia notoria.

CARLOS. En fin, ¿será usted de Felix?

MATILDE. ¿Y á usted, Cárlos, que le importa?

CARLOS. La vida.

MATILDE. Será algo menos.

CARLOS. No lo echemos á chacota.

MATILDE. ¿No cedió usted?

CARLOS. Por despecho:
pero si usted es su esposa...

MATILDE. ¿Qué hará usted?.

CARLOS. Me casaré.

MATILDE. ¿Y con quién?

CARLOS. Con una tonta,
si es preciso.

MATILDE. No hará tal.

CARLOS. Sí: lo juro por mi honra.

MATILDE. *(Aparte.)* ¡Es capaz!.

CARLOS. Decida usted.

MATILDE. Si á mí me amára usted sola...

CARLOS. ¿Entonces?

MATILDE. Entonces... Puede...
Pero dentro de dos horas
hablaremos. *(Váse.)*
(Sacando el reloj.) ¡Y es la una!
A las tres me asedian todas.

FIN DEL ACTO SEGUNDO.

ACTO TERCERO.

La decoracion de los dos anteriores. Por los salones, casi desiertos, atraviesa de cuando en cuando alguno que otro convidado.—Varios criados de librea entran y salen con platos por la última puerta al foro, que se supone ser la de la sala del ambigú.

ESCENA I.

El Banquero *y el* Abogado.

Al levantarse el telon salen del ambigú y se encaminan apresuradamente al proscenio, el Banquero con un plato, pan y cubiertos en la mano, el Abogado con dos copas y una botella de Champagne.

Abogado. Pues señor, gran pensamiento.
Banquero. Aquello, amigo, es un potro!
(*Deja el plato sobre un velador, el Abogado coloca en él las copas y la botella, toman sillas, se sientan, y durante el diálogo comen y beben.*)
Sobre las mesas se arrojan
esas gentes como lobos.
Abogado. Bailar lo hicieron algunos,
pero cenar lo hacen todos.
Banquero. ¿Qué han de hacer en estos bailes
los que ya, como nosotros,
se encuentran de su vivir
mas allá del equinoccio?
Abogado. Perdone usted, yo, á Dios gracias,
bailo y amo, que soy mozo.
Banquero. La política envejece;
y usted que es en ella docto,

no querrá, si no me engaño,
babear como un mocoso.

ABOGADO. Cierto, aunque jóven en años,
mi posicion, los negocios,
la importancia que adquirí,
mis amigos poderosos,
son causas porque me abstengo
de hacer, vamos, asi, el oso.
Pero, no obstante, sensible,
una beldad hay que adoro,
y espero ser de su mano
dueño feliz y muy pronto.

BANQUERO. ¿Y qué, piensan en casarse
los mozalbetes tan solo?
No señor; y aqui me tiene
usted á mí, á quien supongo
que nadie niega en el mundo
ser hombre de tomo y lomo,
y que tambien á casarme
brevemente me dispongo.

ABOGADO. ¿Y quién es la venturosa?

BANQUERO. Antes de dar siempre tomo.
Sepamos con quién usted
va á contraer su consorcio,
y luego...

ABOGADO. Sí; en confiarme
á usted ningun riesgo corro:
mi novia es jóven y linda.

BANQUERO. ¡Hum!

ABOGADO. ¿Por qué?

BANQUERO. Tendrá golosos.

ABOGADO. Mujer que á mí me posea
no temo que guste de otros.

BANQUERO. ¡Bravo, bien! Ya de marido
tiene el orgullo apostólico.

ABOGADO. Es noble.

BANQUERO. Papel sin curso.

ABOGADO. Discreta.

BANQUERO. Riesgo notorio.

ABOGADO. Virtuosa.

BANQUERO. Podrá ser.
ABOGADO. Rica tambien...
BANQUERO. ¿Plata y oro?
Si eso es verdad, lo demas
que lo sea importa poco.
Su nombre, en fin.
ABOGADO. Es Teodora
el nombre de la que adoro.
BANQUERO. ¡Tate! Que tengo sobrino:
á ser tio me acomodo.
ABOGADO. ¿Con que usted...?
BANQUERO. Sí; con la tia.
ABOGADO. ¿Será verdad?
BANQUERO. Soy su novio.
ABOGADO. Beldad madura.
BANQUERO. Mejor.
ABOGADO. Sus cuarenta...
BANQUERO. No lo ignoro.
ABOGADO. Y pretensiones.
BANQUERO. ¿Qué importa?
ABOGADO. Amiga de buenos mozos.
BANQUERO. Tiene buen gusto.
ABOGADO. Traviesa...
BANQUERO. Nunca quise nada tonto.
ABOGADO. Malas lenguas dicen...
BANQUERO. ¿Qué?
ABOGADO. Que su nombre es ya famoso
por ciertas galanterías...
BANQUERO. Todo eso lo sé de coro,
y me caso, sin embargo,
tranquilo y con mucho gozo.
Mi padre fué panadero,
yo millones atesoro;
quiero un título y lo adquiero
por medio del matrimonio;
tendré en mi casa quien haga
los honores con buen tono.
Derrochará, ya lo sé.
¿Y qué hace mi mayordomo?
Si allá en sus verdes abriles

algun desliz amoroso
tuvo tal vez, ó le achacan,
porque hay lenguas para todo,
¿por eso he de renunciar,
nada mas, á mi negocio?
A su edad, si se distrae,
lo hará al menos de tal modo
que no me ponga en ridículo,
que se salve mi decoro;
y créame usted, letrado,
que es un marido dichoso
cuando sabe que con él
no se ha de jugar al toro.

ABOGADO. ¡Tremenda filosofía!

BANQUERO. Yo con ella me conformo;
y acepte usted mi alianza
que será lo mas juicioso.

ABOGADO. La acepto y juro.

BANQUERO. Tenemos
por contrario á un hombre mónstruo,
voraz en punto á mujeres,
que en verdad me tiene absorto.

ABOGADO. ¿El general?

BANQUERO. Pues.

ABOGADO. Entonces
deponga usted el asombro.
Está vencido...

BANQUERO. Lo dudo.

ABOGADO. Yo lo afirmo y corroboro.
El mismo me ha confesado...

BANQUERO. ¿Se fia usté en eso solo?

ABOGADO. Ademas no ha diez minutos
que le he visto con mis ojos,
estarse en el ambigú
solitario como un hongo,
sin que mirarle siquiera,
cual se mira cualquier otro,
se dignase mi Teodora.

BANQUERO. (*Aparte.*) Está lucido este bobo,
yo la he visto en un aparte

que á mí me hiciera celoso.

ABOGADO. ¿Qué dice usted?

BANQUERO. Lo confieso:
no estoy tranquilo del todo,
aunque en verdad la Duquesa.
no le mira.

ABOGADO. (*Aparte.*) ¡Pobre tonto!
Delante de mí le ha dado
de sus flores un manojo.

BANQUERO. En todo caso usted haga
á la niña mil elogios
de mi persona; y retrate
á ese hombre como á un demonio.

ABOGADO. En cambio usted á la tia
que preparará supongo
de manera que la encuentre
siempre propicia á mis votos.

(*Entran criados y retiran los restos de la cena.*)

ESCENA II.

MATILDE *saliendo del ambigú como recatándose.—A poco* DON FELIX *buscándola.—El* ABOGADO *y el* BANQUERO *aparentan proseguir su conversacion.*

MATILDE. Gracias á Dios.—Libre estoy.
¡Ay de mí! ¡Qué hombre tan plomo!
Si por marido le tomo,
me sofoca por quien soy.
(*Mira un reloj del salon.*)
Las dos y media.—Es temprano.
¡Cómo rabia el General!
¡Que pene! No es grande el mal
si le ha de valer mi mano.

(*Viendo á Felix que sale del ambigú huye hácia el proscenio.*)

El otro aqui.—¡Dios me asista!
¡Qué amor tan intolerable!

(*Al verla entrar se levantan el Banquero y el Abogado.—Don Felix se vá acercando tímidamente.*)

FELIX. (*Aparte.*) ¡Qué buena ha estado! ¡Qué amable!
MATILDE. ¡Qué calor! No hay quien resista!
BANQUERO. Con el señor vine huyendo
de la bulla.
MATILDE. (*Sentándose.*) ¡Ay qué jaqueca!
BANQUERO. (*Aparte al Abogado.*)
No puedo con tanta mueca.
MATILDE. ¡Oh! Lo que estoy padeciendo!
ABOGADO. (*Sacando un pomo.*)
¡Vinagrillo!
MATILDE. Gracias: nó.
BANQUERO. Silencio es lo conveniente.
MATILDE. Eso: el bochorno, la gente...
ABOGADO. Entonces me voy.
BANQUERO. Y yo.

(*Saludan y se retiran.—Matilde corresponde al saludo con aire doliente, y mira al soslayo al salon: viendo á Felix vuelve á dejarse caer como postrada.*)

MATILDE. Allí está ¿Cómo alejarle?
(*Felix entrando.*)
FELIX. ¿Qué tiene usted, vida mia?
MATILDE. ¡Jaqueca!
FELIX. ¡Dolencia impía!
¿Y ese mal cómo curarle?
MATILDE. Calle usted, que me asesina.
FELIX. ¿Pero con qué?
MATILDE. Con su acento.
FELIX. ¡Ah Matilde!
MATILDE. ¡Oh qué tormento!
Vea usted si está mi berlina.
FELIX. ¿Se vá usted á retirar?
MATILDE. Donde en paz pueda morir.
FELIX. ¿En qué pude delinquir?
MATILDE. Usted me hará delirar.
Ahora, en fin, estoy enferma,
fuera el sueño mi remedio,
mas con el señor no hay medio
de que un instante me duerma.
FELIX. Yo callaré, pero al menos
permita usted que aqui vele;

que con verla me consuele.

MATILDE. Jeremías en sus trenos,
como usted nunca lloró.
¿La gente qué pensará,
si le ven junto al sofá
mientras en él duermo yo?

FELIX. Me retiro.

MATILDE. Gracias.

FELIX. Pero...

MATILDE. ¿Qué?

FELIX. ¡Indulgencia..!

MATILDE. Sí; plenaria.

FELIX. ¿Puedo esperar?

MATILDE. Sí; matarme.

FELIX. Ya me voy.

(Váse con ademanes de desesperacion.)

ESCENA III.

MATILDE. Eso es salvarme.
¡No fuera á la Gran Canaria!
Y qué injusta soy con él:
Me quiere, sí, tiernamente,
me reverencia indulgente,
me adora cuando cruel.
Diez años há que en su pecho
reino sola; y de otro fuí.
Entonces huyó de mí,
no alegó ningun derecho.
De nuevo nos junta el hado
y de nuevo se me rinde;
de mi inconstancia prescinde,
de los males que ha pasado:
¿Por qué no le he de querer?
¿Por qué le tengo de huir?
¡Oh injusticia! *A mas servir*,
no hay medio, *menos valer*.
Su antípoda es el tronera
del General. ¡Tan ligero,
tan fácil, tan embustero!

¿Y es posible que le quiera?
¡Si es tan franco, tan valiente,
tiene tan dulce elocuencia!
Luego presumo, en conciencia,
que se engaña cuando miente.
¡Oh! si le enlaza himeneo
á mujer discreta y bella,
no ha de tener, fuera de ella,
ni la sombra de un deseo...!
¡Piedad de mí, cielo santo!
Estoy como una chiquilla.
¿Por qué mi altivez se humilla
á ese hombre? ¿Por qué encanto?
¿Me engaña y le he de querer?
¿Se escapa y le he de seguir?
¿Será que el *menos servir*
tenga siempre *mas valer*?
(*Quédase pensativa.*)

ESCENA IV.

MATILDE, TEODORA *saliendo como furtivamente del ambigú.*

TEODORA. En fin salí.—¡Qué mudanza!
¿Será de veras la enmienda?
¿Qué habrá ya que me defienda,
si concibo esa esperanza?
(*Viendo á Matilde.*)
¡Aquí Matilde!
MATILDE. ¡Teodora!
TEODORA. ¿Pues cómo tan retirada?
MATILDE. ¿Y tú?
TEODORA. No sé: fastidiada.
MATILDE. Yo mi jaqueca traidora.
(*Aparte.*) ¡Hay niña mas importuna!
TEODORA. (*Aparte.*) ¿Si no se vá cómo haré?
¡Te alivias algo?
MATILDE. No á fé.
TEODORA. ¿Ni hay medicina?
MATILDE. Ninguna.

TEODORA. El aire te convendria;
dá una vuelta en el jardin.

MATILDE. (*Aparte.*) ¡Si aguarda á mi Paladin!

TEODORA. (*Aparte.*) ¿Le espera?—Bueno seria.

MATILDE. (*Aparte.*) No me ha de quedar la duda.
(*A Teodora.*) ¿Me quieres acompañar?

TEODORA. (*Sorprendida.*)
¡Yo!—Quisiera descansar...
(*Aparte.*) ¡Y que el otro en tanto acuda!

MATILDE. Pues sola no me decido.

TEODORA. (*Aparte.*) ¡Ay Dios, se queda!

MATILDE. (*Aparte con un ademan visible de despecho.*)
¡Era cita!

TEODORA. ¿Qué te pasa? ¿Qué te irrita?

MATILDE. Nada, Teodora; un latido.

TEODORA. (*Aparte.*) ¡Y son cerca de las tres!

MATILDE. (*Aparte.*) Esta vez no le perdono.

TEODORA. ¡Si me engañase, mi encono...!!!

(*Da el reloj las tres.—En el mismo instante sale la Duquesa apresuradamente del ambigú.*)

MATILDE. ¿Las tres dan?

TEODORA. Esa hora es.

(*Las dos guardan silencio mostrándose contrariadas.*)

ESCENA V.

Dichas y la DUQUESA.

DUQUESA. ¡Qué juicioso! ¡Es un prodigio!
¡Ni á una mujer se acercó!
Pues señor, me llevo yó
la palma en nuestro litigio.
¿Mas tú aquí, sobrina mia?

TEODORA. (*Turbada.*) ¡Yo... Señora!

DUQUESA. ¡Y la Condesa!

MATILDE. Jaqueca, cara Duquesa.

DUQUESA. Yo cenando te creia.
(*Aparte.*) El contratiempo es terrible:
va á venir, y si le ven...
(*Alto.*) Maldita jaqueca!

TEODORA. (*Involuntariamente.*) ¡Amen!
MATILDE. (*Irónicamente.*)
Mil gracias; soy muy sensible...

ESCENA VI.

Dichas y DON CARLOS *que sale del ambigú lentamente.*

MATILDE. (*Aparte.*) Aquí está.
DUQUESA. (*Aparte.*) ¡Buena la hicimos!
TEODORA. (*Aparte.*) ¿Qué va á decir?
CARLOS. (*Aparte*) Bien: las tres.
(*Alto.*) ¡Oh Señoras! ¿Cómo es
que esta ausencia merecimos?
(*Aparte á la Duquesa.*) ¿Asi se cumplen ofertas?
(*Aparte á Teodora.*) ¡Bien se burla usted de mí!
(*Aparte á Matilde.*) ¿A qué me llama usté aquí?
Mis sospechas eran ciertas.
DUQUESA. ¡No descanso ni un instante!
Esta niña me abandona;
cuida no mas su persona...
TEODORA. ¡Si hace un calor sofocante!
MATILDE. Clara, dejemos rodeos;
ni me duele la cabeza,
ni hay en Teodora pereza,
ni se ignoran tus deseos.
CARLOS. (*Aparte.*) ¡Santa Bárbara, que truena!
DUQUESA. ¿Qué estás diciendo, mujer?
TEODORA. ¿Deliras?
MATILDE. Bien podrá ser,
mas me siento muy serena.
El Señor es muy galan...
DUQUESA. Vete niña.
MATILDE. Nó: permite...
CARLOS. Dejad que yéndome evite
disgustos...
MATILDE. Se evitarán,
Don Cárlos, con entendernos
de una vez y con lisura.
CARLOS. Me quedo. (*Aparte á ella.*) ¡Vaya! ¡Cordura!

MATILDE. A trés á un tiempo querernos,
es un juego para usted:
tan grande es su corazon
que sin pena...

CARLOS. ¡Compasion!

MATILDE. A catorce hará merced.

DUQUESA. A mí me importa muy poco.

TEODORA. Menos á mí.

MATILDE. Por mi parte
puedes, Clara, figurarte
que no me prendo de un loco...

CARLOS. Mil gracias: mas siendo asi,
¿por qué intentarme proceso?

MATILDE. Siento la burla.

DUQUESA. Sí; eso
me ofende.

TEODORA. Y tambien á mí.

CARLOS. ¡Bien! Cuando soy el burlado...

DUQUESA. ¡Don Cárlos!

TEODORA. (*Aparte.*) ¿Qué está diciendo?

MATILDE. ¡Qué hombre!

CARLOS. Callar sufriendo;
inocente y caumniado!! (*Hace que se vá.*)

MATILDE. (*Deteniéndole.*)
No, Don Cárlos, hoy acaba,
lo he jurado, tanto engaño.

CARLOS. ¡Matilde! ¡Lenguaje estraño!
(*Aparte.*) Yo que zafarme pensaba...

MATILDE. ¿Quereis hablar francamente?

DUQUESA. ¿Por qué nó?

TEODORA. (*Aparte á Matilde.*)
¡Pero! (*Señalando á la Duquesa.*)

MATILDE. Es preciso.
(*A la Duquesa.*) ¿No te ha jurado sumiso
que te amaba?

DUQUESA. Ciertamente.

MATILDE. ¿Y á tí, Teodora?

TEODORA. Tambien.

MATILDE. Pues conmigo hizo otro tanto,
y si le ois és un santo.

DUQUESA. De quien Dios me libre, amen.
CARLOS. ¿Se consiente mi defensa?
MATILDE. ¿Aun osa?
DUQUESA. ¡Qué audaz!
TEODORA. ¡Qué aplomo!
CARLOS. De piedad no advierto asomo,
mas tengo justicia inmensa.
Una gracia sola espero;
que hasta que acabe de hablar,
atento quiera escuchar
tribunal tan hechicero.

(*Las lleva, una á una, de la mano á sentarse en el sofá.— Recógese un momento, y luego saludando con gravedad cómica empieza su discurso.*)

Entra acaso en un jardin
hombre que gusta de flores,
y admira tipo y colores
en dalia, rosa y jazmin.
Al aspecto de un festin,
escogido y suculento,
siempre vacila el hambriento,
dudando entre plato y plato.
¿No ha de vacilar si trato
de escoger, mi pensamiento?
Clara es la dalia pomposa,
el suculento manjar;
con Teodora comparar
apenas puedo la rosa,
ni dulce fruta y sabrosa;
de Matilde la hermosura,
la gracia, la donosura,
mal al jazmin se compara;
y con llamarla pecara
agri-dulce confitura.
Si en escoger vacilé,
si ante todas me rendí,
yo soy quien lo padecí,
yo soy quien lo suspiré!
Avaro he sido que vé
tesoros que no soñó,

rey ambicioso que vió
tres cetros que conquistar.
¿Y se me puede acusar
cuando asi padezco?—Nó.
¡Ah! vuestro ceño, señoras...
me acusa aquí de insolencia...
Preludian vuestra sentencia
miradas aterradoras.

MATILDE. Dice usted cosas que moras
no oyeran á sangre fria.

DUQUESA. Permite, Matilde mia,
que en sus dislates concluya.

TEODORA. Mucha paciencia es la tuya;
por mi gusto yo me iria.

CARLOS. Un poco de tolerancia
merezcan mis opiniones:
ya no alego mas razones
en favor de la inconstancia:
en eso cede mi instancia.
De hoy mas mi fé no viola
la ley santa: amo á una sola,
virtuosa, discreta y bella,
una deidad, pues que es ella
la mas perfecta española.

MATILDE. ¿Y ese prodigio?

CARLOS. Aquí está.

DUQUESA. ¿Y su nombre?

CARLOS. Es mi secreto.

TEODORA. Hora es traicion ser discreto.

CARLOS. Muy pronto no lo será.

MATILDE. ¿Cómo negarnos podrá
que á las tres nos ha citado?

CARLOS. Pues, señora, por negado.

MATILDE. La prueba.

CARLOS. Se probará.
¿Soy tonto?

DUQUESA. Nó, ciertamente.

TEODORA. Loco tal vez.

MATILDE. O muy pillo.

CARLOS. Es favor á que me humillo,

y declino reverente.
Prosigo: ¿No es evidente
que en la triple cita habria
de mi parte tontería?
Pues si tonto no he nacido,
claro está que no he podido
hacer tan gran bobería,
¿Las tres á una misma hora?
¡Las tres al mismo parage!
O antes he sido un salvage
ó soy inocente ahora.

DUQUESA. ¡Matilde!
TEODORA. ¡Tia!
MATILDE. ¡Teodora!
DUQUESA. ¿Cómo entonces?
MATILDE. No lo entiendo.
CARLOS. Yo, señoras, lo comprendo
perfectamente.
TEODORA. Hable usted.
DUQUESA. Oigamos pues.
CARLOS. ¿La merced
me hacen ya de irme creyendo?
De una sola soy amante,
rendíme tras larga lucha,
ella vé ya, pues me escucha,
que me precio de constante.
Para verla, no ha un instante,
por ella vine llamado;
con otras dos me he encontrado...
DUQUESA. ¿La causa?
CARLOS. Yo no la sé:
pero un argumento haré
que me parece acabado.
O fué á azar la reunion,
y es lo cierto, ó me equivoco;
ó ha podido, un fátuo, un loco,
rendir tanto corazon.
MATILDE. ¡Qué vano!
TEODORA. ¡Qué presuncion!
DUQUESA. ¡Hay tal hombre!

CARLOS. De inmodesto
no se me acuse: protesto
que á un azar yo lo atribuyo,
pero insisto en lo que arguyo
aunque peque de molesto:
¿Me adoran las tres?

MATILDE. ¡Qué audacia!

CARLOS. Con que nó?

DUQUESA. Nó.

TEODORA. Nó.

MATILDE. Nó.

CARLOS. Bien...
Y al que indiferentes ven
le dan citas? (*Con la cabeza responden las tres indignadas que nó.*)
¡Vaya en gracia!
Luego á mí que en su desgracia
incurrí, no me la dieron;
luego si á un punto acudieron
á este sitio, no seria
por cierto la culpa mia;
luego ustedes me absolvieron.
La que me citó lo sabe,
y yo nombrarla no debo;
solo á rogarla me atrevo
que en compromiso tan grave
no quiera otra vez...

MATILDE. ¡Que acabe;
y él será quien nos condene!

DUQUESA. Y al parecer razon tiene.

TEODORA. Alega tales razones...

MATILDE. (*Aparte*) En un mar de confusiones
este hombre me mantiene.
(*Hablan las tres aparte un momento.*
(*A él.*) Don Cárlos, pues que el destino
al fin á usted encadena...

CARLOS. Entré ya en la senda buena.

MATILDE. Tal vez quede algun espino
y ha de arrancarse.

CARLOS. Con tino.

MATILDE. ¿La que usted ama está aquí?
CARLOS. Lo dije.
MATILDE. ¿Y es sola?
CARLOS. Sí.
MATILDE. Pues las tres le declaramos
que esta noche nos casamos.
CARLOS. ¿Tan pronto?
MATILDE. Está escrito así.
Nos asedian pretendientes,
nos sobra donde escoger,
tal estado en la mujer
está sujeto á accidentes,
que precavemos prudentes.
Usted dice, se ha rendido,
que aquí por una ha venido;
pues si perderla no quiere
le aconsejo que no espere
á mañana ser marido.
(Vánse las tres.)

ESCENA VII.

DON CARLOS *(tararendo.)*

«Addio per sempre addio
mia cara libertá.»
En mis redes me cogieron:
es el diablo la viuda;
cuando pensé yo engañarla,
ella es quien se me burla.
Ya no hay medio, ellas se casan
ó por amor ó por furia,
y las tres pierdo esta noche
si no doy la mano á una.
Elijamos: ¿Clara? nó,
beldad es harto madura.
¿Teodora? Niña; en resúmen
es Matilde la que triunfa.
En ella, pues, sí, vencida,
mi libertad se refugia:

en tanto aun hay esperanza,
pues que prosigue la lucha.
Ya sale del ambigú
á bailar la alegre turba.
Bien pueden, que habrá dos horas
que lindamente embaulan.

(*Los salones vuelven á llenarse de gente.—Toca la orquesta.—Se baila.—Don Cárlos circula entre los demas hablando á unos y á otros.*)

ESCENA VIII.

El Banquero, *el* Abogado.

Abogado. Amigo, estamos en crisis.
Banquero. ¿Piensa usted que el papel suba?
Abogado. Hombre no hablo del papel.
Banquero. Es que tengo grandes sumas
comprometidas; y temo...
Abogado. ¡Oh! ¡qué mollera tan dura!
No se trata de los treses.
Banquero. ¿Del cinco? Sé que le empujan.
Abogado. Tampoco.
Banquero. ¿Pues de qué diablos?
Abogado. Lo sabrá usted, si me escucha.
De nuestras bodas.
Banquero. ¿Y bien?
Abogado. Parece que se apresuran,
segun de decirme acaba...
Banquero. ¿Quién?
Abogado. La condesa viuda.
Banquero. ¿Y por qué?
Abogado. No me ha esplicado.
Enigmática y oscura
me habló, pero en fin, hay boda,
que en eso no tengo duda.
Banquero. ¿Pues nó? Cuando tiene novio,
¿lo retarda, acaso, alguna?
Abogado. Es que va á ser esta noche.
Banquero. ¡Cáspita! ¡Con qué premura!

ABOGADO. En bailando el cotillon
que seguirá á esta mazurca.
Aquí nos manda esperar.

BANQUERO. ¿A quién?

ABOGADO. ¡Vaya! ¡Qué pregunta!
A usted, al Marino, á mí,
al General...

BANQUERO. Falta una
ó sobra uno, letrado,
digo á usted que me gusta.
Déficit de novias hay:
Saldo en contra. ¿Será burla?

ABOGADO. Para alguno ciertamente.

BANQUERO. El que menos lo presuma.

ABOGADO. Yo pienso que el General
que de ser buen mozo abusa...

BANQUERO. Nó Señor: será el Marino,
que con su amor las abruma.

ABOGADO. Por mí no temó, y á usted
Dios le dé buena fortuna.

BANQUERO. ¡Bah! la mia es tan redonda.
que de riesgos me asegura.

(*Viendo entrar á Felix se retiran á un lado y prosiguen su conversacion.*)

ESCENA IX.

El BANQUERO, *el* ABOGADO, DON FELIX.

FELIX. (*Sin ver al Banquero y al Abogado.*)
¡Y bien! Me alegro. De un modo
ó de otro que esto concluya.
Si me elige logro en ella
mas que esperó mi ventura;
si no! ¡Cielos...! Por vengar
tante baldon, tanta injuria...
¿No será mejor marcharme?
¿Qué logré en mi primer fuga?
¡A mi vuelta la he encontrado
mas que antes esquiva y dura!

ESCENA X.

Dichos, el GENERAL.

CARLOS. Caballeros, bien hallados:
¿Qué es eso? ¿Celebran junta?
Pues por órden superior
sufrirán que la interrumpa.

ABOGADO. ¡Cómo! ¿Qué es ello?

BANQUERO. ¿Por qué?

FELIX. ¿Que siempre has de estar de burlas?

CARLOS. No hay que alarmarse: se trata
de hacer bailar cuatro brujas,
á quien dejan los galanes
que eternamente se aburran.
La Duquesa nos elige
para faena tan dura.

BANQUERO. Yo no bailo.

ABOGADO. Yo tampoco.

FELIX. Yo no sé.

CARLOS. Pues si rehusan,
calabazas.

BANQUERO. ¡Cómo!

ABOGADO. ¡Qué!

FELIX. No hagais caso á sus locuras.

CARLOS. A mí me importa un ardite:
con mi fea haré figura:
y despues, solo, victoria
muy fácil tendré en la lucha.

BANQUERO. ¡Oiga usted! ¿Habla de veras?

CARLOS. ¿Es denuesto ó es pregunta?
La Duquesa nos prescribe,
so pena de comer fruta
insípida, que bailemos
con las feas.—Ley es dura,
pero lidiar con los mónstruos
ya saben que se acostumbra
en lances caballerescos.
Ahora ¿gustan ó no gustan?

ABOGADO. Vamos allá.
BANQUERO. ¿Y qué se baila?
CARLOS. ¡El cotillon!
BANQUERO. ¡Santa Ursula!!!
CARLOS. Es gimnástico y muy sano:
ya verá usted como suda.
FELIX. Vamos allá.
CARLOS. Ven, Marino,
y no pierdas hoy la brújula.

(*Vánse los tres, rompe el cotillon.—La Duquesa, Matilde y Teodora á poco por el proscenio.—Vése á los cuatro entrar en el baile con sus parejas, que serán como lo indica el diálogo.*)

DUQUESA. Libres estamos.
MATILDE. Sí: gracias,
Clara discreta, á tu astucia.
DUQUESA. Aprovechemos el tiempo:
francamente se discurra,
la reserva fuera aquí
perjudicial sobre absurda.
MATILDE. ¡Oh! Es verdad, y nuestro orgullo
y decoro se aventuran;
porque estamos en berlina.
TEODORA. Es cierto.
DUQUESA. No tiene duda.
MATILDE. Ahora bien, ¿le amas tú?
TEODORA. Amarle nó, aunque me gusta.
DUQUESA. Amor, Matilde, en mi edad
volcan no puede ser nunca.
MATILDE. Yo os confieso qué me agrada,
que algunas veces me turba,
y aunque es loco rematado,
sin pesar me vieran suya:
mas sin riesgo de morir
puedo de él hacer renuncia:
esto supuesto, pasemos
á la condicion segunda.
(*A Teodora.*) ¿Qué dices del abogado?
TEODORA. No tiene mala figura,
No es pobre; aunque algo pedante,

tampoco es un tonto, en suma;
y si mi tia lo manda...

MATILDE. (*A la Duquesa.*)
Y el Banquero ¿te disgusta?

DUQUESA. No es un niño; sus maneras
son en verdad algo bruscas,
pero dicen maravillas
de su genio y su fortuna.

MATILDE. Mi Marino es un amante
de lágrimas y de azúcar;
pero noble, generoso,
le sobra solo ternura:
en conclusion, todas tres
á cubierto de la burla
del público, en todo evento,
nos lanzamos á la lucha...
Acaso fuera mas cuerdo
no acometer la aventura.

DUQUESA. Yo por mí la renunciára:
Solo por ver como escusa
Don Cárlos el compromiso
he de insistir.

TEODORA. ¡Guerra dura!

(*Terminase el cotillon, los convidados empiezan á retirarse lentamente.*)

MATILDE. ¡Y dicen que el amor propio
á las mujeres escuda!
El es quien al precipicio
las mas veces nos impulsa.

TEODORA. Se terminó el cotillon.

DUQUESA. Cumplimientos no se escusan: (*A Teodora.*)
despidamos á las gentes.
(*A Matilde.*) Si ellos viniesen, procura
que aguarden sin entender...

MATILDE. Nada temas que descubran.
(*Vánse la Duquesa y Teodora.*)

ESCENA XI.

MATILDE. *Despues* DON FELIX.

MATILDE. Bogo entre Escila y Caribdis,
¿Naufragar será milagro?
¿Me he de casar sin amor,
si la victoria no alcanzo?
¿Y si venzo he de entregarle
á un loco ventura y mano?
De su noble corazon
no recelo ningun daño.
de mí, confieso, que fio
para siempre encadenarlo:
mas, si triunfa la inconstancia
de su natural bizarro,
¿Qué remedio habrá una vez
que nos miremos casados?
(*Entra Felix.*)
FELIX. ¡Oh señora!
MATILDE. ¿Felix ya?
FELIX. Matilde, ¿me he apresurado?
Tratándose de escuchar
sentencia que ha tiempo aguardo,
pendiente de ella mi vida,
no debiera usté estrañarlo.
MATILDE. Lo agradezco.
FELIX. Eso es muy fino;
mas no basta en este caso.
MATILDE. Antes que en el tribunal
pronunciemos nuestro fallo,
como jueces, impasibles
nuestro deber es mostranos.
FELIX. Me resigno, asi lo quiere
por mi mal injusto el hado.

ESCENA XI.

Dichos el BANQUERO *y el* ABOGADO.

BANQUERO. ¡Qué morcon! Traigo dormido
de remolcarla este brazo.
ABOGADO. A mí me tocó un escuerzo
sentimental, cari-largo.
BANQUERO. Señora... (*A Matilde.*)
ABOGADO. ¡Bella Condesa! (*A Matilde.*)
MATILDE. Vienen ustedes cansados?
BANQUERO. ¡Digo! ¿El cotillon es baile
para un hombre de mis años?
¡Dar vueltas con diez arrobas
de peso suplementario;
con una contemporánea
del voto de Santiago!
¡Qué contorsiones, Dios mio!
¡Qué colgarse de mi brazo!
Me ha molido, pero lleva
una inflamacion en cambio.
ABOGADO. Mi pareja fué un cadáver,
sin duda, galvanizado,
y en la cuestion del compás
tiene un oido reacio.
MATILDE. ¿Y usted, Felix?
FELIX. Yo, señora,
no recuerdo si he bailado.
BANQUERO. Sí tal, como un pretendiente:
el reverso de Don Cárlos
que alborotó el cotillon.
ABOGADO. Cierto: conforme á sus hábitos.
BANQUERO. ¡Qué pareja! Una peonza:
ojos chicos, gordos lábios,
fachada de mucho bulto,
de enormes plumas tocado...
ABOGADO. El vestido verde gai,
guarniciones rojo y blanco.
MATILDE. La conozco, sé quién es. (*Riéndose.*)
BANQUERO. Pues señor, la ha requebrado.

MATILDE. ¡Bah!
ABOGADO. La lleva hasta su coche.
BANQUERO. Yo los he visto del brazo.
MATILDE. ¿A esa mujer?
ABOGADO. A ese monstruo.
MATILDE. ¡Uf que horror!
ABOGADO. ¡Qué desacato!
(*Al Banquero.*) Apriete usted.
BANQUERO. Es un loco.
MATILDE. ¡No ha corrido mal bromazo!

ESCENA XII.

Dichos, la DUQUESA *y* TEODORA.

DUQUESA. Ya se fueron.
TEODORA. ¡A Dios gracias!
DUQUESA. (*A parte á Matilde.*)
¿No ha parecido Don Cárlos?
MATILDE. ¿No le has visto?
DUQUESA. No por cierto.
MATILDE. ¿Si se marchó?
DUQUESA. ¡Fuera chasco!
FELIX. En fin, prima, reunidos
como mandaste ya estamos,
TEODORA. El General no ha venido.
ABOGADO. Culpa es suya.
BANQUERO. No esperarlo.
Se marchó con su pareja.
ABOGADO. Pues no acude á los estrados
es que renuncia el derecho
que puede caberle.
BANQUERO. Es claro.
(*Las tres mujeres en un grupo aparte.*)
MATILDE. ¡Qué desaire!
TEODORA. ¡Es groseria!
DUQUESA. ¡Esto pasa de castaño
oscuro!
FELIX. Yo ruego á ustedes
no prolonguen el mal rato

que tenemos, la sentencia
denuestra muerte aguardando

DUQUESA. Mi primo tiene razon.

TEODORA. Sí, no hay medio de negarlo.

MATILDE. Es verdad. (*Aparte.*) no le perdono
aunque viva dos mil años.

ABOGADO. Resuelvan ustedes.

BANQUERO. Sí.

MATILDE (*Aparte.*) ¡Ah respiro! Aquí está Carlos.

ESCENA XIV.

Dichos, DON CARLOS, *apresuradamente, pero riéndose á carcajadas.*

CARLOS. (*Aparte.*) ¡Deliciosa! ¡Qué ojos pone
al escuchar un *te amo*...!
¡Demonio de albondiguilla!
Pero me estan esperando;
como soy, se me olvidaba
que esta noche aquí me caso.

(*Saluda; las damas se sientan, los hombres permanecen de pie.*)

MATILDE. Señores, para evitar
que al mundo demos escándalo,
hemos resuelto las tres
hoy por fin tomar estado.

BANQUERO. Está bien. ¿Mas cómo haremos?
Aquí novios cuento cuatro;
tres son las novias...

DUQUESA. Que uno
queda célibe está claro.

BANQUERO. Ya lo veo.

ABOGADO. ¿Y quién será?

FELIX. El menos afortunado.

CARLOS. (*Aparte.*) No sé; quedándose libre
será tal vez lo contrario.

MATILDE. Pues que hay un galan de esceso
y que hemos de desairarlo,
lo primero aquí es saber

cuál es la que hizo el milagro
de enamcrar á dos hombres.

ABOGADO. Perdone usted si me aparto
de su opinion, mas encuentro
que hay medio mas acertado.

BANQUERO. No embrolle usted el negocio.

CARLOS. ¿Se propone usted rifarnos?

FELIX. ¡Qué dilaciones!

TEODORA. Que diga.

DUQUESA. Pues diga, que le escuchamos.

ABOGADO. Con que uno deje la arena
no está todo remediado?

DUQUESA. ¿Y quién renuncia?

BANQUERO. Yo nó.
(*Aparte.*) Estoy seguro que gano.
(*Al bogado.*) El señor.

ABOGADO. Menos.
(*Aparte.*) ¿Quién duda
de que triunfo...?—Si Don Cárlos...

CARLOS. Yo renunciar, señor mio,
no sea usted mentecato;
á no ser Felix...

FELIX. Tampoco:
mi palabra no retracto.

MATILDE. Perdimos tiempo, y volvemos
al punto en que lo dejamos.
Aquí no hay mas de esplicarse
cada cual como hombre franco:
sabremos quién nos pretende
y elegiremos al cabo.

DUQUESA. Antes, Matilde, prometan
conformarse á nuestro fallo,
sin restricciones, dichosos
ó por suerte desairados.

ABOGADO. Yo lo juro.

FELIX. Lo prometo.

BANQUERO. Y yo, que nunca me enfado.

CARLOS. Por mi parte me resigno.
á mi suerte de antemano

MATILDE. Ahora bien, á ustedes toca

esplicarse.

ABOGADO. Yo á quien amo.
es á Teodora.

BANQUERO. Yo á Clara.

FELIX. Yo á Matilde.

(*Breve pausa.*)

MATILDE. Hable don Cárlos.

CARLOS. Es dueño de mi albedrio
la que una cita me ha dado
esta noche en este sitio.

(*Alármanse las damas.—Movimiento en los hombres.*)

ABOGADO. ¿Cuál es?

FELIX. ¿Su nombre?

CARLOS. Lo callo.

(*Los hombres rodean á Don Cárlos.*)

MATILDE. (*Aparte.*) ¡Es caballero!

TEODORA. (*Aparte.*) ¡Respiro!

DUQUESA. (*Aparte.*) ¡Por Dios que estuve temblando!

CARLOS. Señores, no hay que cansarse,
aquí el nombre no hace al caso.
Entre estas damas hay una
á quien mi afecto consagro:
esa una cita, aunque honesta,
aquí me dió ha poco rato.
De ustedes hay tambien uno
que amante pide su mano.
Que ella elija; si yo soy
el mortal afortunado,
nada importa que se sepa
que no fué su pecho ingrato
á mi amor; si es mi rival,
¡á qué turbar su descanso!
He dicho, y ni una palabra
he de añadir, lo declaro.
(*Aparte.*) Ellas verán lo que hacen,
que yo las manos me lavo.

MATILDE. (*Aparte.*) ¡El compromiso es terrible!

DUQUESA. (*Aparte.*) ¡El nos pone en trance amargo!

TEODORA. (*Aparte.*) ¡Delante de tanta gente...!

FELIX. (*Aparte.*) ¡Faltó Matilde al recato!

ABOGADO. (*Aparte.*) ¡Será Teodora!
BANQUERO. (*Aparte.*) ¡Mi novia!
¡Si empezará tan temprano!

(*Las tres damas aparte en un grupo.—Don Felix pensativo.—El Banquero y el Abogado discutiendo.—Don Cárlos se pasea con las manos en los bolsillos.*)

MATILDE. ¿Qué hacemos, Clara?
DUQUESA. No sé.
TEODORA. El lance es estraordinario.
MATILDE. Confieso que dí la cita.
DUQUESA. Yo tambien.
TEODORA. Digo otro tanto.
MATILDE. ¡Traidor!
DUQUESA. ¡Aleve!
TEODORA. ¡Veleta!
MATILDE. Es fuerza que resolvamos,
no han de estar eternamente
esos hombres esperando.
TEODORA. Por mi parte estoy resuelta.
DUQUESA. ¿A qué niña?
TEODORA. A darle chasco.
si espera en mí.
DUQUESA. Esta chiquilla
con el remedio ha acertado.
Yo la imito.
MATILDE. En hora buena:
yo ya veré lo que hago.
DUQUESA. (*Al Banquero.*) Yo cedo cuanto poseo
á Teodora si me caso.
BANQUERO. ¿A mí que me importan bienes,
si en plata y en oro nado?
DUQUESA. De mi título y persona,
entonces, dueño le hago. (*Saluda y váse.*)
CARLOS. (*A ella.*) Duquesa, mi enhorabuena:
es un marido de encargo.
BANQUERO. (*Acompañando á la Duquesa.*)
Ya verá usted qué festines
y qué galas la preparo.

(*En el salon interior se separan yéndose por una parte la Duquesa, y por otra el Banquero.*)

TEODORA. (*Al Abogado.*)
No me opongo á que usted pida
á la Duquesa mi mano.
CARLOS. (*A ella.*) Mientras él hace discursos,
piense usté en mí algunos ratos.
ABOGADO. Para merecer tal dicha,
de que indigno me declaro,
no he de parar hasta ser
prodigio parlamentario.
(*Sepáranse como los anteriores en el salon interior.*)

ESCENA XV.

MATILDE, DON CARLOS, y DON FELIX.

FELIX. Llegó el momento supremo.
CARLOS. Ya solos hemos quedado,
bella Matilde, y á usted
pronunciar le toca el fallo:
mas á la santa amistad,
cuyos fueros siempre acato,
perdone usted si aun en esto,
tributo humilde le pago.
(*A Felix.*) Yo por mi dicha conozco
á esta dama ha mas de un año;
de entonces, como es forzoso,
mi Felix, la sirvo y amo,
que tú tambien la adorabas
de mucho atrás, ignorando:
aunque soy, pues, tu rival.
la amistad se queda á salvo.
FELIX. Por mi parte yo te juro
que si el poder soberano
se litigase, ó tesoros,
en fin, si bienes humanos,
fácilmente renunciara
mis derechos en tí, Cárlos.
¿Pero á Matilde...? Imposible.
CARLOS. Vuestra eleccion aguardamos.
MATILDE. ¿Dispuestos á someterse?

CARLOS. ¿Pues no?
FELIX. Ya lo hemos jurado.
MATILDE. (*A Don Cárlos.*)
Cuantas dotes puede un hombre
tener para ser querido,
en usted se han reunido:
valor, talento, buen nombre...
CARLOS. ¡Tal elogio...!
MATILDE. No le asombre
á usted, amigo, es justicia.
CARLOS. Visos tiene de malicia
tanta bondad.
MATILDE. ¿Y por qué?
CARLOS. La lisonja sabe usté
que es estraña á la milicia.
MATILDE. General, en galanteos
le conficso á usted temible;
hoy en apuro terrible
nos puso.
CARLOS. ¡Yo!
MATILDE. A sus trofeos
puede añadir...
CARLOS. ¡Mis deseos!
MATILDE. Son inmensos, insaciables:
por fortuna poco estables;
y por eso nos salvamos.
CARLOS. ¿Es decir?
MATILDE. (*Señalando á Felix.*) Que nos casamos.
CARLOS. ¡Ah mujeres! ¡Variables!
MATILDE. (*Alto.*) Felix me sirve constante
desde el dia en que me vió,
su amor, su vida soy yo.
FELIX. Triunfo al fin, dichoso instante.
MATILDE. Usted galan inconstante,
ó mas bien universal...
FELIX. Dice bien.
CARLOS. No dice mal.
MATILDE. Lo mismo á mí que á Teodora
que á Clara, dice que adora.
CARLOS. La fuerza del natural.

MATILDE. Usted deslumbra y seduce,
mas no puede echar raices.
(Da la mano á Don Felix que la estrecha apasionadamente.)
CARLOS. Dios haga á ustedes felices.
MATILDE. Si á juicio no se reduce
usted, si no se conduce
mas cuerdo...
FELIX. ¡Por Dios, Matilde!
CARLOS. Diga usted, que escucho humilde.
MATILDE. Puede morirse soltero.
CARLOS. Pues eso es lo que yo quiero
sin quitarle ni una tilde.
Dios me dió gusto tan vario,
corazon de tal cabida,
que en él fuera una querida
golondrina en campanario.
Llámeme usted estrafalario,
mas en llegando á temer
casarme ¡cómo ha de ser!
pierdo el amor de improviso.
Naturaleza no quiso
que fuera de una mujer:
perdí tres: pérdida inmensa;
casi creo que la siento:
pero he de hallar otras ciento
á quien ame, en recompensa.
De Felix la llama intensa
logró premio... ¡Y es marido!
En fin, para eso ha nacido...!
Larga prole y buena pró...
mas pienso que no soy yo
el que peor ha salido.
Digo, si ya que Himeneo
de su templo me despide,
el público se decide
á prestarse á mi deseo.
(Al público.)
Señores: solo me veo,
mas si logro vuestro agrado,
me daré por consolado;

repetid, pues, la visita,
con franqueza, de levita;
ya sabeis: no estoy casado.

FIN DE LA COMEDIA.

BÁRBARA BLOMBERG,

DRAMA EN CUATRO ACTOS EN VERSO

POR

Don Patricio de la Escosura.

SEGUNDA EDICION.

MADRID.

IMPRENTA DE REPULLÉS.

1843.

PERSONAS.

EL EMPERADOR DON CARLOS V.
DON LUIS QUIJADA, *señor de Villagarcía.*
ROBERTO, *caballero aleman.*
BLOMBERG, *anciano.*
FEDERICO, *criado anciano.*
LA DUQUESA DOÑA BLANCA.
BÁRBARA BLOMBERG.
UN PASTOR PROTESTANTE.
DOS CONJURADOS QUE HABLAN.
UN PORTERO.

CABALLEROS, CONJURADOS, GUARDIAS, PUEBLO.

La escena es en Ratisbona y sus inmediaciones á mediados del siglo XVI.

Acto primero.

(DIVIDIDO EN DOS CUADROS.)

PRIMER CUADRO.

Salon regio.—Mesa con papeles.—Sillon.

ESCENA PRIMERA.

EL EMPERADOR, *sentado*. QUIJADA.

Emp. (*Leyendo.*)
"El fuego de la heregía
se estiende con rapidez:
de Lutero la altivez
se acrecienta cada dia."

Quij. ¿Eso escribe el de Maguncia?
¿De Cleves con sus parciales
no dice...?

Emp. Los desleales
que estan en armas me anuncia.

Quij. Tal vez vuestra compasion
alienta al vil enemigo.

Emp. Solo difiero el castigo
para mejor ocasion.
Dejadme vos que yo acabe
de amansar bien al francés,
y no dejaré en un mès
quien de rebelde se alabe....
Con capa de religion
los príncipes feudatarios

se han vuelto nuestros contrarios,
poniéndose en rebelion.
Si en el duque de la Marca
han visto nuestra clemencia,
en Cleves la diferencia
verán del padre al monarca.

Quij. Ese duque, gran señor,
podrá servirles de ejemplo
á los que, huyendo del templo,
adoran á Belfegór.

Emp. Tal vez le habrán destrozado
los tercios que allá envié.

Quij. Siendo asi, la santa fé
un gran triunfo habrá ganado.

Emp. En Francia, Quijada, está
la fuente de este veneno:
Francisco, y no el Sarraceno,
asolando á Hungría va;
Francisco mina el imperio,
armas da á la rebelion;
es Francisco, en conclusion,
el que incendia este hemisferio.
Concédame á mí la Dieta,
á que en tres dias iré,
un subsidio, y por mi fé
que pondré la Europa quieta.
¿Vinieron nuevas de España?

Quij. Ya tal vez habrán venido.

Emp. Idlo á ver.

Quij. Sereis servido.
No haberlas es cosa estraña. (*Vase.*)

ESCENA II.

EL EMPERADOR.

Sí, tres dias nada mas,
y parto luego á la Dieta;
y tu, Alemania la inquieta,
tus crímenes pagarás.
Tú, mi Blanca, llorarás...
¡Qué! ¿á mil pueblos mandaré

y á mí solo no podré... ?
Entrambos mundos temblarme,
y una muger sujetarme..
bueno fuera por mi fé.

ESCENA III.

EL EMPERADOR.—QUIJADA, *con varios pliegos que pone en manos del emperador, quien abre algunos y le da otros para que él los lea, lo que verifica.*

Emp. Nada nuevo. Todo en paz
en Castilla: gloria á Dios.
¿Qué dicen esas, Quijada?
Quij. En las Cortes de Monzon
se ha jurado y proclamado
al príncipe mi señor.
Emp. ¿Acordaron los subsidios
que en mi nombre les pidió?
Quij. Cuanto pedisteis concede
la Corona de Aragon.
Emp. De lealtad fué modelo
siempre mi pueblo español:
trocára por su corona
cuantas el cielo me dió.
Seré dichoso, Quijada,
lo aseguro por mi honor,
si depuesta la diadema
tengo en España un rincon.
Quij. ¿Y qué fuera de la Europa,
si la abandonárais vos?
Emp. Francisco se la tragára,
y por eso no me voy.
Mas vendrá un dia, lo espero,
en que cese ese temor;
y entonces..., acaso sueño,
pero ensancho el corazon:
entonces, sin otra corte
que algun pagecillo y vos,
sin cuidarme de otro asunto
que del cielo y la oracion,
descargado de este peso
de que ya abrumado estoy,

esperaré en el retiro
que me llame á cuentas Dios.

Quij. La vida de un ermitaño
vuestra magestad pintó.

Emp. Trocar la lanza, Quijada,
que á cien pueblos sometió
por un rosario; y dos mundos
por estrecha religion:
dejar de grado riquezas,
gloria, renombre, esplendor
y trono, cuando su ceño
nunca el hado me mostró.
Tal vez sería el primero
que lo hiciera sin dolor.

Quij. Aquel en cuyos dominios
no se pone nunca el sol...

Emp. Mira en la celda de un fraile
el término á su ambicion.
Veinte años hace que esclavo
en dorados grillos soy;
cuando en paz con los estraños
los propios en rebelion;
y cuando quietos mis pueblos
de agena guerra el horror.
¡Cuántos colmé de favores
que despues... Vos solo sois,
acaso, á quien puedo amigo
llamar y no adulador.

Quij. Curára vuestra pintura
la mas inmensa ambicion.

Emp. Sois muy honrado, Quijada:
del que ambicioso nació,
ni la esperiencia consigue
calmar el loco furor.
Ved si Bárbara ha venido.

Quij. Esperando está.

Emp. Pues vos
decidle que venga al punto.

Quij. (*Aparte.*) ¡Loco está con su pasion! (*Vase.*)

ESCENA IV.

EL EMPERADOR.

Hasta á su mejor amigo
engaña un emperador.
Los que en los otros deslices,
en un rey crímenes son.

(*Bárbara seguida por un criado con un arpa que deja en la escena, retirándose inmediatamente.*)

ESCENA V.

EL EMPERADOR. BÁRBARA.

Emp. Muy triste, Bárbara, estais.
Bárb. Como siempre, mi señor.
Emp. ¿Qué teneis? ¿qué ambicionais?
Hablad, no tengais temor;
concedo cuanto pidais.
Bárb. No tengo yo que pediros.
Contenta estoy con mi suerte.
Emp. ¿Y á qué son esos suspiros?
¿Esa palidez de muerte?
Bárb. (*Desentendiéndose.*)
Blanca me envia á deciros
que há menester veros hoy.
Emp. ¿Hoy no mas? Por verla á ella
yo siempre anhelando estoy.
¿Qué quiere mi Blanca bella?
Bárb. (*Sacando un billete.*) Un billete á daros voy
que tal vez esplicará
lo que yo decir no sé.
Emp. (*Tomando el billete.*)
El papel me lo dirá. (*Lee.*)
Esta noche á verla iré
y todo se arreglará.
Bárbara, el arpa tomad
con que prodigios haceis.
Tomadla, os ruego, y cantad:
mis penas aliviareis.
Bárb. (*Tomando el arpa.*)
¿Qué quiere su magestad?

Emp. (*Sentándose.*) Una cancion amorosa,
cualquiera, la del bajel
cantadme que es primorosa.
Bárb. Está bien. (*Aparte.*) ¡Suerte cruel!
No me faltaba otra cosa.
(*Bárbara se dispone á tocar.—Quijada entra.*)

ESCENA VI.

DICHOS, *y* LUIS QUIJADA.

Quij. Perdone su magestad
si le vengo á interrumpir.
Son de Maguncia...
Emp. ¿Pues cómo,
si há un instante recibí...
Quij. Hora ha llegado un correo.
Emp. Es fuerza oiros, en fin.
Vos, Bárbara, aqui esperadme,
y vos, Quijada, venid.

ESCENA VII.

BÁRBARA.

¡Un correo de Maguncia!
¿Qué nuevas pudo traer?
Sin poderlo comprender
algo funesto me anuncia.
Si el de Cleves no renuncia
á su loca pretension
es cierta la perdicion
de entrambos: ¡ah, Dios eterno,
un preludio del infierno
es mi triste condicion!
(*Apóyase en el arpa, y quédase como absorta.*)

ESCENA VIII.

BÁRBARA.—ROBERTO.

(*Este aparece en la puerta introduciéndose furtivamente en la estancia, que examina con la vista para asegurarse de que Bárbara se halla sola.*)

Rob. (*En la puerta.*)
Es ella...; ¡ perjura! — No hay nadie con ella.
(*Llégase á Bárbara y la ase del brazo.*)
Bárb. ¡ Roberto! ¡ Dios mio!
Rob. Salgamos de aqui.
Bárb. ¿ Quién hasta palacio te trajo?
Rob. Mi estrella.
Bárb. ¿ Qué buscas?
Rob. Lo mio.
Bárb. ¿ Qué quieres?
Rob. A tí.
Bárb. ¿ No sabes que el César está en Ratisbona?
¿ Ignoras que es esta...
Rob. Su estancia: lo sé.
Aqui sus hazañas, su gloria corona,
robando á un proscrito, malvada, tu fé.
Bárb. Roberto, ¿ qué dices? ¿ yo serte traidora!!
Rob. ¿ Negarlo pretendes y viéndolo estoy!
Bárb. ¡ Si vienen...
Rob. ¡Qué importa! Tú sígueme ahora,
infiel, ó lo juro, de aqui no me voy.
Bárb. Vete: de tu hermana te ampara. Te sigo
en breve á tu lado, mi bien, estaré.
Rob. Bárbara, yo salgo ó muerto, ó contigo.
Bárb. Al César espero.
Rob. Tambien le veré.
Bárb ¡Tú verle, insensato! ¡Tú verle, proscrito!
Roberto, al verdugo tu cuello darás.
Rob. Ya tú me vendiste.
Bárb. Que no, te repito.
Rob. ¡ Pues qué...!
Bárb. Te lo juro.
Rob. ¿ Qué pruebas me das?
Bárb. Mil: las que tú quieras; mas hora imposible

será que te diga... primero es huir.
Tu vida, Roberto, en riesgo terrible
está: no descanso sin verte salir.

Rob. En vano me arguyes: ó muerto, ó contigo:
lo sabes, es vano conmigo luchar.
Podrá aniquilarme destino enemigo,
mas nunca mi frente soberbia humillar.
(*Siéntase en el sillon del emperador.*)
¿Me ves qué tranquilo? Pues sé que esta silla
se puede en cadalso tal vez convertir.
(*Pone la mano de Bárbara sobre su corazon.*)
Mira: no palpita, y está la cuchilla
pendiente de un hilo.—¿Me quieres seguir?

Bárb. ¡Ah, calla! te gozas en darme tormento.

Rob. Escucha primero, y escoge despues.
Mi riesgo en quedarme, lo miro y lo siento...

Bárb. Huye, desdichado, puesto que lo ves.

Rob. (*Desentendiéndose.*)
Carlos ha vencido: rebeldes nos llama.
Venciendo, mi nombre se hiciera inmortal:
vencido, me aguardan el hierro y la llama:
mas verte traidora será mayor mal.
Allá en los combates, tu nombre querido,
en sueños, despierto, contino decia:
y nunca, lo juro, temí de tu olvido:
tan pura tu llama juzgué cual la mia.
Y cuando en el campo miré á mil valientes
en vanos esfuerzos ¡ay Dios! perecer...

Bárb. ¡Oh cielos, mi padre!

Rob. Ya tú lo presientes.

Bárb. ¿Murió?

Rob. Mas valiera: le he visto prender.

Bárb. ¿Y dónde se encuentra? ¿qué es de él? ¿qué
le hicieron?

Rob. Lo ignoro: mas debe vivir en prision.
Muy pocos conmigo salvarse pudieron...

Bárb. ¿Y quieres muriendo doblar mi afliccion!

Rob. Pues vente conmigo.

Bárb. Mi padre, Roberto...

Rob. El cielo conoce si lloro por él.

Bárb. Yo quiero salvarlo, si acaso no es muerto.

Rob. ¿Y cómo?

Bárb. Rogando; que el rey no es cruel.
Perdon á mi padre dará generoso.
Rob. ¡Ingrata! y olvidas en tanto mi afan.
Bárb. No: vete: y te juro por Dios poderoso,
(*Ruido de pasos: el emperador y Quijada aparecen en la puerta del foro.—Roberto se retira tranquilamente á un lado del proscenio.*)
mañana... ya es tarde; Roberto, aquí estan.

ESCENA IX.

EL EMPERADOR, QUIJADA, BÁRBARA, *y* ROBERTO.

Emp. (*A Quijada en la puerta.*)
Derrotado está el de Cleves,
Quijada, con sus parciales;
han de probar mi justicia,
pues burlaron mis piedades.
Las causas de los hereges
al arzobispo se pasen;
las de los otros rebeldes
que hoy se vean, y hoy se fallen.
(*El emperador se adelanta. Quijada permanece en la puerta como esperando sus últimas órdenes.*)
(*A Bárbara.*)
Preparar podeis el arpa
para cantar... ¡qué semblante!
(*Reparando en Roberto.*)
¿Qué teneis?... ¿y vos quién sois,
que entrais donde no entra nadie?
Bárb. (*Aterrada.*)
Señor...
Emp. A vos no pregunto.
(*Á Roberto.*)
Decid quién sois al instante.
Rob. Soy rebelde y luterano.
Emp. ¡Y aqui venis á insultarme!
Quij. (*Desde la puerta.*)
¡Hola! ¡la guarda! venid.
Pesarále del alarde.
Emp. (*A Quijada.*)
¿Por qué asi llamar la guarda?

¿No basto yo á castigarle?

Quij. Mi obligacion, gran señor...
(La guardia entra en la escena.)

Emp. Era callar. Ya llevadle.

Quij. *(A la guardia.)*
Desarmad á ese rebelde,
y en la torre se le guarde.

(La guardia rodea á Roberto, que se deja desarmar impasible.)

Bárb. *(Saliendo tras de los que se llevan á Roberto.)*
Señor, que es deudo de Blanca.

Emp. *(Cuando ya Bárbara se fue.)*
Su nombre basta á salvarle.

(El emperador echa á andar detras de la guardia, que ya ha salido de la escena.)

FIN DEL CUADRO PRIMERO.

CUADRO SEGUNDO.

Oratorio de la duquesa doña Blanca.—Altar ó mesa con Crucifijo.—Reclinatorio.

ESCENA PRIMERA.

BLANCA *de rodillas en el reclinatorio.*

En tí, Divino Señor,
que en esa cruz enclavado
como viste mi pecado
miras, tambien, mi dolor:
en tí espero, en tí confio;
si débil fuí, me arrepiento,
borre el error de un momento
el acerbo llanto mio.
Perdona á una desdichada
débil muger su delito,
pues ya el ánimo contrito
la ves á tus piès postrada. *(Breve pausa.)*
(Levántase y se sienta.)
Sí, Carlos, la vez postrera
esta noche me verás:
en vano me rogarás:
encontraràsme severa.
No seré pura, inocente,
como lo fuí hasta aquel dia,
en que por desdicha mia...
pero seré penitente.

ESCENA II.

BLANCA. BÁRBARA, *desencajada.*

Bárb. Blanca, Blanca, ruega á Dios
por tu cuñado y mi padre.
Blan. ¡Vírgen pura de Dios madre!!!

Bárb. Hoy van á morir los dos.
Blan. ¿Qué dices, Bárbara mia!
¿Tu padre á morir? ¿Roberto?
Bárb. Puedes llorarlo por muerto.
Blan. ¡Mal haya mi suerte impía!
Bárb. Mal haya, amén, tu flaqueza,
tu ciego, tu torpe amor.
Blan. ¿Tú tambien de mi dolor
acrecientas la crudeza?
Bárb. ¡De dolor me hablas á mí!
¡A mí, que vivo penando!
¡A mí, por dama pasando
del César solo por tí!
Blanca, Blanca, me has perdido,
y á Roberto, y á mi bien,
tú le has perdido tambien:
por tí á la muerte ha venido.
Blan. (*Con despecho.*) Yo he sido quien le llevó
á ser rebelde con Cleves.
Bárb. (*Indignada.*) ¡Cómo! ¿á acusarle te atreves?
Blan. Tu saña me provocó.
Bárb. Pues bien; por tí solamente
á palacio, Blanca, voy:
si á Roberto hallaron hoy...
Blan. ¡Hay hombre mas imprudente!
Bárb. ¿Prudencia á un enamorado,
y celoso, pedir quieres?
Nuestros yerros de mugeres
á muerte le han condenado.
Blan. ¿Vive aún?
Bárb. Si no le han muerto
los celos que le devoran.
Blan. Si la sentencia demoran,
yo respondo de Roberto.
¿El César qué respondió?
Bárb. Que esta noche se le aguarde.
Blan. Pues entonces...
Bárb. Será tarde;
porque él mismo le prendió.
Blan. ¿Pues tan presto...
Bárb. Va á morir.
Blan. ¿Al menos, no le oirán?

Bárb. Por demas le escucharán
si le dejaren decir.
El alma que allí se encierra,
tú, Blanca, no la conoces:
al César le dirá á voces
que quiere hacerle la guerra.
"*Soy rebelde y luterano*,"
al preguntarle quién era,
respondió...

Blan. De esa manera
no hay para él recurso humano.

Bárb. ¿Y asi con estéril llanto
le abandonas á su suerte?
¿asi al mísero á la muerte...

Blan. ¡Pues qué he de hacer, cielo santo!

Bárb. ¿Qué has de hacer? Ir y arrojarte
de tu monarca á los pies;
y sin que segura estés
de allí no has de levantarte.
Decirle: te dí mi honra,
con ella mi corazon,
pues ora dame un perdon,
en precio de mi deshonra.

Blan. Recuerda que soy casada;
y aunque está mi esposo ausente
no ha de faltar quien le cuente
una nueva desdichada.
Ir á palacio de dia
es publicar mis amores;
darles peso á los rumores
que hay tal vez en contra mia.
Será imposible que venza
mi rubor de aquese modo:
pedírmelo puedes todo,
no que muera de vergüenza.

Bárb. (*Arrebatada.*) No te detuvo al ceder
á tú ciega impura llama:
¿hoy que una vida te clama
te puede asi detener?

Blan. (*Traspasada de dolor.*)
¡Tú mi amiga y compañera;
tú tan querida de mí,

me tratas, Bárbara, asi!
¡me ultrajas de esa manera!!!

Blan. (*Arrepentida.*) Yo, Blanca, no sé qué digo,
por padre y amante temo:
tal vez severa en estremo
me pude mostrar contigo.
Olvida ya mi furor;
te lo ruego aqui á tus pies:
por tí propia, Blanca, ves
á cuánto arrastra el amor.

Blan. (*Abrazándola.*) Ven aqui, Bárbara mia,
ven aqui sobre mi seno:
en que Dios inmenso y bueno
ha de salvarnos confia.

Bárb. Amiga, al César implora
y salvarásle la vida.
¿Qué negará á su querida,
si á sus pies la ve que llora?

Blan. Esta noche.

Bárb. ¿Y si antes muere?

Blan. ¿Quieres que vaya á decir
mi flaqueza...

Bárb. ¿Y escribir
sin que nadie lo supiere?

Blan. (*Breve pausa.*) Escribe y yo firmaré,
por mas que hacerlo me cueste:
en un momento como éste
por todo atropellaré.

Bárb. Aqui me espera un instante
en tanto que á escribir voy.

Blan. Temblando, Bárbara, estoy
por la suerte de tu amante.

ESCENA III.

BLANCA.

Desdichada la mugrr
que, llegándose á olvidar
de lo que juró guardar,
traspasáre su deber.
Humillada se ha de ver

por cuanto en torno tuviere,
por lo que ella mas quisiere,
como á mí me sucedió.
La que de *sí* se olvidó
vivir en paz nunca espere.

ESCENA IV.

BLANCA. ROBERTO.

Rob. Blanca, tus brazos me da.
Blan. ¡Libre estás, hermano mio!
Rob. Cuando ya morir pensaba.
Milagro fué del destino.
Blan. ¡Qué ventura, mi Roberto!
Gracias al cielo benigno.
¿Mas qué tienes? ¿qué te aqueja?
Rob. No sé, Blanca. El hado esquivo
con tal saña me persigue...
Blan. Hoy te ha salvado propicio.
Rob. Hasta en eso hay confusiones...
Mandarme á mí el César mismo
de su palacio á una torre,
de hierros cargarme y grillos;
y apenas paso alli un hora
abiertas las puertas miro...
¿Qué es esto, Blanca? ¿qué es esto?
¿Quién ha obrado este prodigio?
Blan. (*Aparte.*) ¡Si llegará á sospechar...!
Rob. Respondes con un suspiro...
¿No te atreves á mirarme?
Pues ya el misterio adivino!
Blan. (*Aterrada.*) Roberto, ten compasion...
Rob. ¿Y quién de mí la ha tenido?
¿Esa Bárbara, por quien
tal vez yo solo respiro?
Blan. (*Aparte.*) ¡Ah! no sospecha de mí.
Rob. Ella en tanto que el destino
me aleja á mí de la patria;
me convierte en un bandido,
olvidando mis amores,
que tiene un padre proscrito:

padre, amante y honra ofrece
al tirano en sacrificio.

Blan. Deten la lengua, Roberto.
¿Dónde vas con tu delirio?
Nunca Bárbara, en verdad,
mas que á tí solo ha querido.

Rob. Las voces de Ratisbona
no han llegado á tu retiro.

Blan. ¿Bastan las voces del pueblo
para probar un delito?
Yo te afirmo su inocencia.

Rob. Si con mis ojos la he visto
en palacio... ¿me dirás
que mis ojos me han mentido?

Blan. ¿Y no puede, di, á palacio
llevarla honesto motivo?
Tú sabes cuán dulcemente
canta Bárbara: un prodigio
es con el arpa; y el César,
que no sé quién se lo dijo,
quiso oirla y la llamó.
¿Fuera cuerdo resistirlo?
En esto soy la culpada,
que ella negársele quiso.

Rob. Blanca, ¿es cierto? ¿no me engañas?

Blan. De ello el cielo me es testigo.

Rob. Te debo mas que la vida.

Blan. Injusto con ella has sido.

ESCENA V.

BLANCA. ROBERTO. — BÁRBARA, *con un papel en la mano.*

Bárb. ¡Roberto! ¿no es ilusion?

Rob. No te engañas, prenda mia.

Blan. ¿Ves como bien presentía,
amiga, mi corazon?

Rob. Estás, Bárbara, llorosa,
desencajado el semblante.

Blan. Mil veces vió que á su amante
le daban muerte afrentosa.

Rob. Libre estoy: cómo no sé;

temer, amada, es en vano.

Blan. ¿Nada dices á mi hermano?
Mas solos os dejaré.

Bárb. ¿Por qué marcharte?

Blan. Un tercero
entre amantes no está bien.
Un dulce perdon preven,
amiga, á tu caballero. (*Vase.*)

ESCENA VI.

BÁRBARA. ROBERTO.

Rob. ¿Qué es esto, señora mia?
¿Tan silenciosa conmigo?
Si es el desden por castigo,
estais por demas impía.
Culpada acaso os creí
por engañosa apariencia:
de mi estrella la influencia
acusad, pero no á mí.
En sí el delito la pena,
Bárbara hermosa, llevó:
mas que vos padecí yo
imaginándoos agena.

Bárb. ¡Mas que yo, cruel Roberto,
mas que yo, á quien vida y fama...

Rob. ¿Y de mis celos la llama
no me hubiera tambien muerto?
¡Oh! deja ya los enojos,
muéstrame grato el semblante:
antes de partir tu amante
su gracia lea en tus ojos.

Bárb. ¡Partir! ¿y adónde? ¿por qué?
¿Tanto tiempo aqui has estado?

Rob. El César me ha desterrado.
Adónde voy no lo sé.

Bárb. ¿Adónde? — A nuevos combates;
á peligros; á morir:
yo no podré resistir
de mi suerte á los embates.

Rob. ¿Por qué te afliges, mi bien?
Tras de las horas de afan

serenos dias vendrán
y de ventura tambien.
Si cesa tu ceño adusto,
si es mio tu corazon...

Bárb. En dudar de mi pasion,
Roberto, ¿no eres injusto?

Rob. Pues en teniéndote á tí
y á mi buena y fiel espada,
no le pido al cielo nada:
feliz soy, Bárbara, sí.
Mañana donde quisieres
nos iremos á ocultar,
si esta noche en el altar
unirte conmigo quieres.
En cualquier rincon del mundo
felices los dos seremos.

Bárb. ¡Ay, que ya no lo podemos!
Media un abismo profundo...

Rob. Y bien, yo quiero salvarlo.
¿Qué riesgo, qué inconveniente?
Dímelo tú solamente...

Bárb. ¿Cómo puedes ignorarlo?
Soy católica, Roberto:
católica moriré;
y tú abjurando tu fé
á entrambos á dos has muerto.

Rob. ¿Qué importa esa diferencia?
los dos á un Dios adoramos.

Bárb. Pero sujetos estamos
á muy distinta influencia.

Rob. No, Bárbara, no lo digas:
tú eres mia, lo has de ser.

Bárb. No lo consiente el deber.
En vano ya te fatigas.
No puedo dejar de amarte,
mas amo sin esperanza.

Rob. ¿Lo que padezco no alcanza,
mi Bárbara, á desarmarte?
Si el lazo que une á los dos
asi rompes, despiadada,
¿á quién, muger desdichada,
unirte podrás?

Bárb. A Dios.

Rob. A Dios tu labio perjuro
hará un falso juramento,
que siempre en tu pensamiento
he de estar, ten por seguro.
Querrás olvidarme en vano
aun despues que fuere muerto,
la sombra de tu Roberto
vendrá á pedirte esa mano...

(*Toma la mano de Bárbara en que esta conserva estrugado y oculto el papel, y pasa del amor á la desconfianza; despues de haberlo leido, rabia concentrada.*)

Bárb. (*Con angustia.*) Roberto, no me condenes.

Rob. Hipócrita despreciable,
fementida, miserable,
¿de mirarme valor tienes?

Bárb. Inocente estoy.

Rob. Es cierto.
La prueba la tengo aqui.
(*Vuelve á leer.*) Y pide gracia por mí.
Mas valiera haberme muerto.

Bárb. ¿Está firmado el papel?

Rob. De tu mano escrito está.

Bárb. No en mi nombre.

Rob. Probará,
si la dejo, que me es fiel.

Bárb. Por el divino Señor
que aqui nos está mirando...

Rob. Muger, estás blasfemando,
no provoques mi furor.

Bárb. Ese papel está escrito
de mi mano; pero no...

Rob. Pues dime quién lo dictó,
que saberlo necesito.

Bárb. No me preguntes, te ruego.

Rob. No hay secretos para mí:
si tú no, Blanca...

Bárb. (*Despues de vacilar un momento.*)
Yo fuí.
Culpada soy, no lo niego.

Rob. Si la esposa de mi hermano

culpada fuera por suerte,
supiera darle la muerte
con aquesta propia mano.

Bárb. No, que Blanca es inocente;
yo sola soy criminal.

Rob. (*Sacando la daga y amenazándola.*)
Quien lo hizo pague el mal.

Bárb. (*Amparándose del altar.*)
Tú me ampara, Dios clemente.

Rob. (*Reportándose.*)
En esa sangre traidora
no debo el hierro manchar.
Vivirás para penar,
te lo juro, engañadora.

FIN DEL ACTO PRIMERO.

Acto segundo.

Salon en casa de la duquesa doña Blanca. — Decoracion cerrada. — Cuatro puertas, dos á cada lado. — Una del cuarto de Blanca, otra del de Bárbara, otra del oratorio, y la última secreta y cubierta con un tapiz. — Reja practicable con cerradura. — Es de noche.

ESCENA PRIMERA.

ROBERTO, *embozado.* FEDERICO, *en cuerpo.*

Fed. A tanto riesgo, señor,
es temerario esponeros.
Rob. Ayuda vengo á pedirte,
Federico, y no consejos.
Fed. Mis canas de aconsejaros
me dan el triste derecho.
Rob. En inútiles coloquios
es vano perder el tiempo.
¿Estás dispuesto á servirme?
Fed. ¿Y cómo negarme puedo?
Rob. Pues bien, oye, Federico:
todos me juzgan ya lejos
de Ratisbona: aquí oculto
esta noche pasar quiero.
A tí solo me confio,
nadie mas ha de saberlo.
Fed. ¿Ni la duquesa?
Rob. Tampoco.
Fed. ¡Pues con ella tal misterio!

Rob. Yo tengo acá mis razones.

Fed. Aunque es muger, el secreto
supiera guardar.

Rob. No importa:
á no verla estoy resuelto.
Tú procura algun parage
en que ocultarme aqui dentro.

Fed. Mi estancia, señor, no es digna
de recibir tal sugeto:
mas si vos quereis honrarla...

Rob. Ya he pensado en tu aposento;
pero no: no me conviene.
Has de buscarme otro puesto.
(*Aparte.*) Está en alto y no pudiera
servir para mis intentos.

Fed. En el resto de la casa
por imposible lo tengo.

Rob. ¿No pudiera, Federico,
aqui mismo, por ejemplo...

Fed. Aqui es delirio intentarlo.
Esa puerta que estais viendo,
no sé ya si os acordais...

Rob. De Bárbara el aposento.

Fed. Estotra de la duquesa
es la estancia: resta luego
el oratorio...

Rob. ¿Y en él
pasar la noche no puedo?

Fed. La llave, de la duquesa
no se aparta ni un momento.

Rob. Mal haya tanto guardarla.
¡Que no encuentre ningun medio!

Fed. Si ser visto no quereis
debeis retiraros presto.

Rob. ¿Pues no estan ya recogidas?

Fed. No quisiera que mi celo
me llevara mas allá...

Rob. Esplícate sin rodeos.

Fed. La verdad es que á deshora
algunas noches observo
que hay luces en esta cuadra,
que se interrumpe el silencio...

Los criados lo atribuyen
á diabólico misterio;
pero yo, que por mis años
no parto ya de ligero...

Rob. Sospechas, que no hay mas diablos
en esto que un galanteo.
Y á propósito esa reja
pudiera servir...

Fed. Yo tengo
la llave siempre, señor.

Rob. (*Despues de haber meditado.*)
Pues dámela, amigo, presto.

Fed. (*Dándosela.*)
Tomadla. (*Pasos dentro.*) ¿No habeis oido?
Alguien viene.

Rob. Vamos luego.

ESCENA II.

BLANCA. — BÁRBARA, *con una lámpara que coloca sobre una mesa.*

Bárb. Juraría que escuché
algun rumor al entrar.

Blan. Pues quién pudiera aqui estar
á estas horas no lo sé.

Bárb. Sin duda, Blanca, me engaño.

Blan. Tú siempre tan animosa,
estar hoy tan temerosa.

Bárb. Temo siempre nuevo daño.

Blan. Ya Roberto se salvó.

Bárb. Pero errante y fugitivo
le tiene el destino esquivo,
y culpada me creyó.
Y mi padre entre cadenas
está el triste sollozando,
tal vez la muerte esperando
por término de sus penas.

Blan. Tu padre, Bárbara mia,
cuéntalo ya por seguro:
no ha de pasar, te lo juro,
sin que le abraces un dia.

Bárb. ¿Y quién dirá á mi Roberto
tu Bárbara es inocente?
Blan. Seráte el cielo clemente.
Bárb. Cuando ya me hubiere muerto.
Blan. ¡Oh Bárbara! y es por mí.
Bárb. Mi amistad te lo perdona.
Blan. Si de amistad hay corona
se te debe sola á tí.
Bárb. ¡Ay! ¿del triste qué será?
Blan. ¿De quién dices?
Bárb. De tu hermano.
Blan. A un príncipe luterano
sin duda se acogerá.
Bárb. ¿Y otra vez en rebelion,
se librará como ahora? (*Dan las doce.*)
Mas ¿no es esta ya la hora?
Blan. Las doce, Bárbara, son.
Bárb. A Dios, Blanca, ya te dejo:
de mi padre no te olvides.
Blan. ¿Porqué tú misma no pides
su perdon?
Bárb. Muy mal consejo:
en tu boca una palabra
será con él poderosa.
Muger amada y hermosa
¿qué duro pecho no labra?
Blan. Te veré, Bárbara, luego.
Bárb. Velando te esperaré.
Blan. La gracia conseguiré,
si algo pudiere mi ruego.

ESCENA III.

BLANCA.

Ya mas de las doce son
y todavía no viene...
No te alarmes, corazon,
cuando Carlos se detiene
sobraràle la razon.
¡Qué soledad! ¡que no alumbre
esa lámpara mejor!

¡Ah! no hay tiempo, no hay costumbre
que el ojo escudriñador
de la conciencia deslumbre.
(*Rumor de pasos.*) Pasos siento... ¿quién será?
¿Quién ha de ser si no es él?
(*Dirigiéndose á la puerta secreta.*)
A su lado cesará
esta congoja cruel. (*Abre la puerta.*)
Gracias á Dios, aqui está.
(*El emperador entra por la puerta secreta.*)

ESCENA IV.

EL EMPERADOR.—BLANCA.

Emp. Aqui está, Blanca divina,
el que se mira en tus ojos:
de tu beldad peregrina
son sus coronas despojos,
ante ella todo se inclina.
Blan. Muy cortesano, muy fino,
en palabras os mostrais;
y tenéisme aqui sin tino
esperando que vengais;
el por qué no lo adivino.
Emp. Estrecha cuenta pedís,
severa estais por demas.
Blan. Con gran calma vos me oís.
Emp. ¿Enojada, Blanca, estás?
Blan. Como vos, señor, decís.
Emp. (*Acerca dos sillas, se sienta en una, y hace seña á Blanca para que ocupe la otra.*)
Sentémonos, te diré
la causa de mi tardanza.
Blan. Estoy bien, señor, de pie.
Emp. ¿Ni que me escuches alcanza,
Blanca querida, mi fé?
Blan. (*Sentándose.*) Ya estoy sentada escuchando.
Emp. (*Acercando la silla de Blanca á la suya.*)
Acércate mas aqui.
¡Ya estás, Blanca, suspirando!
¿Qué puede faltarte á tí,

¿á quien ciego estoy amando?

Blan. La paz del alma, señor;
la quietud de mi conciencia,
cuyo contínuo clamor
apenas vuestra presencia
acalla, ni vuestro amor.

Emp. ¿Ya olvidaste que tardé,
mi Blanca, en venir á verte?
Callando me vengaré,
ya que hablando me das muerte.
¡Por Dios que no lo diré!

Blan. Tendréisme siempre enojada
si en eso guardais silencio.

Emp. No andarás tan despiadada.

Blan. Como rebelde os sentencio,
no puede ablandarme nada.

Emp. Al cabo habré de ceder,
porque haya paz á lo menos.
Más consigue una muger
que pueden propios y agenos:
¡á mí llegarme á vencer!

Blan. ¿Con que en fin me esplicareis
de la tardanza el misterio?
Mas, que fueron me direis
los negocios del imperio:
con ellos me engañareis.

Emp. Tal vez los descuido mas
que debiera, Blanca, hacerlo;
en fin, á escucharme vas,
si debes ó no creerlo
por tí propia juzgarás.
Respondíte á tu billete
que esta noche y á las doce.
No hay hombre que mas respete,
lo sabe quien le conoce,
que Carlos lo que promete.
Sonando estaba la hora
cuando con Quijada entré
en tu calle, y sin demora
á la puerta caminé
de mi amor encubridora.
A abrirla estaba dispuesto,

mas Quijada me advirtió
que un hombre guardaba el puesto;
y aun á mí me pareció
de mala traza y mal gesto:
A caber celos en mí,
tal vez, Blanca, los tuviera;
mas ni pienso que hay aquí
quien conmigo compitiera,
ni tan mal juzgo de tí.
La calle al vérnos dejó
aquel ladron ó curioso;
Quijada allá le siguió,
y á adorar tu rostro hermoso,
mi Blanca, me vine yo.
Probada está mi inocencia,
y es curioso, por Dios vivo,
justificarse en presencia
de juez adusto y esquivo,
quien bajo de su influencia...

Blan. ¿Dos mundos tiene rendidos?
pero en el reino de amor
esos títulos perdidos
son sin otros, mi señor.

Emp. ¿No los tengo merecidos?

Blan. ¡Demas por desdicha mia!

Emp. Siempre llorando, mi bien;
mas congojas cada dia.

Blan. ¡Ah! mis desdichas tambien
aumenta la suerte impía.

Emp. ¿Y qué nuevo mal te aqueja?
¿Es tal desdicha el amarme?
¿De qué, Blanca, tienes queja?

Blan. Sola á mí debo culparme.

Emp. Ese pensamiento aleja...

Blan. Lo quiero, mas no lo puedo:
conociendo que hago mal,
á mi desventura cedo:
yo soy, señor, criminal
y tengo al castigo miedo.

Emp. ¡Puedes hacer tanto bien
amando al emperador...!
¡Cuántas desdichas no ven

sus ojos...

Blan. ¡ Ah! sí señor;

y vos las sabreis tambien.

Emp. Sírvale, pues, de consuelo

al llagado corazon,

que ese piadoso desvelo

ha de alcanzar el perdon

de tus faltas en el cielo.

Blan. (*Insinuante.*)

Empezad vos perdonando.

Emp. Ya á Roberto perdoné,

ya me motejan de blando.

Blan. Otra gracia os pediré,

aunque tal vez abusando...

Emp. Si es justa no es abusar.

Blan. Piedad os vengo á pedir.

Emp. ¿Quién te puede interesar!

Blan. Yo no me atrevo á decir...

Emp. ¿ Puédolo yo adivinar ?

Blan. No justicia, gracia pido.

Perdonad la vida á un hombre

que os tiene muy ofendido.

Emp. Pero decidme su nombre.

Blan. Es Blomberg.

Emp. Está perdido.

Blan. ¡ Con que es inútil mi ruego!

Emp. Salvarle no está en mi mano;

ese triste acaso al fuego

mañana por luterano

irá pertinaz y ciego.

Blan. ¿ Que es de Bárbara sabeis

padre ese anciano infelice?

No tan severo os mostréis.

¡ Oh cuánto de amor desdice

el semblante que teneis!

Emp. Nada en eso puedo hacer.

Blan. ¿ No puede el emperador...?

No le falta, no, el poder;

pero le falta el amor

y el quererme complacer.

Emp. Injusta mi Blanca está.

Todas las causas de fé

las tiene el prelado ya.
Blan. Si él muere, yo moriré.
Emp. El tiempo os consolará.
Blan. No puede, no, consolarme
de ver triste y desvalida
á aquella que, por salvarme,
me ha dado mas que la vida
que vos quereis arrancarme.
Ha sido el mejor amigo
ese anciano de mi padre:
si su gracia no consigo
hora que...

(Blanca al llegar aquí calla avergonzada: el emperador la mira con ternura, le toma la mano, se llega á ella y le escucha algunas palabras, dichas las cuales Blanca se oculta el rostro entre las manos, y el emperador manifiesta grande alborozo y ternura.)

Emp. ¿Qué dices!!
Blan. No sé qué digo.
Emp. ¡Será cierto, Blanca mia!
Blan. Muy cierto por desventura.
Callarlo me prometia.
Emp. ¿Ocultarme tal ventura
por qué mi amada queria?
Blan. Todo van á descubrirlo.
Hora se pierde mi fama;
Bárbara puede decirlo
si ese perdon que reclama
no alcanzo yo á conseguirlo.
Emp. A entrambos cuenta nos tiene
conservar este secreto:
Un medio se me previene.
Blan. ¿Y el perdon?
Emp. Yo lo prometo.
Ver á Bárbara conviene.
Blan. ¿Pues qué decirla quereis?
Emp. Vé por ella, Blanca, al punto,
y las dos escuchareis
lo que pienso en el asunto.
Blan. En breve aquí nos tendreis. *(Vase.)*

ESCENA V.

EL EMPERADOR.

De Alemania emperador,
de la noble España rey;
Italia bajo mi ley,
de un mundo nuevo señor;
¡y esclavo soy de este amor!!!
¡Descender á engaño y ruego
quien con el hierro y el fuego
á la Francia hizo temblar!
Bien te puedes alabar
de tu poder, niño ciego.

ESCENA VI.

EL EMPERADOR. BÁRBARA. BLANCA.

Bárb. (*Queriendo arrodillarse.*)
Dejadme que agradecida
(*El emperador la levanta.*)
los pies os llegue á besar.
Tanta merced á pagar
apenas basta mi vida.

Emp. Solo á Blanca le debeis,
señora, agradecimiento;
y pagárselo al momento
y con usura podeis.

Blan. ¡Pagarme, señor, á mí!
Yo soy quien debo pagar.

Bárb. ¿Qué pudieras desear
que yo te negara á tí?

Emp. (*Aparte.*) Poco me dejan que hacer
en esta negociacion.
Vuestro noble corazón (*A Bárbara.*)
en eso se deja ver.

Bárb. Lo que Blanca quiere espero
que me digais, gran señor.

Emp. ¿Quereis salvarle el honor?

(*Blanca se retira á un lado. — Bárbara y el emperador permanecen en el proscenio.*)

Bárb. ¿Dudar podeis que lo quiero?

Blan. (*Aparte.*) ¡Oh cielos! ¡qué sacrificio

intenta de ella exigir!

Emp. En vos está el impedir
su ruina solo, á mi juicio.

Bárb. Cuanto en mi mano estuviere
no hay qüe dudar que lo haré.

Blan. (*Aparte.*) ¿Y asi de ella abusaré?
Mi propia mano la hiere.

Emp. ¿Qué, estais resuelta, señora?

Bárb. A pagar cuanto le debo.

Blan. (*Aparte.*) Tambien á la muerte llevo
á Roberto, que la adora.

Emp. Tal vez llegando el momento...

Bárb. Señor, ¿qué quereis decirme?

Blan. (*Aparte.*) No puedo más: he de irme;
faltarme el ánimo siento.

(*Vase sin que lo adviertan el emperador ni Bárbara.*)

ESCENA VII.

BÁRBARA. – EL EMPERADOR.

Bárb. Decidme, señor, os ruego,
qué se pretende de mí.

Emp. ¿No habeis dicho ya que sí?

Bárb. Y que lo he dicho no niego.

Emp. Parece que vacilais
en cumplir vuestra promesa;
que á Blanca sólo interesa,
tal vez, Bárbara, olvidais.
Tened presente tambien
que el que os está aqui rogando
pudiera, acaso mandando,
llegar á su fin muy bien.
Me esplicaré sin rodeos,
el misterio cesará.

Bárb. Vuestra magestad verá...

Emp. Obras quiero y no deseos.
A Blanca desde la infancia
le debísteis proteccion:
de vuestro padre el perdon
arrancó á mi tolerancia...

Bárb. Si piensa que dí al olvido

cuanto debo á su amistad,
injusto su magestad
imaginándolo ha sido.

Emp. No está demas recordaros
uno y otro beneficio,
porque es duro el sacrificio
que pido, y puede amargaros.
Dí la vida á vuestro padre
que contra mí peleó;
que salveis os ruego yo
á Blanca, que va á ser madre.

Bárb. ¡Dios eterno! ¿y es posible?
¿A tal su desdicha llega?

Emp. Que la salveis Blanca ruega.

Bárb. ¿Cómo de mal tan terrible?

Emp. Pues sino basta rogar,
tened, Bárbara, entendido
que aunque blando hasta aqui he sido
he de saberlo mandar.

Bárb. ¿A lo que Dios ordenó
qué remedio le pondremos?

Emp. Al menos lo ocultaremos.

Bárb. ¿Y cómo lo puedo yo?

Emp. (*Resuelto.* Pasando vos por culpada:
que no encuentro otro remedio.

(*Breve pausa de sorpresa é indignacion en Bárbara.*)

Bárb. (*Con energía.*) Buscar podeis otro medio:
no he de verme desonrada.

Emp. Pensadlo un poco mejor:
recordad que le debeis...

Bárb. Mas nunca me probareis
que yo le deba mi honor.
¿Dais á mi padre la vida
tan solo porque consienta
una muger en su afrenta
por la merced recibida?
Ese anciano entre cadenas
mas vale, señor, que espire
que perdida su honra mire
solo por culpas agenas.

Emp. (*Con dignidad.*) El perdon que dado está
lo ha dado el emperador:

deponed todo temor,
que atrás no se volverá.
Aqui podeis del amigo
al ruego ser insensible;
podeis segura, terrible
estar, Bárbara, conmigo.
Nada sabe el soberano
de lo que pasa al amante:
este pone en el instante
su destino en vuestra mano,
cuando de aquel al poder
en uno y otro hemisferio
no se encuentra acaso imperio
que resista obedecer.

Bárb. ¡Tened compasion de mí!

Emp. No acierto á qué me imploráis,
pues vos sois la que negais
y yo soy el que pedí.

Bárb. ¡Ah! que al negarle yo á Blanca
cualquiera cosa, señor,
siento que acerbo dolor
del pecho el alma me arranca.

Emp. ¿Estais, Bárbara, resuelta
á que muera vuestra amiga?
A vos el nudo no os liga
en que Blanca se ve envuelta.
Libre sois en conclusion;
si rendida apareceis,
disculpa grande teneis
en que soy yo la ocasion.
¿Quereis en tierra lejana
ir á ocultaros? — Podeis.
Si una corona quereis
os puedo hacer soberana.
Pensad bien lo que elegís:
por mi dama estais tenida:
os engañais, por mi vida,
si otra cosa presumís.

Bárb. El cielo de mi inocencia
es á lo menos testigo:
yo tengo á Dios por amigo.

Emp. Mas no á la maledicencia.

:

Bárb. ¡Por culpada he de pasar,
¡oh Dios! estando inocente!

Emp. No podreis á tanta gente
vos sola desengañar.

Bárb. ¡Verdad horrible, espantosa!
¡Para siempre sin honor!!!

(*Breve pausa.—Bárbara profundamente abatida.*)

Emp. (*Con dulzura.*) ¿La salvareis?

Bárb. (*Con dolorosa resignacion.*) Sí señor.
Sea Blanca al menos dichosa.

Emp. Juráisme que este secreto
no revelareis jamas.

Bárb. ¡Aún pretendeis eso mas!
—No importa.—Yò lo prometo.

Emp. (*Con ternura tomándola la mano.*)
Dichosa sereis tambien.

Bárb. Imposible.

Emp. ¿Por qué no?
Nunca el Señor olvidó
al que sufre y hace bien.

Bárb. En él pongo mi esperanza.
Ampáreme su piedad.

Emp. Premiaré vuestra amistad,
si cuanto puedo lo alcanza.

Bárb. Mercedes, señor, no quiero:
ya múy caras he pagado
las que me habeis otorgado.
Una gracia solo espero.

Emp. Ya la teneis concedida
sin vacilar un momento.

(*Roberto, subiendo por una escala, aparece en la reja, que abre con su llave.*)

Bárb. Pasar quiero en un convento
lo que me restá de vida.

(*Roberto ha entrado por la reja y salta á las tablas.*)

ESCENA VIII.

EL EMPERADOR. — BLANCA. — BÁRBARA. — ROBERTO. — *Despues* QUIJADA.

Rob. (*Al saltar.*) ¡Tu vida! corta será.
(*Saca la espada.*)

Emp. (*Se vuelve, se emboza, y empuña.*)
Seais amante ó ladron
venís en mala ocasion.

Rob. Eso pronto se verá.

Bárb. (*Aparte.*) ¡Oh cielos! Este es Roberto.

Quij. (*En la reja.*) Pensaba haberse escapado;
pues por Dios que se ha engañado.
(*Salta y empuña.*)
(*A Roberto.*) Dadme la espada ó sois muerto.

Rob. (*Acometiéndole.*) Primero lo sereis vos.

Emp. (*Interponiéndose.*) Teneos quieto, Quijada:
dejadme probar la espada.

Bárb. (*Conteniéndole.*) Roberto mio, ¡por Dios!

Rob. (*Apartándola.*) Aparta, infame muger.

Quij. (*Al emperador.*) Perdonadme si resisto...

Emp. Callad: no el rostro me ha visto.

(*Roberto se desembaraza de Bárbara, y acomete al emperador, que apartando á Quijada, le recibe con la espada.*)

Bárb. (*A Roberto.*) ¡Asi te quieres perder!

(*El emperador desarma á Roberto, y pone el pie sobre su espada.*)

Rob. (*Presentándole el pecho.*)
No tardeis en darme muerte,
ó tal vez lo llorareis.

Emp. De que el rostro no me veis
dadle gracias á la suerte.
Idos ya, sin replicarme,
por donde aqui habeis venido:
y de hoy mas tened sabido
que no es tan facil matarme.

Rob. (*Yéndose con rabia.*) El tiempo lo ha de decir.
(*Vase por la reja.*)

Quij. Ingrato, como traidor.
¿No le escuchásteis, señor?

Emp. ¿Qué importa? dejadle ir.

FIN DEL ACTO SEGUNDO.

Acto tercero.

El teatro representa una ermita desmantelada, pero no ruinosa. — Roberto, Blomberg y los conjurados con coleto, gaban y botas; el segundo sin armas. — El emperador, Quijada y sus caballeros en trage de caza, y ademas de las armas del tiempo un venablo. — Al levantarse el telon los conjurados estan en el fondo de la ermita. — Empieza á amanecer y va aumentándose la luz hasta que al fin del acto es completamente de dia.

ESCENA PRIMERA.

LOS CONJURADOS *en el fondo.* — *Entran* BLOMBERG *y* ROBERTO. — *Este hace seña á los conjurados y se retiran.*

Blom. ¡Celo imprudente! ¡arrojo temerario!
¡Ofrenda impía la que alzais al cielo!
En nombre del Cordero del Calvario,
venganza y ruinas cubren este suelo.

Rob. ¡Ruinas...! sí; de los ídolos de Roma.
Venganza, aún nó, pero vendrá su dia.
Tal vez la aurora de venganza asoma;
tal vez mi ruego á Dios...

Blom. ¡Plegaria impía!
¿Y eres cristiano tú, que así blasfemas?

Rob. Blomberg, ¿qué dices?

Blom. La verdad, Roberto.
Esa sed de venganza en que te quemas
es de un cristiano indigna.

Rob. Bien, por cierto,

de tus heladas canas la influencia
sentir se deja, anciano, en tus palabras.
Mas si templar pretendes mi violencia,
el tiempo pierdes, en diamante labras.

Blom. Cuando á Dios place, de la roca dura
brotan las aguas en raudal copioso:
del ancho mar soberbio la bravura
se humilla á su querer; y tú, orgulloso,
intentas resistirle.

Rob. La semilla
intento destruir del paganismo;
del tirano monarca de Castilla
romper el insufrible despotismo:
del negro tribunal es el apoyo;
él nos conduce á la fatal hoguera.
¿Sin sangre nuestra corre algun arroyo,
dime, Blomberg, en la Alemania entera?
¿Qué fueran sin su lanza y sin su escudo
para nosotros Roma y sus secuaces?
Yo, anciano, cortaré el gordiano nudo
que tú mas bien aprietas que deshaces.

Blom. ¿Dónde te arrastra, temerario mozo,
el fuego ardiente de tu loca saña?
¿Intentas, por ventura, sin rebozo
la guerra declarar al rey de España,
con un puñado, acaso, de valientes
que apenas se declaren, al profundo
abismo han de lanzar las fieras gentes
del que es señor de la mitad del mundo?

Rob. No, que lidiar con él fuera locura:
mas un zagal con una piedra sola
rompió de Goliát la frente dura:
romper puede un puñal cota española.

Blom. (*Con horror.*)
¡Un regicidio!!!

Rob. (*Con firmeza.*) Sí; que es un tirano.

Blom. Dios es su juez.

Rob. Y Dios quien le condena.

Blom. Él le castigue.

Rob. No; será mi mano
la que al culpable hará sufrir la pena

Blom. ¿De nuestra santa religion naciente,

con ese horrible crimen en la cuna,
quieres manchar la inmaculada frente?
Escucha mis razones.

Rob. No hay ninguna
que á vivir bajo el yugo vil me obligue,
errante siempre, sin hogar, sin templo;
razon no encuentro que mi brazo ligue,
que esclavo hasta en creencias ni contemplo.
Si á tus cansados años de esta obra
grande parece el peso y el trabajo,
retírate, Blomberg; mi mano sobra.
Su vida ó mi cabeza sobre un tajo.

Blom. ¡Un asesino tú!!!

Rob. Soy instrumento
de la ira del Dios de las batallas.

Blom. Tú le debes la vida.

Rob. ¡Oh, mi tormento!

Blom. Y se la debo yo... ¿por qué asi callas?

Rob. No me preguntes.

Blom. Eres un ingrato.
Él pudo con justicia darte muerte.

Rob. Basta: ¿qué quieres?

Blom. Reducirte trato.

Rob. En vano es ya: resuelta está mi suerte.

Blom. Un tiempo fué Roberto caballero,
valiente en los combates, generoso
y agradecido fué; pretende empero
manchar su fama con delito odioso...

Rob. Escúchame, Blomberg: de haberme muerto
por mano del verdugo, perdonára
al tirano tal vez....

Blom. Y bien, Roberto...

Rob. Escúchame, te digo: no le odiára;
mas tú no sabes, ni decirte quiero,
por cuál precio mi sangre ha perdonado,
y la tuya tambien, el tigre fiero.
No lo quieras saber, desventurado.

Blom. Sé que en las llamas perecido habria
sin su perdon; si luego me destierra,
lloro, Roberto, la desdicha mia;
mas no le muevo ingrato cruda guerra.
Aquí, contigo á orar con mis hermanos

vine al Señor por su afligida esposa,
y no á manchar mis ya caducas manos
en trama contra el César alevosa.

Rob. Y bien, te obstinas; el fatal secreto
mis labios van á revelarte, escucha:
y al saberlo, Blomberg, yo te prometo
que no serás tan débil en la lucha.
No tacharás mi celo de imprudente;
poca ha de parecerte mi violencia
cuando el baldon señale de tu frente.

Blom. ¿Baldon en mí! ¿Roberto, qué dijiste?
mi helada sangre hierve al escucharlo.
Baldon... ¡ah! cuál palabra proferiste:

Rob. Véngate en vez, anciano, de llorarlo.
Tus venerables canas deshonradas
por el tirano estan.

Blom. ¿Y cómo? ¿y cuándo?

Rob. ¿No te basta saber que estan manchadas?
¿No te digo bastante así callando?

Blom. Esplícate, Roberto: te lo ruego.

Rob. Te lo diré despues de la venganza.

Blom. Antes lo he de saber.

Rob. ¡Empeño ciego!
Ya que el silencio mio nada alcanza,
lo romperé: Blomberg, tú lo has querido.
Tú tienes una hija... yo la amaba...
La perdimos los dos...

Blom. ¿Ha perecido?

Rob. Pluguiera á Dios que sí.

Blom. Roberto, acaba.

Rob. ¿No me comprendes? — Bárbara no puede
ser ya mi esposa: la rindió el tirano.

Blom. ¡Ah, no es verdad!

Rob. Dudar no me concede
á mí la suerte, no.

Blom. Calla, inhumano.
Tú no eres padre.

Rob. Pero he sido amante.
Tu hija era mi bien, era mi vida;
el ídolo de un alma delirante;
y me vendió, Blomberg, la fementida.

Blom. Tal vez tus propios celos te engañaron.

Rob. La he escuchado; la he visto por mis ojos;
y su infamia sus labios confesaron.
Honra y amor de Carlos son despojos.

Blom. Da, Señor, á este anciano resistencia
para el amargo caliz que le envias:
ó si hallar gracia puede en tu presencia
corta la trama á sus cansados dias.

Rob. Modera tu dolor, serás vengado.

Blom. ¿Me volverás á Bárbara inocente?

Rob. Con sangre tu baldon será borrado.

Blom. Tú no comprendes lo que un padre siente.

ESCENA II.

DICHOS *y* EL CONJURADO 1.º

Conj. (*A Roberto.*) Ya al Pastor teneis aqui.

Rob. ¿Y nuestros hermanos?

Conj. Todos.

Rob. ¿Y las guardas?

Conj. En sus puestos:
el monte cercan en torno.

Blom. (*Al Conjurado.*) A nadie han de hacer injuria.

Rob. Si no sirviere de estorbo:
mas si algun gentil quisiera
interrumpir nuestros votos;
si al rebaño del Señor
acometieran los lobos,
espadas teneis, amigos,
que mas de un peto habrán roto.

Blom. Venga ya el santo Pastor.

Rob. Estad á punto vosotros. (*Vase el conjurado.*)

ESCENA III.

ROBERTO. — BLOMBERG. — EL PASTOR.

Past. Paz y salud, gloria á Dios:
él solo lo puede todo.

Blom. Él convierta como puede
nuestras lágrimas en gozos.

Rob. El que deshizo las huestes

de Faraon con un soplo,
tal vez cuando le imploramos
nuestras cadenas ha roto.

Past. Romperlas... no es tiempo aún:
no ha vuelto el Señor su rostro
á los hijos de Lutero,
aún no los mira piadoso.

Rob. ¿Y aqui no estamos, Pastor,
sus servidores?

Blom. ¡Cuán pocos!

Rob. Pocos, sí, pero valientes,
para la lid siempre prontos.

Past. ¿Qué importa vuestro valor
si luchais con un coloso
que al sacudir de su brazo
os puede tornar en polvo?
Si Dios no, ¿quién en el mundo
ha de ser nuestro socorro?
Nadie, nadie. En tanto mal
llorar podemos tan solo.

Rob. Los ancianos, las mugeres
os hagan llorando el coro:
yo tengo un brazo, Pastor,
y un aliento generoso.
Huid de aqui: si temblais,
no he menester de vosotros.

Blom. Hierve la sangre en las venas,
Pastor, del altivo mozo;
en su celo se estravía,
le ciega su mismo arrojo.

Rob. Si me ciego de valiente
os helais vos de medroso.

Blom. Tú bien conoces, Roberto...

Rob. Yo os diré lo que conozco:
os causa el nombre del César
tanto pavor, tanto asombro,
que os dejareis degollar
por no servirle de enojo.
Yo no sé si á la victoria
ó á la muerte tal vez corro;
mas sí que en morir lidiando
al menos no me deshonro.

Sé que un baldon en mi pecho
penetra siempre muy hondo,
su peso me es insufrible...
Otros hay, que no los nombro
porque me dan compasion,
que lo pueden sufrir todo,
en quien la sangre no habla,
que tál vez deslumbra el trono...
Huyan pues; sino de auxilio
que no me sirvan de estorbo.

Blom. ¡Tú tambien sobre mis canas
arrojas inmundo lodo!!
Perdónetelo el Señor
como yo te lo perdono.

Past. (*Á Roberto.*) ¿Asi á un ministro faltais,
y á un noble anciano al decoro?

Blom. (*Al Pastor.*) Los lazos de nuestra union
no por mí se miren rotos.
El pueblo espera: á Jehová
elevemos nuestros votos.
Hermanos mios, á orar.
(*Desde la puerta del foro.*)
(*Á Roberto.*) Hora depon las enojos.

ESCENA IV.

DICHOS. — PUEBLO *y* CONJURADOS.

(*El pueblo forma semicirculo.- Los conjurados guardan la puerta.- El Pastor y Blomberg en el centro. Roberto en un estremo.- Cuando el Pastor sacando un libro va á principiar á leer, el conjurado 1.º entra y dice algunas palabras al oido á Roberto.*)

Rob. (*Despues de oir al conjurado.*)
(*Al Pastor.*) Suspended por un instante.
(*Aparte al conjurado.*)
Á nadie mas que á mí solo. (*Vase el conjurado.*)

Blom. No hay ya para la oracion
á mi ver ningun estorbo.

Rob. Pastor, bien á mi pesar
el impedir me es forzoso
vuestra oracion. Retiraos.

Past. ¿Por qué, Roberto, tan pronto?
Rob. Es fuerza: no mas tardanza,
ó perdidos, por Dios, somos.
Blom. ¿Nos han vendido, Roberto?
Rob. No lo sé, mas lo supongo.
Avísanme que salieron
de noche y con gran rebozo
soldados de Ratisbona;
si contra mí, es lo que ignoro.
Si ellos me buscan cordero
me pudieran hallar lobo.
(*Al Pastor.*) En nombre del cielo os ruego
no os detengais. (*Al pueblo.*) Y vosotros
idos, amigos, por hoy.
(*El Pastor sale.—El pueblo le sigue lentamente.*)
Blom. ¿Esperar quiere tu arrojo?
(*Roberto le hace señas de que calle.*)
¿Contra las huestes del César
lidiar quieres con tan pocos?
Rob. Silencio, anciano, silencio:
espera que estemos solos.
Blom. (*Aparte.*) ¿Qué nuevo misterio encierra
su proceder cauteloso?
(*El pueblo acaba de salir.—Los conjurados lo hacen tambien, pero se quedan á la puerta.*)

ESCENA V.

BLOMBERG.—ROBERTO.

Rob. Blomberg, el cielo en tu mano
pone á Bárbara.
Blom. ¡Hija mia!
Rob. De la venganza es el dia.
Blom. ¡Qué pretendes, inhumano!
Rob. Tú, Blomberg, noble nacistes:
sabrás qué hacer te conviene.
Blom. ¿Que estaba aqui no dijiste?
¿Dónde está? ¿Quién la detiene?
Rob. Va á llegar: Blanca con ella
al vecino monasterio
caminaba con misterio:

que hallaran quiso su estrella
con la gente que aposté;
conociólas un soldado,
detúvolas, me ha avisado,
y aqui traerlas mandé.
Vengarme pudiera aqui
de la vil que me ha engañado;
pero al fin no ha deshonrado
en resúmen mas que á tí.
A tu venganza la entrego,
haz de ella lo que quisieres,
que no en sangre de mugeres
se ceba mi furor ciego. (*Vase.*)

ESCENA VI.

BLOMBERG.

Dios de Abraham, cuya bondad inmensa
al último reptil del mundo alcanza;
á quien el coro de ángeles inciensa
y entona eterno canto de alabanza;
tú, Señor, de los débiles defensa;
tú, fuente, de consuelo y de esperanza:
misericordia ten de un sin ventura
que te plugo sumir en la amargura.
Padre del unigénito Cordero
que por nosotros descendió á la tierra,
si llamarme ante tí quieres severo,
pronto estoy, que la muerte no me aterra;
con fé la vida perdurable espero.
Mas tú ves cuánta angustia aqui se encierra:
ó hiere ya, Señor, mi anciana frente,
ó vuélveme á mi Bárbara inocente.

ESCENA VII.

BLOMBERG. — BÁRBARA. — BLANCA. — FEDERICO. — CONJURADOS. *Estos conducen al último con las dos damas y se retiran dejándolos en la escena. Bárbara al ver á su padre corre á sus brazos, y él se los abre como involuntariamente.—Blanca aterrada avanza lentamente.—Federico en el fondo.*

Bárb. ¡Padre mio!

Blom. ¡Mi hija!

Blan. ¡Cielos! (*Blomberg volviendo en sí, separa á Bárbara de sus brazos.*)

Bárb. (*Aparte.*) Mi suplicio va á empezar.

Blan. (*Aparte.*) Todo lo va á confesar.

Blom. (*Con amargura.*) ¡Cuál fruto de mis desvelos!
Alza del suelo los ojos,
contempla á un mísero anciano
que mas agovia tu mano
que del tiempo los enojos.
¡Hija en mal hora engendrada!
Bien hizo en morir tu madre,
el cielo libró á tu padre
del fuego en hora menguada.
Ha llovido sobre mí
sus rigores la fortuna;
pero deshonras, ninguna:
te las debo sola á tí.

Bárb. ¡Padre mio!

Blom. Sella el lábio.

Blan. Escuchadla.

Blom. ¡Vos, señora,
callad debierais ahora,
pues no impedísteis mi agravio;
y tú tambien, Federico,
mas amigo que criado,
tan mal mi amor has pagado!

Fed. ¡Señor!

Blom. Calla.

Fed. No replico.

Bárb. Padre, por Dios escuchadme.

Blom. No hay por desdicha disculpa
que baste á tan grave culpa.
Dejadme todos, dejadme.

Bárb. ¡Blanca! ¡Blanca!!!

Blan. Por piedad...

Bárb. (*A Blomberg.*) Dejadme al menos que diga...

Blan. (*Al mismo.*) Tal vez calmaros consiga.

Blom. Callad, señora, callad.

Bárb. (*De rodillas á los pies de su padre.*)
Por la memoria, señor,
de la madre que perdí,

recordad que prenda fuí
que el cielo dio á vuestro amor.
Recordad que cuando Dios
tan jóven se la llevara
tranquila aqui me dejara
porque me guardabais vos.
No asi por vana apariencia
me condeneis inclemente:
saben que estoy inocente
los cielos y mi conciencia.

Blom. ¡Inocente! Si asi fuera...

Bárb. No lo teneis que dudar.

Blan. (*A Bárbara con angustia.*)
¿Vasme, Bárbara, á afrentar?

Blom. (*Con ansia.*) Habla: tu padre lo espera.

Bárb. (*Despues de dudar algunos instantes.*)
Tened en mí confianza
y nada me pregunteis,
que la angustia en que me veis
facilmente no se alcanza.

Blan. Fiad en ella, señor,
y respetad su secreto:
el callarlo, yo os prometo
que le causa harto dolor.

Blom. Era ilusion del deseo
que un instante me halagó,
el viento se la llevó;
deshecha en humo la veo.

Bárb. ¡Ah, no! Culpada no estoy.

Blom. ¿Por qué tardas en probarlo?

Bárb. (*A Blanca con resolucion.*)
Todo voy á confesarlo.

Blan. (*Con angustia á Bárbara.*)
¡Compasion! (*Aparte.*) Perdida soy.

Bárb. (*A Blanca á media voz, pero con suma energia.*) Por tí he perdido mi amante,
mi opinion, cuanto tenia,
pero á mi padre no via
con la pena delirante.
Ese anciano, con el ser
su nombre puro me ha dado:
hora lo ve deshonrado,

contempla su padecer.
Consulta con tu conciencia.
Pongo en tus manos mi suerte.

Blan. ¿Por qué no me da la muerte
de mi dolor la violencia!

Blom. (*A Bárbara.*) ¿Nada tienes que decirme
hora que quiero escucharte?
Si no puedes disculparte
¿perdon no puedes pedirme?

Bárb. (*A Blomberg.*)
¡Ah! señor, solo un momento.
(*A Blanca.*) ¿Pronuncias, Blanca, mi fallo?
¿Muger, he de hablar ó callo?
Termina ya mi tormento.

Blan. (*Indecisa y avergonzada.*)
¿Qué quieres que yo te diga?
Tu promesa al César fué:
él es dueño de tu fé;
conmigo nada te liga.

Bárb. (*A Blanca con amargo desprecio.*)
No digas mas: te comprendo;
y me causas... compasion.

Blom. (*Con ansiedad.*) Termina mi confusion:
tales misterios no entiendo.

Bárb. Escuchadme, padre mio,
y creed á vuestra hija;
que vuestro pecho no aflija
mi aparente descarrío.
No puedo deciros mas,
lo veda el hado enemigo;
de ello el cielo me es testigo
y algunos otros quizás.

Blom. ¿Y asi piensas engañarme?
¿Asi ocultar tu delito?

Bárb. Que inocente estoy repito.

Blom. Eso es tu deber probarme.

Bárb. He dicho cuanto podia.

Blom. Huye ya de mi presencia.

Bárb. Abónamé mi conciencia.

Blom. No mas blasfemes, impía.
Corazon empedernido,
implora, gime, suspira,

teme del cielo la ira:
confiesa que has delinquido.

Bárb. Dios solo sabe lo cierto.

Blom. Culpable te has confesado.

Bárb. ¿Quién, señor, os lo ha afirmado?

Blom. Tu mismo amante: Roberto.
Huye, otra vez te lo digo;
huye, que nunca te vea,
ó esta mano tal vez sea
la que ejecute el castigo.

Bárb. Heridme luego, señor:
será mas suave venganza
que quitarme la esperanza
de volverme vuestro amor.

Blom. Para siempre lo has perdido.

Bárb. Tened compasion de mí.

Blom. ¿No la tengo, infame, di,
cuando no te he maldecido? (*Bárbara aterrada. — Blanca llena de horror corre á Blomberg.*)

Bárb. ¡Ah! padre mio.

Blan. (*A Blomberg.*) No mas.
Abrazadla, está inocente;
hora escuchadme indulgente...
(*La vergüenza impide á Blanca continuar.*)
(*A Bárbara.*) Tú, amiga, se lo dirás.

Bárb. Dios te premie, Blanca mia,
tu noble resolucion.

Blan. De un padre la maldicion,
¿qué pecho no ablandaria?

Bárb. (*A Blomberg.*) Y puedo justificarme.

Blom. ¿Por qué tardas en hacerlo?

Blan. (*A Blomberg*) Sí; todo vais á saberlo:
prometedme perdonarme.

ESCENA VIII.

BLOMBERG. — BÁRBARA. — BLANCA. — ROBERTO.

(*Las damas se retiran. — Roberto entra precipitado y arroja una mirada de desprecio á Bárbara. — Blomberg espera con impaciencia á que Roberto hable. — Breve pausa.*)

Rob. Dejar conviene este sitio:

seguidme, Blomberg, al punto.

Blom. Roberto, voy á seguirte:
mas hora...

Rob. Que es fuerza os juro.
(*Bajo á Blomberg.*) Todo pende de un instante.

Blom. Un momento, sólo uno.

Rob. Imposible.

Blom. En él se aclara
tal vez misterio profundo
que á entrambos nos interesa.

Rob. ¿Y he de arriesgar lo seguro
por un sueño ó un engaño?
Un tiempo acaso se pudo:
ya es tarde para ilusiones.
Vámonos.

Blom. No lo rehuso.
(*A las damas.*) Seguidnos.

Rob. ¡Blomberg, qué haceis?

Blom. Que han de seguirnos presumo.

Rob. Os engañais.

Blom. ¡Como! ¡solas!

Rob. No tengais temor ninguno,
saben ya vivir ausentes
sin que se amarguen sus gustos.

Blom. Yo á mi hija no abandono,
aunque tu cólera escuso.

Rob. En vez de llamarla hija,
llamárala yo verdugo.

Blom. Es hija aunque esté culpada.

Rob. De esa muger no me curo;
mas el bien de nuestra causa
sacrificarte no es justo.
Conveniente á mis designios
que aqui permanezcan juzgo:
de que en breve te las vuelvo
puedes seguirme seguro.

Blom. Yo no alcanzo...

Rob. (*Impaciente.*) Ni yo puedo
contra lo que Dios dispuso,
que conforme á tus deseos
detenga el tiempo su curso.
(*A las damas.*) Ya me conoceis, señoras,

y sabreis que no me burlo;
no abandoneis este sitio;
no reveleis á ninguno
á quién visteis, cómo aqui
os trajeron. — Yo os escucho.
Una palabra indiscretá
puede abrir vuestro sepulcro.
(*A Blomberg.*) No me repliqueis: venid;
mi proceder aunque duro
es necesario. — (*A Federico.*) Conmigo.
Silencio encargarte escuso. (*Hace salir á Blomberg y Federico. — Aparte mirando á las damas.*)
Un instante nada mas
y los tengo á todos juntos. (*Vase.*)

ESCENA IX.

BÁRBARA. — BLANCA.

(*Durante esta escena se advierte gran movimiento en los conjurados, que cruzan por delante de la puerta; y algunos, aprovechándose de que las damas les vuelven la espalda, se introducen y ocultan en la misma ermita. — Roberto aparece una ó dos veces dando órdenes. — Antes de concluirse la escena cesa el movimiento, y hay gran silencio.*)

Blan. ¡Bárbara!
Bárb. Blanca, ¿qué quieres?
Blan. Nos dejan aqui á morir:
¡ay desdichadas mugeres!
Bárb. Inútil es el gemir:
no, amiga, te desesperes.
Blan. En mal hora al monasterio
sin guardas nos dirigimos.
¡Oh! pesia tanto misterio,
por guardarlo nos perdimos.
Si él lo supiera el imperio...
Bárb. Silencio. Ya te dijeron
que escuchándonos estaban.
Blan. ¿Y qué decirnos quisieron,
cuando callar nos mandaban

las gentes que aquí vinieron?

Bárb. Tal vez pronto se verá;
y yo tiemblo, Blanca...

Blan. ¿Qué?

Bárb. Decírtelo no sabrá
mi lengua: mas tiemblo á fé.

Blan. ¿Cuál nuestra suerte será?

Bárb. Blanca, en mi padre confio:
él vela por nuestra vida.
Por mas que muestre desvío,
nunca hay hija aborrecida.
Si Roberto quiere impío...

Blan. Pensarlo solo me aterra.
Si la cólera se enciende
del que al mismo César guerra
hacer atrevido emprende,
¿quién nos liberta en la tierra?

Bárb. Dios puede mas que los hombres.

Blan. ¡Le tengo tan ofendido!
De mi temor no te asombres.
Si esto hubiera presumido
mi Carlos...

Bárb. ¡Ah! no le nombres.
Si nos escucha Roberto,
y recuerda en él su agravio,
mi Blanca, tenlo por cierto,
antes que cierres el labio
tal vez á entrambas ha muerto.
(*Ruido dentro como de un caballo.*)

Blan. ¡Qué rumor!

Bárb. Calla: escuchemos.

Blan. (*Mirando á la puerta.*)
Un Caballero... ¿no ves?

Conj. 2.° (*Dentro.*) Dicen que aquí.

Emp. (*Dentro.*) Lo veremos.

Bárb. ¡Esa voz...

Blan. La suya es.
(*Se oye echar pie á tierra.*)

Bárb. Ya el misterio horrible vemos.

ESCENA X.

EL EMPERADOR. — EL CONJURADO 2.º, *de aldeano*. BLANCA. — BÁRBARA.

Emp. (*Al conjurado en la puerta.*)
¿De qué santo es esta ermita,
podrás decirme, villano?
Conj. Señor, no sé.
Emp. Mal cristiano.
Conj. No soy de aqui.
Emp. (*Viendo á las damas.*) Quita, quita.
¿Pues cómo aqui, mis señoras,
tan sin gente ni escuderos,
y yo por esos senderos
pierdo en buscaros las horas?
Blan. ¡Ah, señor!
Emp. Leve es la culpa,
aunque estuve inquieto á fé.
(*Bajo á Blanca.*) Mas viéndote, Blanca, sé
que sabrás hallar disculpa.
(*Alto.*) Tal vez á hacer oracion;
pero á qué santo no entiendo;
pues segun lo que estoy viendo,
no hay aqui gran devocion.
Bárb. Hemos perdido el camino.
Emp. Eso he llegado á pensar;
y viniéndoos á buscar
yo propio he perdido el tino.
Deparóme la fortuna
ese villano que os vió;
y él aqui me encaminó.
Conj. (*Aparte.*) No tiene sospecha alguna.
Blan. (*Bajo al emperador.*)
¿Y asi arriesgais del imperio
la cabeza, mi señor?
Emp. (*Lo mismo.*) Deponed todo temor:
hay gente en el monasterio.
(*Alto.*) Segura la tierra está,
aunque dicen que hay bandidos.
Bárb. (*Misteriosamente.*) Los hay, y muy atrevidos.
Emp. La ley los castigará.

Blan. ¡Ah! ¡vos no los conoceis!

Bárb. (*Aparte á Blanca.*)

No olvides en dónde estamos,
ni que escuchan cuanto hablamos.

Emp. ¿Temblais? ¿y aqui me teneis?

Blan. Estais solo.

Emp. Con mi espada.

(*Bajo á Blanca.*)

Mas ya que esto no es bastante,
ya que el ver aqui á tu amante
no te tenga asegurada,
tranquilícete el saber
que, la caza pretestando,
por venirte acompañando
mis gentes hice traer.
Yo, perdiéndome de intento,
de todos me he separado,
mas en el monte han quedado
que está vecino al convento.

Blan. Vámonos luego de aqui.
Estais en riesgo evidente.

Bárb. (*Aparte á Blanca.*)
¡Ah! ¿qué dices, imprudente?

Emp. Duéleme veros asi.
Vamos, pues, en hora buena.
(*Al conjurado.*) Tú has de servirnos de guia.
(*A Blanca.*) Seguidme, señora mia,
de todo temor agena.

(*Al salir de la escena el emperador con las damas de la mano, aparece en la puerta Roberto con la espada desnuda, seguido por el resto de los conjurados; y el conjurado 2.° arrojando su disfraz saca tambien su espada. — Las damas retroceden aterradas. — El emperador va tranquilamente á colocarse delante de ellas. — Las escenas siguientes, hasta el fin de este acto, deben ejecutarse con suma rapidez.*)

ESCENA XI.

EL EMPERADOR. — BÁRBARA. — BLANCA. — ROBERTO *y* CONJURADOS.

Bárb. ¡Roberto! ¡Cielos!

Blan. Nuestra ruina es cierta.
Rob. Señor de entrambos mundos, eres mio.
Emp. Esclavos, paso libre á vuestro dueño.
Rob. No hay esclavos aqui.
Emp. Paso, bandidos.
Rob. El cielo de tus crímenes cansado
encomienda á mi diestra tu castigo.
Emp. (*A las damas.*)
Vamos de aqui: no mas nos detengamos.
Rob. Con vida no saldrás; yo te lo fio.
(*Va á acometer al emperador.*)
Bárb. (*Deteniéndole.*)
¿Qué vas á hacer, Roberto?
Rob. ¿Qué? — Vengarme.
Blan. (*Poniéndose delante del emperador.*)
En mí el puñal embotará sus filos.
Blom. (*Dentro.*)
Matadme ó he de entrar, tenedlo cierto.
Bárb. (*Aparte.*)
Es la voz de mi padre: ya respiro.
(*Suena una trompa de caza.*)
Blan. (*Al emperador.*)
Los de la caza son.
Emp. Yo solo basto.

ESCENA XII.

DICHOS. — BLOMBERG, *abriéndose paso por medio de los conjurados, y poniéndose delante del emperador.*

Blom. (*A Roberto.*)
Consuma, desdichado, tu delito
si tanta es tu locura: mas primero
de mi cansada vida corta el hilo.
Emp. (*Separándolo.*)
Anciano generoso, basta, basta:
en Dios eterno, en mi valor confio.
(*Vuelve á sonar la trompa mas cerca.*)
Rob. (*A los conjurados.*)
Es el perseguidor de nuestro culto.
Conjurados. ¡Muera!
Blom. (*Conteniéndolos.*) Matadme á mí.

Conjurados. Muera el impío.

(*En el momento en que Roberto lucha con Blomberg, y á la cabeza de los conjurados, va á caer sobre el emperador: Quijada seguido por los caballeros se precipita sobre ellos, obligándolos á retroceder llenos de terror. — Roberto solo permanece impasible.*)

ESCENA XIII.

EL EMPERADOR. — BÁRBARA. — BLANCA. — ROBERTO. — BLOMBERG. — QUIJADA. — CABALLEROS. — CONJURADOS.

Quij. Le encontramos, caballeros.
Bandidos, rendid las armas.

Emp. (*Envainando.*) Son gentes de estos contornos
que vienen aqui de caza;
sin duda ninguno de ellos
me ha visto nunca la cara.
Tomáronme por bandido,
que diz que abunda la casta.
(*Á los conjurados.*) Idós, amigos, con Dios.
Abridles paso, Quijada.
(*Á los conjurados.*)
Y otra vez tened mas cuenta
no os cueste cara la chanza.
(*Los conjurados salen.*)
(*Señalando á Roberto.*) A ese solo desarmadle.
(*Desarman y prenden á Roberto.*)
(*Bárbara va á hablar.*) Bárbara, ni una palabra.
(*Tendiendo la mano á Blomberg.*)
Anciano, somos amigos.
(*Á las damas.*) Seguid, señoras, mi marcha.
(*Sale de la escena.*)

FIN DEL ACTO TERCERO.

Acto cuarto.

Salon regio.—Puerta en el foro.—Otra de la cámara del emperador.—Mesa con recado de escribir.—Sillon.

ESCENA PRIMERA.

BLOMBERG.—QUIJADA.

Quij. ¡Cómo! ¡Sois vos? aun viéndolo lo dudo.
¡Asi del César los decretos burla
con ciega obstinacion vuestra osadía?
Blom. Antes que prosigais, una pregunta:
¿teneis hijos?
Quij. Ninguno por desdicha.
Blom. No puede entonces encontrar escusa
á vuestros ojos la conducta mia;
pero el César es padre por ventura
y él me comprenderá: vos imposible;
no alcanza quien no es padre tanta angustia.
Quij. Blomberg, lo que yo alcanzo facilmente
es, que del César la clemencia es mucha:
mas se puede acabar, que el hombre, á veces,
hasta del cielo la clemencia apura.
Cumplir vuestro destino, la Alemania
para siempre dejar conviene en suma.
Blom. ¡Abandonar la patria.. y para siempre!
¿qué suerte he de temer aqui mas cruda?
Quij. Una muerte afrentosa.
Blom. No lo ignoro.
Quij. Sí, para mí las canas os escudan;

así, á mi deber faltando, á que os entregue
al tribunal, mi pecho se rehusa.
lo sabeis: para vos en Ratisbona
no hay seguro lugar ni hora ninguna.

Blom. Mi destino fatal, mi suerte horrible
los veo tal cual son; no se me ocultan:
sobre estas canas míseras contemplo
la sangrienta cuchilla ya desnuda,
y la infamia, Quijada, tambien miro
con negra mano señalar mi tumba.

Quij. Pues bien, anciano, ¿aqui qué te detiene?

Blom. Un lazo aqui mi corazon anuda;
un lazo indestructible: yo soy padre.

Quij. Lo sé, Blomberg; tu hija está segura.

Blom. Como en manos del lobo está el cordero.

Quij. ¡Cómo! ¿esa lengua al bienhechor insulta?

Blom. No: me es testigo el cielo que no quise
al César, buen Quijada, hacer injuria.
Mas quiero verle, suplicarle quiero
que devuelva mi hija á mi ternura.
A los remotos climas donde parto,
yo sé que ella seguirme no rehusa:
si la tengo conmigo, los vaivenes
podré olvidar de mi fatal fortuna;
y tranquilo esperar que de mis dias
el plazo, breve ya, sus horas cumpla.

Quij. Si ver al César conseguís, aun duda
que alcanceis esa gracia.

Blom. ¿Y qué, no es justa?

Quij. No sé, Blomberg; ni presagiar conviene
lo que tal vez el mismo César duda.
Resuelto estais á verle: aqui esperadle,
la inmunidad del sitio os asegura;
él solo es dueño aqui de vuestra vida.
Si en mí en dejaros esperar hay culpa,
no quiero examinar: duéleme el veros;
mas que mi riesgo puede vuestra angustia.

Blom. ¡Cuánta bondad!

Quij. Soy noble y castellano.
El herético error que se os imputa
destesto; y con mi lanza y con mi espada
perseguiré á los vuestros en la lucha:

mas no de un infelice á mí me cumple
aumentar implacable la amargura.

Blom. Todos á un Dios servimos, al ungido...

Quij. ¡Hijo de Belial! ¿por qué pronuncias
un nombre que blasfemas? — Basta, basta:
teme que el celo por la fé que injurias,
haciendo que me olvide de tus canas,
me haga acordar tan solo de tus culpas.

ESCENA II.

DICHOS. UN PORTERO *del palacio con un pliego.*

Por. Señor de Villagarcía,
este pliego trajo un posta. (*Dándoselo.*).

Quij. (*Mirando el sobre.*) Al César va dirigido.
(*Al portero.*) Está bien.

Por. Dice que importa
la brevedad.

Quij. Bueno está.

ESCENA III.

DICHOS, *menos* EL PORTERO.

Quij. Su megestad sabrá ahora,
Blomberg, que aqui le esperais;
y por si el verle se os logra,
quiero daros un consejo
que no esté quizá de sobra.
Es el César muy cristiano,
poned freno en vuestra boca:
olvidad que sois herege
siquiera por una hora;
y andad con él muy humilde,
que es como Dios, que se goza
en perdonar al que ruega,
y al soberbio le abandona.

(*Se dirige á la cámara del emperador: éste sale de ella.*)

ESCENA IV.

EL EMPERADOR. — BLOMBERG. — QUIJADA.

Emp. (*A Quijada.*) Tanto tardais en venir
que es fuerza que os busque yo.

Quij. (*Saludando.*) Este pliego que llegó. (*Dáselo.*)
(*Aparte.*) Yo no sé cómo decir...

Emp. (*Sin abrir el pliego.*)
¿Con quién estabais hablando?

Quij. Ese anciano me rogaba...

Emp. (*Reparando en Blomberg.*)
¿Él era quien os hablaba?
Lo dudo y lo estoy mirando.

Blom. (*Arrodillándose.*) Vuestra magestad perdone,
señor, á mi loco arrojo.

Emp. (*Volviéndole la espalda.*)
Bien poco temeis mi enojo:
pues temblad que me abandone...

Blom. ¡Ah! no señor, no hareis tal,
que aunque no en lo poderoso
tampoco en lo generoso
reconoceis vos igual.
Os vengo á buscar á vos,
aunque sé que os ofendí,
confiado vengo, sí,
como pudiera ante Dios.

Emp. Dios es justo.

Blom. Y es clemente.

Emp. En fin, aqui ¿qué buscais?

Blom. Os suplico que me oigais
un instante solamente.

Emp. ¿Y qué podreis vos decirme
que á disculparos alcance,
de venir á todo trance
tan osado á perseguirme?
Pretendeis, Blomberg, que os crea:
implorais mi compasion;
¡y en prueba de sumision
os venís donde yo os vea!!
¿Olvidais que desterrado
os mandé salir de aqui?

¡Asi me pagais, asi,
el haberos perdonado!

Blom. Dueño, señor, de mi suerte
os hizo el cielo en verdad:
escuchadme por piedad,
y despues dadme la muerte.

Emp. (*Sentándose.*) Y bien, decid, pero breve:
y hablad por la vez postrera.

Blom. ¡Ah! que á la tumba siquiera
ese consuelo me lleve.

Emp. Decid, pues, que ya os escucho.

Blom. (*Señalando á Quijada.*)
A vos, señor, solamente.

Emp. (*A Quijada.*) Dejadnos.
(*A Blomberg.*) Di brevemente.
(*A Quijada.*) No os tardeis, Quijada, mucho.

ESCENA V.

EL EMPERADOR. — BLOMBERG.

Blom. (*Breve pausa.—Haciendo un esfuerzo.*)
No hay para el noble, señor,
honrado, bueno, y leal,
una herida mas fatal
que la que toca al honor;
lo confieso con dolor,
pero sin honra me veo:
de recobrarla el deseo
aqui me mueve á venir;
si no la alcanzo, morir
á vuestras plantas preveo.
Soy noble, bien lo sabeis:
soldado fuí cuando mozo,
bajo el casco nació el bozo
donde aquestas canas veis,
no creo lo que creeis;
si es un error mi creencia,
engañóme la conciencia:
por ella proscrito estoy,
y fuera cenizas hoy,
á no ser vuestra clemencia.
A la voluntad de Dios

resignado me someto;
y sin mi honor os prometo
no oyérais mis quejas vos.

(*El emperador hace un gesto de impaciencia.*)

Voy á acabar: á los dos
la brevedad nos conviene;
y mas, señor, al que tiene
que tocar su propia herida,
al que de vos muerte ó vida
á recibir se previene.
Muger tuve, honrada y bella,
el Señor se la llevó;
y una hija me dejó
nacida en menguada estrella.

Emp. No tienes que hablarme de ella,
que la conozco muy bien.

Blom. Dejéla honrada tambien,
cuando el destino enemigo
á partirme...

Emp. Basta, digo:
la lengua osada deten.

Blom. Imponiéndome silencio
confirmais mi desventura;
mas en medio á mi amargura
todavía os reverencio.
A no tocar me sentencio
lo que vos quereis callar,
vuestro agravio á perdonar...

Emp. ¿Perdon á mí!

Blom. Sí señor;
porque hay un Dios vengador
á quien cuenta habeis de dar;
y estas canas á sus ojos
valen por vuestra corona;
y la espada que os abona
no os libra de sus enojos.
Estos caducos despojos
librad del pesado yugo,
entregadlos al verdugo...

Emp. Vos acabar pretendeis
con la paciencia que veis
que al cielo darme le plugo.

Concluyamos de una vez:
¿qué solicitas, anciano?
Depon el lenguaje vano:
olvida ya tu altivez.
Si luchas, no es tuyo el prez;
podrás alcanzar rogando:
de seguir amenazando,
tal vez mi saña despierte,
y me acuerde que soy fuerte
y que me estan provocando.

Blom. Un padre os pide su hija.

Emp. Marcha á cumplir tu destierro:
obedecer, ó un encierro.

Blom. ¿Dejáisme, señor, que elija?

Emp. (*Aparte conmovido.*)
¡Que asi su dolor me aflija!

Blom. Haced de mí vuestro gusto:
dándome muerte sois justo,
y deterrándome asi,
conservais un hombre en mí
que os ha de acusar de injusto.
Mas no, no sereis tan duro:
no asi á un padre afligireis,
que tambien hijos teneis,
y los amais es seguro.
Devolvédmela: yo os juro
que, olvidando lo pasado,
no sereis de nadie amado
como de mí, gran señor.

Emp. (*Enternecido.*) Moderad ese dolor
que me tiene traspasado.
A serme, Blomberg, posible
no os marchárais decontento;
pero, decíroslo siento,
daros gusto es imposible.

Blom. Palabra, señor, terrible.

Emp. Pero cierta, pobre anciano.
Creedlo: no está en mi mano
volveros esa muger.

Blom. ¡No alcanza vuestro poder
y sois dueño y soberano...!

Emp. Vos, Blomberg, sois protestante;

por dicha, Bárbara, no?
para no dárosla yo;
aquesta es razon bastante.
(*Blomberg va á hablar; el emperador se lo impide.*)
Oidme aún un instante,
que la ermita no olvidé,
y he de premiaros, á fé,
lo que en aquella ocasion
hicísteis, que en conclusion,
muy grande servicio fué.
Bárbara está en un convento
de todo insulto al abrigo:
á Dios pongo por testigo
que yo sacarla no intento.
Sé que os han dicho, y lo siento...
mas vale no repetirlo.
A nadie habeis de decirlo,
vuestra hija está inocente;
tal vez podreis brevemente
de su misma boca oirlo.
(*Vase el emperador á su cámara. — Blomberg abismado en sus pensamientos.*)

ESCENA VI.

BLOMBERG. — *Despues* QUIJADA.

Blom. ¿Qué estraño misterio encierra
cuanto acaba de decirme?
¿Si los celos de Roberto
(¡infeliz! en hierros gime)
le engañaron...? Si tal vez...
¿Mis conjeturas qué sirven?
Mi hija, pues que de verla
la esperanza me permiten,
puede sola de este arcano
el misterio descubrirme.
(*Sale Quij.*) ¿Y bien? ¿hablásteis al César?
¿Su magestad qué decide?
Blom. Aqui esperar me mandó
lo que resolver se digne.
Quij. Muy pocas veces es vano
con el César ruego humilde:

esperad con confianza,
que si enojado es terrible,
es blando como la cera,
al llanto del infelice.
Algunas veces da mas,
y desengaños recibe:
mas los olvida muy presto,
y su esceso no corrige.

Blom. No es esta la vez primera,
que á mí su bondad insigne,
en la tormenta que corro,
de amparo y puerto me sirve;
y ya que de otra manera
pagarla no me es posible,
mi gratitud, os lo juro,
durará mientras respire.

Quij. Asi cumple el hombre honrado
que beneficios recibe.

Blom. Vos al César buscareis,
será bien que me retire.

Quij. Mirad que solo en palacio
seguro un proscripto vive.

Blom. No temais, señor Quijada,
que el proscripto se deslice.

Quj. No os ofendais: en pró vuestra
mi consejo se repite.

Blom. Os digo que lo agradezco;
y no hay miedo que lo olvide.

ESCENA VII.

QUIJADA.

Orgullosa es esta gente
que al falso Lutero sirve:
al yugo de mala gana
el erguido cuello rinde.
El César con su clemencia
los alienta y los engríe:
si hiciera lo que en España
anduvieran mas humildes,
á fé que del tribunal
del santo oficio no ríen,

ESCENA VIII.

EL EMPERADOR, *con un pliego abierto en la mano.* QUIJADA.

Emp. Haced que el mejor caballo
de los mios os ensillen,
y partid á rienda suelta
al monasterio en que viven
Blanca y Bárbara. — ¿Entendeis?
Cercana una choza humilde
hallareis de unos pastores:
les dareis dos mil florines,
y recogereis un niño
que es fuerza que se bautice
con secreto.
Quij. ¿Y con cuál nombre?
Emp. El de Juan. — Cuenta qué os dije
que ha de ser con gran secreto.
Quij. ¿Y quereis que se apellide...?
Emp. Podeis ponerle... Quijada;
que aunque es apellido insigne,
tal vez un dia le trueque
por otro que mas estime.
Quij. ¿Y dónde mandais, señor,
que á *su alteza* se retire?
Emp. (*Sonriéndose.*) Los Quijadas, aunque nobles,
no sé si *alteza* reciben. (*Quijada saluda.*)
Ese niño en un lugar
por cuenta vuestra se crie:
mas tarde yo dispondré.
Partid ya.
Quij. ¿Don Juan dijisteis,
y por apellido el mio?
Emp. Así es.
Quij. (*Arrodillase.*) Pues permitidme
que fiel os bese los pies
quien tanta merced recibe.
Emp. (*Levantándole con cariño.*)
¿A quién, si no á vos, quereis
que mi tesoro confie?
Quij. Mientras viviere Quijada,

él será quien le vigile.

Emp. Andad: no perdais el tiempo,
que aún no es cristiano.

Quij. Ya os sirve
mi obediencia.

Emp. A Dios, Quijada;
el cielo propicio os guie. (*El emperador se sienta. – Bárbara aparece en la puerta al salir Quijada. – Este asombrado. — Ella confusa.*)

Quij. ¡Qué es lo que miran mis ojos!
Me parece un imposible. (*Vase.*)

ESCENA IX.

EL EMPERADOR. — BÁRBARA, *con manto.*

Bárb. (*Aparte.*)
Ya estoy en su presencia: lo anhelaba;
y tiemblo ahora provocar su enojo.
(*Va á ponerse de rodillas ante el emperador.*)
Señor, á vuestras plantas...

Emp. (*Sorprendido y con disgusto.*) ¡Es posible!
¿Pues vos en Ratisbona, á qué... ?

Bárb. Conozco...

Emp. Mi sobrada indulgencia; y yo os prometo,
de hoy mas, poner á mis bondades coto.
¿Veníais sin duda con perjurio infame,
en un instante de arrebato loco,
á destruir á Blanca, y mi secreto...
á revelar y mi flaqueza á todos!
Os engañais, señora: duro freno
sabré poner al temerario arrojo.
Aun os queda un instante; aprovechadlo:
volved al monasterio presto, ó voto...

Bárb. ¡Ah, no jureis, señor, sin escucharme!
Un solo instante de piedad imploro...

Emp. ¿Piedad podeis pedir? ¿por quién, señora?
Si es vuestro padre, bien: yo le perdono;
pero marchad, y presto: sin que os vean;
que si os llegan á ver ya no respondo
de mi propio furor. Ya os habrán visto
tal vez cien cortesanos.

Bárb. Uno solo.
Emp. ¿Y dónde?
Bárb. Aqui.
Emp. ¿Quién era?
Bárb. Fué Quijada.
Emp. ¡Ah! quien se fia en la muger es loco.
Bárb. No lo creais, señor: vuestro secreto
guardado está del pecho en lo mas hondo.
A nadie, á nadie reveló mi labio
lo que juré callar: fiel á mi voto,
ni al amante, señor, ni al padre anciano
otra disculpa he dado que mi lloro.
Emp. ¿Y qué importó callar si se publica
mi secreto con veros?
Bárb. Yo os respondo
que nadie mas me vió...
Emp. Si os escuchara
probárais que son ciegos aqui todos.
Marchad, torno á decir, al monasterio:
no mas os vuelva á ver ante mis ojos.
Bárb. Pluguiera á Dios que nunca me mirasen
en momento fatal á mi reposo.
Emp. ¿Os olvidais, señora...?
Bárb. No me olvido
que hablando estoy con quien ocupa un trono:
¿mas qué puede temer de vuestra saña
quien de sus males ha llegado al colmo?
Objeto soy del odio de mi padre,
y de su ilustre sangre soy desdoro:
un amante tenia, le adoraba...
y le perdí tambien.—¿Qué miro en torno?
Horfandad y vergüenza en lo presente:
en lo futuro... un nombre ignominioso.
Emp. (*Reprimiéndose.*)
Pésame del dolor en que os contemplo;
y en gracia dél la cólera os perdono:
mas ya, Bárbara, es tarde: á vuestros males
remedio en lo posible no conozco.
Perdon á vuestro padre he concedido;
cuanto alcance el poder y compre el oro
eso por vos haré: mas idos presto.
Bárb. Sin una gracia no.

Emp. Pedidla pronto.
Perder á Blanca sin provecho alguno
fruto amargo será de vuestro arrojo.
Bárb. Tuve un amante yo...
Emp. Me lo habeis dicho.
Bárb. Valiente, fiel, constante, generoso:
yo era, señor, el alma de su vida;
nadie jamas amó como nosotros.
Emp. ¿Qué teneis que pedirme? Si vinieran...
Bárb. Los altos juicios de aquel Dios que adoro
quisieron, que cegando el desdichado,
cediese de Lutero al torpe dolo;
y mi padre tambien. Desde aquel dia
el llanto no se aparta de mis ojos.
Emp. ¡Tambien herege! ¿y vos...?
Bárb. ¡Yo! nunca, nunca;
que Dios me ha protegido en mi abandono.
Emp. Pero en fin, esa gracia. Brevemente.
Bárb. ¿Aun no me comprendeis? Ciego, celoso
de vos mi amante, no en su furia insana
el claro brillo respetó del trono;
y osó atentar... inútil es que acabe:
sabeis quién es mi amante y no le nombro.
Emp. ¡Roberto! ¿ese bandido á quien dos veces
debió mi saña convertir en polvo?
Bárb. Sí señor; y su gracia...
Emp. Al que combate
mi poder como bueno le perdono;
mas no al malvado que á mi vida atenta
con oculto puñal con torpe modo.
Olvidar á ese mísero os conviene:
no fuera un asesino, honrado esposo.
Bárb. Soy católica yo: no puede serlo.
Mas perdonad; señor...
Emp. Nunca á ese monstruo.
Bárb. ¡Morir en un suplicio...! Perdonadle:
viva, y que vaya á climas tan remotos
que no podais temer...
Emp. ¿Qué estais diciendo?
Apenas sé si temo al Dios que adoro.
Él me perdone, que no sé qué digo.
Su vida piden la justicia, el trono:

un tribunal le juzga.

Bárb. Y le condena.

Emp. Dios al juzgarle mírele piadoso.

Bárb. No olvidareis que soy una infelice,
que por vos ha perdido hasta el decoro;
que puedo hablar y callo; que inocente
sufro la pena que debieran otros.
Que á mi padre tal vez debeis la vida....

Emp. Mil veces ya me lo dijísteis todo.

Bárb. Y otras mil lo diré.—Y él sin ventura,
á quien airado apellidásteis monstruo,
por mí su crimen cometió, creyendo
que fuí perjura á mis primeros votos.
Vos al abismo le llevais... ¿qué digo?
Yo no os quiero injuriar.—Sed generoso.
Por el tierno querer de vuestra madre...
(*Arrodillándose.*)
Mirad, á vuestras plantas ya me postro:
asi del tierno infante que os dió el cielo...

Emp. (*Levantándola.*)
Callad, señora.

Bárb. ¡Por su vida imploro
una vida tambien; por vuestro hijo!

Emp. Callad.

Bárb. ¿La concedeis?

Emp. Sí, le perdono,
que por la vida dél diera la mia.
Mas escuchad la condicion que pongo:
(*Breve pausa.—Despues resuelto.*)
Entrad en esa cámara, señora:
en breve os buscaré: sabréislo todo.

(*Bárbara entra en la cámara del emperador. Este cierra y se dirige á la puerta del foro.*)

ESCENA X.

EL EMPERADOR.—UN PORTERO *que no habla.*

Emp. ¡Hola! pronto acudid.—(*Sale el portero.*)
Venga ese anciano
que esperándome está: téngase pronto
el cabo de mi guarda con su gente

á recibir mis órdenes. Vos solo
vendreis á recibirlas, si llamáre,
y nadie mas. Que me entendeis supongo.
Marchad.
(*Vase el portero: el emperador se sienta y escribe.*)
¡Por vida suya quién se niega!
Conceder lo que pide es ya forzoso.
(*El emperador acaba de escribir y cierra el pliego.*)

ESCENA XI.

EL EMPERADOR. — BLOMBERG. — EL PORTERO.

Emp. (*Dándole el pliego al portero.*)
Este dad al de mi guarda;
y cuenta con lo que os dije. (*Vase el portero.*)
(*A Blomberg.*) ¿Hora, Blomberg, qué os aflige?
¿es mi promesa que tarda?
Sabed que nunca faltó
lo que una vez prometí.
Blom. De que no suceda asi
ningun temor me asaltó.
Emp. Pláceme tal confianza,
que he de pagar con usura.
Blom. Dareis fin á mi amargura.
Emp. Voy á cumplir tu esperanza.
Soldado, si no me engaño,
dijiste que cuando mozo...
Blom. En recordarlo me gozo.
Emp. Entonces no temo daño.
(*Saca la espada con su vaina del cinturon y presenta el puño á Blomberg.*)
Jura en la cruz de esta espada...
(*Retira la espada y la deja sobre la mesa.*)
(*Aparte.*) La cruz á un herege es vano:
con que la toque su mano
la tengo por profanada.
(*A Blomberg.*) Tu palabra has de empeñarme
á fé de noble y guerrero,
como honrado y caballero
de mi secreto guardarme.
Blom. (*Con la mano sobre el corazon.*)
Como bueno lo prometo.

Emp. (*Alargando su mano.*) La mano.
Blom. (*Dándosela.*) Tomad, señor.
Emp. Depositaré en tu honor
la guarda de mi secreto.
(*Suéltale la mano.*)
Está Bárbara inocente:
culpada se confesó;
el por qué me lo sé yó,
ella y otra solamente.
Alta virtud la dirige:
esto baste revelar.
Lo que yo debo callar
facilmente se colige.
Blom. Bien haya quien asi labra
de los suyos la ventura.
Mas ¿qué prueba de que es pura?
Emp. Una y sobra: mi palabra.
Blom. Y yo me doy por contento,
aunque es, señor, cosa estraña.
Emp. Veré si te desengaña
aquesta prueba entre ciento,
(*Dándole el pliego que conserva abierto en la mano.*)
que pues de mí te has fiado
no he de quedarme yo atrás.
Blom. (*A un lado, mirando al pliego.*)
No lo creyera jamas
á no verlo aqui estampado;
pero es su letra: no hay duda,
es de Blanca este papel.
(*Leyendo.*) "*Teneis un hijo...*" (*Representa.*)
¡La infiel!
¡Y con Bárbara se escuda!
(*Leyendo.*) "*Teneis un hijo, señor:*
nunca ha de ver á su madre:
recordad que sois su padre,
y que me cuesta el honor."
(*Representa.*)
Sin firma... mas de su mano
escrito está: no hay dudar...,
(*Devolviendo el pliego al emperador y besándole la mano.*)
Gran señor...
Emp. ¿Sabrás callar?

Blom. Lo prometo.

Emp. Espera, anciano.

(*El emperador va á su cámara y saca á Bárbara de la mano.*)

ESCENA XII.

EL EMPERADOR. — BÁRBARA. — BLOMBERG.

Bárb. ¡Padre mio! ¡qué ventura!

Blom. (*Abrazándola.*) ¡Hija del alma! ¡hija mia!

Emp. (*Aparte.*) Ya sus penas olvidaron.

Blom. Al autor de nuestra dicha,
ven, le daremos las gracias.
(*Bárbara quiere arrodillarse.*)

Emp. (*Impidiéndoselo.*)
Aun mis promesas cumplidas
no estan, señora: mas tarde...

Bárb. (*Insistiendo.*) ¡Ah, señor!

Emp. Ya estais prolija.
(*Rumor de pasos.*) (*Aparte.*)
Ya estan aqui: no descanso
si este asunto no termina.

ESCENA ÚLTIMA.

EL EMPERADOR. — BÁRBARA. — BLOMBERG. — ROBERTO. — *El último sin armas, pálido, y pudiendo apenas sostenerse, conducido por la guardia, que se retira á una seña del emperador.*

Rob. (*Viendo á los tres separa la vista, y para sostenerse se apoya en el respaldo del sillon del emperador.*)
¡Prostitucion infame! ¡incomprensible!

Blom. ¡Él aqui, justo Dios!

Bárb. ¡Cómo! ¡Roberto!

Emp. ¿Sois vos el campeon del regicidio?
¿Aquel que abriga el colosal intento
de trastornar con su pujante brazo
en solo un punto religion é imperio?
¿Sois vos? ¿tan abatido? ¿tan sin lengua?
¡Vive Dios que lo miro y no lo creo!

Rob. ¿Piensas tener la víctima segura...!

De otra manera lo ha ordenado el cielo.

Bárb. (*Intentando tomarle la mano, que él retira.*)
Te engañas: tu perdon me ha concedido.

Rob. (*Sin mirarla.*)
Yo su perdon no he menester, ni quiero.

Blom. (*Al emperador.*)
No le escucheis, señor, es su estravío.

Emp. Ya le conozco bien y le desprecio.
A perdonarle no por él me allano,
sino por vuestra hija.

Rob. (*A Blomberg.*) ¿A tal estremo
llega, Blomberg, tu infamia que eso escuchas?

Bárb. (*A Roberto.*)
Ten de mí compasion: guarda silencio.

Emp. (*A Bárbara.*)
Dejadle hablar, que me hallará impasible.
(*A Roberto.*)
Escúchame: de Bárbara á los ruegos
concedí tu perdon. Morir debias
hoy á la vista aqui de todo un pueblo:
tu cabeza, del cuerpo separada,
sirviera, acaso, á algunos de escarmiento.
Pero quiero que vivas: ya estás libre;
y aqui puedes vivir, no te destierro,
que el que ha osado atentar contra mi vida
no ha de pensar, por Cristo, que le temo.

Rob. (*Desfallecido y con amargura.*)
¡Ya no soy yo temible!

Emp. Como nunca
lo has sido para mí: tenlo por cierto.
Más he de hacer; y no por tí, por ella,
que debo á su virtud un alto premio;
que es decirte que es Bárbara inocente,
y cuando yo lo digo, sobra, creo.

(*Roberto, moribundo, se arroja en el sillon del emperador. — Bárbara y Blomberg se le acercan. — El emperador lo contempla con lástima.*)

Rob. ¡Ah! si fuera verdad... ¡fatal destino!

Bárb. Sí; ¡que es verdad te juro, mi Roberto!

Blom. (*A Roberto.*)
Yo lo juro tambien, y soy su padre.

Rob. Callad, callad: ¡se da mayor tormento!

Emp. (*Conmovido y con dignidad.*)
Tambien lo juro yo. Propios y estraños
saben que mas que rey, soy caballero.

Rob. (*Conmovido.*)
Y yo tambien, que al cabo me has vencido
en nobleza y valor: te lo confieso;
y tengo á esta infeliz por inocente,
aunque el cómo en verdad no lo comprendo;
pero nací á penar; ¡tarde se ha roto
de mi funesta ceguedad el velo!

Bárb. ¡Ah, nunca es tarde, nunca!

Rob. ¿Me perdonas?
¡Eso puede endulzar estos momentos
de mi horrible agonía!

Bárb. ¿Qué me dices?

Rob. (*Con desesperacion.*)
Corre en mis venas matador veneno.

Bárb. ¡Piedad de mí!!!

Blom. ¡Qué horror!

Emp. ¡Un suicidio!

Rob. Pendiente la cuchilla sobre el cuello
quise evitar el golpe...

Emp. A Dios implora:
tiembla el castigo que te espera eterno.

Rob. Dame tu mano, emperador.* — Venciste.
Siento morir, porque pagar no puedo
tu generoso proceder conmigo.
A Dios, Bárbara, á Dios: ruégale al cielo
que perdone mi crimen. — Y tú, anciano,
tu bencicion me da. ¡Gran Dios! — ¡Fallezco!
(*Roberto espira. — Cuadro.*)

Emp. ¿Sin tu auxilio, señor, qué son del hombre
el valor y el saber? — Son humo y viento.

* (*El emperador se la da, él la estrecha.*)

FIN DEL DRAMA.

D. JAIME

EL CONQUISTADOR,

drama histórico en cinco actos y en verso:

POR

D. Patricio de la Escosura,

Vice-presidente primero de la Seccion de Literatura del Liceo Artístico Literario Español.

MADRID, 1838.

Imprenta de los Hijos de Doña Catalina Piñuela,

calle del Amor de Dios, número 7.

PERSONAGES.

DON JAIME EL CONQUISTADOR.

DON PONCE HUGO, *Conde de Ampurias.*

DON PEDRO CORONEL, *Mayordomo de Aragon.*

DON BERENGUEL CASTELBISBAL, *Obispo de Gerona.*

EL CARDENAL, *Legado del Papa.*

SANCHO, *Escudero de* DOÑA TERESA.

EL COMENDADOR DE AMPOSTA, *Vicario del Temple.*

DON GUILLEN DE MONCADA. }
DON SANCHO ANTILLON. } *Infanzones de Aragon.*
DON JIMEN DE FOCES. }

DOÑA LEONOR DE CASTILLA, *Primera Muger de* DON JAIME.

DOÑA TERESA VIDAURA, *Dama Aragonesa.*

DOÑA VIOLANTE DE HUNGRIA, *Segunda Muger de* DON JAIME.

Dos Reyes de Armas.—Dos Porteros.— Damas.—Caballeros. — Eclesiásticos.— Pajes.—Ballesteros.—Acompañamiento.

La escena en Zaragoza y sus inmediaciones, á principios del Siglo XIII.

AL SEÑOR DON LUIS USOZ DEL RIO:

Mi querido amigo: cuando el haberme sugerido tú la idea de poner en escena á D. Jaime I de Aragon, no fuese título bastante para dedicarte este drama, lo sería suficiente la antigua, sincera y estrecha amistad que nos une. Recibe, pues, esta ofrenda de mi cariño, atendiendo mas á la voluntad del que la ofrece, que á la importancia del don.

Aunque esta mi tercera produccion dramática pertenece al género histórico, como las dos que la han precedido, difiere sin embargo de aquellas en tanto, cuanto la experiencia ha ratificado mis principios, y hecho variar por consiguiente mi sistema. Siempre he creido, y creo ahora, que el tipo del drama español debe ir á buscarse en nuestros grandes poetas del siglo XVII: pero la diferencia de épocas exige variaciones importantes; y en cuales y cuantas deban ser estas, estriba para mí toda la dificultad.

Así es que cuando escribí la Corte del *Buen-Retiro* intenté amalgamar el romanticismo de Calderon con el de Dumas y Victor Hugo: el público, indulgente en estremo con el drama, repugnó sin embargo abiertamente todo lo que en él halló de transpirenáico. No he sido indócil á sus lecciones: *Bárbara Blomberg* lo acredita suficientemente. Pero en esta última composicion, confieso que el deseo de evitar exageraciones impuso al pensamiento trabas, que produgeron cierta languidez en todo el poema. En Don Jaime he procurado evitar ambos estremos, dejando al ingenio seguir la senda que le marcaba la inspiracion del momento.

No estará sin embargo de mas esplicar la razon, así del giro que he dado á este drama, como de las pequeñas alteraciones que de la historia he hecho en él.

D. Jaime el Conquistador, por sus hazañas, por la independencia de su carácter, y por la firmeza de su espíritu, es uno de los mas grandes monarcas que se cuentan en el catálogo de los de Aragon.

Pero sus batallas, asunto escelente para la historia, y para el poema épico, serían presentadas en el teatro, una ridícula paródia. Era menester para darle á conocer en la escena ir á buscarle en su vida privada; y esto es cabalmente lo que yo he practicado.

Su divorcio de Doña Leonor de Castilla, sus amores con Doña Teresa Vidaura, y su casamiento con Doña Violante de Hungría, son hechos que la historia consigna. La intervencion que en este asunto tuvo el desgraciado Obispo de Gerona D. Berenguel Castelbisbal no es menos notoria; pero la atrocidad cometida en su persona cortándole la lengua, me ha parecido demasiado repugnante para el teatro, y como tal la he suprimido.

En cuanto al Cardenal Legado del Papa, á quien presento como agente de una intriga política, y haciendo servir la influencia espiritual de su Corte de instrumento para miras de otra especie: sobre que en efecto es verdad que la Corte romana fué autora del enlace de Don Jaime con Doña Violante, las costumbres del tiempo y el espíritu de aquel siglo, hubieran sido por sí solos autorizacion suficiente para presentar al personage de que trato, en la forma en que lo hago. Y si bien mis principios conservadores me prescriben la ley de no usar del drama para destruir las creencias políticas y religiosas, que son el apoyo y fundamento de la sociedad, tambien donde quiera que veo abusos, me considero obligado á combatirlos. La supremacía del Pontífice en materias espirituales, y las pretensiones de la Curia romana para ejercer una influencia omnímoda sobre pueblos y monarcas, son dos cosas enteramente distintas: respetando la primera, combatiré la segunda, siempre que la ocasion se me presente, como un principio absurdo y antisocial.

Necesitaba mi drama un fin moral, el castigo de la ambiciosa Doña Teresa llena en mi concepto esta indispensable condicion.

Creo, mi querido amigo, que el escritor que estima en mas su reputacion de hombre bonrado, que el aura pasagera de la popularidad de un dia, nunca tomará demasiadas precauciones para ponerse á cubierto de la gravísima acusacion de inmoralidad con que la ligereza de los críticos intenta mas de una vez manchar el nombre de los Poetas. He aquí por lo que he creido necesarias las observaciones que preceden.

Por lo que respecta al mérito literario de esta composicion, el público la juzgará, y yo de antemano me someto y resigno á su fallo. Una sola observacion es la que creo que me es licito hacer á mis futuros críticos: observacion que se funda en un cargo, que en otra ocasion me han dirigido; á saber, que escribo con demasiada precipitacion. Yo conozco que con esto han intentado disculpar los yerros de mi entendimiento; pero al mismo tiempo que mi corazon les agradece el buen deseo, mi conciencia me prohibe aprovecharme de la ingeniosa disculpa que quieren proporcionarme. Es cierto que la Corte del Buen-Retiro se escribió en quince dias, pero Bárbara Blomberg es obra de meses, y otro tanto le sucede al Don Jaime. Así, pues, podré haber errado en uno y otro; pero el yerro será obra del entendimiento, y nunca de la voluntad.

Si todos mis jueces hubiesen de mirar esta obra con la indulgencia, que estoy seguro encontrará en tí, no hubiera yo creido necesario nada de lo que llevo dicho; pero en el severo tribunal que me aguarda, no creo que parezca inoportuna esta mi anticipada apología.

Repito, mi querido Luis, que quisiera ofrecerte una obra, digna en todos conceptos, de tu ilustrado juicio; pero tal cual es me lisongeo de que la mirarás con cariño, por ser del compañero de tu infancia, cuya tierna amistad no han podido entibiar hasta ahora, ni entibiarán en lo sucesivo los años ni los acontecimientos.

Siempre tuyo de corazon

Patricio de la Escosura.

ACTO PRIMERO.

Tocador de la Reina.

ESCENA PRIMERA.

DOÑA LEONOR. DOÑA TERESA. DAMAS.

Leo. Ponedme bien el prendido:
dejad vos, Doña Teresa,
no quiero que me toqueis.
Ter. Como mande Vuestra Alteza.
Leo. Teneis mano desdichada.
Ter. Culpa será de mi estrella.
Leo. (*Aparte.*) Cuando no de la intencion
que no la tengo por buena.
Ahuecad ese brial. (*A una Dama.*)
Ter. Bella estais, Señora Reina.
Leo. Cuando vos me lo decís
no debo de estar muy fea.
Ter. Dias hay, Señora mia,
que estais por demas severa.
Leo. ¿Y la Reina de Aragon
á quién tiene que dar cuentas?
¿Quién ha de ser tan osado
que ponga freno á su lengua?
Ter. Hablar podeis á placer.
Leo. ¿Vos me dais vuestra licencia?
Os olvidais de quien sois....
Ter. Una Dama solariega
de la casa de Vidaura
que á nadie cede en nobleza.
Leo. Y una Dama que en la Corte
se tiene por la mas bella:
soberana en los torneos,

y que tan alto se eleva
con el loco pensamiento....
Ter. Quede con Dios, Vuestra Alteza.
Leo. Me habeis de escuchar por Dios.
Ter. No jureis.... Con vuestra venia.
Leo. He dicho que me escucheis,
y es razon se me obedezca;
que, despues del Rey, aquí
soy, Vidaura, la primera.
Ter. Vuestra Alteza está enojada,
no sé que razon se tenga.
Leo. ¿No conoceis de mi enojo
la ocasion, Doña Teresa?
Ter. Si es conmigo, con dejaros
cesará vuestra querella.
Señora soy en mi casa
si aquí vuestra Camarera.
Leo. No os ireis.... Dejadnos solas. (*A las Damas que se ván.*)
No está bien una doncella,
sin quien la guarde en su casa,
y mas con tanta belleza.
Ter. La doncella está segura;
si como hermosa es honesta,
demas, Señora, que á vos
aunque cierto sois mi Reina,
no dejó en su testamento
mi buen padre mi tutela.
Enójanle mis servicios
hace dias á Su Alteza,
cada acento que profiero
lo escucha como blasfemia;
las sinrazones que sufro
ya, Señora, al colmo llegan.
Guárdeos Dios de todo mal,
otorgad vuestra licencia....
Sufrir mas no le está bien
á muger de mi nobleza.
Leo. Os he dejado decir
á placer, Doña Teresa;
mas lo noble de la sangre
no os servirá de defensa,

que en el que hereda blasones
es la culpa doble afrenta.
Ter. ¿Qué decís, Doña Leonor....
Leo. No interrumpais á la Reina,
que sois hija de vasallo....
Ter. Sí, Señora, mas no sierva,
y poner duda en mi honra
ni á vos misma lo sufriera.
Leo. Altiva sois por demas,
irascible aragonesa,
y en serlo tanto conmigo
no andais, á mi ver, muy cuerda.
Debiérais tener presente
que huérfana os recogiera,
que en Palacio habeis vivido,
que os he sentado á mi mesa.
Ter. Me recogísteis á mí,
me sacásteis de mis tierras;
soy Señora de vasallos,
no vivo á merced agena.
Leo. La que niega el beneficio
muy mal pagará la deuda.
Ter. Yo no tengo otra con vos....
Leo. Tened á raya la lengua,
que á sufrir vuestra osadía
no basta ya mi paciencia.
Ter. En fin, ¿qué quiere de mí
podrá decirme Su Alteza?
Leo. No está bien que yo lo diga,
y quiero que se me entienda.
Ter. Para adivinar enigmas,
Señora, no soy profeta.
Leo. Bien sabeis vos lo que haceis.
Ter. Nada que hacer no convenga
á una muger como yo.
Leo. Ancha teneis la conciencia.
Ter. Señora!!!
Leo. No digo nada
que á la verdad no merezca.
Ter. Es verdad que lo escuché:
yo no sueño; estoy despierta.
Tengo sangre de Vidaura,

y sobrevivo á mi afrenta.
Leo. Valdrále mas que ese orgullo
en temor de Dios convierta;
y que implore su perdon,
que tal vez se lo conceda.
Pero advierta si á mi voz
rebelde el ánimo cierra,
que á mí no ha de cautivarme
su tan preciada belleza;
y no olvide que Don Jaime
aunque ciñe la diadema,
parte su trono conmigo
que soy su esposa, y la Reina. (*Vase.*)

ESCENA II.

DOÑA TERESA.

Eres su esposa.... es verdad,
la Reina.... tambien es cierto,
pero tiembla, te lo advierto,
mi ofendida vanidad.
No te engañe la pasion:
no así provoques mi encono;
que tener delante un trono
es muy fuerte tentacion.
Un trono!.... tanto esplendor!
Todo Aragon á mis pies,
y escuchar:—«la esposa es
de Jaime el Conquistador!"
En vida fausto y riqueza,
y muriendo alto renombre,
¿quién habrá que no se asombre
del poder de mi belleza?
Mal, Infanta de Castilla,
hicísteis en provocarme,
que he de probar por vengarme
á quitaros vuestra silla.

ESCENA III.

DOÑA TERESA. DON JAIME.

Jai. Claro este dia, Señora,
para mí á lucir empieza
mostrando vuestra belleza
al corazon que os adora.
Ter. Vuestra Alteza á su consorte
engañado piensa hablar.
Jai. ¿Quién os puede equivocar
con otra á vos en mi Corte?
Confundiros con Leonor!
¿Ignoro yo por ventura
que envidian vuestra hermosura
los ángeles del Señor?
Ter. Muy galan estais, el Rey.
Jai. De vos solo soy vasallo.
Ter. Señor, mas vale dejallo,
que ese amor es contra ley.
Jai. En amar no hay eleccion,
sino fuerza del destino:
por voluntad no me inclino
que me arrastra el corazon.
Ter. Respetad vuestra coyunda.
Jai. ¿Y qué importa?
Ter. Gran Señor,
yo soy noble.
Jai. ¿El desamor
en eso solo se funda?
Ter. No está bien que una doncella
escuche pláticas tales.
Otras menos principales
atiendan vuestra querella.
Jai. ¿Juzgáisme vos tan liviano
que á cualquiera rinda el cuello
como á vos que sois destello
del alto Dios soberano?
Os engañais por mi vida,
que vos fuísteis la primera
y habeis de ser la postrera
muger de Jaime querida.

Ter. ¿Pero, y la Reina, Señor?
Con ella casado estais.
Jai. En eso no os engañais;
pero no tiene mi amor.
Ter. Mas lo debiera tener.
Jai. Amar por obligacion!
Ter. Eso manda la razon.
Jai. Y es imposible de hacer.
Apenas de doce años,
casado en Castilla fuí,
pensando evitar así
mis vasallos muchos daños.
Amé á Leonor como hermana,
que en aquella tierna edad
no puede amor en verdad
rendir el alma lozana.
Si hermosura he visto en vos
con ingenio peregrino,
mas es culpa del destino
que de alguno de los dos.
Que os ame quiere mi estrella,
que de no quererlo así,
ni me hiciera tierno á mí
ni á vos, Señora, tan bella.
Ter. Debiera el Rey por lo menos,
si no escucha la virtud,
pensar que á mí la quietud
me cuestan yerros agenos.
Jai. ¿La quietud os turbo yo?
¿Decís, Señora, verdad?
Ter. Sí, Señor.
Jai. Pues acabad:
¿Luego me amais?
Ter. Eso no.
Que si llego yo á querer,
tened, Señor, entendido,
que al que fuere mi marido
solamente podrá ser.
Ese amor que me mostrais
lo miro como un baldon,
que sobra con la intencion
para que á mí me ofendais.

Guardad vuestros amoríos
para la Reina no mas:
ni espereis de mí jamas
que escuche esos desvaríos.
Jai. Mirad si es fuerza de estrella
nueva red amor me tiende;
cuando el enojo os enciende
me pareceis muy mas bella.
Ter. Será bien que se termine
de una vez esta contienda,
y que Vuestra Alteza entienda
no hay que esperar que decline.....
Jai. Ni os lo pido yo tampoco;
que á un tiempo adoro y venero,
Teresa; y soy caballero
aunque amor me tiene loco.
Ter. ¿Y qué pretendeis, Señor?
Jai. Tanto en hablar os ofendo!
Que escucheis solo pretendo
las quejas de mi dolor.
Ter. Ni las quejas están bien
en un Rey tan animoso.
Jai. Si he nacido poderoso,
hombre he nacido tambien.
Ter. Basta, Señor; que no es justo,
os lo vuelvo á repetir,
que ni vos podais decir
que escucho amores con gusto.
Don Jaime sois de Aragon,
de toda España temido,
pero sin ser mi marido
no tendreis mi corazon.
Jai. ¿Habeis de ser tan cruel
que me quiteis la esperanza?
Ter. Ninguna á mí se me alcanza.
Leo. (*Al paño.*) Aquí con ella el infiel!
Jai. (*Con pasion tomando una mano á Doña Teresa.*)
Partiré con vos mi silla
si otorgais una mirada.
Leo. (*Presentándose: bajo al Rey.*)
No hareis tal, que está ocupada
por la Infanta de Castilla.

ESCENA IV.

DOÑA TERESA. D. JAIME. DOÑA LEONOR.

Doña Leo. (*Bajo al Rey.*) Así, D. Jaime, pagais
á quien os ama constante....
Jai. (*Saludando.*) Para un negocio importante
será bien que permitais....
Leo. Cuando ya no por amor
debiérais por cortesía
escuchar la queja mia. (*La Reina hace seña á Doña Teresa para que se retire, y ésta lo verifica, aunque con disgusto, mirándola con insolencia, y recibiendo de ella una mirada de desprecio.*)
Jai. Está bien, Doña Leonor.

ESCENA V.

D. JAIME. DOÑA LEONOR.

Jai. ¿Teneis quejas vos de mí?
en que las fundais ignoro.
¿De qué proviene ese lloro?
Leo. Proviene de lo que ví.
Jai. ¿Y qué habeis podido ver?
Leo. Os ví tomar una mano.
Jai. ¿Y porque soy soberano,
galante no puedo ser?
Dejad por Dios esos zelos.
Leo. No son zelos, evidencias.
Jai. Dejad tambien las sentencias.
Leo. ¿Esos son vuestros consuelos?
Ya no puedo mas sufrir,
Don Jaime, vuestro desvío,
las penas del pecho mio
las quiero al menos decir.
Jai. Fantasmas imaginais,
que de entrambos son tormento.
Leo. ¿Y de las penas que siento
así cruel os burlais?

Fantasmas decís que son,
y yo misma os estoy viendo
el cuello altivo rindiendo
á una adúltera pasion.
¿A quien siempre en los torneos
el premio, Jaime, ofreceis?
Aquí en la Corte atendeis
de una sola á los deseos.
Una sola, ¿y quién es esa?
No es vuestra esposa Leonor,
que nadie os inspira amor,
á no ser Doña Teresa.

Jai. No direis que no os escucho
con admirable paciencia.

Leo. Como os habla la conciencia,
que á mí me escucheis no es mucho.

Jai. Si no teneis que decirme
cosa ya que mas importe.... (*Hace que se vá.*)

Leo. (*Deteniéndole.*) Quiero que deje la Corte...
(*D. Jaime insiste en irse, Doña Leonor le detiene.*)
Esperad, que habeis de oirme.

Jai. Señora, estais tan á espacio.

Leo. Salga, Señor, salga luego
la muger que os tiene ciego....

Jai. Ella saldrá de Palacio.

Leo. De la Corte ha de salir.

Jai. ¿A algun lejano destierro?

Leo. No, Señor, para un encierro.

Jai. No lo habeis de conseguir.
Por no causaros enojo
está bien salga de aquí,
pero encerrarla, de mí
no lo espere vuestro antojo.

Leo. ¿Así me tratais por ella?

Jai. La destierro, y os quejais....

Leo. ¿Por qué no la castigais?

Jai. ¿De cuál culpa? De ser bella?
Vos andais, Leonor, muy ciega,
os fuera mejor callar;
que á veces logra el llorar
lo que á las quejas niega.

Leo. Don Jaime, ¿qué me decís?

Jai. Que os quejais con demasía,
y quereis que llegue dia
en que tal vez....

Leo. ¿Presumís
que tolerarlo pudiera?
Os engañais por mi vida,
ya que no amada, temida
he de ser por vos siquiera.

Jai. Mirad, Leonor, lo que haceis,
que soy el Conquistador.

Leo. ¿Qué ha de hacer vuestro furor?

Jai. Os advierto que os perdeis:
hasta el destierro revoco.

Leo. Yo la pondré en un convento.

Jai. No lo hareis.

Leo. En el momento.

Jai. Leonor, Leonor, poco á poco.

Leo. Ella ó yo: no hay vacilar;
y yo no puedo salir....

Jai. Si yo os llegára á decir
que os pudiérais engañar....

Leo. El engañado sois vos
si olvidais que estais casado;
y para siempre ligado,
que lo jurásteis á Dios.

Jai. ¿Quereis que olvide esta historia?
Dadla vos misma al olvido.

Leo. Conceded lo que he pedido
y renuncio á su memoria.

Jai. Os he dicho ya que no,
Leonor, es cosa terrible.

Leo. ¿Vos no quereis inflexible?
Pues sabed que lo haré yo.

Jai. Nadie manda lo que el Rey
ha llegado á prohibir.
Para el que osa resistir
castigos tiene la ley.

Leo. ¿Para la Reina castigo?

Jai. No esteis, Señora, tan vana,
hoy reinais.... Tal vez mañana....

Leo. ¿Qué decís?

Jai. Sé lo que digo. (*Váse.*)

ESCENA VI.

LA REINA DOÑA LEONOR.

¿Así pensais que se humilla
á la Reina de Aragon?
Pues ella, obrando en razon,
no teme vuestra cuchilla. (*Llegándose á la puerta y llamando.*)
Una dama.—Vive el cielo, (*Vuelve al proscenio.*)
que me habeis de conocer. (*Sale la Dama.*)
Á Teresa quiero ver, (*Vase la Dama.*)
yo sabré atajarle el vuelo. (*Siéntase.—A muy breve espacio sale Doña Teresa, y se queda al estremo opuesto.*)

ESCENA VII.

DOÑA LEONOR. DOÑA TERESA.

Leo. Teresa Vidaura,
la noble, la bella,
la fúlgida estrella
de todo Aragon:
á vos de hermosura
milagro increible,
ha poco, terrible
traté sin razon.
Ter. Lisonjas, Señora,
Teresa no os pide;
que ofensas olvide
podreis conseguir;
pues dice, mi Reina,
que erró vuestro labio,
no debo á mi agravio
mas cura pedir.
Leo. ¿Estais satisfecha?
Ter. ¿Pudiera no estarlo?
Lo estoy.
Leo. En lograrlo
gran dicha alcancé.

Mas como al enojo
tal vez soy propensa,
de nuevo la ofensa
no sé si os haré.
Ter. La Reina se burla
segun se está viendo.
Leo. Me vais comprendiendo:
de burlas estoy.
Ter. Si burlas no fuesen....
Leo. Llegáran á veras,
y tú las sufrieras,
á fé de quien soy.
Ter. Pudiera engañarse
la Reina.
Leo. No puede.
Tu orgullo ya escede
de noble pasion.
Y no que la causa
no alcanzo presumas,
ya sé con que plumas
voló tu ambicion....
La lengua no muevas,
la Reina está hablando;
escucha, temblando,
Teresa, hasta el fin.
Mi voz te parezca
el grito severo
que el dia postrero
dará el Querubin.
Muger de artificios,
criada traidora,
á mí, tu Señora,
¿me vendes infiel?
¿Conoces tu crímen?
¿Alcanzas la pena?
¿Y aun alzas serena
la frente cruel?
No mas tolerarte,
no mas: llegó el dia.
Sufrirte sería
ya mas que baldon.
No ultraje estos muros

tu aliento precito.
No mas, te repito,
serán tu mansion. (*Llégase á la puerta.*)
Mis pajes—Teresa!
temblad no me enoje. (*Salen dos pajes.*)
(*A los pajes*) De aquí se la arroje,
si tarda en salir. (*Teresa quiere hablar, la Reina se lo impide.*)
Pensar aplacarme
es vana esperanza.

Ter. (*Yéndose.*) Entonces venganza,
Leonor, ó morir.

FIN DEL ACTO PRIMERO

ACTO SEGUNDO.

Castillo de Doña Teresa á media legua de Zaragoza. Salon gótico con adornos y muebles de la época.

ESCENA PRIMERA.

DOÑA TERESA *sentada, apoyada la cabeza en una mano.—Preocupada, pero no abatida.* —DON PEDRO CORONEL.

Ped. ¿No me respondeis, Señora?
Ved que es del Rey el mensaje;
y Don Pedro Coronel,
su mayordomo, le trae.
Ter. A estarme bien yo os prometo
que diera en respuesta un guante,
que mancillar á un Vidaura
no lo puede ni Don Jaime.
Ped. Muy sentida estais, Señora,
y no lo merece el lance....
Ter. (*Levantándose indignada.*)
Don Pedro, vos olvidais
quien ha sido mi buen padre.
Ped. Recuerdo, Doña Teresa,
y estimo vuestro linaje:
pero en fin, lo que os sucede
no hay porque tanto os agravie.
Erais ayer Camarera;
si hoy no lo sois, no os espante,
que es la fortuna de Corte
mas que todas variable.
Ter. ¡Camarera! sí, lo fuí:
tengo de ello que acusarme,
que teniendo yo vasallos
no debí....

Ped. Teresa, baste:
que toca ya en desleal
vuestro atrevido lenguage.
Señora sois de vasallos,
ni el Rey lo ignora, ni nadie;
mas sois vasalla tambien
y lo sois de un Rey tan grande....
Ter. ¿Os hizo de sus hazañas
coronista el gran Don Jaime?
Ped. Hízome por obediencia
venir á vos con mensage.
El Rey, Señora, os lo dije,
sin que respuesta lograse,
quiere asistais en su Corte.
Ter. ¿Para qué? ¿para ultrajarme?
Ped. Cuales sean sus intentos
preguntadlo al Rey, si os place;
con deciros sus palabras,
por mi parte hice bastante.
Ter. Y aun sobrado me parece.
Volver podeis á buscarle.
Ped. ¡Cómo! ¿sin respuesta alguna?
Señora, ved no se canse
de sufrir vuestras locuras
y su cólera descargue.
Ter. ¿Una respuesta quereis?
Pues esta mia llevadle,
y repetid mis palabras
una por una á Don Jaime.
Despidióme de Palacio
la Reina, Dios se lo pague,
que mugeres como yo
no deben servir á nadie:
librarme de que la vea,
merced ha sido y muy grande;
pero ultrage ha sido el modo,
y no puedo perdonarle.
Decid al Rey, que á la Corte
en llamarme no se canse.
Donde esté Doña Leonor
que no me espere Don Jaime.
Ped. ¿Eso al Rey he de decir?

Ter. Si os parece que lo aclare....
Ped. No, por Dios, pero quisiera....
Ter. Os cansais, Don Pedro, en valde.
Ped. No dejeis que al precipicio
vuestra cólera os arrastre.
Ter. Os agradezco el consejo,
mas no puedo ya tomarle.
Llevad, llevad la respuesta
al Rey de vuestro mensage.
Ped. (*Yéndose y saludando.*)
Puesto que así lo quereis....
el cielo, Señora, os guarde.
Ter. Al Rey de cuanto os he dicho
nada el respeto disfrace. (*Vase Don Pedro.*)

ESCENA II.

DOÑA TERESA.

Mas bravo que cortesano
eres Pedro Coronel,
la cólera que te asusta
es la que quiero encender.
No hay medio, Doña Teresa,
ó el hábito ó el laurel:
ó morir en la demanda
ó el trono bajo mis pies.
No son, Jaime, para Damas
mugeres de mi valer;
partirás conmigo el cetro,
ó nunca tuya seré.

ESCENA III.

DOÑA TERESA. SANCHO, *con botas y espuelas.*

Ter. Venid en buen hora, Sancho:
no tardásteis mucho á fé.
San. Encargásteisme, Señora,
la diligencia.
Ter. Está bien.
¿Hablásteis con el Obispo?

San. Vuestras cartas le entregué;
regaba el santo varon
con lágrimas el papel.
Ter. ¿Dió respuesta?
San. De palabra.
No me quiso detener.
«Aunque anciano y achacoso,
me dijo, no tardaré
en ver á Doña Teresa.
Al mayordomo prevén
tú mismo, ensillen mi mula,
la distancia corta es....
Ter. En fin, que viene al momento.
San. Como en tres horas esté....
Ter. ¿En media legua tres horas?
San. Tienen de plomo los pies
los Obispos....
Ter. ¿Y la Corte?
San. Es la torre de Babél.
Desde anoche que faltais
todos preguntan por qué.
Ter. ¿Y qué dicen?
San. Desatinos
y mentiras á placer.
Lo que hay de cierto, Señora,
es que desde anoche al Rey
no le ha visto otra persona
que Don Pedro Coronel.
La Reina se está encerrada
en su cámara tambien,
quieren decir que llorando,
mas yo en verdad no lo sé.
Ter. ¿No hay mas?
San. Por Dios lo olvidaba:
y fuera cosa de ver.
Llegó un Legado del Papa,
nadie sabe para qué.
Dicen unos que es cruzada,
que el Rey va á Jerusalen,
para Granada los otros.
Este á Valencia, otro á Fez....
Esto corre por el vulgo,

los nobles dicen que el Rey,
las causas por que ha venido
el que sabe solo es.
Añaden que él lo ha pedido,
no para asuntos de fé....
Ter. ¿Y con qué objeto no esplican?
San. No lo he llegado á entender.
Ter. Vete, Sancho.
San. Para veros,
y de decirlo olvidé,
espera vuestra licencia
un caballero.
Ter. Dí quién.
San. Señora, el Conde de Ampurias.
Ter. ¿Y le has hecho detener?
venga al punto, no te tardes.
San. Voy, Señora, volaré. (*Vase.*)

ESCENA IV.

DOÑA TERESA. EL CONDE DE AMPURIAS.

Ter. Os debo escusas, Señor,
de haberos hecho esperar.
Cond. Lo que perdí en el tardar
lo gano en ese favor.
Ter. Conde, tomad una silla (*El Conde despues de saludar se sienta.*)
Qué mandais decid ahora.
Cond. Tiemblo esplicarme, Señora.
Ter. Temblar vos es maravilla.
Cond. Jamas la lanza enemiga
me hizo, Señora, temblar,
que Dios me quiso ayudar,
y es muy fuerte mi loriga.
Mas al rayo abrasador
de vuestros ojos divinos
á esos rasgos peregrinos
que envidiára el mismo amor....
Ter. Conde, Conde, delirais....
Cond. De amor, Señora, deliro.
Ter. ¿Ningun respeto os inspiro?

Cond. No hay para que os ofendais.
Mi mano os vengo á ofrecer,
mis estados, mis vasallos,
venid, pues, á gobernallos
á vuestro solo placer.
Feudatario soy, mas puedo
como el Rey batir moneda,
si otro aquí mas noble queda,
al punto el campo le cedo:
que aunque loco estoy, Señora,
aunque sin vos moriré:
cosa que bien no os esté
no intenta quien os adora.
Ter. De tan súbita pasion....
Cond. Os amo desde que os ví,
desde entonces estais, sí,
grabada en el corazon.
Pero en la Corte os miraba,
y en el colmo del favor,
y declararos mi amor
siempre el alma recelaba,
Ter. Yo agradezco....
Cond. ¡Agradecer!
Ter. Cuando agradece una dama....
Cond. Eso no basta á la llama
que ha llegado aquí á prender.
Ter. Escuchad: costumbre es ley;
las mugeres de mi estado,
en Aragon no han casado
sino por mano del Rey.
Cond. ¿Y vos no diréis que no?
Ter. Si el Rey lo quiere, consiento.
Cond. (*De rodillas, besándole una mano.*)
¡Oh venturoso momento! (*Sancho apresuradamente en la puerta del foro, el Rey le sigue y vé al Conde levantarse.*)
San. El Rey. (*Vase.*)
Ter. ¡Don Jaime!
Jai. (*Apareciendo.*) Sí, yo....

ESCENA V.

DON JAIME *con botas y espuelas, cubierto de polvo.*
DOÑA TERESA.—EL CONDE DE AMPURIAS.

Jai. De la amorosa plática, Señora,
pésame á la verdad romper el hilo.
Ter. El Conde, gran Señor, me hablaba ahora.
Cond. Estaba suplicando....
Jai. Conde, vílo.
Cond. No ha de quedar sospecha á Vuestra Alteza.
Jai. A los pies de esta dama he visto á un hombre.
Ter. ¡Como, Señor! dudar de mi pureza!
Cond. Mi mano le ofrecia con mi nombre.
Jai. ¿Y ella aceptó?
Ter. Si vos venís en ello.
Cond. Otorgad pues, Señor, vuestra licencia.
Jai. (*Aparte, conteniéndose con dificultad.*)
No sé como en el muro no le estrello. (*Haciéndole seña para que se retire.*)
Lo pensaré despues: tened paciencia.
Cond. (*Aparte.*) Vive Dios que no sé si me reporte.
Jai. (*Bajo á Doña Teresa.*)
Un amante, Teresa!
Ter. Mi decoro!
Jai. (*Al Conde.*)
Mañana, Conde, os hablaré en la Corte.
Cond. (*Con altivez mal disfrazada.*)
Por que aquí no ha de ser, Señor, ignoro.
Ter. (*Pasando rápidamente por el lado del Conde, y bajo á él.*)
Cordura, si me amais.
Jai. Sois impaciente!
Amante sois y en suma no lo estraño;
mas debo yo de ser cauto y prudente,
que hago oficios de padre.
Cond. Ningun daño
temerá de este enlace Vuestra Alteza,
que me falta en verdad merecimiento,
mas me sobran blasones y riqueza
para lograr tan noble casamiento.

Jai. Vive Dios, Catalan, mal domeñado....
Cond. ¿A un infanzon tratais de mi valía?
Ter. (*Al Con.*) Que os perdeis. (*A D. Jai.*) Por piedad!
Jai. (*Aparte á Doña Teresa.*) Como es amado
imprudente mi enojo desafía.
(*Al Conde.*)
Salid de aquí, Don Ponce, sin demora,
y la Corte tambien dejad hoy mismo.
Cond. ¿Me desterrais á mí?
Jai. Marchad, y ahora.
Cond. Antes un rayo me hundirá al abismo.
Jai. Deslcal á su Rey....
Ter. Señor, delira:
no le escucheis por Dios.... callad el Conde.
Jai. (*Bajo á Doña Teresa.*)
El amor que ese pérfido os inspira,
muy mal, Teresa, vuestro pecho esconde.
Cond. Renuncio á vuestras tierras y obediencia,
de hoy mas ya no he de ser vuestro vasallo.
Lo que me niega aquí vuestra violencia
con mi lanza, Don Jaime, he de ganallo. (*Váse.*)
Jai. (*Empuñando.*)
Aguarda desleal, prueba mi acero.
Ter. (*Deteniéndole.*)
Don Jaime, mi Señor.
Jai. (*Intentando desasirse.*) Èl es tu amante.
Ter. (*Siempre deteniéndole.*)
¿Y le amo yo?
Jai. Tal vez: saberlo quiero.
Ter. ¿Enviárosle á vos no fué bastante? (*Con ternura.—Ademan de placer en el Rey.*)

ESCENA VI.

DICHOS. SANCHO *precediendo al Legado del Papa, á quien acompañan pajes, y otros eclesiásticos que se retiran desde la puerta.*

San. (*Dentro.*) Plaza al Señor Cardenal. (*Entra y se coloca en el fondo.*)
Jai. (*A Teresa.*) Yo os hablaré antes de irme.
Leg. Cumpliendo de Vuestra Alteza,

Señor, las órdenes, vine....
Jai. Los preceptos de la Iglesia
yo soy quien espera humilde.
Urge el tiempo, en otra estancia
si esta dama lo permite....
Ter. Al vasallo que es leal
nunca permiso le pide
el Rey para hacer su gusto.
Jai. (*Bajo á ella.*) Que el esclavo solicite....
Ter. (*Señalando una de las puertas laterales.*)
Allí puede Vuestra Alteza....
Jai. Señor Cardenal, seguidme. (*Entra el Cardenal y el Rey por la puerta que señaló Doña Teresa.*)

ESCENA VII.

DOÑA TERESA. SANCHO.

Ter. Y tú, Sancho, ven conmigo,
y á cabalgar te apercibe
que á Zaragoza has de ir.
San. Otro viage; ¡es posible!
Ter. Un mensage has de llevar,
que mis congojas termine. (*Vánse por el lado opuesto á la puerta porque entraron el Rey y el Cardenal.—Don Pedro Coronel y el Obispo de Gerona entran por el foro.*)

ESCENA VIII.

EL OBISPO DE GERONA. DON PEDRO CORONEL.

Ped. Honrado está este castillo
con Prelado tan insigne.
Obis. Lisonjas, Señor Don Pedro,
en la Iglesia no se admiten:
la casa de los Vidauras
honra siempre á quien recibe.
Mas permitid que de veros
en este sitio me admire,
pues viniendo á consolar
quien la Corte despide,

mas que de lágrimas hallo
apariencias de festines.
De pages y de escuderos
antecámara no hay libre.
Los colores de Don Jaime,
unos contemplo que visten,
y al lado de sus blasones,
de Aragon preciados timbres,
las llaves del pescador
que á los siervos de Dios sirve.
¿Repele á Doña Teresa
la Corte acaso, ó la sigue?
Ped. Responder á esa pregunta
no podrá quien no adivine,
porque el viento del favor
sin leyes ciertas se rige.
Obis. ¿Mas en fin, porque aquí estais,
podeis, Don Pedro, decirme?
Ped. Porque sirvo á mi Señor.
Obis. Luego el Rey....
Ped. Consuela al triste;
y vos llegais algo tarde
para que en nada se alivie.
Obis. ¿Aquí Su Alteza ha venido?
Ped. Su cetrería le sigue,
que la caza....
Obis. ¿Por pretesto?
Ped. ¡Por pretesto!—No lo dije;
ni lo pensé, porque nunca
cuando el Rey no me lo dice,
presumo que sus intentos
adivinar me permite.
Obis. Pero ¿y las armas de Roma?
Ped. Del Legado.
Obis. ¿Y qué, le sigue
tambien á caza el Legado?
Ped. Aquí entraba cuando vine,
que yo al Rey no acompañé
cuando salió.—Es muy posible
que aquí espere sin testigos
lograr mas presto sus fines.
Obis. ¿Usar en cosas de Iglesia

de tan profanos ardides?
Ped. Yo respeto á vuestra madre,
y á sus ministros humilde,
pero las cosas de Corte
de otra manera se miden.
Obis. Nadie sabe del Legado
la mision.
Ped. La gente dice
que pretende que Don Jaime
en la Cruzada se aliste.
Obis. Cruzada! Santo designio!
Ped. Santo en verdad! mientras gime
media España bajo el yugo
del musulman inflexible,
¿será bien que sus soldados
en la ardiente Siria lidien?
Granada no está muy lejos,
Valencia en nuestros confines....
Obis. Hablillas del vulgo son,
y como tales se miren.
Ped. La nobleza de estos reinos
en la fé de Cristo vive,
por ella toda su sangre
dará con ánimo firme;
mas mientras solo un Alarbe
la arena española pise,
no esperen que en otras playas
la pujante lanza enristre.
Y á un prelado, que del Rey
de continuo al lado asiste,
al Obispo de Gerona
que su conciencia dirige,
no está demas que mi celo
la contingencia le avise.
Obis. El Obispo de Gerona
siempre consejos admite.
A Su Alteza, si gustais,
que aquí estoy podeis decirle.
Ped. Vedle aquí con el Legado.
Lo que os dije no se olvide.

ESCENA IX.

EL OBISPO DE GERONA. D. PEDRO CORONEL. EL LEGADO y D. JAIME *acompañándole.*

Leg. (*A la puerta de la cámara.*)
No prosiga Vuestra Alteza
si no quiere confundirme.
Jai. Hasta veros á caballo
no espereis que me retire.
Leg. Tan cortés como valiente:
digno en todo de su estirpe.
(*Dirígense á la puerta del foro. — El Obispo y D. Pedro Coronel saludan. — El Rey y el Legado se detienen.*)
Obis. La paz del Señor con vos.
Jai. Que os encuentre aquí permite
cuando en vos pensando estaba.
(*Al Legado señalando al Obispo.*)
Mi confesor, el que os dije:
en letras y en santidad
vereis que es varon insigne.
Obis. Vuestra Alteza puede siempre
contar con su siervo humilde.
Jai. El Legado no os ha visto
á vos que sois la mas firme
columna de nuestra Iglesia.
Obis. No mas, Señor, permitidme:
el Cardenal me dispense
si no salí á recibirle,
que ignoraba su venida.
Leg. Llegar incógnito quise
por razones que muy presto
sin duda á vos se confien.
Jai. No retardemos, por Dios,
lo que puede concluirse. (*Aparte al Legado.*)
Cardenal, con mas secreto
podeis aquí mismo oirle.
Leg. Negocio, Señor, tan grave....
Jai. Es fuerza que se termine.
Yo ayudaré á la Cruzada,
que es lo que el Papa me pide.

Leg. Y él en nombre del Señor
vuestra corona bendice.
Jai. Está bien, pero no basta
su bendicion á mis fines.
Ya sabeis mis condiciones. (*El Rey va conduciendo al Cardenal á la puerta de la cámara, y al llegar á este verso le saluda y hace entrar por ella.*)
Jai. (*Al Obispo.*) D. Berenguel, vos oidme:
al Legado que os espera
yo de Roma venir hice:
consultar quiere con vos:
que es mi vasallo no olvide
el Obispo de Gerona,
y sepa diestro servirme. (*Hácele seña para que siga al Legado, y así lo ejecuta saludando.*)
Mayordomo de Aragon,
á la Corte se prohibe
vuelva page ni escudero
de cuantos con vos me siguen;
en vuestro celo descanso,
que se hará cuanto previne. (*D. Jaime entra donde lo hicieron el Legado y el Obispo.*)

ESCENA X.

D. PEDRO CORONEL.

Vive Dios que me confundo
con tanto estraño suceso,
ó el Rey ha perdido el seso:
ó á trastornarse va el mundo.
Que á una dama venga á ver,
bien: lo comprende cualquiera;
que el Legado le siguiera
tambien se puede entender:
Pero hacer concilio aquí
y olvidarse de la dama,
ó locura, ó tal se llama,
ó me falta el juicio á mí. (*D. Pedro sale por la puerta del foro, y al mismo tiempo entra Doña Teresa, seguida de Sancho. D. Pedro y Doña Teresa se saludan.*)

ESCENA XI.

DOÑA TERESA. SANCHO.

San. Escudero mas andante
no se encuentra sin trabajo.
Ter. Poco á poco: habla mas bajo.
¿Con que vendrá?
San. En el instante.
Salió todo cual se dice,
Señora, á pedir de boca.
Ter. Estará de zelos loca.
San. Hecha un tigre la infelice.
De las vísperas salia
cuando el papel la entregué.
Ter. ¿Y vendrá?
San. Si la dejé,
Señora, que ya venia.
Ter. (*Para sí.*) Hoy Reina, mañana nó.
San. ¿Y quién me defiende á mí?
en sabiendo el Rey que fuí...
Ter. La Reina.
San. ¡La Reina!
Ler. Yo.
San. La Reina me ha de salvar,
y luego decís que vos....
Ter. Está bien: véte con Dios,
y no dejes de avisar.

ESCENA XII.

DOÑA TERESA.

Ya sabe que está aquí el Rey
y yo soy quien se lo avisa;
ella obedece sumisa
de mis intentos la ley.
Vendrá furiosa, demente,
acusando hasta los cielos.
¿Y logrará con sus zelos...?
mi triunfo mas brevemente.

ESCENA XIII.

DICHA. SANCHO.

San. Apeóse en el zaguan.
Ter. Libre el paso: venga al punto.
San. (*Aparte yéndose.*) Embrollado está el asunto,
mas ellas se compondrán. (*Váse.*)

ESCENA XIV.

(*Así que sale Sancho Doña Leonor aparece en la puerta con D. Pedro Coronel confuso y azorado.*

Damas que se retiran desde la puerta.)

DOÑA TERESA. DOÑA LEONOR. D. PEDRO CORONEL.

Leo. (*A D. Pedro.*) ¿Negármelo pretendeis?
Ped. Yo, Señora, (*Aparte.*) fuerte apuro!
Leo. El Rey está aquí, D. Pedro,
yo quiero verle.
Ped. Es muy justo.
Ter. (*Con aparente respeto.*) Tantas honras en un dia!
Merecerlas no presumo.
Leo. (*Volviéndole la espalda, y se dirige á D. Pedro.*)
Os digo que quiero verle
sin que se tarde un minuto.
Ter. Tome asiento Vuestra Alteza.
Leo. Avisarle al Rey al punto.
Ter. Hoy sois huéspeda en mi casa,
olvidemos los disgustos.
Ped. (*A Teresa.*) Hablando estais con la Reina.
Ter. La Reina! yo no la iujurio.
Leo. Llamad, llamad á Don Jaime,
á él solo es á quien acuso.
Ped. Silencio, Doña Teresa. (*A Doña Leonor.*)
No atendais á sus discursos.
(*Aparte.*) Avisar al Rey conviene.
Estos son dos tigres juntos. (*Don Pedro vá á salir, y se encuentra con Don Jaime.*)

ESCENA XV.

DICHOS. DON JAIME, *apresuradamente.*

Jai. (*Bajo á la Reina.*) ¿Aquí estais, Señora, vos?
¿Con qué licencia si os place?
¿Qué me quereis, vive Dios?
¿Quién así venir os hace
en perjuicio de los dos?
Ter. (*Aparte.*) Hora empieza mi venganza.
Leo. Os vengo á buscar aquí....
Jai. ¿Para qué? ¿con qué esperanza?
Leo. (*Bajo con ternura á Don Jaime.*)
¿Así me tratais, así?
Ella solo todo alcanza.
Jai. Callad, y volved ahora
á la Corte.
Leo. No me vuelvo.
Jai. Mi cólera abrasadora....
Leo. A sufrirla me resuelvo.
Jai. Mirad no os pese, Señora.
Leo. Yo no tengo ya temor,
quitarme mas no podeis.
Jai. Sí puedo, Doña Leonor.
Leo. Mi vida!.... Aquí la teneis,
no la quiero sin honor.
Jai. Vuestra vida, no por cierto;
mas podeis dejar de ser,
y muy pronto, yo os lo advierto,
del Rey Don Jaime, muger.
Leo. (*Que escucha con asombro.*)
Será cuando hubiere muerto.
Jai. Antes será por mi vida,
que es nulo nuestro consorcio....

ESCENA XVI.

DICHOS. EL LEGADO, y EL OBISPO DE GERONA. *El primero con un pergamino en la mano.*

Leg. (*Saludando al Rey.*)
Ya, Señor, está estendida
la sentencia de divorcio.
Ter. (*Aparte.*) Ya estás, Infanta, vencida.
Leo. (*Fuera de sí.*) Justicia, Dios soberano. (*Al Legado.*) ¿Quién sois vos que tal decide?
Leg. (*Al Rey.*) El Pontífice romano
concede al Rey cuanto pide.
Leo. ¿No hay quien me tienda la mano?
Jai. Moderad esa violencia.
Leo. ¿Por qué de vos me apartais?
Jai. Señora, por mi conciencia.
Leo. Don Jaime, no me engañais.
Leg. Doña Leonor, la sentencia,
y quien la firma afrentais.
Parienta en tercero grado
hallamos que sois del Rey:
sin dispensa habeis casado
y divorciaros es ley.
Leo. (*A Doña Teresa.*) Libre te queda una silla
que ocupaba sobre el trono
Doña Leonor de Castilla....
Se la ha quitado tu encono,
la has cubierto de mancilla:
ya Reina te piensas ver,
engáñate la esperanza;
quien tal hace á su muger,
con la dama bien se alcanza
lo que despues podrá hacer. (*Vási.*)

FIN DEL ACTO SEGUNDO.

ACTO TERCERO.

Salon del Alcázar de Zaragoza.

ESCENA PRIMERA.

(El Rey sentado á una mesa acabando de leer varios papeles.—Don Pedro Coronel entra por el foro al levantarse el telon; ambos llevan traje de armas, botas y espuelas.)

DON JAIME. DON PEDRO CORONEL.

Ped. ¿Sin dejar, Señor, la espuela
ni el polvo de la jornada,
aun tinta en sangre la espada
está Vuestra Alteza en vela?
Jai. Soy, Don Pedro, centinela,
que á estos Reinos puso Dios;
como buen soldado, vos
sabeis no puedo dormir.
Mas, ¿mandásteislos venir?
Ped. Los he avisado á los dos.
Jai. ¿Está oculta mi venida?
Ped. Mandé callarla, Señor;
mas os juro por mi honor
que la contemplo sabida.
Jai. No quisiera por mi vida.
Ped. (*Aparte.*) Tanto misterio no entiendo.
Jai. Estar oculto pretendo,
y por dos dias ó tres.
Ped. Imposible cosa es,
y ya, Señor, se está viendo.
Jai. ¿Vióme alguno? ¿pues quién fué?
Ped. Sancho, Señor, escudero....
Jai. De quien ocultarme quiero,

y ya por él no podré.
Ped. A saber, Señor, mi fé,
que el escudero importaba,
ya una torre le encerraba.
Jai. Hubiérame convenido.
Ped. Si lo mandais.... (*Yéndose.*)
Jai. (*Haciéndole seña que no con la mano.*)
Ya perdido
está lo que proyectaba.
Algun misterio profundo,
que esto encierra, maquinais,
y hasta que os lo diga, estais
el mas inquieto del mundo.
Ped. Yo, Don Jaime, el temor fundo....
Jai. Pues ¿de qué teneis temor?
Ped. Por mí no temo, Señor.
Jai. ¿Pudiérais temer por mí?
Ped. ¿Quereis que os diga que sí
Don Jaime el Conquistador?
Permitidle al celo mio
que se esplique francamente:
muévese aquí cierta gente,
de que en verdad no me fío:
en Ariza su hado impío
está la Infanta llorando....
Jai. ¿De Leonor me estais hablando?
por Dios importante cosa.
Ped. Ella ha sido vuestra esposa,
y un hijo os está criando.
Jai. Por compasion se lo dejo.
Ped. Vuestro heredero ese hijo
ha de ser, segun colijo.
Jai. Eso, Don Pedro, es ya viejo.
Ped. No desprecieis mi consejo.
Jai. Pues ¿cuál es en conclusion?
Ped. Poned freno á la ambicion,
(perdonad) de una muger,
que, de no, pudiera ser
la ruina del Aragon.
Jai. Estais, Don Pedro, entendido,
y por lo fiel os perdono
lo que subísteis el tono

en el consejo atrevido.
Ped. Mi fé, Señor, no ha querido....
Jai. Está bien: ved si el Legado
vino ya á nuestro mandato.
Ped. ¿Ha de entrar?
Jai. En el momento.
Ped. (*Aparte yéndose.*) Vive Dios, que casi siento
el haberle aconsejado.

ESCENA II.

DON JAIME.

Poner freno á la ambicion....
de Teresa habrá de ser,
que es en efecto muger
de valor y de intencion.
Cortóme su prevencion
lo que dispuse primero,
y ya ocultarme no quiero.
Esta noche me verá,
y un pretesto me dará
su mismo genio altanero.

ESCENA III.

DON JAIME. EL LEGADO.

Leg. Cuando en los campos, Señor,
de Valencia imaginaba
que á los moros fulminaba
sus rayos vuestro valor,
tan presto, ya vencedor,
dais la vuelta á vuestra Corte,
sin criados....
Jai. La Corte
de cortesanos dejé,
y á todos me adelanté.
Leg. ¿Pues bay cosa que os importe?
Jai. ¿No la ha de haber, Cardenal?
Y la sabeis á fé mia.
De que me casé en Hungría,

el agente principal
vos sois, ó me acuerdo mal;
que el Pontífice Romano
me dá esposa de su mano,
y sois su Legado vos.
Leg. En honra y gloria de Dios,
que es de todos Soberano.
Jai. Y porque el Rey de Aragon,
á quien sobran en su tierra,
sin los moros, para guerra
los grandes y su ambicion,
no ha podido, en conclusion,
acudir á la Cruzada....
Leg. Vuestra palabra empeñada....
Jai. Rescata mi casamiento,
(*Aparte*.) en el que solo consiento
porque es la Infanta estremada.
Leg. La Infanta Doña Violante,
hermana del Rey de Hungría,
mas de un Señor pretendía.
Jai. ¿Y quién conmigo arrogante
compitiera un solo instante?
El casarme me está bien:
mas no quiero que le dén
colores de beneficio
los que su propio servicio
en mi boda solo ven.
Mas esto á parte dejando,
que quien el hecho consiente,
no ha de andar impertinente
las causas examinando:
diré que venir os mando,
para deciros que en breve
llegar la Infanta aquí debe,
y en llegando he de casarme,
que pretenden estorbarme....
Leg. ¿Y quién á tanto se atreve?
Jai. En la sangre Aragonesa
osadía hay para todo.
Leg. ¿Pero, Señor, por qué modo?....
Jai. Hay una Doña Teresa,
que en verdad mi fé os confiesa,

que por mi Dama he tenido,
y no ha de verme marido
de otra muger con paciencia.
Leg. Con muy leve penitencia
está el caso remitido.
Jai. En cuanto á mí, puede ser;
mas ella, Legado, es noble,
y tal vez el duro roble
sea mas fácil de torcer.
Yo sé que se ha de atrever;
que tiene amigos no ignoro,
y quiero mas contra el moro
la fuerte lanza blandir,
que no haberla de teñir
en sangre que despues lloro.
Leg. ¿Y cómo puede mi celo
impedirlo, cuando vos....
Jai. El que habla en nombre de Dios
y con las llaves del cielo,
puede al que vive en el suelo
persuadir muy fácilmente.
Leg. Vos os mostrais penitente,
y Dios oye al que le implora;
será bien que esa Señora
se retraiga de la gente.
Jai. A no verme precisado,
no quiero usar de la fuerza.
Leg. No humana flaqueza os tuerza:
mirad que estais empeñado.
Jai. Vivid muy asegurado
que no he de mudar de intento.
Con vos, Cardenal, ya cuento:
mas ella tiene un amigo,
de mis promesas testigo,
que vale en verdad por ciento.
Leg. Cuando os absuelva, Señor,
el sucesor de San Pedro....
Jai. Entended que no me arredro
ante peligro ó temor;
porque me sobra el valor,
aunque trate mi prudencia
de evitar la contingencia

de civiles disensiones.
Leg. Indulgencias y perdones
atajarán su violencia.
Jai. El Obispo de Gerona
es el amigo que os dije.
Leg. ¿Y ese á Vuestra Alteza aflije,
vasallo de su corona?
Mi celo, Señor, le abona....
Jai. Mirad que es hombre severo:
él viene, dejaros quiero
para que á solas hableis;
y cuenta que me aviseis,
que en mi cámara os espero. (*Váse*.)

ESCENA IV.

EL LEGADO. EL OBISPO DE GERONA.

Leg. Santo Pastor, muy sencillo,
docto en cosas celestiales,
empero en las terrenales
inocente corderillo,
en breve he de reducillo.
Obis. (*Entrando*.) Guarde Dios al sacro Nuncio.
Leg. De ventura es siempre anuncio
Don Berenguel para mí.
Obis. Vuestra lisonja renuncio.
¿Con vos estaba Su Alteza?
Leg. Y en breve aquí volverá:
¿vais á esperarle?—Eso hará
que no estorbe su grandeza
el hablar....
Obis. A mi franqueza
nunca obstáculo encontré,
Cardenal, que ó me callé,
ó dije lo que sentía.
Leg. Sentémonos. (*Se sientan*.) (*Aparte*.) A fé mia
que como empezar no sé.
(*Al Obispo*.) Vos la súbita venida
habreis del Rey estrañado.
Obis. Que dé la vuelta á su estado,
no hay causa que se lo impida.

Leg. Como no fué prevenida
esta vuelta, y con secreto....
Obis. Yo, Cardenal, os prometo
que nada de eso sabia.
Leg. (*Aparte.*) Sea verdad, ó hipocresía,
él es estraño sugeto. (*Al Obispo.*)
Viene el Rey, y vos sin duda
sabeis su objeto.
Obis. No sé,
ni quiero saberlo á fé.
Leg. Es fuerza que á vos acuda
si de confesor no muda.
Obis. El Rey de mi penitente
es un hombre diferente.
Leg. Si lo sabeis, nada importa
que os lo diga, y si no acorta
decíroslo el espediente.
Obis. Pero Su Alteza
Leg. Lo quiere.
Obis. Por obediencia os escucho.
Leg. (*Aparte.*) Es cortesano muy ducho,
ó que es un santo se infiere.
(*Al Obispo.*) ¿Qué diríais si viniere
el Rey á darle la mano
á una Dama?
Obis. Que es cristiano.
Leg. Cristiana accion es casarse,
mas debe mucho mirarse
en hacerlo un Soberano.
Obis. ¿La corona es mas que un sueño
para ante el Rey de los Reyes?
Lo mismo obligan sus leyes
al gigante que al pequeño.
Leg. Si el Rey indiscreto empeño
contrajo sin reflexion,
cumplirlo....
Obis. Es su obligacion.
Leg. Verdad en otro cualquiera;
mas de un Rey delito fuera
no atender á otra razon.
Obis. Por el Dios á quien venero,
y esta púrpura que visto,

por la ley Santa de Cristo,
en que vivo, y morir quiero,
yo os protesto que primero
que se doble mi conciencia
del trono á la conveniencia
ni á ninguna humana ley,
me deje matar del Rey
si tal fuere su violencia.

Leg. ¿Aprobais el matrimonio?

Obis. El Rey paga lo que debe.

Leg. ¿Y quién, si niega, se atreve
á prestar su testimonio?

Obis. Quien teme mas al Demonio,
que de Don Jaime al verdugo.

Leg. Mirad que estais bajo el yugo.

Obis. Sé tambien que me vé Dios.

Leg. ¿Pero el Rey no encontró en vos....?

Obis. Para el bien cuanto le plugo.

Leg. (*Aparte.*) En vano es que mas le diga.
(*Al Obispo.*) Yo daré cuenta á Su Alteza
de vuestra noble entereza,
y á cuanto el celo os obliga.

Obis. En cuanto Dios no me liga,
ligado con él estoy.

Leg. Podeis marcharos, yo voy
á su cámara.

Obis. Obedezco. (*Vase.*)

Leg. Anda con Dios, yo te ofrezco
no cansarte, por quien soy.

ESCENA V.

EL LEGADO *vá á entrar en la cámara*, *al mismo tiempo sale* D. JAIME.

Jai. Todo lo he estado escuchando,
nada teneis que decirme,
si se empeña en resistirme, (*Siéntase á escribir.*)
yo sabré ponerle blando.
A su Obispado le mando,
que salga sin mas tardanza.

Leg. Con eso solo se alcanza

cuanto podeis desear.
Jai. No quisiera que á engañar
se atreviese mi esperanza.
Mañana vendreis á verme. (*Hace seña, y el Legado se vá.*)

ESCENA VI.

D. JAIME.

Ahora voy á verte yo,
Teresa, por amor no,
que há tiempo que mi amor duerme,
y en breve vas á perderme:
voy sospechas á evitar;
en tus zelos á buscar,
y en tu altiva condicion
pretesto, si no razon,
para poderte dejar.

ESCENA VII.

Salon en casa de Doña Teresa.

DOÑA TERESA. SANCHO.

Ter. ¿Con que ya ha llegado el Rey?
San. Al entrar la noche vino.
Ter. Apenas puedo creerlo,
todavía no le he visto!
San. Cansado debe de estar,
que en tres meses de contino,
ni se ha quitado el arnés,
ni bajo techo ha dormido.
En las tierras de Valencia
no ha dejado á salvo sitio:
diz que en breve la ciudad
se rendirá á su dominio:
no en valde el Conquistador
le han dado por apellido.
Ter. Sus hazañas qué me importan,
si descuidada me miro.

¿Dos años há cuantas veces
llegar tú mismo le has visto
aquí de polvo cubierto,
y en sangre mora teñido?
Descansaba con mirarme;
y en su amoroso delirio,
solo á Teresa en el mundo
inclinaba el cuello altivo.

San. Perdon os pido, Señora,
mas yo de eso no me admiro,
que no hay amor tan ardiente
que no acabe por ser tibio.

Ter. Tú, Sancho, nunca has amado.

San. Perdonadme, mozo he sido,
y mi tributo pagué
como todos al Dios niño.
Tambien creí que era eterno
del amor el poderío;
vinieron luego los años,
(que nunca hubieran venido)
y con ellos la esperiencia
verdugo de esos delirios.
Creedme, Señora mia,
y no os coja de improviso
cuanto pueda suceder:
que no hay eterno cariño.

Ter. Vete, Sancho, déjame,
que estás en verdad prolijo.

San. ¿Y si volviere, Señora,
el caballero que vino
anoche, y no pudo veros....

Ter. ¿Su nombre no te lo dijo?

San. Ni aun el rostro pude verle.
mas él se nombra un amigo
de la casa de Vidaura.

Ter. Eso basta, le recibo.

ESCENA VIII.

DOÑA TERESA.

Que no hay amor tan ardiente
que no acabe por ser tibio.
Verdad dice el Escudero,
en mí lo prueba el destino:
me ví adorada cual Dios,
y despreciada me miro:
que aquel amor tan ardiente
ha acabado por ser tibio.
A una palabra de esposo
rendí incauta el albedrío:
generoso en prometer
anda en cumplir muy remiso.
Que mucho! su amor ardiente
ha llegado al fin á tibio.
Oh! mal haya la muger
que dá crédito á suspiros:
cuando estuviere rendida,
diránle, como me han dicho, (*El Conde en la puerta del foro.*)
que no hay amor tan ardiente
que no acabe por ser tibio.

ESCENA IX.

DOÑA TERESA. EL CONDE DE AMPURIAS *armado, y calada la visera.*

Ter. ¡Pues cómo aquí, Caballero! (*Viendo al Conde.*)
¿quién sois vos?
Cond. Un desterrado.
Ter. ¿De mí os habeis amparado?
Cond. Ampararos á vos quiero.
Ter. Por Dios que venís demente.
Cond. ¿Demente?.... No.... Vos lo estais.
Ter. De mi paciencia abusais,
marchad de aquí prontamente.
Cond. Para hablaros he venido:

sin hacerlo no me iré.
Ter. Sin veros no escucharé. (*El Conde se levanta la visera.*)
El Conde!!!
Cond. Al menos lo he sido.
Ter. Pues cómo Don Ponce aquí....
Cond. ¿Cuándo el Rey me ha desterrado?
En tres años que han pasado
nadie se acuerda de mí.
Marchéme huyendo de vos,
y no, Teresa, del Rey,
que no ha de darme la ley
mientras queda, vive Dios.
Ter. Reconvenirme no es justo,
que quien nada prometió
queda libre como yo
para siempre hacer su gusto.
Cond. Debiérais con vuestro nombre
tener mas cuenta, Señora.
La diadema seductora
no encubre en fin mas que un hombre.
Ter. Y debiérais, Conde, vos
no olvidar mi condicion.
Cond. Decidme vos, sin pasion,
quien la olvida de los dos.
¿De qué importó que al nacer
os diera el Cielo blasones
y riquezas, si sus dones
no os sacaron de muger?
Ter. Si vinísteis á injuriarme,
ya lo hicísteis, y sobrado.
Grande triunfo habeis logrado!
Podeis contento dejarme.
Cond. A injuriaros no he venido,
mas la pasion me arrastró;
Señora, cuanto pasó
demos ambos al olvido.
Os amé desde que os ví,
como á un ente celestial,
vos, Teresa, por mi mal
no me amásteis nunca á mí.
Cegásteis al resplandor,

que despide la corona,
si su brillo no os abona,
disculpa da á vuestro error.
Ter. Tened, Don Ponce, la lengua,
no la movais en mi daño,
ni deis crédito á un engaño
de mi honor ileso en mengua.
Cond. No me tengais por tan ciego,
que dude de lo que miro;
ni me digais que deliro,
que Don Jaime....
Ter. No le niego.
Cond. ¿Quién os entiende, Señora?
¿Por qué primero negais
lo que despues confesais?
Mas esto no importa ahora.
El amor en que me abraso
tres años he combatido,
y constante me ha seguido
desde el Oriente al Ocaso.
Ingrata! por tí dejé
vasallos, bienes y honores,
por no verte otros amores
de la patria me alejé.
Allá en las tierras de Hungría,
combatiendo al Sarraceno,
sin este amor en que peno
no he pasado un solo dia.
Y cuando así me aborreces,
cuando sales de otros brazos
aun vengo á ofrecerte lazos
que tú tal vez no mereces....
Ter. Don Ponce, no digais mas,
yo no quiero vuestro amor;
mas tocásteis al honor,
y ya es menos lo demas.
Si á Don Jaime preferí,
pude tal vez engañarme,
pero jamás olvidarme
de lo noble que nací.
Sabed que para galan
no tuve al Rey por bastante,

los que le juzgan mi amante
que soy su esposa verán.
Hasta aquí lo tuve oculto,
lo he de hacer público y hoy:
veréis que muger no soy
que merezca tanto insulto.

Cond. Saben, Teresa, los cielos
cuanto el oiros me agrada:
con tal de veros honrada,
aunque me maten los zelos.
Pero escuchad de mi labio
un aviso, y el postrero
que así venga un Caballero,
muger ingrata, su agravio.
Conmigo salió de Hungría
la Infanta Doña Violante,
he venido yo delante....

Ter. (*Alarmada.*) ¿Y ella ha de tardar....?

Cond. Un dia.
Nadie en la Corte lo sabe,
parece que es gran secreto.
El Rey, tal vez por discreto,
calle negocio tan grave.

Ter. ¿Y es muy bella?

Cond. Por tal pasa.
¿Teneis zelos?

Ter. ¿Yo, por qué?

Cond. Señora, yo me engañé.

Ter. ¿No sabeis vos con quién casa?

Cond. Como el Rey está casado
no os puedo decir con quien,
aunque, si me acuerdo bien,
ya una vez se ha divorciado. (*El Conde saluda, y se retira.*)

ESCENA X.

DOÑA TERESA.

Escuchadme, ¿dónde vais? (*Al Conde que se vá.*)
veloz huye como el viento. (*Vuelve al proscenio.*)
Bien altivo pensamiento

en vuestros sueños quedais.
¡Será verdad, Santos Cielos!
¿Así Don Jaime me engaña?
Mas no fuera cosa estraña
que la fingieran los zelos.

ESCENA XI.

DOÑA TERESA. DON JAIME.

(Don Jaime entra pausadamente con aspecto preocupado.—Doña Teresa le recibe entre ofendida y temerosa.—Breve pausa. El Rey se sienta.—Doña Teresa en pie á alguna distancia.)

Ter. Bien dicen que á larga ausencia
no puede amor resistir.
Jai. Lo tengo oido decir,
y me rindo á la evidencia.
Ter. (*Aparte.*) Verdadera es su traicion.
(*Al Rey.*) ¿Qué es esto, esposo, que es esto,
airado conmigo el gesto
sin decirme la razon?
Jai. Teresa, vamos á espacio,
que callar os está bien.
Ter. ¿Pues quién me calumnia? ¿quién?
Intrigas son de Palacio:
ó tal vez Don Jaime intenta
con soñadas invenciones,
que de sus ciertas traiciones
no caigamos en la cuenta.
Jai. No os han de valer conmigo
las astucias de muger,
que cuando yo llego á ver
no he menester mas testigo.
Ter. ¿Qué ha visto Don Jaime en mi?
Amor y fé en demasía.
Jai. Tal vez Don Jaime creía
hasta ahora que era así.
Mas en resúmen, Teresa,
un hombre de aquí salió,
y le he visto salir yo.

Ter. Y vuestra queja....

Jai. Sí, es esa.

Ved si pudiera vengarme,
mas quiero ser indulgente,
y perdono á ese insolente
que se atreviera á ultrajarme.
Tambien os perdono á vos,
que muger habeis nacido,
y en venderme habeis seguido
vuestra costumbre por Dios.
Una sola condicion
os impongo irrevocable:
de vos y ese miserable
hoy mismo ha de ser la union.

Ter. ¿Así trata un Caballero
á una Dama principal?

Jai. Vos sois quien obrásteis mal,
y no peco por severo.

Ter. Si Teresa ha sido infiel,
si lo teneis por tan cierto,
¿por qué ya no la habeis muerto
y fuérais menos cruel?
¡Hablais de darle mi mano
al rival de vuestros sueños!
No puede tener dos dueños
la esposa del Soberano.

Jai. ¿Vos mi esposa? ¿Delirais?

Ter. Palabra y mano me diste.

Jai. Tú misma el lazo rompiste....

Ter. Burlarme, no; os engañais.

Jai. Teresa, yo he visto á un hombre
en tu casa, esto me sobra.
Luchar conmigo no es obra....

Ter. No hay peligro que me asombre,
y no penseis engañarme,
no por vida de los cielos,
no son, Don Jaime, los zelos
los que os mueven á dejarme.
Cansado estais de mi amor,
y ya ha tiempo que lo estais,
igual suerte preparais
á Teresa que á Leonor.

Doña Violante de Hungría
hora te rinde á sus pies,
acaso dentro de un mes
le quepa la suerte mia.
Jai. (*Aparte.*) ¿Cómo ha llegado á saberlo?
Ter. Confundido estás, ingrato,
descubierto el falso trato:
¡y yo no quise creerlo!
Jai. (*Con dignidad.*) Si me fuiste infiel ó no,
no quiero ya examinar;
pero tampoco negar
que voy á casarme yo.
Ter. ¡Casarte! Nunca, perjuro,
que casado estás conmigo.
Tu palabra ante un testigo
me has dado, que es muy seguro:
el Obispo de Gerona.
Jai. El Obispo callará,
y si habláre morirá
por la fé de mi corona.
Saben los cielos que siento
causarte tanto dolor,
pero ha cedido el amor
á mas noble sentimiento.
De estado el alta razon
me llama á nuevo himeneo,
cedo, y ahogo el deseo
que alienta mi corazon.
De Aragon, de Cataluña
tomad tierras á placer,
ó podeislas escoger
del Rosellon en Gascuña....
Ter. ¿Sabeis qué quiero de vos,
autor de todo mi mal?
vuestra mano ó el dogal,
una cosa de las dos.

FIN DEL ACTO TERCERO.

ACTO CUARTO.

La segunda decoracion del acto tercero.

ESCENA PRIMERA.

DOÑA TERESA. EL OBISPO, *sentados.*

Obis. Sí, hija mia, desterrado.
Ter. ¿Y vos os vais á marchar?
Obis. Al César se le ha de dar
lo que el Cielo le ha otorgado.
Ter. ¿Y quién ha de ser mi amparo,
faltando vos, Padre mio:
Vos, Señor, en quien confio
cuanto en el mundo me es caro?
Obis. ¿Amparo vos? ¿contra quién?
Ter. Contra el Rey que me abandona.
¿Os aterra su corona
á vos, Prelado, tambien?
Obis. ¡Aterrarme! no por cierto.
Ter. Amparadme.
Obis. Sí lo haré,
que desde niña os amé,
mas como pueda no acierto.
Ter. Defendiendo la verdad.
Obis. Pues esa es mi obligacion.
Ter. Mi derecho, mi razon....
Obis. Con cuanto pueda contad.
Ter. Nunca he dudado, Señor,
de vuestra noble asistencia.
Obis. Enjugar debo en conciencia
las lágrimas al dolor.
Mas esplicaos, Teresa,
que urge el tiempo ¿qué quereis?
De los estremos que haceis,

¿cuál es la causa?
Ter. Confiesa
mi rubor que la callára
tal vez, Señor, á vos mismo,
si hasta el fondo del abismo
el callar no me llevára.
Recordaréis fácilmente
que el Rey palabra me dió
de esposo.
Obis. Lo prometió
hallándome yo presente.
Ter. De su promesa falaz,
engañado el albedrío,
hícele yo dueño mio.
Obis. Ampárala Dios de paz.
Ter. ¿Quién pensára que en un Rey
pudo caber tal engaño?
Obis. No lloraráis ese daño
á observar de Dios la ley.
Ter. Enriquecí los altares;
con las limosnas he dado....
Obis. ¿Pero os habeis enmendado?
Ter. ¡Ah no aumenteis mis pesares!
El Rey se quiere casar;
sí, Señor, y no es conmigo:
yo no tengo mas testigo
para poderle acusar....
Obis. Yo depondré donde quiera
que ser vuestra prometió;
engañóse, si pensó
que su nombre lo impidiera.
Ter. Mas si marchais al destierro,
¿quién habrá que al Rey le impida,
mirándome desvalida,
que al fin consume su yerro?
Obis. Obedecer es forzoso;
pero al marchar á Gerona
mi celo no os abandona.
Ter. Todo será infructuoso.
Obis. Al Pontífice Romano
escribiré cuanto pasa.
Ter. ¿Y qué haréis si él mismo casa

á Don Jaime de su mano?
Obis. Yo haré ver al Santo Padre
la razon que en vos existe.
Ter. Y el Legado que aquí asiste
cuanto al Rey traidor le cuadre.
Obis. El tiempo dará consejo.
Ter. ¡El tiempo! Doña Violante
tal vez aquí en el instante
ha llegado en que me quejo.
Obis. ¿Qué decís? ¿será posible?
Ter. Acaso en Palacio esté,
y ya Don Jaime su fé
le ha dado. ¡Pena terrible!
Obis. Vuelo á Palacio, hija mia,
mi voz habrán de escuchar,
yo sabré en el mismo altar
impedir la union impía. (*Vase*.)

ESCENA II.

DOÑA TERESA.

Triunfamos, honor, albricias,
seré Reina de Aragon:
satisfecha mi ambicion,
¡qué me importan sus caricias!
Mas fáltame disponer
en mi apoyo fuerte lanza,
por si el Obispo no alcanza
al pérfido á contener.
¡Sancho! ¡Sancho!

ESCENA III.

DOÑA TERESA. SANCHO.

San. Mi Señora.
Ter. ¿Le encontrásteis? ¿vino el Conde?
San. Vino: esa estancia le esconde.
Ter. Venga á hablarme sin demora. (*Sancho entra, sale á poco con el Conde, y á una seña de Doña Teresa se retira.*)

ESCENA IV.

DOÑA TERESA. EL CONDE DE AMPURIAS.

Cond. Dicen que vos me llamais,
y es apenas si lo creo;
tanto le cuesta al deseo
dudar que me aborrezcais;
mas no importa, como sea,
me teneis, Señora, aquí;
mandad, disponed de mí,
con tal, Teresa, que os vea.
Ter. Caballero y cortesano
el primero de Aragon,
á quien yo tan sin razon
he pospuesto al Soberano....
Cond. No hableis en eso, Señora,
la llaga no renoveis:
decidme lo que quereis,
y eso baste por ahora.
Ter. Vos de Don Jaime una ofensa
recibísteis.
Cond. Y mortal.
Le matára á ser mi igual.
Ter. ¿Y el Conde vengar no piensa?....
Cond. No me hableis de la venganza,
que en tres años que pasaron....
Ter. Los agravios se olvidaron:
muy bien, Conde, se me alcanza.
Cond. No el agravio se me olvida;
que en pecho noble la afrenta
de tal manera se asienta,
que se borra con la vida.
Ter. Se recuerda sin sentir
la pasada sin razon.
Cond. Escuchad mi corazon,
y sentiréislo latir.
Ter. Don Jaime es grande guerrero,
pretenden que es invencible,
luchar con él es terrible
para un simple caballero.

Cond. Señora, ¿qué me decís?
¿Juzgais le tengo temor?
¿Qué he nacido sin honor,
ó cobarde presumís?
Ter. Yo no digo, ni presumo;
mas viendo herido el honor,
y del fuego del valor
no apercibiendo ni el humo....
Cond. No me he vengado, es verdad;
devoro el agravio y callo;
porque nací su vasallo,
y obligado á lealtad.
Ter. Otros nobles que nacieron
del Rey vasallos tambien,
han sabido vengar bien
agravios que recibieron.
Cond. Traidores fueron crueles
á su Patria y á su ley,
que hacerle la guerra al Rey
es lidiar por los infieles.
Si en campo raso pudiera
combatir Jaime conmigo,
es el Cielo buen testigo
de que há tiempo que lo hiciera;
y creed, Señora, vos,
que si yo agraviado callo,
es que otro medio no hallo
que pedir venganza á Dios.
Ter. Podeis enseñarme, cierto,
al enojo á poner coto:
Caballero tan devoto
acabará en un desierto.
Cond. En fin, Señora, dejemos
esta plática escusada.
¿Teneis que mandarme?
Ter. Nada.
De hoy mas estraños serémos.
Cond. Yo voy á perder el juicio
si alguno amor me dejaba.
Ter. ¡Yo necia con vos contaba!
Cond. Teneisme á vuestro servicio.
Ter. Si algun atrevido infiel,

si algun humilde pechero,
si tal vez un caballero
me hiciera agravio cruel,
pudiérais por cortesía,
y por mostrar lo valiente,
tomar atrevidamente
la demanda aun con ser mia.

Cond. Testigo sea el Eterno
de que, en teniendo razon,
seré vuestro campeon,
aun contra todo el infierno.

Ter. La razon me sobra, Conde,
si hacerla escuchar cousigo.

Cond. Nombradme á vuestro enemigo.
¿Dónde está, Señora? á dónde?

Ter. Cuidad no mudeis de tono
en sabiendo donde está.

Cond. Decidme donde, y verá....

Ter. Hallareisle sobre el trono.

Cond. ¡Sobre el trono!!!

Ter. Allí, Don Ponce.

Cond. Luego es el Rey....

Ter. Mi ofensor.

Cond. Pone entre el Rey y el valor
muro el respeto de bronce.

Ter. El que agravia á una muger,
el que olvida juramentos,
quien profana sacramentos,
ni es Rey, ni lo puede ser;
pero escuchadme, ¿me amais?

Cond. ¿Si os amo? no, que deliro:
sois el aire que respiro.

Ter. ¿Ser mi esposo deseais?

Cond. (*Vacilando.*) ¿Vuestro esposo?..... no lo sé.

Ter. ¿No sabeis? ¿qué, estais diciendo?

Cond. A mí propio no me entiendo.

Ter. Por los dos me esplicaré.
Quereis ser mi esposo, sí;
mas recela vuestro honor:
deponed todo temor,
porque esposa del Rey fuí.
Casó conmigo en secreto;

ya lo que intenta sabeis.
Si mi causa defendeis
daros mi mano prometo.
Cond. Si casada estais, es vano
que intenteis mudar de dueño,
si no lo estais, no es empeño
para mí el de vuestra mano.
Ter. ¡Oh necia desconfianza!
Don Jaime quiere ofenderme:
pues no casarse y perderme
le prepara mi venganza.
Impedid su casamiento,
y luego he de divorciarme;
podré entonces desposarme
con quien me viniere á cuento.
Mirad si aquesto os conviene,
os lo dejo meditar;
si sabeis, Don Ponce, amar,
muy poco que pensar tiene. (*Vase.*)

ESCENA V.

EL CONDE DE AMPURIAS.

¡Muger! ¡muger! ¿dónde vás?
aclara mis confusiones:
que cuando das mas razones
se acrecienta mas y mas.
¿Qué hemos de hacer lealtad
luchando contra el amor?
¿Podrás resistirte, honor,
al poder de su beldad?
Rehusaré por cobarde
lograr lo que tanto anhelo?
¡Temor yo! pues vive el cielo
que ya medida no guarde.
Sí; combatir por mi Dama,
de ser rebelde es distinto...
¿pero qué digo? El instinto
me lleva á arder en mi llama.
Cristiano soy, aunque amante,
y vasallo, aunque ofendido....

Si la veo, soy perdido,
huyamos de ella al instante. (*Vá á salir: Don Pedro Coronel se presenta en la puerta, dos Ballesteros de Maza le acompañan, y se quedan fuera del salon, pero á vista del espectador.*)

ESCENA VI.

EL CONDE DE AMPURIAS. D. PEDRO CORONEL.

(*El primero viendo al segundo baja apresuradamente la visera, y quiere continuar su camino, mas este le detiene.*)

Ped. Deteneos, Caballero.
Cond. ¿Quién dice que no soy mas? (*Yéndose.*)
Ped. (*Deteniéndole.*) Deteneos, digo: atrás,
en nombre del Rey.
Cond. Ya espero. (*Vuelve á la escena y se cruza de brazos.*)
Ped. Quiere Su Alteza saber
si sois el que ha visto.
Cond. Sí.
Ped. Salir cubierto....
Cond. Yo fuí.
Ped. Y de noche.
Cond. En la de ayer.
Ped. Tambien quiere que digais
quién sois.
Cond. Decidle que un hombre.
Ped. Y no teneis otro nombre.
Cond. Tal vez presto lo sepais.
Ped. Ahora conviene saberlo.
Cond. Y á mí callarlo conviene.
Ped. Orgullo estremado tiene.
Cond. Será que puedo tenerlo.
Ped. No hagais al Rey resistencia,
que os pudiera mal estar.
Cond. Y pudiérale pesar
el llegarme á hacer violencia.
Ped. Vive Dios, que ya en locura,
Hidalgo, el orgullo raya.

Cond. Vos vereis que no desmaya.
Ped. Pues tema una desventura.
Cond. ¿El Rey atropella así
de sus huéspedes los fueros?
¿Se reciben estrangeros
con tales modos aquí?
Ped. ¿Luego venís!....
Cond. Con la Infanta....
Ped. Mas bajo.
Cond. Doña Violante:
tal vez Reina en este instante.
Ped. Callad por Dios.
Cond. ¿Qué os espanta?
Ped. ¿Mas cómo vinísteis vos
ayer aquí en derechura?
porque es estraña aventura
que yo no entiendo, por Dios.
Cond. Y ¿quién me pregunta?
Ped. El Rey.
Cond. Yo vine con un mensage.
Ped. (*Aparte.*) Creido sois para page.
Cond. ¿Prohibe aquesto la ley?
Ped. ¿Y direis quién os envía
á que adoreis este sol?
Cond. Un Caballero español
que he conocido en Hungría.
Ped. ¿Teneis del nombre memoria?
Cond. Si tal: el Conde de Ampurias.
Ped. Aquí le hicieron injurias,
y fué en busca de la gloria.
Pero escuchad, Caballero,
lo que Don Jaime os ordena.
Cond. Evitaos esa pena,
que yo escucharlo no quiero;
he dícho que soy estraño
á su reino de Aragon,
para hacerme no hay razon
aquí ni bienes, ni daño.
Ped. Estais bajo su dominio,
y tendreis que obedecer.
Cond. Está la cosa por ver.
Ped. Pues temblad vuestro esterminio.

ond. Qué es lo que manda sepamos.
Ped. Que os caseis.
Cond. ¿Y cuándo?
Ped. Ahora,
que no ha de haber mas demora.
Cond. (*Con ironía*.) Pues la novia conozcamos.
Ped. ¿La novia?.... Doña Teresa.
Cond. ¿Me casa el Rey con su dama?
Ped. Y os honra.
Cond. Nó; que me infama,
si su dama la confiesa.
No me hiciera tal baldon
á no haberme yo encubierto,
que ha dado el disfraz, es cierto,
á esta afrenta la ocasion.
Vos, Don Pedro Coronel,
mirad hora quien yo soy; (*Se descubre*.)
sabreis si dispuesto estoy
para ese agravio cruel.
Ped. ¿Cómo, Conde, vos aquí?
Sabe Dios cuánto me pesa:
mas vos á Doña Teresa
¿no amábais?
Cond. Digo qué sí:
digo tambien que la adoro,
mas de amor sabré morir
antes que llegue á sufrir
en mi fama algun desdoro.
Ped. (*Aparte dirigiéndose al foro*.)
Que lo sepa el Rey conviene. (*Hace seña á un ballestero, le dice algunas palabras, y este se vá*.)
Sepamos su voluntad. (*Vuelve al proscenio*.)
Cond. (*Yéndose*.) Don Pedro, adios.
Ped. Esperad.
Cond. ¿Pues quién aquí me detiene?
Ped. Sabed que me dijo el Rey
«cualquiera que el galan fuere,
ó se casa al punto, ó muere."
Y lo que él dice es la ley.
Cond. Pues al Rey decidle vos
que he nacido Caballero,

y que la muerte prefiero
á la infamia, vive Dios.
Y si á tanto me provoca
el Monarca de Aragon,
lanzas tiene mi razon
que atajen su furia loca.
Ped. Rebelde seréis....
Cond. No tal;
porque roto el vasallage,
bien puedo vengar mi ultrage
sin nota de desleal.
Por no hacerle al Rey la guerra,
años há que me ausenté;
por no injuriarle volé
á lidiar en otra tierra.
¡Y aún pretende mas de mí!
Don Pedro: no soy un santo,
y el Rey, pues me ofende tanto,
si peco, cúlpese á sí.
Ped. Metafísicas cuestiones
no me toca examinar;
ni es tiempo de ventilar
encontradas opiniones.
Mandóme el Rey: la obediencia
es mi deber solamente,
si obra acaso injustamente
se lo dirá su conciencia.

ESCENA VII.

DICHOS. DOÑA TERESA.

Ter. ¿Ballesteros en mi casa
con Don Pedro Coronel?
¿Ya de tirano á cruel
el Rey Don Jaime se pasa?
Ped. No agravieis al Rey, Señora,
al menos en mi presencia.
Ter. Qué pretende su violencia.
Cond. Casaros quiere, y ahora.
Ped. Casaros con vuestro amante.
Ter. Y ese amante ¿quién es?
Cond. Yo.

Ter. ¿Y vos quereis...?
Cond. Eso nó.
Ter. ¿Llegó ya Doña Violante?
Ped. Que no vengo á responder,
á preguntar es lo cierto.
Ter. Pues á qué vengais no acierto.
Ped. A haceros obedecer.
Cond. Don Pedro, mirad qué haceis.
Ped. Cumplir con mi obligacion.
Ter. Sin atender á razon.
Ped. Vos sois la que no atendeis.
Cond. Si el Rey Don Jaime supiera
á quien de aquí salir vió,
yo os respondo de que no
su saña le persiguiera.
Ped. Por respeto á vuestro nombre,
y á vuestra escelsa nobleza,
he obrado con mas tibieza
que usára con algun hombre.
Ter. Los caballeros de ogaño
son con las damas corteses.
En nobles Aragoneses
tal proceder no es estraño.
Ped. Escuchad, Doña Teresa:
Mayordomo soy del Rey,
obedecerle es mi ley,
agrádeme ó no la empresa.
Si con vos no casa el Conde
el velo habreis de tomar;
mirad si os quereis casar;
si ser monja, decid dónde.
Ter. ¿Y quién le ha dado poder
para tanto al Rey impío?
¿Quién dice que mi albedrío
juguete suyo ha de ser?
¡Casarme! Don Jaime sabe
que sería un sacrilegio,
y no alcanza el privilegio
de Rey á culpa tan grave!
Tampoco quiero el convento,
muger soy del de Aragon;
justicia tengo y razon;

para sostenerla aliento.
Ped. Vuestro juez no soy aquí.
Ter. Mi juez ¡Don Pedro! ¡estais loco!
¿Consintiera yo tampoco
que me juzgárais á mí?
Ped. En vano luchais, Señora:
y aunque decíroslo siento,
si no os casais, al convento
os conduzco antes de una hora.
Ter. Apelo al juicio de Dios,
que estoy con el Rey casada.
Cond. Y lo sostiene mi espada.
Ped. Delirando estais los dos.
Cond. Con lanza, á pie y á caballo.
Ped. Teneos: ¿qué estais diciendo?
¿Verdad es que estoy oyendo
que reta al Rey su vasallo?

ESCENA VIII.

DICHOS. EL OBISPO DE GERONA, *apresurado y congojoso.*

Ter. Venid, venid, Padre mio,
vos me podreis defender.
Obis. (*Tristemente.*) Quisiera poderlo hacer,
mas ya en verdad desconfio.
Cond. Contad, Señor, con mi espada.
Ped. No olvideis que estoy yo aquí.
Ter. ¿Qué, vísteis al Rey?
Obis. Le ví.
Ter. ¿Y habeis alcanzado?...
Obis. Nada.
Ped. ¿Vos, ministro del altar,
de un Dios todo mansedumbre,
atizais aquí la lumbre
que debiérais apagar?
Obis. Vos estais en un engaño:
yo defiendo la inocencia;
mas no he de usar de violencia,
ni del Rey pretendo el daño.
Cond. Tomad, Don Pedro, mi guante, (*El Rey*

seguido de su guardia aparece en la puerta del foro, y escucha los versos que siguen hasta el fin de la escena.)
que yo insisto en la demanda.
Ped. Guardadlo; si el Rey lo manda
yo seré quien lo levante.

ESCENA IX.

D. JAIME, DOÑA TERESA. EL OBISPO DE GERONA. EL CONDE DE AMPURIAS. D. PEDRO CORONEL. *Ballesteros de la Guardia del Rey.*

Jai. Faltaba, Señores, yo
en tan noble concurrencia.
Parece que mi presencia
á todos os sorprendió.
No impida, Conde de Ampurias,
el hallarme yo delante,
que vos añadais un guante
á las pasadas injurias.
Arrojadlo, vive Dios,
pues ser tan osado os plugo,
arrojadlo, que el verdugo
por mí lidiará con vos.
Cond. Vuestra Alteza se ha olvidado
con el tiempo que pasó,
que el ofensor no soy yo,
y antes soy el agraviado.
Mas la demanda por mí
no intenta tomar mi brazo.
Jai. Un solo instante de plazo
os doy; salid ya de aquí.
Y válgale al atrevido,
del Rey de Hungría el seguro,
sino por él, yo le juro
que saliera arrepentido. (*El Rey le vuelve la espalda: el Conde vá á replicar: D. Pedro Coronel se lo impide, y le señala los Ballesteros.*)
Ped. (*Al Conde llevándolo, á su pesar, hasta la puerta del foro, y haciéndole salir por ella.*)
Os pierde vuestra locura,

mirad, Conde, donde estais,
lo mas seguro es que os vais,
que el tiempo todo lo cura.

ESCENA X.

DICHOS. *menos el* CONDE DE AMPURIAS.

Jai. Y vos, Teresa, ¿estais loca?
¿Olvidásteis mi poder?
¿Creeis que es fácil mover
con vuestra mano una roca?
¿No ha querido ser del Conde
esposa vuestra ambicion?
¿Qué quimera? ¿qué pasion
en vuestro pecho se esconde?
Ter. A mí no me aterrareis,
yo defiendo mi derecho,
ni temo vuestro despecho,
ni sin defensa me veis.
Jai. Defendida, mas ¿por quién?
Obis. Defiéndela su razon.
Jai. (*Al Obispo.*) Ha llegado la ocasion
que me conozcas tambien.
Marcha á cuidar las ovejas
que Dios ha puesto á tu cargo;
si te tardas, yo me encargo
de hacerte olvidar consejas.
Obis. Yo me iré donde mandais;
Señor, porque sois mi Rey;
mas tambien tengo otra ley
que es la santa que adorais.
Ella quiere que defienda
al débil contra el potente;
me manda que al inocente
mi débil mano le tienda.
Prelado soy, aunque indigno,
con mi deber cumpliré;
si lo quereis moriré,
Dios me reciba benigno.
Jai. No quiero yo haceros daño;
quiero impedir que lo hagais,

y en resúmen que volvais
á cuidar vuestro rebaño.
Ter. Quereis que deje la Corte,
mi solo, mi único amigo;
temeis Don Jaime un testigo...
Jai. ¿Qué dirá que á mí me importe?
Ter. Dirá que soy vuestra esposa.
Jai. No hará tal si fuere cuerdo.
Obis. Señor, yo sé que me pierdo,
mi obligacion es forzosa:
ante mí lo prometísteis.
Jai. Pues de olvidarlo tratad.
Obis. ¿Cómo puedo, si es verdad?
Jai. Suponed que no lo oísteis,
ó guardadlo en vuestro pecho,
porque una sola palabra
vuestra propia ruina labra,
y tal vez á mi despecho...
Obis. Yo, Señor, si aquesta dama
os suelta la obligacion....
Ter. Nunca cede mi razon.
Obis. Entonces si ella reclama...
Jai. ¿Qué hareis, Obispo? ¿qué hareis?
Obis. Rogaros humildemente.
Jai. ¿Si lo niego, finalmente?
Obis. Al Obispo escuchareis.
Yo puesto á los pies del Trono,
en nombre del Dios supremo,
os haré ver que no temo
por servirle, vuestro encono;
y cuando vos, Soberano,
perjurando en el altar
penseis á la Infanta dar
ya seguro vuestra mano,
entonces con voz terrible
os diré: «Doña Teresa
ya recibió tu promesa.”
Jai. (*Furioso*.) ¡Que tal escucho es posible!
Loco estás, huye de aquí.
Obis. Impedir debo un delito.
Jai. Huye, otra vez te repito,
ó no respondo de mí.

Obis. Prometedme no casaros.
Ter. Ved si tengo un defensor.
Jai. ¿Estais viendo mi furor,
y os atreveis á burlaros?
Si tardas un solo instante, (*Al Obispo.*)
si mas hablas en mi mengua,
el verdugo de tu lengua
me dará caucion bastante.
Obis. Diré siempre la verdad.
Jai. Callártela mando yo. (*A la Guardia.*)
Prendedle. (*Rodean al Obis. sin tocarle.*) Silencio.
Obis. Nó.
Jai. Si te osares resistir
lo guardarás en la tumba
por toda una eternidad.
Obis. Aun allí de la verdad
la voz sagrada retumba.
Ter. Don Jaime, no triunfaréis.
Jai. Lo verémos, vive Dios,
antes de mucho los dos,
quién es Don Jaime sabreis.
¡Prendedle! (*A los Guardias señalándoles al Obispo.*) (*El gefe de los Ballesteros con algunos de ellos se aproxima al Obispo, pero sin tocarle.*)
Obis. ¡Cómo! ¿á un Prelado,
sacrílego, atropellais?
Jai. Prendedle, no os detengais.
¿No basta haberlo mandado?
Obis. No basta, Don Jaime, no;
de Dios temblad el castigo.
Tirano os mostrais conmigo,
sumiso debo ser yo.
Decidme cual es mi encierro,
le irá á ocupar mi obediencia.
Mas temblad, vuestra conciencia
castigará vuestro yerro.
Jai. Llevadle.
Obis. No me toqueis;
no profane vuestra mano
al Obispo.... ¿Y vos, Cristiano,
que os creamos pretendeis?

¡Ah! ¡correis al precipicio!

Jai. Silencio, lengua de infierno.

Obis. Don Jaime, tormento eterno
os prepara mi suplicio.

Jai. Yo sabré hacerte callar.
Prendedle. El Rey os advierte (*A sus Guardias.*)
que le prepara la muerte
al que vacile en llegar. (*Los soldados se acercan mas al Obispo.*)

Obis. Soldados, obedeced,
y que tiemble ese tirano. (*El Rey fuera de sí echa mano á la daga, y vá á arrojarse sobre el Obispo, pero Don Pedro se interpone.*)

Jai. ¡Miserable! ¡á tal estremo!
Morirá?....

Ped. Señor, tened. (*Desde aquí hasta el fin del acto Don Pedro procura calmar al Rey, á quien la cólera tiene enagenado.*)

Obis. Anatema sobre tí,
y tus vasallos tambien,
ya que tranquilos te ven
insultar á Dios en mí.
Con negro borron tu gloria
ha mancillado tu saña,
porque tambien esta hazaña
ha de escribirse en la historia.
Has preparar el verdugo:
Dios me ampara, nada temo,
por probarme á tal estremo
dejarte llegar le plugo.
Vivid tranquila, Teresa,
cuando el alfanje divida
mi anciana cabeza ungida,
publicaré su promesa. (*El Rey hace un gesto amenazador á los Guardias.—Doña Teresa desaparece.—Don Pedro se encamina con el Obispo y los Ballesteros hácia el foro.*)

FIN DEL ACTO CUARTO.

ACTO QUINTO.

Galería del Palacio de Zaragoza. Decoracion con rompimiento despues del segundo bastidor. — En el fondo (cuarto bastidor) puerta de la Capilla real que á su tiempo debe abrirse y dejar ver lo interior. — Puerta á la derecha (del actor) que es la entrada general; á la izquierda otra de la cámara del Rey, el espacio entre el rompimiento y el telon de foro es la comunicacion con lo interior del Palacio. La galería estará adornada con lujo y elegancia, é iluminada con muchas bugías: adviértanse los preparativos de una gran funcion.

ESCENA PRIMERA.

D. GUILLEN DE MONCADA. D. SANCHO ANTILLON. EL COMENDADOR DE AMPOSTA (*Templario.*) D. JIMEN DE FOCES. — CABALLEROS.

Al levantarse el telon aparecen los indicados en grupos. Los demas Caballeros van entrando succesivamente todos por la puerta de la derecha quedándose unos en la primera galería y yéndose otros á pasearse entre el rompimiento y el telon del foro.

Monc. Caballeros, yo nó sé
si estamos en Morería.
Foc. Dudarlo se puede á fé.
Comend. ¿Quién viendo al hijo diría
que tuvo padre tan santo?
Ant. ¿Y que Aragon sufriría
y callára agravio tanto?
Comend. La culpa es vuestra, Señores,
y á la verdad que me espanto
que sufrais tales horrores
cuando cansa su violencia

á esos pobres moradores...
es ya caso de conciencia
tolerar tanto desdoro;
mengua es aquí la paciencia.
Monc. ¿Con qué objeto contra el moro
vuestro valor se ejercita,
si aquí le pierde el decoro
á Dios, Don Jaime y le irrita?
Foc. Callad, Señores, por Cristo.
Ant. El pueblo clama y se agita.
Foc. En que es bien dejarlo insisto.
Reparad en donde estamos.
Comend. Ya, Foces, lo tengo visto.
Monc. Hora aquí nada arriesgamos,
bien podeis estar seguro.
Ant. Nadie escucha lo que hablamos.
Comend. Y la espada en todo apuro...
Foc. Una palabra imprudente
perdernos puede, lo juro.
Recordad cuan brevemente
fué el de Ampurias desterrado:
sabeis que severamente
al Obispo ha castigado.
Comend. De muerte al Santo Pastor
sacrílego ha amenazado.
Foc. Prudencia, sino temor
os inspire tal ejemplo.
Monc. Y hora intenta su furor
tal vez profanar el templo.
Ant. ¿Provocar al Papa así?
imposible lo contemplo.
Comend. Pues no me sorprende á mí.
Monc. Ni á mí, vive Dios, tampoco.
Foc. Tener tal lenguaje aquí
es empeño ciego y loco. (*Se separa y pasa á la segunda galería.*)
Ant. Ni él está, ni Coronel;
de los otros temed poco.
Comend. Don Pedro... Tan bueno es él...
Monc. Otro tanto que su dueño.
Ant. Ello, en verdad, es cruel
mirarnos en tal empeño,

Comend. El Legado le excomulga
y no desarma su ceño.
Monc. Que hoy se casa el Rey promulga
y magüer que excomulgado
diz que confiesa y comulga.
Ant. No habrá cura ni prelado
que le dé la absolucion.
Comend. Las iglesias se han cerrado
y la plebe su intencion
de revelarse no oculta:
ya maldice esa ambicion
que hasta al Papa mismo insulta.
Si el fuego prende, al tirano
tal vez hoy mismo sepulta.
Monc. ¿Y Doña Teresa?
Ant. En vano
la ha mandado el Rey buscar.
Comend. Guay si la alcansa su mano...
Ant. Ella acertóse á escapar.
Cuando al Obispo prendieron
no la han podido encontrar
por mas que lo pretendieron. (*Foces pasa apresuradamente de la segunda á la primera galería, y llegándose á ellos dice:*)
Foc. Señores, Don Pedro viene. (*No lo oyen.*)
Que es Don Pedro. (*Sepáranse.*) Ya me oyeron.
Comend. Algo nuevo se previene. (*Sepárase.*)
Ant. De mal agüero es el hombre. (*Idem.*)
Monc. Yo no sé lo que se tiene (*Idem.*)
que no me gusta ni el nombre. (*Estos anteriores cuatro versos con rapidez y repartiéndose por la escena.*)

ESCENA II.

DICHOS. D. PEDRO CORONEL *de gala.*

(Don Pedro entra por el foro derecho. Los Caballeros de la segunda galería le hacen plaza y le saludan, él contesta á todos. Despues entra en la primera siguiéndole los Caballeros. Echa una mirada investigadora sobre los cuatro Infanzones como para reconocerlos, y ellos procuran componer el semblante de manera que nada pueda penetrar de su intencion.)

Ped. (*Aparte al entrar en la primera galería.*)
Si aquestos no conspiraban
será cosa que me asombre:
aquí solos conversaban...
(*Saludándoles.*) Infanzones... Caballeros...
Qué será lo que tramaban?
Ant. (*A Foces.*) Favoritos altaneros!
Ped. Que hay nobleza en Aragon
verán hoy los estrangeros.
En tan solemne ocasion
cumplir de nobles la ley.
Comend. ¿Sabremos con qué intencion
nos hizo llamar el Rey?
Ped. Tal vez quiere que le asistan
los mejores de su grey.
Monc. A soldados que se alistan
se les dice para qué.
Ped. (*Con frialdad.*) Los que no quieran resistan
á Don Jaime.
Foc. (*Aparte.*) No lo hará.
Ped. (*Con mucha frialdad.*)
Si place á los Infanzones,
que si place, yo lo sé,
ver de armados escuadrones
la militar apariencia;
tendrán pocas ocasiones
de ver tantos, en conciencia,
como en el Coso hallarán

que llegaron de Valencia. (*Sensacion general.*)
Trescientas lanzas verán
de lo mejor de esta tierra
que acostumbradas están
por los moros á la guerra,
y por el Rey, mi Señor,
á no acatar en la tierra
mas que solo su valor.
Hay tambien Alumgavares,
Salvages, mas con honor,
que no tienen otros lares
que los campos de batalla.
De peones á millares,
tanta gente viste malla
que temo que no ha de haber
para todos vitualla.

Monc. (*Ap. al Comendador.*) ¿Qué haremos?
Comend. (*Ap. á Moncada.*) Obedecer.
Monc. Solo por curiosidad
he pretendido saber...
Ped. (*Friamente.*) Ya sé vuestra lealtad.
Foc. Quien dudará de la nuestra.
Ped. Injuria fuera en verdad,
teneis dada tanta muestra.
Ant. Mi fé conoceis sin duda.
Ped. Es, Antillon, como vuestra.
Comend. Calla mi lengua, por ruda,
mas mi celo es conocido.
Ped. La buena obediencia es muda.
El Rey está persuadido
que todos aquí le acatan. (*Pasando la vista por la concurrencia.*) Si hubiere algun atrevido
ya sabrá como se tratan
en su Corte desleales,
aunque todos no se matan,
mas gentes tan principales
no han menester este aviso,
que siempre fueron leales.
Foc. (*Ap. á Antillon.*) De amenaza tiene viso
el consejo. ¿Qué decís?
Ant. (*Ap. á Foces.*) Soldados tan de improviso!
Monc. (*Aparte al Comendador.*)

No hay remedio?

Comend. Ya lo oís.

Ped. (*Aparte.*) La intencion no será santa,
pero callais y sufrís.

Un Portero. (*Dentro: derecha.*)
Plaza á la Señora Infanta.

Otro Idem. (*Dentro: izquierda.*)
Plaza, plaza al Señor Rey.

Ant. (*Ap. á Foces.*) ¿Qué es esto?

Foc. ¿Pues qué os espanta.?
Nos tiene bajo su ley.

ESCENA III.

DOÑA VIOLANTE, EL LEGADO *y su acompañamiento por la puerta derecha.*— D. JAIME *por la de la izquierda, ambos de gala.*—D. PEDRO, *los Infanzones, Caballeros, Eclesiásticos, Pajes, Damas, Escuderos, Guardias que entran por el foro derecho y se colocan en el fondo. — Los Caballeros se dividen en los dos lados del Teatro, quedando en primera fila los Infanzones. Al presentarse el Rey y la Infanta se descubren é inclinan. Dos Reyes de armas, uno con las de Aragon y otro con las de Hungría en el Tabardo, son los primeros que entran en la escena: sigue un Portero; á éste algunas Damas y despues el Legado del Papa dando la mano á la Infanta Doña Violante, á quien siguen Pajes, Escuderos y algunos Eclesiásticos de la comitiva del Legado. — D. Jaime se adelanta hasta la puerta.*

Jai. Perdóneme el claro Sol
de vuestro rostro divino
si no he salido al camino
á gozar de su arrebol.
Vuestro esclavo me confieso,
mas átanme aquí cadenas
que aunque doradas, apenas
podreis alcanzar su peso.
Lástima tengo á la Hungría,
Señora, porque os perdió,
que si mucho imaginó

halla mas la fantasía.

Vio. Mucho debo á mí ventura
en pareceros tan bien:
pero amantes ojos ven
aun no habiéndola hermosura.

Jai. Al miraros la belleza
mis ojos idolatraron;
y tal vez me revelaron
del tesoro la riqueza:
mas hora que os llego á oir
tan entendida y modesta,
fuera injuria manifiesta
no acabarme de rendir.

Vio. La que así de lejos viene
destinada á vos, Señor,
de agradecer vuestro amor
licencia es claro que tiene.
Forzosa razon de Estado
dispuso este casamiento,
mas nunca mi pensamiento
mejor lo hubiera encontrado.

Jai. No mas digais, mi Señora,
que á veces mata el placer.

Vio. Es forzoso obedecer.

Jai. ¿Al esclavo que os adora?
Mas de tan larga jornada
será bien que descanseis
hasta que allí me jureis (*Señala á la Capilla, los Infanzones se miran unos á otros.*)
ser mia, Violante amada. (*La presenta la mano.*)

Vio. (*Tendiendo la suya.*)
En todo os debo obediencia. (*Echan á andar hácia el foro. Entran en la segunda galería, salen por el foro izquierdo. Las Damas y Pajes siguen á la Reina.*)

Jai. Señora, tanta humildad
no sienta á vuestra beldad.
(*Al Legado.*) Esperad, corta es mi ausencia.

ESCENA IV.

DICHOS, *menos* DOÑA VIOLANTE, &c.

(*El Rey la ha acompañado y los Infanzones le han seguido con D. Pedro Coronel, pero todos vuelven inmediatamente al proscenio.*)

Jai. (*A los Caballeros.*) Doña Violante de Hungría
que aquí vió vuestra atencion
será Reina de Aragon
antes que luzca otro dia.
(*Seña para que se retiren.*)
Caballeros, dad lugar,
y dentro volved de un hora;
podreis á vuestra Señora
la mano humildes besar. (*Los Caballeros salen por la puerta derecha. Los Eclesiásticos le siguen.*)
Señor Legado, vos nó.
Retirad los Ballesteros. (*A D. Pedro que vá á ejecutar la órden y el Rey le detiene.*)
¿Llegaron ya los arqueros?
Ped. Sí, Señor, todo llegó.
(*Seña del Rey para que se retire. D. Pedro se vá por la segunda galería, foro derecho, con los Ballesteros.*)

ESCENA V.

D. JAIME *se pasea meditabundo.* EL LEGADO *contempla al Rey con inquietud. El Rey se para enfrente del Legado y clavando en él la vista, con espresion de mal reprimido enojo, le dice:*

Jai. Ya en fin Doña Violante aquí ha venido
¿y con quién, Cardenal? quién la acompaña?
Sois vos... nunca os creí tan atrevido
que burlárais asi mi justa saña,
cómo! quien fulminára el anatema

sobre el Rey de Aragon arrojo tiene
de ponerse á su vista! Audacia estrema,
á que ejemplar castigo se previene.

Leg. Si escuchar se dignára Vuestra Alteza...

Jai. El tiempo vuela, Cardenal, sed breve.

Leg. Señor, el pueblo entero, la nobleza...

Jai. Sujeta tengo ya su furia aleve.

Leg. El hijo del Católico Don Pedro,
que al Papa le rindiera vasallaje...

Jai. Ante ese nombre amado no me arredro;
al yugo que él labró yo me sustraje.

Leg. La Cristiandad, Señor, horrorizada
á un Obispo ultrajar con yerro y lengua.

Jai. (*Interrumpiéndole.*)
Quisieran mas la Magestad hollada?
no pude consentir tamaña mengua;
acusarme es injusto de severo
pues vive aun y sin lesion ninguna.

Leg. Entonces, gran Señor, no desespero
que un medio de concordia la fortuna...

Jai. Si puede haberle, mas de vos depende,
teneis para pensarlo breve plazo:
ó la respuesta la discordia enciende,
ó anuda de la paz el roto lazo.

Leg. Cuanto alcance mi leve poderío...

Jai. Todo se alcanza, Cardenal, queriendo:
el anatema levantad.

Leg. No es mio.

Jai. ¿Pensais que por ventura no os entiendo?
Cuando aquí con la Infanta venir osa
el Legado del Papa, trae su bula,
el Pontífice pide alguna cosa,
y en cambio el breve de entredicho anula.

Leg. El Padre de la iglesia que me envia,
límite á su piedad poner no sabe,
y benigno tal vez perdonaría
de lo ocurrido aquí la culpa grave,
si el Rey....

Jai. ¿No os dije yo? las condiciones
que impone, ¿cuáles son? Decidlas luego.
¿Tributos?

Leg. No se venden los perdones.

Jai. Cuidad de avivar la llama al fuego.
Leg. Señor, del Rey de Reyes soy ministro,
y la iglesia no teme humano esfuerzo.
Jai. ¡Ay de vosotros, si la lanza enristro!
Leg. De mármol soy, (*Aparte.*) si al miedo me tuerzo.
Bien podeis á placer con férrea mano
aniquilar á un hombre sin defensa;
pero pensad tambien que sois cristiano,
y es la venganza del Señor inmensa.
Del gremio de los fieles escluido,
solo el temor contiene á los vasallos;
un Faraon, Don Jaime, un tiempo ha habido
y el mar tragó sus lanzas y sus caballos.
Si estais (y perdonadme) en vuestro asiento,
si aun sois obedecido, si os acatan,
es, Señor, que han prestado juramento,
y en Roma tales nudos se desatan.
Jai. La vida os salva, que os escucho solo.
El razonar dejemos importuno.
Si naciera á reinar en otro Polo,
os fio no me hablára así ninguno.
Levantar la censura es lo importante,
que yo me he de casar antes de una hora;
si os negais, Cardenal.... dije bastante.
Qué condicion poneis, decid ahora.
Leg. Del Santo Padre de la Iglesia Nuncio
á Vuestra Alteza vengo delegado.
Jai. Al hecho, al hecho, basta ya de anuncio.
Leg. Para vos este pliego me ha entregado. (*Dále un pliego, que el Rey toma y mira con atencion.*)
Jai. La Bula.... ya conozco vuestras mañas,
forzoso es verla, y verla con despacio,
porque ha de contener cosas estrañas.
Cardenal, no salgais de este Palacio. (*Entra en su cámara.*)

ESCENA VI.

EL LEGADO.

Hijo de un Rey á Roma tan sujeto,
¿y seguirá Don Jaime impenitente?

No, mi Dios, por tu gloria me prometo
que humille al polvo la indomada frente.

ESCENA VII.

DICHO. D. PEDRO CORONEL *apresuradamente.*

Ped. ¿Su Alteza no estaba aquí?
Leg. En su estancia retirado...
Mas venís acongojado....
Ped. No tal. (*Entra apresuradamente en la cámara del Rey.*)
Leg. ¿Qué le aqueja así? (*Quédase meditabundo.*)
(*En la puerta de la derecha aparecen Sancho y el Portero primero. El Legado les vuelve la espalda.*)

ESCENA VIII.

EL LEGADO. SANCHO. EL PORTERO. (*Al paño.*)

Port. Aguardad, que hay aquí gente.
San. Yo aguardaré, no temais.
Port. Pesado por Dios estais.
Ay de mí, si alguno os siente. (*D. Pedro en la puerta de la cámara del Rey.*)
Ped. Entrad, Señor Cardenal,
que quiere hablaros Su Alteza. (*Entra el Legado con D. Pedro.*)

ESCENA IX.

SANCHO. EL PORTERO.

San. Vamos, que es mucha fiereza.
Port. Si no puedo: ¡hay cosa tal!
San. ¿Descontentas á un amigo
por tan grande frusleria?
Port. No es nada la niñería.
¡A la Capilla!... pues digo.
San. ¿No sabes que son mugeres?
hoy me ha llegado una hermana

curiosa como Aldeana,
y se le antoja ¿qué quieres?
Port. A los mismos Infanzones
la entrada se prohibió.
San. Vamos, vamos, que sé yo
portarme en las ocasiones. (*Le dá un bolsillo.*)
Mi hermana me está esperando;
voy por ella en un momento.
Port. ¿Qué hemos de hacer? lo consiento,
que siempre pequé de blando.
San. Mas cortesano Portero
que tú, no es fácil hallar. (*Vàse por la derecha.*)
Port. Soy de buen acomodar,
sobre todo por dinero.

ESCENA X.

(*Despues de una muy breve pausa, entra Sancho con Doña Teresa cubierta de un manto muy largo y bastante espeso, para que no sea conocida.*)

DOÑA TERESA. SANCHO. EL PORTERO.

San. (*Aparte á Doña Teresa.*)
Bien tapada estais por Dios.
Ter. (*Aparte.*) ¡Ambicion cómo me tienes!
Port. Acaba, Sancho, ¿no vienes?
San. Ya estamos aquí los dos.
¿Entramos en la Capilla?
Port. No puede ser por ahora.
Que callada es la Señora.
San. Tú hablador á maravilla.
¿No entramos?
Port. Sí; mas despues.
San. ¿Y hora nó?
Port. Por causa grave.
San. ¿Pues cual?
Port. No tengo la llave.
San. Pesada la burla es.
Ter. (*Ap. á Sancho.*) ¡Con que ha de ser imposible!
San. Esperad. Con que....
Port. Ocultaros

es primero que esplicaros.... (*Ruido dentro.*)
El Rey.... andad que es terrible. (*Doña Teresa dice algunas palabras al oido á Sancho, quien dejándola con el Portero, sale por la puerta de la derecha: Doña Teresa y el Portero se retiran á la segunda galería apresuradamente, y desaparecen por el foro de la izquierda.*)

ESCENA XI.

DON JAIME. DON PEDRO. EL LEGADO.

Jai. Es sagrada mi palabra.
Leg. Dios tocó ese corazon.
Jai. Está bien, no perdais tiempo.
Leg. Como gustáreis, Señor. (*Váse.*)

ESCENA XII.

DON JAIME. DON PEDRO.

Jai. ¡Imposible me parece!
¿Tal pasa viviendo yo?
Ese pueblo que temblaba
mi nombre como el de Dios,
esos nobles de quien supe
poner á raya el furor:
porque á un viejo que me ofende
le pongo en dura prision,
¿rebeldes alzan el grito?
Esto explicádmelo vos.
Ped. Es un Obispo el anciano
que prendísteis, gran Señor,
y el pueblo mira ultrajada
en ello la Religion.
Jai. ¡Los menguados! una muerte
cometerán cada sol,
y porque prendo á un Obispo
me gritan ¡Profanacion!
Atropellan el respeto
del que á mandarlos nació;
y guerra impía le mueven

á su natural Señor....
Hasta en mis propios soldados
prendiera la rebelion.
Ped. Ninguno el grito rebelde
de los hombres de armas dió.
Jai. La cabeza le costára
al que le diera traidor.
Ped. Mas consintieron que el vulgo
alce atrevido la voz.
Jai. Yo doblaré la rodilla
ante el altar, mas por Dios
que al levantarme, del fuego
que abrasa mi corazon,
aniquilarán los rayos
á quien á Jaime insultó.
Ped. Mas tarde podreis vengaros,
cuando aplacado el furor
que enciende ahora en sus pechos,
no encontrarle en la prision....
Jai. Pague luego con la vida
el que las puertas le abrió.
Ped. No se encuentra al carcelero,
perdióse en la confusion,
que si el pueblo le encontrára
le matára allí, Señor.
Porque no hallando al Obispo
imaginan que murió :
y que el puñal, ó el veneno.
Jai. ¡Qué mal conocen quien soy!
En la plaza le matára
á la claridad del sol,
si mi justicia quisiera
matarlo. — ¿Quién le salvó?
Ped. Imposible averiguarlo,
á mi entender, es por hoy.
Él tiene tantos amigos....
Poderosos muchos son,
y el oro lo alcanza todo.
Jai. ¿Y de Teresa?
Ped. Burló
su secreto mis pesquisas;
continuándolas estoy.

Jai. Pues si llegais á prenderla,
en estrecha reclusion
la poned sin que la vea. (*Por la puerta de la derecha entra el segundo Portero; inmediatamente el Legado y siguiéndole los Eclesiásticos; saludando al pasar al Rey se dirigen á la Capilla, que abre el Portero, y entran todos. —El Rey contempla á los que pasan con preocupacion.*)

Ped. (*Señalando la Capilla.*)
¿Y estais resuelto, Señor?

Jai. A todo por humillarlos,
os lo juro por quien soy.
Estos al cabo se escudán
del santo nombre de Dios,
y yo haré ver que si cedo
es por él, por ellos nó.
Levantado el entredicho
yo recobraré mi honor:
Corred, Don Pedro, la Corte
aquí convoque un pregon,
y haced que en tanto se inquiera
quien el motin provocó:
su cabeza sobre un tajo....

Leg. (*En la puerta de la Capilla.*)
Os esperamos, Señor.

Jai. Don Pedro, el pregon; la Infanta. (*D. Pedro por la derecha. —Seña de D. Jaime al Legado, y este vuelve á entrar en la Capilla.*)

ESCENA XIII.

DON JAIME.

¿Será verdad que soy yo
el que tanto aquí se humilla?
¿Así su nombre mancilla
quien nunca al miedo cedió? (*D. Pedro entra por la puerta de la derecha, atraviesa el Teatro, pasa á la segunda galería, y se vá por el foro derecho.*)
¿Me rindo á los hombres?.. Nó:

y he nacido al fin Cristiano....
El hombre, no el Soberano
se postrará ante el altar.
Yo despues sabré probar
que aun tengo el cetro en mi mano. (*D. Jaime entra en la Capilla. Al propio tiempo entran por la puerta de la derecha los Caballeros y Damas, por el foro derecho servidumbre de Palacio. Sancho entra con los Caballeros, ocultándose entre ellos. Doña Teresa siempre con manto. Algunas dueñas de Palacio lo llevarán tambien. Caballeros, Damas y criados entran en la Capilla. Las puertas quedan abiertas, y el forillo representa el muro lateral de la Capilla, cuyo altar se supone colocado á la derecha del espectador, por manera que los Caballeros presenten el costado derecho. La Capilla parece llena. — Doña Teresa y Sancho se quedan los últimos. — Al ir esta á entrar, seguro de que nadie le observa, Sancho la detiene y conduce al proscenio. — Durante la escena siguiente ambos interlocutores observan cuidadosamente todas las entradas.*)

ESCENA XIV.

DOÑA TERESA. SANCHO.

San. Albricias, Señora mia.
Ter. ¡Albricias, Sancho! ¿de qué?
San. El pueblo se ha sublevado.
Ter. Y la nobleza.
San. Tambien.
Han allanado la torre,
prision de Don Berenguel.
Ter. En libertad el Obispo....
¿A dónde está?
San. No lo sé.
Ter. Corramos á averigua rlo.
San. Señora, el paso tened:
no le hallaron en la Torre.
El pueblo entiende que el Rey

en secreto le matára.
Ter. Sí; le habrá muerto el cruel.
Y no tengo otro testigo....
San. ¿Ya la esperanza perdeis?
Los nobles tienen cabildo,
á su amparo os acoged....
Ter. Yo queria presentarme
entre la Infanta y el Rey,
cuando en sacrílego lazo
unidos pensáran ser;
y ya que mas no alcanzase,
hacerles probar la hiel
que hoy amarga mi existencia.
San. ¿Que es mejor no conoceis
que el auxilio de sus brazos
los Infanzones os den?
Ter. Sí; que si mas no consigo,
venganza al menos tendré.
¿Qué importa arriesgue la vida
quien ya ha perdido un laurel?
Vamos, Sancho, mi presencia
podrá ese fuego acrecer.
San. Ya vienen, vamos, Señora,
¡ay de vos, si alguno os vé! *(Vánse por la derecha.)*

ESCENA XV.

DON PEDRO CORONEL. DOÑA VIOLANTE, *y su acompañamiento.*

Ped. Sí, Señora, está Su Alteza
haciendo la paz con Dios;
tan fausto agüero preside
á la suspirada union.
El iris sois de estos Reinos,
la paz os deben á vos.
¡Que mucho que un Angel sea
mensagero de tal don!
Vio. Plegue á Dios que pueda siempre
feliz hacer con mi amor
al Rey mi esposo y mi dueño,
y á su Reino de Aragon.

Esto le ruego postrada....

Jai. (*Dentro.*) A los hombres no, es á Dios. (*Rumor en la Capilla.—Los que están en la escena vuelven la vista hácia ella.*)

Vio. Ved, Don Pedro, que ha ocurrido
que promueve tal rumor? (*Don Pedro entra en la Capilla, habla á vista del espectador con alguno de los Caballeros, y vuelve despues á la escena.*)

Ped. Leyendo estaba el Legado
la bula de absolucion;
el Rey de hinojos postrado
ante el altar la escuchó;
mas oyendo que del Papa
ha de implorar el perdon,
esclama con voz de trueno:
«á los hombres no, es á Dios.'
El Cardenal se suspende,
empero el Rey le miró
y sigue la ceremonia.
Esto es todo en conclusion.

Vio. Se humilla como Cristiano,
mas de que es Rey se acordó.

Ped. Nunca desmienten sus hechos
á Jaime el Conquistador.
Ya en breve ha de terminarse,
segun pienso, la funcion,
y á Vuestra Alteza por Reina
saludará nuestro amor.

ESCENA XVI.

DICHOS. EL REY. — EL LEGADO.—*Caballeros.—Pages, &c. que salen de la Capilla, y se colocan en ambas galerías, de manera que por el centro del escenario puedan pasar el Rey y el Legado. Cuando estos salgan al proscenio, se cierra el semicírculo. — El Rey y el Legado en la puerta de la Capilla.*

Leg. El Pontífice Romano
levanta la excomunion,

que la justicia á estos Reinos
del Vaticano lanzó. (*Bajan al proscenio.*)
El Rey hizo penitencia
implorando su perdon.
Jai. Cardenal, lo tengo dicho.
Lo he pedido solo á Dios.
A él solo debe humillarse
el Monarca de Aragon.
(*A Violante.*) Y vos, Señora, en quien cifra
su dicha mi fino amor,
venid á hacerme dichoso.
Vio. Al prometer ante Dios
consagrarme á la ventura
de vos, mi esposo y Señor,
mas que la lengua, Don Jaime,
hablará mi corazon.
Jai. El instante venturoso
no lo retardemos, no.
Felices son hoy mis pueblos,
pues que tal Madre les doy. (*El Rey hace seña.—El Legado entra en la Capilla.—Siguen Don Jaime y Violante, Don Pedro y todo el Acompañamiento.—La escena queda un instante sola.*)

ESCENA XVII.

EL CONDE DE AMPURIAS, *armado.* EL OBISPO DE GERONA, *cubierto con una gran capa.*

Cond. Pues bien, si os place al martirio correr;
con vos quiero morir.
Obis. Hazaña loca.
Yo lo debo á mi estado, á mi conciencia.
Cond. Tambien de honrado mi valor blasona.
Obis. Volveos, aun es tiempo, no os han visto.
Ya la fé de vasallo teneis rota:
sin ofender al Rey, debeis, ó Conde,
defender vuestras tierras y persona.
Mi consejo seguid; no hagais que llore
vuestra muerte.
Cond. Prelado, ¿qué me importa

vivir un dia mas en la amargura?
Cuando, apenas, Obispo, hará seis horas
pudo el oro romper vuestras cadenas,
quise salvar un alma generosa,
á Ampurias conduciros, con mi acero
defender vuestra vida.—Si malogra
vuestro celo mi intento: si os espone
á una muerte, tal vez lenta, afrentosa,
yo no os quiero dejar: no, lo repito,
el Conde os seguirá cual vuestra sombra.

Obis. Bien, lo consiento: es digna vuestra mano
de ayudarme á acabar tan santa obra.

Cond. ¿Y qué hacer pretendeis? ¿por qué saliendo
del santo Monasterio que hasta ahora
de albergue nos sirvió, venís, Obispo,
donde Don Jaime sus venturas logra?

Obis. A impedir esa union que se prepara.

Cond. ¿Quién de ese tigre las pasiones doma?

Obis. No le injurieis: la cólera le arrastra,
y entonces ni á sí mismo se perdona;
mas luego calma la razon su afecto,
y las desdichas que ha causado llora.
Yo voy, le imploraré; vencerlo espero
si un solo instante puedo hablarle á solas.

Cond. Iré con vos.

Obis. No hagais por vida mia,
agravios le traereis á la memoria.

Cond. Escuchadme: y si es tarde....

Obis. No es posible;
están cerradas las Iglesias todas.

Cond. ¿No conoceis al Rey?

Obis. Bien le conozco.
¿Pensais que el entredicho osado rompa?
Aquí esperad.

Cond. Espero.

Obis. Al punto vuelvo.

Cond. Si tardais, yo entraré.

Obis. No hagais tal cosa.

(*Entra en la cámara del Rey.*)

ESCENA XVIII.

EL CONDE.

¡Santo Pastor! su celo vá á perderle:
Sabe apenas que llega á Zaragoza
la Infanta y vuela, y sin temor la rabia
del terrible Don Jaime aquí provoca. (*Rumor dentro, á la derecha, de muchos pasos, voces bastante á lo lejos.*)
¡Cuál rumor, si es el Rey, venga si quiere!
así terminan mis desdichas todas. (*Pasa á la segunda galería.*)

ESCENA XIX.

EL COMENDADOR. VOCES. ANTILLON. MONCADA. DOÑA TERESA. SANCHO, *entran por la derecha.* EL CONDE *en la segunda galería.*

Ter. (*Misteriosamente á los Infanzones.*)
Sí, Caballeros, á una dama ofende,
al pueblo Aragonés su yugo agovia,
de humillar á los nobles Infanzones
Don Jaime, sin reparo, aquí blasona;
y á un Ministro de Dios, crímen horrendo,
la vida... (*El Obispo sale de la cámara del Rey. — El Conde se acerca á él. — Los Infanzones le contemplan con terror y asombro. — El Conde de Ampurias desde el principio de la escena ha observado cuidadosamente del grupo que forman los Infanzones con Doña Teresa, mas no pudo oir su conversacion.*)

ESCENA XX.

DICHOS. EL OBISPO.

Ter. Cielos! se alzará su sombra!
Obis. Estraño error vuestros sentidos turba.
En vida estoy: ilesa mi persona.

Ter. ¿Pues cómo en la prision no os encontraren?
Obis. Mis cadenas, Teresa, fueron rotas
por este Caballero. (*El Conde se alza la visera.*)
Foc. El Conde, amigos!
Obis. ¿Y el Rey? ¿no me direis? yo vengo ahora
de su estancia.
Anti. ¿No está?
Obis. Nó.
Ter. Soy perdida,
tal vez en este instante se desposa.
Obis. ¡Pues cómo! el entredicho...
Cond. Levantado
debe estar.
Obis. ¿Es posible?
Cond. ¿Qué os asombra?
¿No os dije yo que al Rey nada detiene?
Ter. Amparadme, Señores, amparadme;
impedid esa union nefanda, odiosa. (*Corriendo á la Capilla.*)
¡Ah! no será mientras yo viva: nunca.
Si no quereis venir, iré yo sola. (*Vá á entrar en la Capilla. El Obispo y el Conde van á seguirla: las puertas se abren. Don Jaime dando la mano á Doña Violante aparece en el dintel. Teresa retrocede, dando un grito de desesperacion, el Obispo y el Conde la reciben en sus brazos.*)

ESCENA XXI.

DICHOS. EL REY. DOÑA VIOLANTE, *acompañamiento, guardias.*

Jai. La Infanta Doña Violante
es ya Reina de Aragon. (*Doña Teresa dá un grito, y cae en los brazos del Conde: Don Jaime vuelve la cabeza y reconociéndola dice:*)
A lo pasado perdon;
pero guarda en adelante.

(*Cuadro general.*)

FIN.

LAS APARIENCIAS.

COMEDIA EN TRES ACTOS,

ESCRITA EN VERSO

POR

PATRICIO DE LA ESCOSURA.

MADRID—1850.

Imprenta que fue de Operarios, á cargo de D. A. Cubas,

Calle del Factor, *número* 9.

PERSONAS.

D. Carlos de Mendoza.....	*Caballero jóven.*
D. Pedro......................	*Su tio.*
El Conde del Barco.......	*Ministro.*
D. Juan de Silva............	*Coronel.*
D. Antonio de Zamora.....	*Diputado.*
El Baron del Roble........	*Bolsista.*
Roque..........................	*Criado de D. Cárlos.*
Julia..........................	*Muger de D. Cárlos.*
Luciana.......................	*Viuda jóven.*
Consuelo......................	*Muger del Conde.*
Paca...........................	*Doncella de Julia.*

La escena es en Madrid en casa de D. Cárlos.

ACTO PRIMERO.

El Teatro representa una sala en casa de D. Cárlos, suntuosamente amueblada. Puertas: una al foro que dá paso á la calle; otra á la derecha, que comunica con las habitaciones de D. Cárlos y Julia; y otra á la izquierda, que lo hace con el resto de la casa.

ESCENA PRIMERA.

Al levantarse el telon aparecen: JULIA, sentada en el sofá y examinando un tocado; D. CARLOS, en una butaca hojeando los periódicos, y D. PEDRO, paseándose pensativo.

JULIA. París, digan lo que quieran,
es el centro de las modas.
¡Qué buen gusto! Cárlos, mira
qué linda es esta corona.

CARLOS. Allá voy: deja que vea
antes cómo está la Bolsa.

JULIA. Mire usted, tio, qué bien
casa el verde de las hojas

con el rojo de las flores.

PEDRO. *(Mirando la corona con distraccion y volviendo á pasearse.)*

Es en efecto preciosa.

JULIA. *(Ap.)* ¡Ni la ha mirado siquiera!

CARLOS. *(Levantándose con alborozo)*

¡Julia! tio! gran victoria!

JULIA. ¿Qué dices?

CARLOS. Que la fortuna
hoy se nos muestra amorosa.
Mire usted, tio, *(Presentándole un periódico.*

PEDRO. Sepamos
de una vez qué te alborota.

CARLOS. ¡Digo! es un grano de anís,
si sale cierta la cosa.
Las minas, ya sabe usted,
que el Baron del Roble explota,
han descubierto un filon
de una potencia asombrosa.

PEDRO. ¡Dios lo quiera!

JULIA. ¡Qué fortuna!

CARLOS. No hay que dudarlo, aquí consta;
ayer tomé diez acciones,
y es culpa de usted que todas
las demas no las tomase.

PEDRO. Yo me alegro: eso te ahorras.

JULIA. ¡Qué incredulidad, señor!

CARLOS. No le agrada la persona...

PEDRO. Cierto que no.

CARLOS. Y nada crée.

PEDRO. Jamás ha abierto la boca
sin mentir.

JULIA. ¡Oh, qué injusticia!

PEDRO. ¡Ya se ve! baila la polka,
habla el francés, en caballo
muy largo de cuello monta,
entiende de faralás,
está abonado á la ópera;
y vuestro caudal, sobrina,
lindamente os escamota.

CARLOS. ¡Válgame Dios con el tio,
que en ira al instante monta!

Ese muchacho, en verdad,
vive esclavo de la moda,
tiene apariencias de fátuo;
pero, tio, no se emboba
en los negocios; con tino
su escaso caudal mejora,
y me ha tomado cariño...

PEDRO. Bien, hablemos de otra cosa.

CARLOS. Norabuena; el tres por ciento
está en alza; el Conde compra...

PEDRO. ¡Otro que tal!

JULIA. Pues á ese
la formalidad le sobra.

CARLOS. ¡Pues no! un senador, ministro
ademas de la corona,
y noble, y rico, y casado,
cuya amistad generosa,
no solo en su propio pueblo
hoy diputado me nombra,
mas me ofrece en recompensa
de mis literarias obras,
la cruz de San Juan...

JULIA. Me alegro,
porque te ha de estar la roja
tinta de aquel uniforme
muy bien.

PEDRO. Gozad tantas honras
en paz, que yo me despido.

JULIA. ¿Dónde va usté?

PEDRO. A... Barcelona.

JULIA. ¿A Barcelona, y á qué?

PEDRO. A huir de esta Babilonia.

JULIA. ¿Y nos deja?

PEDRO. Sí hija mía.

CARLOS. Aquí á usted ¿qué le incomoda?
¿no le quiero como á padre?

JULIA. ¿Yo no le sirvo amorosa?

PEDRO. Sí, me quereis y tratais
los dos á pedir de boca;
pero mayores de edad
entrambos, seguis la propia
inspiracion en la vida;

mis consejos os enojan;
yo pierdo el tiempo, y me abrasa
la sangre con ciertas cosas;
lo mejor es separarnos,
y dejar rodar la bola.

CARLOS. Usted hará lo que guste,
mas es justo que nos oiga.

JULIA. Deja al tio que se esplique.

PEDRO. ¿Para qué perder mi prosa?
Yo me voy á viajar,
vivid como os acomoda.

JULIA. Perdone usted; pero á mí
ya que se esplique me importa.
Cuando ha dos años con Cárlos
se hizo en Valencia mi boda,
usted me sirvió de padre,
que yo era huérfana y sola.
Seis meses ha que á Madrid
vinimos ¿Por qué en tan corta
temporada, en iracunda
su condicion, de amorosa,
se trocó? ¿Porque mi Cárlos
literarios triunfos logra,
y en los negocios prospera
y en la esfera se remonta
política? ¿Porque á mí
han dado en llamarme hermosa,
ó porque anhelo y consigo
vestirme siempre á la moda?
Eso será, pues mi Cárlos
descuidar puede su honra,
ni yo por concepto alguno
incurriera en mala nota.

PEDRO. Tu Cárlos es un Caton,
y tu eres, Julia, una Porcia;
pero, con vuestro permiso,
yo me marcho á Barcelona.

CARLOS. Vea usted, tio, que es razon
que en claro las cosas ponga,
que el honor....

PEDRO. ¡Palabra hueca!
Ya el honor no está de moda.

JULIA. ¡Tio!
CARLOS. ¡Señor!!
PEDRO. No le quito
á mi frase ni una coma.
El honor es un cristal,
basta á empañarle una sombra;
y en estos tiempos, sobrinos,
que vivimos por la posta,
lo que se quiere es llegar,
que embarrarse poco importa.
Tú eres honrado, tú buena,
tú leal, tú virtuosa;
pero estais aqui jugando
con el fuego y la ponzóña.
Tu Baron es un truan
que con reverencias roba,
mintiendo grandes negocios,
á los nécios con que topa;
te intimas con él, y el dia
que el hilo faláz se rompa
de sus tramas, cuenta, Cárlos,
con que su infamia te coja.
Ese ministro, ese conde,
que poder, fáusto, lisonjas,
viene á olvidar en el seno
de la amistad; que las honras
hoy sobre tí á manos llenas
descarga, aunque yo suponga
que obra sincero, no puede
á lenguas murmuradoras
poner freno. Esas amigas
de Julia en el mundo gozan
la inmunidad que el escándalo
apetecido, al cabo, logra;
pero ese mundo que al vicio,
si es diario se acomoda,
en la vida de la honrada
ni un paso en falso soporta.
Buenos en el fondo sois,
pero arriesgais vuestra honra:
no quiero ver su naufragio
y me voy á Barcelona. *(Váse.)*

ESCENA II.

D. CARLOS Y JULIA.

JULIA. Cárlos, ¿oíste en tu vida
una arenga mas donosa?
CARLOS. No sé, Julia, qué te diga:
quizá la razon le abona,
que puede haber imprudencia
á la verdad, y no poca,
á ese piélago del mundo
en lanzar asi la proa.
JULIA. Déjame reir de oirte
¿Se te pegó su salmodia?
¿Quiéres vida de hermitaño
hacer y de mí una monja?
CARLOS. No es eso. ¿Mas no tenemos
amistades peligrosas?
JULIA. ¡Como á nosotros nos traten
bien, el resto qué importa?
Aquí en Madrid ni las gentes
ni los negocios se ahondan:
tú ganas con el Baron,
déjale sus trapisondas;
te hizo el Conde diputado....
CARLOS. Mas Julia, ¿y si fuera á costa....
JULIA. *(Tapándole la boca cariñosamente.)*
No blasfemes. ¿No eres tú
el dueño de mi alma toda?
¿Dudarás de Julia, ingrato?
CARLOS. No dudo, mi Julia hermosa,
sé tu virtud, y tú sabes
que en ella cifro mi gloria;
mas pueden las apariencias....
JULIA. ¿Miedo tendrás á una sombra?
CARLOS. Honor, te han dicho, es cristal....
JULIA. El mio es cristal de roca,
y no quiero yo que el tio
á quien ya la edad trastorna,
me convierta á mi marido

en poco menos que en momia.
Tú estás seguro de mí,
yo sé que soy buena esposa,
eso nos basta; que el mundo
como se encuentra se toma.
Tú diputado elocuente,
el ministerio te apoya,
la fortuna en los negocios
tambien te dá viento en popa;
yo jóven, y si no mientes
ni estúpida ni horrorosa;
bien vistos en sociedad,
en todo punto á la moda;
¿Qué nos falta para ser
una pareja dichosa?

CARLOS ¿Qué?

JULIA. No tener aprensiones
de tu claro ingenio impropias.
Y á Dios, que espero visitas
y quiero ponerme hermosa.
(Abrázale y váse.)

ESCENA III.

D. CARLOS.

Es un ángel. Fuera un crímen
tener de ella ni la sombra
de un recelo.... Y Dios me libre
que sospecha, ni remota,
se abrigue en mí, no de que ella
agravio infiera á mi honra,
que es imposible, mas solo
de que lenguas maliciosas
la censuren; porque siento
que aun con serme á mí notoria
su inocencia, castigára
en la suya y mi persona
la murmuracion infame....
Tiene razon y de sobra

Julia, el Tio me ha pegado
su furia predicadora.

ESCENA IV.

D. Carlos, Roque, *luego el* Baron.

Roque. El Señor barón del Roble.
Carlos. Que entre, Roque, y tengan pronta
la berlina. De las minas *(Váse Roque.)*
sabremos.
(Sale el Baron.)
Baron. ¡D. Cárlos!
Carlos. ¡Ola!
Muy bien venido, Baron.
¿Cómo va?
Baron. ¡El dolor me agovia!
Carlos. ¿Cómo así?
Baron. Tengo á la muerte,
Cárlos, á la yegua torda;
mi Fány la bailarina
del Circo, está ya tan gorda
que anoche ni aun ha podido
dar un paso en la *Redóva*;
mi *Jokéy* se torció un pié....
Carlos. En compensacion de todas
esas desgracias, las minas....
Baron. *(Ap.)* ¡Picó el pez!
Carlos. Están famosas.
Baron. No sé nada *(Ap.)* ¡Que te clavas!
Carlos. ¿Con disimulos ahora
se viene usted? Pues aquí
está impreso en letras gordas.
(Dále el periódico.)
Baron. *(Ap. haciendo que lee el periódico.)*
Pues señor, de cabo á rabo
han insertado mi trova.
(á Cárlos.) ¡Qué diablos de periodistas!
¡todo lo saben!
Carlos. Me asombra

que usted ignore....

BARON. ¡Ah caramba?
¡Qué cabeza, y qué memoria?
Una carta en el bolsillo
(*Saca la carta.*)
tengo.... Claro.... y de Segovia,
desde antes de ayer; pero á mí
los negocios me encocoran.
léala usted. (*Dále la carta.*)
(*Ap.*) Este golpe
es maestro!

CARLOS. (*Despues de abrir y leer la carta.*)
Corrobora
cuanto el periódico dice.
¡Buen negocio!

BARON. Poca cosa:
mil duritos por accion,
de renta.

CARLOS. ¡Es una bicoca!
Pero los gastos...

BARON. Tres duros
de dividendo se cobran.

CARLOS. ¿Y el coste de las acciones?

BARON. Eso es verdad: hoy se dobla
su precio ¿quiere usté alguna?

CARLOS. No, Baron.

BARON. ¿Va usté á la Bolsa?

CARLOS. Sí. ¿Por qué?

BARON. Porque me espera
allí una cierta persona
para tratar de las minas
que en verdad son una joya;
al contado cien mil duros
ofrece, y doble si logra
productos.

CARLOS. ¿Y usted las vende?

BARON. Mi condicion perezosa,
luego el ser hombre de mundo,
y príncipe de la moda,
me retraen de negocios
que, ya he dicho, me encocoran.
Si yo hallase un compañero,

como usted á quien no asombra
el trabajo, le cediera
la mitad.

CARLOS. ¿De veras?

BARON. Toda;
y la direccion.

CARLOS. ¿Y en cuánto,
diga usted: suma redonda?

BARON. Diez mil duros al contado,
si una escritura me otorga
de atender solo á los gastos,
y por sí el negocio toma;
luego á partir los productos;
pero á usted no le acomoda.

CARLOS. ¿Quién sabe? Hablaremos luego.

BARON. Sí, que viene la señora.
(Ap.) La inocencia es en Madrid
la mina que mas se esplota!

ESCENA V.

Dichos y JULIA, *vestida con elegancia.*

BARON. ¡Divina Julia! Está usted
hecha de abril una rosa.

JULIA. Usted siempre tan galante.

BARON. ¿Va usté al Prado?

JULIA. ¿Cómo, sola?

BARON. ¿Pues Cárlos?

CARLOS. Tengo que hacer
precisamente en la Bolsa.

BARON. ¿No hay amigas?

CARLOS. Es verdad;
anda, muger, no seas boba.

JULIA. Veré si viene Luciana,
ó Consuelo...

CARLOS. Nuestra hora
llegó, Baron. *(A Julia.)* Hasta luego.
(Tomando el sombrero.)

BARON. *(Con misterio á Julia.)*
¿Y el conde?

JULIA. *(En alta voz.)* ¿El conde? Que goza

pienso de buena salud.
BARON. (*Ap.*) ¿Y esta qué es? ¿Audaz ó tonta?
JULIA. No vengas tarde á comer
que hemos de ir á la ópera.
(*Vanse el Baron y Carlos.*)

ESCENA VI.

JULIA, *luego* ROQUE.

JULIA. Las dos: alguna visita
vendrá; se pasa una hora
en conversacion; en coche
luego una vuelta de Atocha
ó en la fuente Castellana;
despues, si el viento no sopla
helado, á pie del paseo
hasta las cinco se goza;
vuelta á casa; el tocador
dos horas al tiempo roba;
y no se llega al teatro,
aunque de prisa se coma,
hasta cerca de las nueve
que es lo que exige la moda.
Luego tengo á media noche
mi reunion de personas
escogidas, que me dejan
no mucho antes de la aurora;
con que los dias son breves
y las noches siempre cortas.
¡Y esta vida de placer
la mordacidad censora
de mi tio la reprueba!
¿Quiere hacer de mí una tosca
aldeana? No en mis dias;
que se vaya á Barcelona.
(*Sale Roque*). Doña Luciana.
JULIA. Que pase. (*Vase Roque*)
Ya el paseo se me logra.

ESCENA VII.

Luciana, *elegante*, Julia *sale á recibirla.*

Julia. ¿Qué elegante, amiga mia!
Luciana. ¿Y tú, mi Julia, qué hermosa!
Julia. ¡Aduladora!
Luciana. No tal;
Porque estás encantadora, *(Siéntanse.)*
amiga; y ya en todas partes
no se habla de otra cosa,
que de la gracia sin par
de la muger de Mendoza.
Julia. Luciana, te levantaste
hoy, á fe mia, de broma.
Luciana. Nada, Julia, no lo creas.
Hablar de tí está hoy á la moda;
en paseo, en los teatros...
Julia. Disparates eslabonas.
Luciana. En el Congreso, el Senado...
Julia. ¿Luciana, tú me crees tonta?
Luciana. En los ministerios mismos
ya tu nombre se pregona;
y aun te puedo asegurar
que lo conoce la ronda
de capa...
Julia. ¡Hay tal desatino!
Luciana. Como á su deidad te invocan
los pretendientes.
Julia. ¡Luciana!
Luciana. Pero ¿De veras te asombras?
Julia. ¡Pues nó!
Luciana. ¡Amiga, qué inocencia
ó qué aplomo!
Julia. Si no en bromas,
esplícate.
Luciana. ¿No hablo claro?
Julia. Si es así, debo estar sorda.
Luciana. Quieres estarlo, tal vez.
Julia. Tú vas á volverme loca.

Que yo no parezca mal
creeré, sin ser presuntuosa,
pues tú lo dices; pero eso,
Luciana, admirar no estorba
que me vengas á decir
que mi nombre se pregona,
donde intereses se tratan
mas que se alaban hermosas.

LUCIANA. En España los negocios
los manejamos nosotras,
Julia mia: nuestros hombres
de amada, madre ó esposa,
son esclavos; y los hay
que lo son de las tres cosas.

JULIA. Mi marido no es ministro.

LUCIANA. Ya lo sé: pero no importa.

JULIA. ¿Pues por qué no?

LUCIANA. Porque el Conde
de muy buen gusto blasona...
es tu visita....

JULIA. ¿Y pudiera
lengua vil calumniadora
suponer...?

LUCIANA. ¡Ay, Julia mia,
y qué mal las cosas tomas!
Son resabios de provincia
que será bien que depongas.

JULIA. ¿Yo he de consentir que así
mancillada sea mi honra?

LUCIANA. ¿Quién habla de eso? ¿Qué tiene
que ver que tú seas hermosa
y discreta, y ni aun que al Conde
gustáras, dí, con la honra?

JULIA. Hermosa ó fea, he de ser
de mi dueño alhaja sola.

LUCIANA. ¿Quién te dice lo contrario?
Mas no es culpa de la joya
que la codicien, ni ser
brillante y deslumbradora.
Digo, á menos que no quieras
á la usanza antigua y goda
vivir, y que tu marido

armado de lanza y cota,
á cuantos osen mirarte
provoque á lid matadora.

JULIA. Confieso que me alarmaste.

LUCIANA. Porque eres una paloma
torcaz, y estás en la corte,
como silvestre, medrosa.

JULIA. Vamos, no soy tan novicia.

LUCIANA. Sí tal; de todo te asombras.
Si fueras muger de mundo,
aunque casta y virtuosa,
no malográras tus dias,
Julia, como los malogras.

JULIA. ¿Pues no voy á los paseos,
á la comedia, á la ópera
á los bailes, las tertulias?
¿Malas maneras me notas?
¿No sé hablar, ó soy de aquellas
que al saludarlas se cortan?

LUCIANA. Nada de eso; tu elegancia
y tu buen gusto se notan
en cuanto haces; vistes bien;
ni eres sábia, ni eres tonta:
pero todas esas dotes,
como te he dicho, malogras,
con un cierto no sé qué
de timidéz que te aploma.
Si te mira con ardor
un hombre, montas en cólera,
cual si una ofensa te hiciera
quien reverente te adora.
Requebrarte es un delito,
y pecado cualquier broma.

JULIA. Hay materias en que Cárlos
ni chanzas, por Dios, soporta.

LUCIANA. Otra bobada es que sea
para tí deuda forzosa
referir á tu marido
hasta si vuela una mosca.
¿Te cuenta él á tí si encuentra
á fulana buena moza,
si á esta acompaña en la calle,

si galantea á la otra?

JULIA. ¡Mi Cárlos galantear
mas que á mí! Volverme loca
pudiera, si tal creyése.

LUCIANA. ¿Otra mas? ¡Tambien celosa!
Vuelve, vuelve á tu provincia,
y llámate doña Aldonza;
y allí *tu Cárlos* y tú
vivid felices á solas.

JULIA. Pero Luciana, ¿no hay medio,
entre vivir como monja
y ser liviana?

LUCIANA. Hay el medio
Julia, que seguimos todas.

JULIA. ¿Y ese medio, en qué consiste?

LUCIANA. ¡A veces pareces boba!
Consiste en sacar partido
de aquellos que nos adoran,
sin que alcancen mas favores
que los que en público gozan.

JULIA. Pero si el público vé,
dirá.....

LUCIANA. ¡Que diga! ¿Qué importa?

JULIA. La fama....

LUCIANA. ¿Quién ya no sabe
que la fama es mentirosa?
¿No le quitan el pellejo
hasta á la vírgen de Atocha?
Ten la conciencia tranquila,
mi Julia, y rueda la bola.

JULIA. ¿Mas con arriesgar la fama
así, qué vienes se logran?

LUCIANA. En tí misma te lo explico,
digo, si no te incomoda.

JULIA. Dí cuanto quieras.

LUCIANA. El Conde,
que en su mano hoy atesora
todo el poder, contemplando
tus gracias, Julia, se arroba;
tú le tratas tan severa,
que rayas en desdeñosa.....

JULIA. Y él á Cárlos, sin embargo,

proteje. Conque, señora,
ya ve usted que su sistema ...
LUCIANA. ¡Por cierto invencion famosa!
El ser Cárlos diputado
le ocupará algunas horas;
la cruz de S. Juan, que dicen
le van á dar, es gran honra;
¿Pero á su bolsillo, dime
francamente, entre nosotras,
le serán de gran provecho,
Julia mia, las dos cosas?
Mientras pronuncia discursos
sus negocios abandona,
y el uniforme de grana
de mucho valor no es joya.
En resúmen, descontento
tienes, Julia, al que te adora;
tu marido no prospera,
y tú no alcanzas gran gloria;
porque el milagro te cuelgan....
JULIA. ¡Jesus!!
LUCIANA. Vaya, no te pongas
séria otra vez.
JULIA. De hoy mi puerta
cierro al Conde.
LUCIANA. Y alborotas
á Madrid: que habeis reñido
dice al momento la crónica
escandalosa, ó que Cárlos
deshonrado por su esposa....
JULIA. No digas mas, calla, calla,
¡Mi cerebro se trastorna!
¿Qué he de hacer?
LUCIANA. ¿Qué? Lo que hacen
mugeres que cuerdas obran.
Satisfecha de tí misma,
no temer, Julia, á las sombras;
darle al Conde que te admira
cordelejo, y hasta soga;
mandar en él; á tu arbitrio,
dispensar mercedes y honras,
empezando porque á Cárlos,

que es lo que á tí mas te importa,
coloque, como á los pocos
necesarios se coloca.

JULIA. ¡Murmurarán!

LUCIANA. Ya murmuran.

JULIA. Por apariencias.

LUCIANA. Que sobran
para decir, y no bastan
para el bien de tu persona.

JULIA. Pero el Conde ha de exigir....!

LUCIANA. Que él exija en muy buen hora,
si tú niegas; y una vez
ya tu jugada redonda,
discreta recoges velas,
que es la usada maniobra.

JULIA. Me confundo.

LUCIANA. ¡Simplecilla!
(Sale Roque.)
D. Antonio de Zamora,
diputado á córtes....

LUCIANA. Es,
y la libertad perdona,
un amigo á quien aquí
cité (*). Es un hombre de forma

(*) *(Hace Julia seña de que entre la persona anunciada, y váse Roque.)*

que con el Conde desea
una entrevista, y que implóra
tu proteccion....

JULIA. Tú deliras.

LUCIANA. No lo echemos á chacota:
es grave el negocio. El viene
haz con él la gran Señora.

ESCENA VIII.

DICHAS Y D. ANTONIO.

ANTONIO. Tengo el honor....!

LUCIANA. Te presento
(á Julia) al señor, y que le acojas

espero, como á un amigo.
(Hace Julia una cortesía.)
(A D. Antonio.) La señora de Mendoza.
(Saluda D. Antonio.)

LUCIANA. Si hemos de dar una vuelta,
la brevedad nos importa.
Conque explique usted,
le ruego....

ANTONIO. Muy bien. Señora:
diputado independiente
soy y mis rentas lo abonan;
nunca pido para mí:
reedificar la parroquia
de mi pueblo; abrir camino
de mi casa hasta la costa;
emplear mis dos cuñados
y tres sobrinos, las solas
gracias son que he conseguido,
y en bien del pais son todas.

JULIA. Perdone usted, pero á mí,
la verdad....

ANTONIO. Que me conozca
usted, señora, conviene:
de independencia blasona
mi carácter.

LUCIANA. Bien: al grano,
por Dios, amigo Zamora.

ANTONIO. No soy de las sanguijuelas
que el presupuesto devoran.

JULIA. *(Ap.)* Tú no, pero tu familia....!

ANTONIO. Y firme como una roca
en mis principios....

JULIA. Muy bien.

ANTONIO. Jamás de los que alborotan.

LUCIANA. Al negocio.

ANTONIO. Al ministerio
por sistema siempre apoya
mi voto; que á mí los nombres
ni me enfadan, ni enamoran.
No pertenezco á pandillas;
de mis simpatías goza
siempre el partido que manda

con bandera blanca ó roja;
y de toda oposicion
seguro es que voto en contra,
porque soy hombre de orden,
y quien se queja lo estorba.

JULIA. Si tiene usted la bondad
de explicarse....

ANTONIO. Voy, señora.
Ministerial por sistema,
comprenda usted mi congoja
en esta ocasion, pues tengo,
solo el decirlo me ahoga,
que votar contra un ministro...

LUCIANA. ¡Usted! ¡Es cosa asombrosa!

ANTONIO. Si es: pero la conciencia
es justo que se anteponga
á todo: el poder deslumbra,
y los ministros ahora
van al abismo tan ciegos....

JULIA ¿Y á mí eso qué me importa?

ANTONIO. Usted puede libertarlos
de catástrofe espantosa;
salváranse, si el decreto
que ayer han dado revocan.

JULIA. ¿Ayer dado y revocarle
hoy ó mañana?...

ANTONIO. Eso es cosa
corriente.

JULIA. Mas en materia
grave....

ANTONIO. Sus juicios mejora
siempre el sábio.

LUCIANA. Y en resúmen,
sin comentarios, sin glosa,
¿de qué se trata?

ANTONIO. De un
atentado, cual la historia
no recuerda, nó; que ustedes
no han de creer cuando lo oigan.
Se le ha quitado á mi pueblo....

JULIA. ¿Sus derechos?

ANTONIO. Nó; y le sobran

los que tiene....

LUCIANA. ¿Alguna renta?

ANTONIO. Nó, tampoco; y no se rompan
ustedes para saberlo
la cabeza, que en diez horas
no lo adivinan. La prenda
que el tal decreto nos roba
es una escuela de albéitares....

(Ríense las damas.)

¡Ríanse ustedes, señoras!
Pero tres casas de huéspedes
caducan, sin muchas otras
que la escuela sostenia;
la salud....

LUCIANA. ¿De las personas?

ANTONIO. Del ganado.

JULIA. ¿Y no sabré
á mí qué parte me toca
en tal negocio?

ANTONIO. El papel
toca á usted de intercesora.

JULIA. ¿Por los albéitares?

ANTONIO. Claro.
Usted con el Conde goza
de gran favor; él es alma
del ministerio, y si logra
que se revoque el decreto,
conmigo y los diez que votan
conmigo....

(Sale Roque.) Don Juan de Silva

(Aparte las dos.)

LUCIANA. Me alegro que le conozcas.

JULIA. No sé quién es.

LUCIANA. Un buen mozo,
coronel, galan de todas,
calavera, pero amable....

JULIA. ¿Y á qué debo yo la honra
de su visita?

LUCIANA. El lo diga.

JULIA. Entre, pues. *(Vase Roque.)*

ANTONIO. *(Prosiguiendo)* Y los que votan....

JULIA. Dejémoslo para luego.

ESCENA IX.

Dichos y don JUAN, *elegante..*

JUAN. Usté estrañará, señora,
que no teniendo el honor
de conocerla, me ponga
en su presencia; mas crea,
si tanto mi audacia osa,
que hay en ello mas respeto
que atrevimiento.

JULIA. Persona
tan discreta esplicará,
no dudo, un paso....

JUAN. De loca
temeridad, lo confieso:
mas que antes de juzgar oiga,
le ruego á usted, mi defensa.

JULIA. Diga usted.

JUAN. Luciana hermosa,
usted que ya me conoce,
y usted, amigo Zamora,
sirvan aquí de caucion
á las frases de mi boca.
Yo me llamo Juan de Silva,
coronel soy, hice toda
la guerra, estoy de reemplazo,
es decir, en la mazmorra,
porque de cierto magnate
la mujer encontré hermosa;
reclamé, no me escucharon,
pedí el retiro, y me embroman
de mesa en mesa; es verdad
que miseria no me agovia
porque soy rico, mas esto
de nunca saber, señora,
lo que soy, si militar
ó paisano, me sofoca.
Supe anoche que esta casa,
templo de una humana diosa,

frecuenta el Conde, y me dije:
«Juan amigo, si te postras
«ante esa beldad, pidiendo
«humilde que te socorra,
«ha de hacerlo, que las bellas
«suelen ser siempre piadosas.»
aquí estoy, dije mi arenga:
lo demás á usted la toca.

JULIA. Francamente, yo no sé
señor don Juan qué responda,
porque viene la osadía
tan envuelta en la lisonja
que entre el enojo y la risa....

LUCIANA. Es la cabeza mas loca
de Madrid y te aconsejo
que te rias.

JUAN. Portentosa
es la defensa, Luciana.

LUCIANA. Paréceme que es la sola
posible.

JUAN. *(á Julia)* ¿Y es la respuesta?

JULIA. Quien se rie, no se enoja.

ANTONIO. ¿De mi negocio?

JULIA. Veremos.

LUCIANA. *(Aparte á Julia.)* Tus respuestas son famosas.
¡Estilo ministerial!

JULIA. ¿Qué he de hacer? Seguir la broma.
¿Vamos al Prado?

LUCIANA. Muy bien.

(Julia toca la campanilla, sale Paca, hablan á parte, váse la última y vuelve con el sombrero de su ama).

(A D. Antonio). Cuente usted con la victoria
si ella se empeña.

ANTONIO. Lo espero.

JUAN. *(A Luciana).* Sea usted mi intercesora.

LUCIANA. ¿Para qué?

JUAN. ¿Pues no lo dije?

LUCIANA. Es que Julia es muy hermosa.

JUAN. ¡Rival de un ministro! Nó:
sale muy cara la torta.

LUCIANA. ¿Vamos, Julia?

JULIA. Cuando quieras.

(D. Juan se apresura á dar el brazo á Julia, D. Antonio que llega tarde se lo dá á Luciana).

LUCIANA. Amigo, no ser un posma.
(Ap. yéndose). Con esta audiencia dirán
de Julia lo que de todas;
que el público de apariencias
las reputaciones forma.

ESCENA X.

(Dichos, D. CARLOS y el BARON, que entran al tiempo en que los demás van á salir por la puerta del foro).

JULIA. ¡Cómo! ¿Tan pronto de vuelta?
CARLOS. Te diré luego. *(A Luciana)* Señora....
(A ellos). Señores *(Ap. á Julia).* ¿Quién son?
JULIA. *(Presentándolos).* D. Antonio de Zamora;
el señor D. Juan de Silva.
(A ellos). Mi marido. *(Salúdanse).*
LUCIANA. ¿De la Bolsa
viene usted?
CARLOS. Sí, de allí vengo.
LUCIANA. ¿El tres por ciento?
BARON. Está en voga,
LUCIANA. Conque ¿Vámonos al Prado?
JULIA. Vamos.
CARLOS. *(Ap. á Julia).* ¿Cómo, las dos solas
con esos dos caballeros,
y sin que yo los conozca?
JULIA. *(Ap. á Cárlos)* Me quedaré, si que salga
Cárlos mio, te incomoda.
(A Luc. ap.) No salgo.
LUCIANA. ¿Por qué?
JULIA. No quiere.
LUCIANA. ¡Ridiculez espantosa!
Ya lo he dicho; si te quedas
porque él ha venido, ahora,
caereis ambos en ridículo:
él por su aprension celosa,
y tú porque asi te dejas
manejar como una tonta.
JULIA. Tienes razon, pero Cárlos....

LUCIANA. Si porque sales se enoja,
desenójale al volver;
poco á poco entre en la moda,
si no, date por esclava,
como una negra de Angola.

JULIA. Ello es verdad. ¿Qué dirán,
si no salgo, esas personas?
(A Cárlos). Yo ya estoy comprometida:
tengo que salir, perdona.
¿Por qué no vienes conmigo?
¿Tienes celos?

CARLOS. ¿Estás loca?
(Procurando disimular su disgusto).
Anda con Dios.

JULIA. Hasta luego.
Señores....

(Dirigiéndose á la puerta y tomando el brazo que le ofrece D. Antonio, D. Juan se lo dá desde luego á Luciana. Antes saludan á D. Cárlos, que les corresponde ceremoniosamente).

JUAN. *(Ap. á Luciana).* Pronto se amosca
ese prójimo.

LUCIANA. Es novicio. *(Váse por el foro).*

ANTONIO. La veterinaria importa
mas de lo que el vulgo piensa.
(Vánse por el foro).

ESCENA XI.

D. CARLOS *y el* BARON.

CARLOS. *(Ap).* ¡Se vá y sabe que me enoja!
Esa Luciana es muger
de muchísima tramoya.

BARON. Con que arreglado el negocio
está; cumplir con las formas
legales falta no mas.

CARLOS. *(Ap.)* Una vez la valla rota,
¿Quién de nuevo la levanta?

BARON. La escritura tengo pronta *(Sácala).*
¿Si usted firma:..?

CARLOS. *(Ap)*. ¿Qué dirá
quien en paseo á mi esposa
mire sin mí, acompañada...?

BARON. ¿Firma usted ó qué le emboba?
Ya caigo; no le ha gustado
que con otro la Señora....

CARLOS. Baron ¿Usté en mi muger
la lengua audaz poner osa?

BARON. No digo nada; creí....

CARLOS. Cuanto ella hace me acomoda.

BARON. Lo celebro.

CARLOS. Y sus acciones
ni se escudriñan, ni glosan.

BARON. Bien está *(Ap)*. ¡Brabo marido!
(A él). La escritura *(Dásela)*, si algo nota
usted en ella.

CARLOS. Está bien *(Firmando)*.

BARON. *(Ap.)*. Firmó; cantemos victoria.

CARLOS. Abur, Baron.

BARON. *(Ap.)* ¡Me despide!
El cerebro le galopa. *(Váse)*.

ESCENA XII.

CARLOS.

¿Qué es esto? ¿Qué es lo que siento?
¿Son celos los que destrozan
mi corazon? No son celos,
que mi Julia es virtuosa.
¿El qué diran? eso es,
las lenguas murmuradoras,
que al cabo de ellas depende
el vivir ó no con honra.
¿Qué haré? ¿Esperar? Imposible:
yo no paso así dos horas.
Vóime al Prado.... Y si me ven
¿No dirán que soy su sombra?
¿No dirán que soy celoso?
Sociedad ¿A tí quién logra
comprenderte? Que al que guarda

á su muger le baldonas,
y al que es por ella engañado
le escarneces y le enlodas?

(Entrase en su cuarto con ademan de ira

FIN DEL ACTO PRIMERO.

ACTO SEGUNDO.

La misma decoracion que el acto primero.

ESCENA PRIMERA.

PACA y ROQUE acabando de arreglar la sala.

PACA. Pon á un lado la butaca,
y desvia aquella mesa.
ROQUE. Ya está todo. Estas comidas
son, Paca, mucha faena.
¡Cuánto mejor lo pasábamos
con la quietud de Valencia!
PACA. ¡Quita allá! ¡Qué emplasto aquel
de vida! ¡Linda sosera!
ROQUE. Habia paz en esta casa.
PACA. Y aburrimiento, babieca.
ROQUE. El amo siempre gozoso,
y siempre alegre la dueña;
el tio como unas pascuas....
PACA. ¿Y aquí no estamos de fiesta
siempre?
ROQUE. Paca, sí lo estamos,
sin que nadie se divierta.
PACA. ¿Quién te ha dicho....?
ROQUE. Yo lo veo,
¿No compuse las maletas
del tio?
PACA. Loado sea Dios
que vivir en paz nos deja.
ROQUE. ¿No veo que desde ayer
tiene el amo cara séria,
que no le dice palabra
á su muger?
PACA. La cabeza
le dolerá.
ROQUE. Puede ser

muy bien, Paca, que le duela,
y mucho; pero ¿le duele
tambien la cabeza á ella,
que, siendo como un jilguero
alegre, viva y parlera,
la ves mustia?

PACA. ¡Curioson!
Es que tiene la jaqueca.

ROQUE. ¡La jaqueca! Buenas maulas,
sois á fé mia las hembras.
No estorba á emperifollarse
esa bendita dolencia,
ni á recibir á las gentes....

PACA. ¿Quiéres callar, mala lengua?

ROQUE. Con los maridos, terrible
es tan solo la jaqueca.

PACA. Roque, ¿Por qué con el tio
no tomas la diligencia?

ROQUE. Tengo ley al pan que como.

PACA. Y les quitas la pelleja
á los amos.

ROQUE. Es que hay cosas....

PACA. ¿Y á tí quién te manda verlas?
Criados que no son ciegos,
sordos y mudos, no medran.

ROQUE. Pero en fin, ¿Qué es lo que pasa?

PACA. Ya que en saberlo te empeñas....

ROQUE. Y tú por decirlo rabias....

PACA. Anda y ve á poner la mesa. *(Hace que se vá.)*

ROQUE. Ven acá y canta.

PACA. No quiero.

ROQUE. Paca mia, sin pamemas,
¿qué pasó anoche?

PACA. Que el amo
se puso como una fiera,
porque se fue la señora
al Prado sin su licencia
con esa doña Luciana.

ROQUE. ¿La viuda? ¡Linda pesca!

PACA. Y los dos acompañantes,
que vió por la vez primera
ayer tambien.

ROQUE. ¡Se enfadó
por eso?

PACA. Y de su rabieta
fué causa el no conocerlos.

ROQUE. ¡Pues la pretension es buena!
¿Los que van con su muger
á él que le importa quien sean?

PACA. Eso dice la viuda;
basta con que ella lo sepa.

ROQUE. Ya se vé que basta; y sobra.

PACA. Pero la mayor quimera
ha sido por la comida.

ROQUE. ¡Calle! ¡Por eso!

PACA. Si es que ella
se encontró en el Prado al Conde...

ROQUE. ¿Y sin contar con la huéspeda
le convidó?

PACA. La Luciana,
que este matrimonio enreda,
fué la inventora; y tendremos
ademas de la Condesa
y el Conde, y el diputado,
á ese coronel tronera....!

ROQUE. ¿Y sin contar con el amo?

PACA. ¡Pues de su casa no es dueña
la señora? Ellos ayer
ya no hablaron á la mesa;
el amo no fue al teatro,
y volvió á las tres y media
del Casino. Ella picada
le quiso cerrar su puerta,
pero él entró y se dijeron
desde una hasta doscientas.
A las cinco se acostaron.

ROQUE. Paca, ¿y á mí me lo cuentas?
El se ha marchado á las once
y yo tengo una soñera!

PACA. Pues ella llora y suspira,
y rabia que se las pela.

ROQUE. ¡Buena comida tendrán!

PACA. No lo creas; ya se peina,
luego entraré yo á vestirla,

y asi que maja se vea,
y uno la alabe de hermosa,
y otro la llame discreta....

ESCENA II.

DICHOS y D. PEDRO.

PEDRO. ¡Roque!
ROQUE. ¡Señor! *(Ap. á Pac.)* Nos pescó.
PACA. *(A Roque.)* Dios nos la depare buena.
PEDRO. *(A Paca.)* ¿Qué tienes que hacer aquí?
PACA. Estábamos....
PEDRO. De parleta
como siempre: anda allá dentro,
y con el pico tén cuenta;
que si nó ...
PACA. No soy chismosa.
PEDRO. Tengamos en paz la fiesta.
Adentro.
PACA. Pues ya me voy.
(Ap.) ¡Qué condicion tan perversa!
(Vase jurándoselas.)

ESCENA III.

D. PEDRO Y ROQUE.

PEDRO. ¿Arreglaste el equipage?
ROQUE. Hace ya mas de hora y media.
PEDRO. ¿Tienes las llaves?
ROQUE. Aquí.
PEDRO. Pues vé y abre la maleta.
ROQUE. *(Ap.)* ¡Pues no es mala maniobra!
PEDRO. Sácame la ropa negra.
ROQUE. Mire usted que está en el fondo,
y sin que todo revuelva....
PEDRO. Revolverlo.
ROQUE. ¡Ya! Esta tarde
tendremos la casa llena,
y no podré....

PEDRO. Nada importa...
ROQUE. Si todo se desarregla....
Pedro. Basta de conversacion;
haz lo que digo.
ROQUE. *(Ap. yéndose.)* Tremenda
condicion tiene *(á D. Pedro.)* ¿Usted quiere
que saque la ropa negra?
(D. Pedro contesta afirmativamente con la cabeza, y váse Roque.)

ESCENA IV.

D. PEDRO.

No señor, no debo irme
y dejar en la palestra
á los dos; abandonarlos
cruel y cobarde fuera.
En su edad son las pasiones
iracundas y violentas,
y mi deber es templarlas,
si puedo, con gran prudencia.

ESCENA V.

D. PEDRO, D. CARLOS.

CARLOS. *(Arrojándose en los brazos de D. Pedro.)*
¡Tio!
PEDRO. Cárlos ¿qué sucede?
CARLOS. Julia....
PEDRO. Bien, ya de tus quejas
me informaste; ya te he dicho
Cárlos que las exageras.
CARLOS. ¿Usted la defiende ahora?
PEDRO. Y es razon que la defienda.
CARLOS. ¿Pues no la acusaba ayer?
PEDRO. Y no hay por qué me arrepienta:
pero ¿Quien quiere la causa
por qué el efecto reniega?
las mugeres con quien vive

bailan, comen y pasean
con el primer mozalvete
que en la sociedad se encuentran;
los maridos que ella ve
por tan poco no se alteran,
y de todas las mugeres,
menos la propia, se acuerdan.
Sobrino ¿Qué diablos quieres
que la pobre Julia aprenda?

CARLOS. El dogal á mi garganta
es usted quien mas aprieta.
¿En vez de eso un buen consejo
darme aquí mas no valiera?

PEDRO. En tales lances, sobrino,
siempre pagan los qne median.
Esta noche haréis las paces,
y contra mí....

CARLOS. ¿De tan negra
ingratitud soy capaz?

PEDRO. Nada: allá te las avengas.

CARLOS. ¡Por Dios, tio!

PEDRO. ¿Me prometes
secreto?

CARLOS. Con fé sincera.

PEDRO. ¿Docilidad?

CARLOS. La de un niño.

PEDRO. ¿Vigor?

CARLOS. Sí.

PEDRO. Muy bien: empieza
por suprimir la comida.

CARLOS. ¿Y cómo?

PEDRO. Escribe una esquela
al conde.

CARLOS. ¿A todo un ministro?

PEDRO. Y á su esposa la condesa,
á la viuda, al baron,
y en fin, á la córte entera
si es preciso....

CARLOS. ¿Y qué pretesto?

PEDRO. Dí que estás con las viruelas,
cualquier cosa, el caso es
que tú sacudas la plepa.

CARLOS. ¿Y qué se dirá de mí?
¿Y cómo tendré vergüenza
para presentarme luego?
PEDRO. Nada; si no te presentas.
CARLOS. ¿Qué dice usted?
PEDRO. Que esta noche
vamos, y en posta, á Valencia.
CARLOS. ¿Y Julia?
PEDRO. Vá con nosotros.
CARLOS. ¿Y mis negocios?
PEDRO. Los dejas.
CARLOS. Vea usted que soy diputado,
y el Congreso....
PEDRO. Ese se queda.
CARLOS. ¿En fin, salir de Madrid
es lo que usted me aconseja?
PEDRO. Cabalito.
CARLOS. Es imposible.
PEDRO. Pues pon término á tus quejas.
CARLOS. ¿Ño hay otro medio?
PEDRO No tal,
á lo menos que yo sepa.
Si habeis de vivir aquí,
y vivir en la alta esfera,
forzoso es que á sus costumbres
te acomodes y sometas.
CARLOS. ¿Con que usted dice que el vicio
sin rival en Madrid reina?
PEDRO. No digo tal.
CARLOS. No lo entiendo.
PEDRO. Porque la pasion te ciega.
Aquí, como en todas partes,
vicio y virtud se promedian;
mas del vicio la virtud,
no escusa las apariencias.
Los que por filosofía,
ó por costumbre, eso aceptan,
pueden vivir á placer,
y viven, gozan y medran;
mas quien tiene de otro siglo
vidriosa delicadeza,
de un don Quijote el papel

ridículo representa,
si lucha contra el torrente
á desplegadas banderas:
dá que reir, si medroso
concede y resiste á medias;
y en resúmen: ser cual todos,
ó salirse de la arena.
Aquí viene tu mujer:
ea, arréglate con ella.

CARLOS. ¿Y en tan crítico momento
usted se marcha y nos deja?

PEDRO. Un tercero siempre estorba.

CARLOS. Estorba la indiferencia,
pero el cariño....

PEDRO. Me quedo.
(Aparte.) Suavicemos la tormenta.

ESCENA VI.

Dichos y JULIA, *elegante, y afectando indiferencia y despego con su marido.*

JULIA. Muy buenos dias.
(Siéntase en un sofá y toma un periódico.)

PEDRO. Sobrina
así Dios te los conceda.

JULIA. *(Sin apartar los ojos del periódico.)*
¿Se ha suspendido el viaje?

PEDRO. Sí; parece que te pesa.

JULIA. No diga usted eso, tio,
que á mi cariño hace ofensa:
lo que me pesa es tan solo
que tenga aprensiones necias.

PEDRO. Gracias por el cumplimiento.

CARLOS. Eso: la menor barrera
que se la opone....

JULIA. *(á D. Pedro.)* Supongo
que será usted de la mesa....

PEDRO. Si me convidas.

JULIA. ¿Pues nó?

CARLOS. *(Ap. á D. Pedro.)* Ya ve usted que me desprecia.

PEDRO. (*Hace seña á Cárlos de que se calme, y se acerca á Julia.*)
¿Por qué no le hablas á Cárlos?
JULIA. ¿He de ser yo la primera?
PEDRO. (*á Cárlos*) Llégate á hablarla: haya paz.
CARLOS. ¡Julia!
JULIA. (*con sequedad.*) ¿Qué hay?
CARLOS. (*á D. Pedro.*) Cómo contesta...
ya ve usted. ¡No la conozco!
PEDRO. Está enojada, y es hembra.
Prosigue.
CARLOS. (*á Julia.*) ¡Julia!
(*D. Pedro se sienta y se pone á leer.*)
JULIA. ¿Qué quieres?
CARLOS. ¿Cómo estás de la jaqueca?
JULIA. Muy bien; y si esto prosigue
no tendré pronto cabeza.
CARLOS. ¿Estás peor?
JULIA. ¿No te he dicho,
ya una vez, que estoy muy buena?
CARLOS. Con un tono.....
JULIA. ¿Ya hasta el tono
en que hablo se interpreta?
CARLOS. No es eso; mas tus miradas....
JULIA. ¿Son tambien delitos ellas?
CARLOS. ¿Has llorado?
JULIA. ¡Yo! No tal.
CARLOS. Vanamente me lo niegas:
tus ojos lo estan diciendo.
JULIA. Pues mienten.
CARLOS. Julia, no quieras
parecer lo que no eres.
JULIA. Pues seré lo que parezca.
CARLOS. Que ayer no obraste prudente
de una vez, Julia, confiesa;
y olvidando lo pasado
perdono yo ...
JULIA. Ten la lengua,
que hablarme á mí de perdon
es, Cárlos, cruel ofensa.
CARLOS. (*á D. Pedro.*) Ya vé usted, siempre en sus trece.
(*D. Pedro levanta la cabeza, los mira y sigue leyendo.*)

JULIA. *(Á D. Pedro.)* ¿Conoce usted de mas terca
condicion hombre ninguno?

CARLOS. *(Á D. Pedro.)* Es preciso que yo sea
un cero aquí, ó que vivamos
rabiando.

JULIA. *(Á D. Pedro.)* Yo una muñeca
he de ser, sin voluntad,
ó sufrir siempre esta guerra.

CARLOS. *(Á D. Pedro.)* Con gentes que no conozco
esta señora pasea.

JULIA. *(Á D. Pedro.)* En el Casino el señor
pasa las noches enteras.

CARLOS. *(Á D. Pedro.)* Aquí, sin contar conmigo,
como vé usted, se celebran
festines.

JULIA. *(Á D. Pedro.)* Sin yo saberlo
á la bolsa el señor juega.

CARLOS. En los negocios no es justo
que mujeres intervengan.

JULIA. Pues al menos que en mi casa
yo sea libre como dueña.

CARLOS. Gefe soy de la familia.

JULIA. ¿Y soy yo una esclava negra?
(Levántase D. Pedro.)

PEDRO. Basta ya, que la disputa
se convierte en riña abierta.

CARLOS. Ella, tio, me provoca.

JULIA. El abusa de su fuerza.

PEDRO. Entrambos teneis razon;
pero exagerais la queja.

CARLOS. ¿Qué pretende esa mujer?

JULIA. Sepa yo lo que él intenta.

PEDRO. Calma, niños: la pasion
aquí para nada es buena.
Habla, Cárlos.

CARLOS. Yo pretendo
saber quién sale y quién entra
en mi casa.

JULIA. Policía
será bueno que establezcas.

PEDRO. *(Á ella.)* Calla *(á él.)* Prosigue.

CARLOS. Que Julia

de una vez, tio, comprenda,
que debe á mi voluntad,
por lo menos, deferencia....

JULIA. ¿A qué es andar con rodeos?
Dí que quieres que obedezca,
y tú mandar; dí que yo
he de ser como la cera,
y tú el fuego que consumas
á tu placer mi existencia.

PEDRO. ¡Calla, Julia!

JULIA. No, señor,
no callaré, que ya es mengua;
oigan ustedes ahora
lo que yo quiero que sepan.
No he nacido para esclava....

PEDRO. ¿Quién pretende que lo seas?

JULIA. Por mí misma no al recato
sabré faltar; mas licencia
para salir, para entrar,
como niño de la escuela,
no he de pedir; que no quiero
que él ridículo parezca,
ni serlo yo. Quiero libre
vivir y sin otra regla
que la del propio decoro;
bástame á mí con ser buena,
por lo demas, mi marido
hará lo que le convenga. *(Vase.)*

ESCENA VII.

D. CARLOS Y D. PEDRO.

CARLOS. Tio ¿Qué dice usted de esto?

PEDRO. Proclamó su independencia.

CARLOS. Yo no puedo tolerarlo.

PEDRO. A ver cómo te manejas.
¿Se suspende la comida?

CARLOS. ¿No vé usted que es cosa séria
y que perder mi fortuna
puede ser la consecuencia?

PEDRO. ¡Vaya! ¡Vaya!

CARLOS. La verdad
digo, tio. Tengo puestas
de mi caudal las tres partes
en los treses; lo que resta
en las minas.....

PEDRO. ¿Del Baron?

CARLOS. Sí, señor.

PEDRO. ¿Sí? Pues por puertas
te estoy viendo; y lo peor
es, Cárlos, que tu honra arriesgas.

CARLOS. ¡Hay tal manía!

PEDRO. Retira
de sus manos lo que puedas;
rompe con él.

CARLOS. Imposible.

PEDRO. Aunque algun dinero pierdas.

CARLOS. Le he firmado una escritura,
ya soy dueño de la empresa.
(Saca el reloj.) Las tres; él me está esperando
(yéndose.)

PEDRO. ¿Y cuando esas gentes vengan....?

CARLOS. Usted y Julia les hagan
los honores. *(Vase.)*

PEDRO. Hombre, espera.

ESCENA VIII.

D. PEDRO.

¡Oh ceguedad! Al peligro
entrambos los ojos cierran!
Y no bastan á salvarlos
mi cariño, ni mi fuerza.
¿No he de hallar algun arbitrio?
La virtud al cabo en ella
triunfará. De él en el pecho
un corazon noble alienta.....
¿Y qué importa, si infamados
serán por las apariencias?
En fin estaré á la mira....!
Acaso Julia..... Es muy buena.....
¡Paca, Paca....!

ESCENA IX.

D. PEDRO, PACA.

PACA. ¿Manda usted?
PEDRO. A tu señora que venga *(Vase Paca)*
¡Oh! Sálvelos del amor
la benéfica influencia
á él, y á ella el peligro
en que á su marido encuentra.

ESCENA X.

D. PEDRO Y JULIA.

PEDRO. Ven acá, Julia; á mi lado
en este sofá te sienta;
y óyeme con atencion.
JULIA. ¿Alguna desdicha nueva?
PEDRO. Y grande, Julia, terrible!
JULIA. Acabe usted que me aterra.
PEDRO. De tu marido la honra.......
JULIA. Jamás conmigo se arriesga.
PEDRO. Lo sé: pero un tramoyista
hoy en sus lazos le enreda;
tú sola puedes salvarle
de perder honra y riquezas,
que á mí, Julia, no me escucha.
JULIA. ¿Y quiere usted que me atienda
á mí?
PEDRO. Sí te atenderá,
que en su pecho sola reinas,
si depuestos esos aires,
perdóname, de coqueta,
vuelves á hablarle el lenguaje
que estrechó vuestra cadena.
Sé cariñosa con él,
desvanece sus sospechas;
y cuando puesto á tus pies
á verle rendido vuelvas,
exige que del Baron

renuncie á la loca empresa;
que de esos ágios de bolsa
en que se ha metido á ciegas,
salga; que para vivir
os sobra con vuestra renta.

JULIA. ¿Yo he de ceder?

PEDRO. ¿Por qué no,
pues que en ello se interesan
honra y caudal?

JULIA. ¿Y mi orgullo?

PEDRO. El orgullo de las buenas
esposas está cifrado
en que, cual fúlgida estrella,
la honra de sus maridos,
que es la propia, resplandezca.

JULIA. Lo pensaré.

PEDRO. No lo pienses,
y obra pronto, si eres cuerda.

JULIA. ¿Pero tal peligro corre?

PEDRO. ¡Imprudente, si asi juegas
con la deshonra, implacable
te avisará la miseria....!

JULIA. Bien sabe usted que amo á Cárlos.

PEDRO. Salvarle será la prueba.
(Oyese ruido de un coche.)
Un coche..... Tus convidados
á reunirse ya comienzan;
voy á vestirme: dependen
tu dicha ó desdicha eternas,
hoy quizá, de la conducta
que en esta comida tengas. *(Vase.)*

ESCENA XI.

JULIA; *despues* LUCIANA *y* D. ANTONIO.

JULIA. *(Sola.)* Acaso llevé muy lejos
mis fueros de independencia,
que los celos de mi Cárlos
de su amor son claras muestras;
y salvarle en todo caso,
de mi obligacion es deuda.

ROQUE. D. Antonio de Zamora,
Doña Luciana de Nieva.

(Vase Roque, salen Doña Luciana y D. Antonio.)

JULIA. ¡Luciana!
LUCIANA. ¡Julia!
ANTONIO. ¡Señora!
LUCIANA. Amiga, no te sorprendas
de que tan pronto vengamos,
este hombre tiene tal priesa....
ANTONIO. De colocar á esos pies
de mi gratitud la ofrenda.
JULIA. ¡Gratitud!
ANTONIO. Es la palabra,
y debo añadir que inmensa.
LUCIANA. ¡Qué hombre! Con sus circunloquios
me frie, me desespera.
Anoche hablastes al Conde
en el teatro. En la audiencia
de hoy prometió al señor
restituirle la escuela.....
ANTONIO. Que la pública salud
en alto grado interesa.
LUCIANA. Y á usted no poco.
ANTONIO. Convengo.
LUCIANA. ¡Ya! Se trata de las bestias!
(Aparte.) ¿Y cómo te fué con Cárlos?
JULIA. No me hables de eso: una escena
tuvimos.....
LUCIANA. Eso era claro.
¿Y tú, supongo que tiesas
te las tuvistes?
JULIA. Demás;
ya casi, casi me pesa.
LUCIANA. Si no te quieres perder,
por Dios, que no retrocedas;
con dar solo un paso atrás,
á esclavitud te condenas.
JULIA. Hay circunstancias que exigen..!
LUCIANA. Julia mia, tú flaqueas,
y es lástima, que ayer noche
fue tu conducta soberbia;
las hay que acabar no saben

cual tú principias, maestra.
¡Qué aplomo en tu continente,
qué buen tono en tus maneras,
qué encantos en tu sonrisa,
en tu mirar qué destreza!
¡Cómo mides las palabras
porque no te comprometan!

JULIA. ¿Qué dirá ese buen señor?

LUCIANA. Está absorto en la Gaceta;
y ademas, Julia, le tengo
bien educado.

JULIA. ¿Qué?

LUCIANA. Piensa
que me quiere, ese avestrúz.

JULIA. ¡Cómo que *piensa*?

LUCIANA. ¿Que sienta,
quieres tú, con esa facha?
Como ha tomado luneta,
como se ha puesto trabillas,
y como en coche se ostenta,
por hacer lo que los otros,
me sirve y me galantea.

JULIA. ¿Y lo sufres?

LUCIANA. ¿Por qué no?
Tal como es tiene influencias,
es servicial, es muy rico,
ni me apura, ni me cela,
y es de aquellos que sin riesgo
se toman como se dejan.
(Sale Roque.) El señor de Silva. *(Vase.)*

JULIA. ¿Y ese?

LUCIANA. ¿Su buen humor no te prenda?

JULIA. Confieso que me divierte.

LUCIANA. No hay cosa como un tronera.

ESCENA XII.

DICHOS Y DON JUAN.

JUAN. Saludo á ustedes señoras,
Zamora ¿qué deletrea
usted ahí? La mañana

ha estado de primavera.
(á Julia) Mas antes de hablar de nada
permita usted que la ofrezca
el regimiento ue debo
á su proteccion angélica,
y que sus órdenes pida
para Castilla la Vieja.

LUCIANA. ¿Cómo, ya está usté empleado?

JUAN. Y esta dama es la hechicera
que hizo el milagro.

JULIA. ¿Soy yo
el ministro de la guerra?

ANTONIO. *(Aparte.)* ¡Esta muger, es sin duda,
lo que llaman *la influencia*!

JUAN. Yo no sé lo que es usted,
ni haya miedo que me meta
en tales honduras; sé
que me han vuelto á las banderas,
que ya mando un regimiento,
que es mi gratitud inmensa.....

JULIA. Pues no volvamos á hablar
por Dios de esa bagatela.

ANTONIO. *(Aparte á Luciana.)* ¡Bagatela un regimiento!
¡Si supiera lo que cuesta!

LUCIANA. *(Aparte á D. Antonio.)*
¿No vé usted que ella dispone
de todo?

ANTONIO. *(Aparte.)* ¡Pues: *la influencia*!

LUCIANA. ¿Ha estado usted en Atocha? *(A D. Juan.)*

JUAN. Sí estuve, Luciana bella.

JULIA. ¿Hay mucha gente?

JUAN. Infinita:
los carruajes hormiguean,
la gente de á pié pulula,
los ginetes se atropellan.

LUCIANA. ¿Y las Toilettes?

JUAN. Son brillantes.

ANTONIO. *(A Luciana.)* ¿Qué es *Tualet*?

LUCIANA. Un alma en pena.

JULIA. ¿Quién llamaba la atencion?

JUAN. Usted, Julia, por su ausencia.

JULIA. Nada de galanterías.

JUAN. Es verdad y dicha á secas.
LUCIANA. De las que estaban pregunta.
JUAN. Entonces diré que reina
fue del paseo esta tarde....
JULIA. ¿Quién? Diga usted.
JUAN. La Condesa.
LUCIANA. ¿Quién, Consuelo?
ANTONIO. ¿La ministra?
JULIA. No lo estraño, porque es bella.
LUCIANA. ¡Ay muger, no digas eso!
Tan inflexible, tan tiesa ...
JUAN. Hoy estaba muy amable.
ANTONIO. *(Ap.)* ¡Pobre, inocente, cordera!
LUCIANA. ¿Qué sabe usted?
JULIA. La habrá hablado.
JUAN. ¿Yo á muger que pertenezca
á un poderoso; y en público?
No será que en tal me vean.
LUCIANA. Ello es que hay moro en campaña.
JUAN. No sé, mas hay quien sospecha;
injustamente....
LUCIANA. Edifica
en usted tanta reserva.
JUAN. Si no hay misterio ninguno,
ella iba en su carretela.
LUCIANA. Con un galán.
JUAN. Nó, con dos.
JULIA. Pues entonces, mala lengua....
JUAN. Yo díje que estaba amable,
no es mi culpa que se infiera....
ANTONIO. Usted en la oposicion,
coronel, fuera una perla.
JUAN. ¡Ola! ¡Qué habló! ¿A hacer epígramas
usted, Luciana, le enseña?
LUCIANA. Usted me las pagará;
pero sepamos quién eran
los galanes.
JULIA. Sí, sepamos.
JUAN. Al vidrio, con la cabeza
saludando sin cesar,
al frente, á derecha é izquierda,
sin duda porque en el coche

de un gran ministro le vieran,
he visto al baron del Roble....

LUCIANA. ¿Y Consuelo á ese babieca...?

JULIA. Es un ente empalagoso.

JUAN. Lo cierto es que á la Condesa
no he visto, ni una vez sola,
que le mirase siquiera.
Recostada en el testero
con voluptuosa modestia,
prestaba grande atencion
al otro....

LUCIANA. Por Dios ¿Quién era?

JUAN. No le ví.

JULIA. ¿No ha dicho usted
que paseaba en carretela?

LUCIANA. Sí lo ha dicho.

ANTONIO. Y yo lo afirmo.

JUAN. Es verdad, pero no abierta;
y yo no sé cómo diablos
el feliz mortal se arregla,
que no le vimos la cara,
y éramos una docena
los curiosos....

JULIA. ¡Qué discreto!

LUCIANA. Esa, amigo, acá no cuela.

JULIA. *(Ap.)* El Baron... Y este misterio....
¡Cielos! Si mi Cárlos fuera!!

LUCIANA. *(Ap. á D. Juan.)* ¿Quién es?

JUAN. No sé.

Sale ROQ. Su escelencia
el señor Conde del Barco. *(Váse.)*

ESCENA XIII.

Dichos y el CONDE.—*(Todos se levantan y toman un aspecto ceremonioso.)*

CONDE. *(Despues de saludar á todos.)*
Siéntense ustedes, por Dios,
ó creeré que mi presencia
les incomoda.

ANTONIO. *(Despues de toser.)* Señor....

LUCIANA. *(Interrumpiéndole y aparte.)*
¿Le va usté á hacer una arenga?
Siéntese y calle.

(Siéntanse en el sofá JULIA *y el* CONDE. LUCIANA *en una butaca á alguna distancia, á su lado en el borde de la silla, y sin perder de vista al* CONDE, D. ANTONIO. D. JUAN, *junto al velador, ojeando libros y papeles.)*

JULIA. Es amable
en un ministro que venga
tan temprano.

CONDE. Y no es amable
quien el que es temprano observa.

ANTONIO. *(ap. á Luciana.)* Es un señor muy chistoso.

JULIA. ¿Y no viene la Condesa?

CONDE. Sí vendrá, pero ella siempre
hasta muy tarde pasea.
(Bajo á ella.) ¿Quién se acuerda de otra alguna
cuando tal beldad contempla?

JULIA. *(Desentendiéndose.)*
Vamos á hablar de negocios.

CONDE. Eso no, que hoy hago fiesta:
ni he estado en el ministerio.

JULIA. Pues se engaña usted si piensa
que aquí no ha de ser ministro.

CONDE. ¡Julia, por Dios!

JULIA. *(Levantándose y tomando de la mano á* D. ANTONIO *para presentarle al* CONDE.)
Por la escuela
de albéitares....

ANTONIO. La salud
del ganado que la tierra
labra, de la agricultura
que asi proteje vuecencia....

CONDE. Basta, Zamora....

ANTONIO. Diez votos
que al ministerio sustentan....

CONDE. Lo sé, lo sé.

LUCIANA. *(ap. á D Antonio.)* Calle usted,
hombre de Dios ¡Hay tal pelma!

ANTONIO. Los intereses del órden....

CONDE. Basta, ó suprimo la escuela.

(Siéntase como aterrado D. ANTONIO; JULIA *presenta á* D. JUAN.)

JULIA. El señor D. Juan de Silva....

JUAN. Cuya gratitud, eterna
será al que le ha redimido
del ocio en que aun hoy vejeta.
(Saluda y retírase.)

CONDE. *(A Julia.)* Discreto mozo.

JULIA. Y con gracia.

CONDE. *(Ap.)* Vaya á Castilla la Vieja.
(Alto.) ¿Hay mas?

JULIA. Nó.

CONDE. Pues el ministro
desde aquí desaparezca.
Sin ceremonia, cada uno
á su placer vaya ó venga;
si nó, me voy.

(Siéntase en el sofá al lado de JULIA *y háblala en voz baja.)*

LUCIANA. *(Ap. á* D. JUAN *y* D. ANTONIO.*)*
Esto es claro.

ANTONIO. Clarísimo al que lo entienda.

JUAN. Usted, Luciana, sabrá
si hay jardin ó biblioteca....

ANTONIO. ¿Biblioteca?

JUAN. Cualquier cosa.

LUCIANA. Vámonos sin que nos vean.

(Vánse á lo interior de la casa, LUCIANA *y* D. JUAN *riéndose;* D. ANTONIO *asombrado.)*

ESCENA XIV.

JULIA Y EL CONDE.

CONDE. ¿Y vuelta con mi muger?

JULIA. Admírame que no venga
con usted.

CONDE. No sé por qué.
Casi nunca voy con ella.

JULIA. ¿Y entonces quién la acompaña?

CONDE. ¿Quién la acompaña? Cualquiera
de sus amigas ó amigos.

JULIA. ¡Filosofía estupenda!
CONDE. Es usted tan inocente
como seductora y bella;
hablemos de usted, dejemos
descansar á la Condesa.
JULIA. No me parece que usted
por ella mucho se inquieta.
CONDE. La respeto y quiero bien;
de sus acciones es dueña,
yo de las mias; vivimos,
Julia, en libertad completa.
Pero ¡qué hermosa está usted,
qué bien el peinado sienta
á ese rostro encantador!
JULIA. ¿Y con quién hoy la Condesa...?
CONDE. ¡Otra vez! Julia divina!
¿No cambiaremos el tema?
JULIA. Soy curiosa; he de saber
con quién Consuelo pasea....
CONDE. Dejemos eso.
JULIA. Me enfado.
CONDE. El caso es que yo lo sepa....
aguarde usted.... por fortuna.
JULIA. ¿No vé usted que me impacienta?
CONDE. ¿Hay niña mas dominante?
JULIA. Las mugeres no respetan
á los ministros.
CONDE. ¡Divina!
JULIA. Hablemos de otra materia.
CONDE. Voy á decir....
JULIA. Ya no quiero
saberlo.
CONDE. Si usted me deja
hablar.
JULIA. Si soy una niña.
CONDE. Y muy mimada, y muy terca;
mas yo, cueste lo que cueste,
me he propuesto complacerla.
Como hoy no fuí al ministerio,
para hacer del todo fiesta,
Cárlos y el Baron á casa
para hablarme de la renta

del tres por ciento vinieron;
iba á salir la Condesa,
y juntos los tres se han ido
al Prado en la carretela.
Ya, sabido lo que quiere,
estará usted satisfecha.

JULIA. *(Ap.)* ¡Ah pérfido!

CONDE. ¿Todavía
enojada?

JULIA. *(Ap.)* ¡Ay, sí, que él era!
Me he de vengar. Tú sabrás
lo que celos desesperan!

CONDE. No creí á usted rencorosa.

JULIA. *(Fingiendo.)* El desenojarme cuesta
mas que enojarme.

CONDE. ¡Lo veo!
(Ap.) Va estando como la cera;
pero de todo se asusta.
¡Lo que una educacion cuesta!

JULIA. ¿Y qué se ha hecho esa gente?

CONDE. ¿Qué importa?

JULIA. ¿A solas nos dejan?

CONDE. ¿Soy tan temible?

JULIA. No hay hombre,
señor Conde, á quien yo tema.

CONDE. Pues entonces....

JULIA. Pero temo....

CONDE. ¿A quién?

JULIA. A las apariencias.
Voy á llamar. *(Levantándose.)*

CONDE. *(Deteniéndola.)* Un momento,
antes que los otros vuelvan,
escúcheme usted.

JULIA. ¿Qué puede
estorbarnos su presencia?

CONDE. En lo que voy á decir
nos importa la reserva.

JULIA. ¿*Nos importa*?

CONDE. Lo repito.

JULIA. ¿A usted y á mí?

CONDE. Como suena.

JULIA. Diga usted.

CONDE. Ya sabe usted
cuánto Cárlos me interesa,
hacer de él un empleado,
como un director de rentas,
es enterrar entre números
su elevada inteligencia.
La diplomácia tan solo
le conviene, es su carrera
natural.

JULIA. Pero á sus años,
conde amigo, no se empieza....

CONDE. Sí tal, por donde concluyen
los hombrés de otra ralea.
Le tengo ya preparada
la mejor plenipotencia!

JULIA. ¡Cuánta bondad!

CONDE. Si usted Julia...

JULIA. ¡Mas ay! ¿Qué dirá la prensa?

CONDE. Lo que guste, que á sus voces
mis oidos son de piedra.
Con que es cosa convenida.

JULIA. Por mi parte, si él acepta,
porque dejar su pais....

CONDE. Usted que es, Julia, discreta
cuanto hermosa, si vacila,
con la razon le convenza.

JULIA. Cuente usted con que yo haré
por mi parte cuanto pueda.

(En la puerta del foro se presentan CARLOS *dando el brazo á* CONSUELO, *y el* BARON *con la sombrilla de esta en la mano.)*

JULIA. ¿Y dónde envia usté á Cárlos?

CONDE. Á una legacion de América.

ESCENA XV.

JULIA, CONSUELO, D. CARLOS, *el* CONDE *y el* BARON.

CARLOS. *(Ap. conteniéndose con dificultad.)*
¡Qué escucho!

BARON. *(Ap.)* Buena la hicimos!

CONSUEL. *(á Cárlos.)*
¡Pues el viaje es friolera!
¡Julia hermosa!
JULIA. *(Turbada.)* A Dios Consuelo.
CONDE. *(Ap.)* Siempre inoportunos llegan
estos maridos *(á Cárlos.)* De usted
hablamos. *(CARLOS saluda procurando disimular su enojo.)* *(Ap.)* El se quema.
CONSUEL. Amiga mientras aquí
mi esposo te galantea,
á mí el tuyo en el paseo....
JULIA. *(Dominándose.)* Pues no acierto á tener queja.
CONSUEL. ¿Y por qué?
JULIA. Por mejoría
ya sabes.... *(Ap.)* ¡Habrá coqueta!
CONSUEL. Nada, yo soy la que gano,
sino le mandas á América....
CONDE. *(Ap. á su muger.)* ¡Consuelo!
(Julia toca la campanilla.)
CONSUEL. ¿Qué se te ofrece?
CONDE. ¡Caridad!
JULIA. *(Sale Paca.)*.... Díles que vengan
á esos señores. *(Váse Paca.)*
CARLOS. *(Ap. con ira á su muger.)* ¿A quién?
¿Y por qué están allá fuera?
JULIA. *(Lo mismo que él.)* Para adivinar con quién,
Consuelo en su carretela....
CARLOS. Fué un compromiso; mas tú....
JULIA. Me estoy en mi casa quieta,
y recibo.
CARLOS. Pero á solas;
y quieres mandarme á América.
JULIA. No es verdad.
CARLOS. Yo lo escuché,
pérfida....
JULIA. ¡Qué te insolentas,
y hay gentes!
CARLOS. Dejémoslo ahora:
Salvemos las apariencias.

ESCENA XVI.

Dichos, LUCIANA, D. ANTONIO, *y* D. JUAN.

JUAN. *(Ap. á Luciana.)* ¡Qué cara tiene el marido!
LUCIANA. *(Ap. á D. Juan.)* Esto me huele á sorpresa.
(Despues de saludarse, LUCIANA *y* CONSUELO, *abrazándose, y los demas ceremoniosamente.)*
JULIA. *(Ap. á Luciana.)* ¿Por qué nos dejaste á solas?
Me ha perdido tu imprudencia.
LUCIANA. *(Ap. á Julia.)* ¿Quién habia de pensar?
Mas procuraré la enmienda.
(A Cárlos.) Amigo yo me empeñé,
en mostrar la biblioteca
á estos señores.
JUAN. Por cierto
que es muy copiosa y selecta.
LUCIANA. Julia con su *maitre-hotel*
se quedó aquí en conferencia....
CARLOS. Usted de hacer lo que guste
en mi casa es siempre dueña,
y Julia puede quedarse
donde mejor le convenga.
(Ap.) ¿Esto mas? Para engañarme
ya con otras se concierta!
CONSUEL. *(A Cárlos.)* ¡Qué cabizbajo! Parece
que pisó usted mala yerva!
CARLOS. No señora. *(Hablan aparte.)*
BARON. *(Al conde.)* Señor Conde,
si yo la cosa supiera....
CONDE. ¿Qué cosa?
BARON. El negocio.
CONDE. ¿Y qué?
BARON. ¿Conmigo tanta reserva?
(El CONDE *le vuelve la espalda.)*
Sale ROQUE. La señora está servida.
CARLOS. *(Ap. á Roque.)* ¿Y el tio?
ROQUE. Aguarda en la mesa. *(Váse.)*
*(*CARLOS *da el brazo á* CONSUELO, *el* CONDE *á* JULIA, D. JUAN *á* LUCIANA, *el* BARON *y* D. ANTONIO *hablan entre sí.)*
CONDE. *(A Julia.)* ¿Está usted triste?
JULIA. No tal.

(*Ap.*) Qué mal encubro mi pena!
¡Qué rendido está el traidor,
y cómo le escucha ella! (*Vanse.*)

JUAN. (*A Luciana.*) No me parece Mendoza
sufrido.

LUCIANA. Que ahora le escueza
cualquier cosa, es natural
porque la carga le es nueva;
con el tiempo....

JUAN. Como todos;
por de pronto á la condesa.... (*Vanse.*)

CONSUEL. (*A Cárlos*) Amigo al hombre de mundo
el disimulo le es prenda
necesaria.

CARLOS. Mal se oculta
la impresion de tal belleza.

CONSUEL. Vaya, vaya.

CARLOS. Usted me hechiza.

CONSUEL. No es ese el mal que le aqueja. (*Vanse.*)

ANTONIO. Baron, ¿qué diablos es esto?
como en las sombras chinescas
estoy. ¿Qué tiene esta gente?

BARON. ¿Promete usted la reserva?

ANTONIO. Sí prometo.

BARON. Pues amigo;
Cárlos de Julia se encela;
Julia de Cárlos; del Conde
tiene celos la Condesa;
usted....

ANTONIO. Yo no tengo celos.

BARON. ¿Nó?

ANTONIO. No.

BARON. Luciana es muy diestra.

ANTONIO. ¿Y en qué fundan esos celos?

BARON. Al menos en apariencias.
(*Ap.*) Pero el golpe de mi mano
sentirá cuando le hiera.

ANTONIO. Esplíquese usted...

BARON. Ahora
nos esperan en la mesa.

FIN DEL ACTO SEGUNDO.

ACTO TERCERO.

La decoracion de los dos anteriores.

ESCENA PRIMERA.

El CONDE *y* ROQUE.

ROQUE. Perdóneme su excelencia.
CONDE. No se entiende eso conmigo.
ROQUE. No hago mas que ejecutar
las órdenes que recibo.
CONDE. *(Ap.)* El tal Cárlos es ridículo.
(A Roque.) ¿Con que no pasas recado?
ROQUE. Yo, señor excelentísimo,
no puedo.
CONDE. *(Ap.)* ¡Y estoy en brasas!
¿Qué es lo que anoche habrá habido?
Consuelo está desde ayer
como un fiero basilisco;
él sus celos no ocultaba;
me abrasó á pullas el tio;
no he vuelto á saber de Julia...!
¡Estoy como en el suplicio!
(A Roque.) ¿No me conoces?
ROQUE. ¿Señor,
quién no conoce á un ministro?
CONDE. ¿Y tu amo?
ROQUE. Fuera de casa.
CONDE. *(Ap.)* No me pesa. *(A Roque.)* Soy su amigo;
con que si pasas recado,
será tuyo este bolsillo. *(Enseñándole uno.)*
ROQUE. Por complacer á vuecencia
soy capaz de hacer prodigios.
CONDE. Pues anda.
ROQUE. Es que expresamente
la señora ha prohibido....
CONDE. ¿Vuelta á empezar?

ROQUE. Bien lo siento,
mas la señora me ha dicho:
«Si el señor Condè viniese,
»le dirás que no recibo.»

CONDE. *(Ap.)* Esto es mas grave: sin duda
se lo prohibe el marido.
(A Roque enseñándole el bolsillo.)
¿Y pasarás una carta?

ROQUE. Lo que es eso ya no digo....

CONDE. Pues cuida no me sorprendan
mientras aquí se la escribo.
(Siéntase á escribir.)

ROQUE. *(Ap.)* Pasar recado no puedo,
cartas no me han prohibido;
yo no sé lo que la dice
el Conde en el billetico,
con que honradamente gano
lo que contenga el bolsillo,
y andando el tiempo, quizá,
la portería á que aspiro.

CONDE. *(Escrita y cerrada la carta se levanta.)*
Toma, y vé con la respuesta
al ministerio tú mismo.

ROQUE. ¿Cómo entraré?

CONDE. *(Saca una targeta y escribe en ella con el lápiz.)*
Esta targeta
te facilite el camino.
(Dale la targeta y el bolsillo.)

ROQUE. *(Ap.)* Cuántos pobres pretendientes
dieran por el papelito
el oro: á mí me contenta
mas que la audiencia, su brillo.

CONDE. Entra esa carta, y si aquí
tener respuesta consigo,
doblo la paga.

ROQUE. Verá
vuecencia cómo le sirvo. *(Vase.)*

ESCENA II.

EL CONDE.

¡Es que estoy hecho un cadete,
vive Dios, en lo rendido!
¿Para cautivarme asi
cuál es de Julia el hechizo?
Claro está: que se defiende,
que ella á buscarme no vino,
que no es de las pretendientas
que ya me causan hastío!

ESCENA III.

EL CONDE Y LUCIANA.

LUCIANA. ¡Usted aquí! ¡Y á estas horas!
CONDE. ¿Y usted?
LUCIANA. Yo porque me ha escrito
Julia que venga.
CONDE. Pues yo,
por el contrario, la escribo.
LUCIANA. Es usted un imprudente.
CONDE. Gracias.
LUCIANA. Consuelo ha advertido....
CONDE. Con esta son treinta veces
que advierte.
LUCIANA. Y como un vestiglo
Cárlos está.
CONDE. Que viaje
y le verá usted tranquilo.
LUCIANA. No conoce usted la gente
que trata, señor ministro:
lo que le falta á Mendoza
de mundo, le sobra en brios;
Consuelo es una muger
á quien no la asustan gritos;
Julia es honrada, aunque usted,
Conde, la ha comprometido.
CONDE. El Diablo predicador.

LUCIANA. Ni soy diablo, ni predico:
soy una muger qúe sabe
de memoria el laberinto
de Madrid; y como yo,
librarme hasta aquí he sabido....

CONDE. Acude usted generosa
y audaz de Julia en auxilio.

LUCIANA. Cabal.

CONDE. Pues en ese caso,
Luciana bella, enemigos
seremos.

LUCIANA. Enhorabuena,
aunque sin socorro mio
Julia sabrá defenderse.

CONDE. Eso el tiempo ha de decirlo.

LUCIANA. ¡Qué fatuidad!

CONDE. Ya veremos,
y no ha de tardarse un siglo!

LUCIANA. ¿Y cómo?

CONDE. Estoy esperando
aquí respuesta á un escrito.

LUCIANA. ¿Y él es de amor?

CONDE. Mi pasion
claramente en él explico.

LUCIANA. ¿Palabra de honor?

CONDE. Palabra.

LUCIANA. Pues si ella contesta, digo
que triunfó usted, mas si no....

CONDE. Usted vence: yo lo admito.

ESCENA IV.

Dichos y ROQUE.

ROQUE. *(Haciendo señas al Conde.)*
¡Señor Conde!

CONDE. *(A Luciana.)* Ahora veremos.

LUCIANA. Veremos, sí.

ROQUE. Con permiso.

LUCIANA. Juguemos con lealtad!

CONDE. En cambio el secreto pido,
y alianza.

LUCIANA. Si ella quiere,
por fuerza á nadie redimo.
CONDE. ¿Con que alianza y secreto?
LUCIANA. Convenido.
CONDE. Convenido.
(A Roque.) Puedes hablar francamente.
ROQUE. Mejor fuera sin testigos.
LUCIANA. Vamos, Roque.
ROQUE. Estos negocios
son delicados. Sufrido
no es el amo, y mis costillas,
si algo llega á sus oidos....
LUCIANA. Yo te prometo callar.
CONDE. Y yo un segundo bolsillo.
ROQUE. Si pierdo la conveniencia....
CONDE. Yo te empleo.
ROQUE. ¿Un sueldecito
decente?
CONDE. Sí.
ROQUE. ¡No habrá engaño!
CONDE. Acaba que ya estoy frito.
¿Entregaste mi billete?
ROQUE. Está entregado y leido.
CONDE. *(A Luciana.)* ¿Qué dice usted?
LUCIANA. Por tan poco,
señor Conde no me rindo;
porque Julia abrió la carta
sin saber su contenido.
CONDE. ¿Tienes respuesta?
ROQUE. *(Saca un billete.)* Aquí está.
CONDE. ¡Pues acabáras, maldito! *(Toma el billete.)*
(A Luciana.) ¿Y ahora?
LUCIANA. Que estoy absorta.
CONDE. Yo la habré comprometido....
Pero ella.... De buena gana,
confieso á usted que me rio.
LUCIANA. Es imposible que Julia,
amante de su marido....
CONDE. Los papeles son papeles....
LUCIANA. Misterio hay que no adivino....
CONDE. Todo el misterio consiste
en que ha llegado al propicio

cuarto de hora.

LUCIANA. Poco, á poco:
lo que escribe no se ha visto.

CONDE. Pues que Julia ha contestado,
segun lo que se convino,
contar puedo en todo evento
con el poderoso auxilio
de usted.

LUCIANA. ¿Si son calabazas
como pienso, señor mio?

CONDE. *(Ap.)* ¡Diantre, diantre, es muy posible!
por sí ó por no, el papelito
veré yo solo.

LUCIANA. Parece
que se rinde usted, amigo.

CONDE. Plaza que habla capitula;

LUCIANA. No hace tal, cuando habla á tiros.

ROQUE. *(Ap.)* Ya se olvidaron de mí,
como suelen! El sèrvicio
volando, y cuando lo quieren:
la paga se aplaza á un siglo! *(Váse.)*

ESCENA V.

LUCIANA, *el* CONDE.

LUCIANA. Mientras no sepa qué escribe
en lo que dije persisto;
que para creer su ruina
he de verla en el abismo.

CONDE. ¿Anteayer en el paseo
todo el mundo no la ha visto,
y en el teatro....?

LUCIANA. Todo eso
no pasa de coquetismo.

CONDE. ¿Y la comida de ayer?

LUCIANA. Un pique con su marido.

CONDE. ¿Y este billete?

LUCIANA. Será
cualquier cosa; mas de un brinco
no se salta lo que media
entre la virtud y el vicio;

y á menos que yo no vea
en sus cláusulas esplícito
testimonio de que Julia
su deber pone en olvido,
en que le rechaza á usted
una y mil veces insisto.

CONDE. ¿Y es una muger de mundo
la que habla así?

LUCIANA. Por lo mismo.
De cien veces que se dice
es falso noventa y cinco.

CONDE. Pues esta vez....

LUCIANA. Calabazas.

CONDE. ¿Y el billete?

LUCIANA. ¿Se ha leido?

(En la puerta del foro CONSUELO *y* ROQUE, *ella oponiéndose á que él la anuncie, y el criado con ademanes de sumision forzada.)*

CONDE. ¿No es de Julia?

LUCIANA. No lo niego.

CONDE. ¿Su esposo la dió permiso
para escribirme, ó lo sabe?

LUCIANA. No señor.

CONDE. ¿Que con delirio
la amaba no la escribí?

LUCIANA. Usted lo dice.

CONDE. ¿No vino
la respuesta con misterio,
apenas leyó mi escrito?
Pues, si muger que me oyó
lo que yo sé que la he dicho,
que ha usado de mi poder,
que en público me ha lucido,
y que contesta á mis cartas,
no es mia, quemo mis libros!

ESCENA VI.

Dichos y CONSUELO.

CONSUEL. Tiene el señor mil razones,
Luciana, y le felicito

por su conquista.

LUCIANA. ¡Consuelo!

CONDE. *(Ap.)* ¿Cómo diablos ha venido?

CONSUEL. Ea, prosiga el diálogo,
no quiero yo interrumpirlo.

CONDE. Se trataba de una hipótesis.

CONSUEL. ¡Ola! Muy propio ejercicio
de un hombre de Estado.

CONDE. Cierto,
tienes razon; me retiro....

CONSUEL. ¿Sin que el billete veamos?

LUCIANA. *(Ap.)* Esto promete.

CONDE. ¿Has creido
en esa carta?

CONSUEL. Que Julia
te escribe sin el permiso
de su esposo.

CONDE. ¿Estás soñando?

CONSUEL. Respondiendo á la en que fino,
con apasionadas frases
le pintabas tu delirio.

LUCIANA. ¡Por Dios, Consuelo!

CONDE. ¡Muger!

CONSUEL. No mas, dejadme, por Cristo,
que se agotó el sufrimiento.

CONDE. ¡Qué mal tono! ¡Hablar á gritos!

CONSUEL. Contabas con mi paciencia
que infinita hasta aquí ha sido,
mas hoy, no por tu traicion
que es constante, yo me indigno,
sino por quien para víctima
sin piedad has elegido.
De las viles cortesanas
que se entregan al *Ministro*,
poco me importa: en la falta
ya recibes el castigo;
pero una pobre muger
que aun ignora el precipicio;
pero un hombre que es ageno
á los cortesanos vicios....

CONDE. Ya se yó que tú predicas
y mejor que un capuchino:

más para oirte no tengo,
Consuelo, el tiempo preciso;
con que si aceptas mi brazo....

LUCIANA. Cálmate, te lo suplico.

CONSUEL. Tranquila estoy, mas resuelta.
(Al Conde.) Por vez primera te sigo,
por vez primera mis lábios....

CONDE. Todo eso será magnífico
allá en casa, pero aquí....

CONSUEL. Has de purgar tu delito
donde lo hiciste.

CONDE. ¡Consuelo!

LUCIANA. ¡Amiga!

CONSUEL. Es tiempo perdido
pensar que me vuelva atrás.

CONDE. No nos pongas en ridículo.

CONSUEL. A la infamia sois de bronce
y al ridículo de vidrio!
Por eso vengo yo á herirte
donde sensible te miro.
Dame el billete.

CONDE. Consuelo,
no abuses, que si me irrito....

CONSUEL. A todo vengo dispuesta,
tu cólera desafío.

LUCIANA. Vas á perder á esa niña....

CONSUEL. Y á salvar á su marido:
salvarla á ella lo dejo
del señor Conde al arbitrio.

CONDE. Muger, vámonos de aquí,
discutamos sin testigos.

CONSUEL. ¿Me das la carta?

CONDE. No existe.

CONSUEL. ¡Hay descaro mas inícuo!
Yo te la he visto meter
del chaleco en el bolsillo.

CONDE. Tú ves visiones Consuelo;
y pues que aqui no consigo
que atiendas á la razon,
por prudencia me retiro.
Tén cuenta con lo que haces
que al cabo soy tu marido. *(Váse.)*

ESCENA VII.

CONSUELO *y* LUCIANA.

CONSUEL. ¡Ah! me amenazas! Pues bien
serás de Madrid ludibrio.
LUCIANA. Ya estamos solas Consuelo;
bien el enojo has fingido.
CONSUEL. ¡Yo fingir!
LUCIANA. ¿Pues fué de verás?
CONSUEL. ¡Me abraso!
LUCIANA. ¡Raro prodigio!
¿Celos tiene una muger
como tú, y de su marido?
CONSUEL. ¿Te he dicho que tengo celos?
LUCIANA. ¿Pues qué es esto?
CONSUEL. Que le he visto
infiel, sí; pero no amante,
hasta que Julia aqui vino.
LUCIANA. ¿Luego son celos?
CONSUEL. Es miedo.
LUCIANA. ¿De qué?
CONSUEL. Luciana ¿tu instinto
de muger no te lo dice?
Que un hombre tenga estravíos,
el mundo, y aum su muger
pueden muy bien consentirlo;
pero un amor que penetra
mas allá de los sentidos,
no solo quebranta el yugo,
sino arrebata el dominio.
No es Julia de las mugeres
que solo inspiran caprichos;
no es Julia de las rivales
que despreciar es bien visto;
y si no corto este nudo
seré viuda con marido.
(Tira del cordon de una campanilla.)
LUCIANA. ¿Qué haces?
CONSUEL. Verás.
LUCIANA. Ten prudencia.

CONSUEL. Sangre fria necesito. *(Sale Roque.)*
Avísale á tu señora,
ROQUE. Antes á vuecencia he dicho....
CONSUEL. Si tú no vas entro yo...!
ROQUE. Bien señora. *(Ap.)* ¡Hay basilisco! *(Váse.)*
LUCIANA. ¡Otra escena!
CONSUEL. No por cierto.
LUCIANA. A preparar el camino
déjame entrar.
CONSUEL. No, hija mia,
que avisar al enemigo
fuera necio.
LUCIANA. Caridad
con ella, al menos, te pido.
CONSUEL. Cuenta con ella que tengo
el genio caritativo.
LUCIANA. Es inocente.
CONSUEL. Y escribe.
LUCIANA. Su inesperiencia....
CONSUEL. Principio
quieren las cosas.
LUCIANA. ¡Por Dios!
CONSUEL. De todo serás testigo,
y vas á ver que la trato
como una madre á su hijo.
LUCIANA. ¿Madre ó madrastra?
CONSUEL. Conforme. Mira qué lindo
talle. ¡Cuán interesante
su rostro descolorido!
¿De aquel lánguido mirar
qué hombre no ha de ser cautivo?
Con esa muger, Luciana,
no se juega, lo repito.

ESCENA VIII.

CONSUELO, LUCIANA, JULIA *en traje de mañana y con aire abatido.*

JULIA. *(Esforzándose.)* ¿Consuelo, que amable!
CONSUEL. No

me esperabas.

JULIA. Imprevisto
es el placer de mirarte.
(Ap. á Luciana.) ¿Mi carta no has recibido?

LUCIANA. *(Ap. á Julia.)* Estoy aquí hace una hora.

CONSUEL. *(Interrumpiéndolas.)*
Luciana, sin secretitos,
tú aquí para con las dos
haces papel de padrino.

JULIA. ¿Qué estás diciendo?

LUCIANA. Te embroma.

CONSUEL. Ya verás como me esplico:
se trata aquí de un negocio
grave, de un serio conflicto.

JULIA. ¡Ay Consuelo, mi cabeza
no está para laberintos!

CONSUEL. Lo siento, pero....

LUCIANA. Consuelo
eso es ya darle martirio.

CONSUEL. Cuatro palabras....

JULIA. La noche,
con la jaqueca, en un grito
la he pasado.

CONSUEL. Y la mañana
escribiendo á mi marido.

JULIA. ¡Consuelo!

CONSUEL. ¡Julia!

LUCIANA. Callad,
que esto ya es perder el juicio.
(Ap. á Julia.) Aqui ha sorprendido al conde.
(Julia se cubre el rostro con las manos.)

CONSUEL. Nada de trágico estilo,
porque tales cosas deben
tratarse en romance liso
y llano. Mi dulce esposo
de amores te ha requerido,
ayer hizo, amiga el tuyo
la propia cosa conmigo,
salvo que fué de palabra,
y vosotros por escrito.

JULIA. ¡Calla que me estás matando!

CONSUEL. Tu genio es asustadizo,

pero en caso necesario
yo los muertos resucito.

LUCIANA. Acaba que estás cruel.

CONSUEL. Yo, Julia, á Cárlos despido,
aunque es mas jóven que el Conde;
devuélveme tú al ministro....

JULIA. Basta ya; que tanta infamia
no sé cómo la resisto;
que con insolencia el Conde
de amores se haya atrevido
á hablarme, ni yo lo niego
ni tampoco lo confirmo;
solo las necias se alaban
de los hombres que han rendido.
En cuanto á mí yo sé bien
que cristal mas terso y limpio,
no hay que mi honor, darle cuentas
debo solo á mi marido....
Condesa yo dejo á usted
aunque lo siento infinito;
y de pisar esta casa
hoy el Conde ha concluido. *(Váse.)*

ESCENA IX.

CONSUELO, LUCIANA.

CONSUEL. ¡Y qué tal con la novicia!
¡Qué desparpajo, qué brío!

LUCIANA. ¡Qué dignidad! ¡qué entereza!
Estuviera mejor dicho.

CONSUEL. ¡Pues no me ha puesto en la calle!

LUCIANA. ¿Y le quedaba otro arbitrio,
cuando el puñal le clavaste
de su pecho en lo mas vivo?

CONSUEL. Tienes razon: es sensible
la dama en grado esquisito;
si fué tan de cera al Conde,
ya, de veras, no me admiro.

LUCIANA. Los celos pueden apenas
disculpar tal desvarío.

CONSUEL. Si lo hay aquí es de tu Julia.
LUCIANA. Pero ¿cuál es su delito?
CONSUEL. Ninguno mas que robarnos
á las demas los maridos.
LUCIANA. Cuando así te oigo esplicarte
paréceme que hablas chino;
verdad es que hoy todo el mundo
á mi ver perdió su juicio.
El Conde aquí haciendo el oso
á Julia ha comprometido;
Mendoza parodia á Otelo;
tú con escándalo indigno
de tu talento, reclamas
el amor de tu marido.
¿Todo por qué? Porque á Julia
dió el cielo sobra de hechizos,
y le negó á su hermosura
la aspereza del herizo.
CONSUEL. Verdad; y tal aprovecha,
discreta, sus atractivos
tu discípula, que reina
en la moda, y da destinos
sin olvidar á su esposo....
LUCIANA. ¿Es algun advenedizo?
CONSUEL. ¿Cómo, si gana en la bolsa
en los treses y en los cincos,
y ya es sócio del Baron
que en trapisondas es listo?
LUCIANA. Hace muy bien en ganar;
todos procuran lo mismo
cuando pueden.
CONSUEL. De manga ancha
blasonas.
LUCIANA. Soy de mi siglo,
y en estos dos no censuro
lo que advierto en cuantos miro.
CONSUEL. Mientras á mí no me toquen
que vivan á su alvedrío.
LUCIANA. Aunque tu genio es violento
tu corazon no dañino;
no pierdas á esa muger
por unos celos ridículos.

CONSUEL. En vano me hablas por ella.
LUCIANA. Pues que te sirva de aviso
que soy su amiga, y por ella
la guerra haré al diablo mismo. *(Vase.)*

ESCENA X.

CONSUELO.

Pues mas gloria es el vencer
cuantos mas los enemigos;
y una muger es Consuelo
que nunca ha retrocedido.
¿Satisfacciones me niega
Julia; y el señor Ministro
la carta?—Es decir que yo
ya aqui nada significo;
que he de ser humilde víctima,
resignada al sacrificio;
una esposa, ama de llaves,
cuando mas para hacer viso.
¿Soy vieja, soy tonta, ó fea,
para ser de ellos ludibrio?
Venganza, venganza, y cruda
tomemos orgullo mio!
Caigan á mis pies deshechos
mi rival, é infiel marido
y diga el mundo, si quiere,
que todo lo sacrifico
á vengarme.... El viene: aquí
le conduce su destino.

ESCENA XI.

CONSUELO, D. CARLOS y D. PEDRO.

(Los dos entran por el foro: CARLOS *inmutado y con muestras de dolor profundo,* D. PEDRO *inquieto.)*

PEDRO. Por desgracia salen ciertos
hoy todos mis vaticinios.

CARLOS. A todo estoy preparado,
ya se lo dije á usted, tio.
CONSUEL. Señor Don Cárlos.
CARLOS. *(Viéndola con disgusto.)* ¡Señora!
PEDRO. *(Ap.)* ¡Esta aquí! ¿A qué habrá venido?
CONSUEL. Quisiera hablar con usted
á solas.
PEDRO. Pues me retiro.
(Ap.) No será lejos. Aquí
gato encerrado hay de fijo,
y aunque me cueste escuchar,
queriéndolos como á hijos,
debo hacerlo.—A Dios, señora.
CONSUEL. Crea usted que siento infinito....
PEDRO. Escusados con un hombre
como yo son los cumplidos.
(Vase á lo interior.)

ESCENA XII.

CONSUELO Y CARLOS.

(CARLOS ofrece asiento á CONSUELO, que lo toma, y él permanece en pié.)

CONSUEL. ¿No se sienta usted, Mendoza?
CARLOS. Mil perdones á usted pido,
Condesa; pero me encuentro
en tal situacion de espíritu,
que honrándome con sus órdenes
pronto, me hará usted un servicio.
CONSUEL. Eso es decirme que abrevie
en muy cortesano estilo;
y aunque pudiera quejarme
de quien anduvo prolijo
ayer en mis alabanzas
y hoy apenas me dá oidos,
lo escuso porque tambien
á la brevedad aspiro.

CARLOS. Crea usted Consuelo....
CONSUEL. Dejemos
retóricos artificios.
Tengo que decir á usted
cosas graves, y le exijo
que las escuche paciente,
sino puede ser tranquilo.
CARLOS. En momentos llega usted
en que á todo me resigno.
CONSUEL. Pocos meses á Madrid
ha, Don Cárlos, que usted vino.
CARLOS. ¡Ojalá nunca viniera!
CONSUEL. Jóven, ambicioso, activo,
se lanzó, sin esperiencia
á un mundo desconocido.
CARLOS. ¡Ay dolor!
CONSUEL. Y la fortuna
como á predilecto hijo
le trató.
CARLOS. ¡Tal parecia!
CONSUEL. No digo que sea usté indigno
de sus favores, no tal,
que mérito positivo
tiene usted; pero, en conciencia,
¿no le ha asombrado á usted mismo
lo que con tan poco esfuerzo
y en breve tiempo ha subido?
CARLOS. En prueba de lo contrario,
Condesa, escucho pacífico
la amable disertacion
de que me juzga usted digno.
CONSUEL. ¿El orgullo se revela?
Muy bien, Cárlos, eso pido,
no es usted hombre que quiere
los bienes como llovidos;
ganarlos pretende: es propio
de su noble pecho altivo.
CARLOS. ¿Qué me quiere usted decir?
CONSUEL. Cuando un hombre corrompido,
de esos que viven de cálculos
ya de interés, ya políticos,
se muestra en la proteccion

con algun jóven solícito,
sin que el temor ó su bien,
le liguen al protegido....

CARLOS. ¡Señora!

CONSUEL. Le sacrifica
á sus pasiones ó vicios.

CARLOS. ¿Eso es decir?

CONSUEL. Y si tiene
mujer el tal....

CARLOS. Tan inícuo
proceder....

CONSUEL. Aquí es corriente;
y hasta mi propio marido....

CARLOS. Pero mi muger, Condesa,
es honrada.

CONSUEL. Yo no digo
lo contrario; pero casos,
y son muchos, ya se han visto....

CARLOS. Julia es un ángel.

CONSUEL. Luzbel
tambien es ángel caido.

CARLOS. Señora, por serlo usted,
y á duras penas, consigo
contenerme....

CONSUEL. *(Levántandose.)* Usté es modelo
de los crédulos y finos
esposos, ó se acomoda
muy bien con su san Benito.

CARLOS. ¡Tal afrenta!

CONSUEL. Si usted quiere
la verdad de lo que digo
probar, pregúntele al Conde
lo que su mujer le ha escrito. *(Vase.)*

(Cárlos quiere seguirla, D. PEDRO *sale precipitadamente y le detiene.)*

ESCENA XIII.

DON CARLOS, D. PEDRO.

CARLOS. Deténgase usted, señora.
PEDRO. Cárlos, no pierdas el tino.
CARLOS. Dice que Julia.... ¡Oh qué infamia!
PEDRO. Ya lo sé: desde allí he oido:
pero esa muger, celosa,
visiones, tal vez, ha visto...!
CARLOS. ¿Y el periódico?
PEDRO. ¿Ya crees?
CARLOS. No créo, pero vacilo.
PEDRO. ¿De Julia?
CARLOS. Es muger al cabo.
PEDRO. Cárlos ¡cuando yo la fio!
CARLOS. Señor, señor: tengo celos,
y soy honrado y marido!!
PEDRO. Si la verdad se depura
has de ver que claro y limpio
mas que el sol, está de Julia
el proceder.
CARLOS. Basta un dicho
para deshonrar á un hombre.
PEDRO. No basta bien desmentido.
Si tu palabra me dás,
de esperarme aquí tranquilo,
de no maltratar á Julia....
CARLOS. ¡Yo maltratarla, Dios mio!
¡Ah! si engañó mi esperanza,
pongo al cielo por testigo,
de que en su propia conciencia
mi venganza solo libro.
PEDRO. Bien, Cárlos: eres el hombre
mas de bien que he conocido.
Espérame aquí.
CARLOS. ¿Y á dónde
va usté?
PEDRO. A la Condesa sigo. *(Vase.)*

ESCENA XIV.

CARLOS.

¿Qué es lo que me está pasando?
¿Es un sueño, es un delirio?
¡Deshonrado! No es verdad:
¡honor tengo, pues que vivo!
Sí, tengo honor: pero el mundo,
y la honra estriba en su juicio,
por apariencias me juzga,
que yo propio mal me explico.
En ágio infame el Baron
mi nombre ha comprometido:
diestro se salva, y yo pago
para el mundo su delito.
¡Cómo pude adivinar
nunca en el sagaz político
al seductor? ¡Cómo el lazo
en el interés solícito
por elevarme? Y él mundo,
que, en fin, elevarme ha visto,
supone que se lo debo
de mi honor al sacrificio!
¿Supone.... Supone? Dice;
público me dá el martirio,
que la imprenta de mi infamia
es ya perpétuo testigo.
¿Será verdad que mi esposa
hoy al Conde le haya escrito?
Antes que tal sepa yo,
perezca en el desafío
que he provocado; crea en ella
hasta el último suspiro.

Sale ROQ. Está el señor D. Antonio.
CARLOS. Adelante. *(Vase Roque.)*
¡Cuánto el tio
tarda en volver! ¡Yo me abraso!
¡Insoportable suplicio!

ESCENA XV.

DON CARLOS, DON ANTONIO.

ANTONIO. Estará usted impaciente,
y por eso me anticipo
al coronel.
CARLOS. Muchas gracias.
ANTONIO. Es deuda de agradecido.
CARLOS. Bien, pero al caso, por Dios.
ANTONIO. El caso es que entrambos fuimos
á la redaccion, y en nombre
de usted, y como padrinos
suyos....
CARLOS. Han averiguado
quién fue el autor del artículo.
ANTONIO. Costó sus dificultades,
mas yo diestro y persuasivo,
y el coronel....
CARLOS. ¿Y se llama?
ANTONIO. ¿Quién dirá usted? Adivino
será....
CARLOS. No estoy para eso.
ANTONIO. Quizá su mejor amigo
de usted.
CARLOS. ¿Su nombre?
ANTONIO. El Baron.
CARLOS. ¡Oh! Lo concibo,
le conviene deshonrarme
al vil en todos sentidos.
¡Roque!
Sale ROQ. ¡Señor!
CARLOS. Las pistolas.
ROQUE. ¡Qué es esto, válgame Cristo! *(Vase.)*
CARLOS. El momento será ahora,
y usted Don Antonio el sitio....
ANTONIO. A espacio, señor, á espacio,
hasta ahora no ha parecido.
CARLOS. ¿Pues qué viene usté á decirme?
ANTONIO. Que le sabe el escondrijo

el coronel y le busca.

CARLOS. Aunque le esconda el abismo
le he de matar.

(Sale ROQUE *con una caja de pistolas que deja sobre la mesa.)*

ROQUE. Esto es serio;
y si consiento delinco! *(Vase á lo interior.)*

CARLOS. Vamos, vamos á buscarle.

ANTONIO. Hombre no sea usted molino:
ya dará Silva con él.
¡Qué prisa de andar á tiros!

CARLOS. Sangre pide tal insulto.

ANTONIO. Usted siga su capricho;
pero muerto no dirá
que es mentira lo que dijo.

ESCENA XVI.

Dichos JULIA *y* LUCIANA.

JULIA. *(Sale despavorida y va á arrojarse en los brazos de su marido.)*
¡Cárlos! ¡Cárlos!

CARLOS. *(Apartándola de sí, pero sin dureza.)*
¿Y bien Julia?

LUCIANA. Sosiégate.

JULIA. ¡Ya las miro!

CARLOS. ¿Y qué miras?

JULIA. Las pistolas.

CARLOS. ¿Y es por ventura prodigio
que yo tire?

JULIA. No me engañes;
tú tienes un desafio.

CARLOS. Retírate, no estás buena.

JULIA. Tu corazon es un risco,
si asi me tratas.

CARLOS. Ahora
que te retires te pido.

LUCIANA. *(A Cárlos).*
Esa dureza la mata,
y es injusta.

CARLOS. Le suplico
á usted que se lleve á Julia.

JULIA. Si son para mi suplicio
esas armas, pronta estoy:
mátame, pero no esquivo
te vean mis ojos.

ANTONIO. ¡Don Cárlos!

LUCIANA. Calumnia es cuanto se ha dicho.

JULIA. Jamas tuve pensamiento
que para tí no haya sido;
nunca salió de mis lábios,
palabra, acento, ó suspiro
que no fuese para honrarte,
adorado Cárlos mio;
mas si imprudente pisé
por faltarme acaso el tino,
ó por sobrarme el orgullo,
el fatal resbaladizo
sendero que á la deshonra
conduce, ya me resigno
á sufrir, aunque inocente,
como culpada el castigo.
Sí, castígueme tu mano,
mas tu pecho compasivo
perdóneme, y tú verás
que bendiciéndote espiro.

CARLOS. ¡Oh calla, que me estás dando
insoportable martirio!
¡Cada palabra que dices
es un puñal agudísimo;
y tus lágrimas abrasan
como el plomo derretido!
Vete de aquí, que no quiero
ser, Julia, cruel contigo,
ni con mi honor, y he de serlo
si mas oigo tus gemidos.

ANTONIO. ¡Yo me enternezco tambien;
ea, Don Cárlos: pelillos
á la mar, un buen abrazo,
Y *Pax sit semper vobiscum*!

CARLOS. ¡Que se vaya, que me deje!

LUCIANA. Sí, Julia, vente conmigo

que es, como todos los hombres,
un tirano tu marido.
¿Para armar tal alboroto
cuál es la causa, Dios mio?
¿Si esta muger es hermosa
y el Conde galante y fino,
es milagro que ella guste
y que él la obsequie rendido?
¿De dónde sale usted, Cárlos,
tan feroz y asustadizo?
Vamos, vamos, esta escena
solo pasa entre vecinos
de un lugar.

CARLOS. Con sus consejos
usted á Julia ha perdido.

LUCIANA. ¡No se perdió!

CARLOS. Bueno está.

LUCIANA. ¿Pruebas?

JULIA. Sí: yo las exijo.

CARLOS. ¿Exiges pruebas? Pues bien
que se cumpla tu destino
(A D. Antonio.) Lea usted.

ANTONIO. ¡Hombre!

CARLOS. Ella lo quiere.

ANTONIO. ¿Usted, insiste?

JULIA. Sí, insisto.

CARLOS. Esta mañana en la bolsa
ante concurso infinito,
cayó al suelo para siempre
de mi honra el edificio,
á impulso de esas palabras
que infame traidor á escrito.
Lea usted.

ANTONIO. ¡Por Dios!

CARLOS. Si lo quiere.

JULIA. Sí, lo quiero.

ANTONIO. No replico.
(Saca un periódico y lee.) «Enigma. Se ofrece »un premio razonable á la persona que re»vele quién sea un jóven, medio poeta, me»dio político, recien llegado á esta capital »de cierta provincia fecunda en arroz; y que

»en pocos meses ha hecho los siguientes »prodigios.—Primeramente: ser diputado por »cierto distrito donde nadie le conoce. Se»gundo: jugar en la Bolsa, sin perder ni por »casualidad. Tercero: vender acciones de »ciertas minas que no existen. Cuarto: es»tar electo, *in pectore*, para una legacion en »América, sin haber sido diplomático en su »vida, ni saber acaso mas del *nuevo* que del »*otro* mundo. Los únicos datos que posee»mos para la solucion del enigma propuesto »son los que á continuacion escribimos.

»El Diputado Embajador es marido, y ma»rido de una mujer muy linda; su linda mu»jer es de carácter festivo y tiene amigas »mas que alegres; la susodicha linda mujer, »es la Egeria de cierto ministro, mas galan»te que buen ministro....

»¡Dichoso marido, dichosa mujer, mas di»choso ministro, y mas dichosa nacion tan »bien gobernada como la nuestra.»

(Terminada la lectura quedan todos como aterrados.)

JULIA. ¿Y á tan infames calumnias
tu silencio ha respondido?

CARLOS. ¿Calumnias? Cuanto ahí se dice
verdad es. Con fin inícuo
se escribió, pero negar,
por mas que me ruborizo,
no puedo yo la verdad
de lo que dice el artículo.

JULIA. ¿Confiesas que eres, infame,
Cárlos, que yo he sucumbido?

CARLOS. ¡Julia, aun estando inocentes,
en vil infamia caimos!

JULIA. ¡Por apariencias!

CARLOS. ¡Por ellas
se juzga!

LUCIANA. ¡Tirano juicio!

CARLOS. No quiero ya averiguar,
Julia, si al Conde has escrito,
que sobra á mi desventura
lo que el periódico dijo.

Un malvado nos perdió:
él ó yo de entre los vivos
saldremos pronto.

JULIA. ¡Qué horror!

CARLOS. Qué sucumba; y á ello aspiro,
ó venza, te doy mis bienes;
que, pues ya el vivir contigo
no es posible, poca hacienda
para morir necesito.

JULIA. ¡Cárlos, matarme es mejor!

CARLOS. *(Tomando la caja de las pistolas á D. Antonio.)*
¡Vamos!

(Al salir Cárlos entra D. Pedro y le detiene; detrás sigue Consuelo.)

PEDRO. ¿Y á dónde sobrino?

ESCENA XVII.

D. CARLOS, D. PEDRO, D. ANTONIO, JULIA, LUCIANA, CONSUELO.

CARLOS. Déjeme usted....

PEDRO. *(Deteniéndole.)* ¿Tus promesas
cumples así?

CARLOS. Yo....

JULIA. ¡En mi auxilio
venga usted!

PEDRO. Contra el infierno
te defiendo, si es preciso.

CONSUEL. Y yo; que si la ira pudo
conducirme á un extravío,
para reparar mis culpas,
Don Cárlos, aquí he venido.
Ser hermosa, y ser amable,
desconocer el peligro,
de Julia en esta ocasion,
fueron los solos delitos;
mas cuando sintió á sus plantas
entreabrirse el hondo abismo,
de la virtud, sin consejos,
volvió al seguro camino;
y en prueba de mi verdad

aquí tiene usted su escrito *(Dale una carta.)*

CARLOS. *(Leyendo.)* «La osadía con que V. me escribe
»la acepto como castigo de mi indisculpable
»ligereza; pero baste esa expiacion á las cul-
»pas de mi inexperiencia. Desde hoy se cier-
»ran para usted las puertas de esta casa; y
»si volviese á pisar sus umbrales, me pondrá
»en la dolorosa precision de advertirle á Cár-
»los que tiene en usted su mayor enemigo.»

ANTONIO. ¡Lo vé usted, santo baron!

CARLOS. *(Estrechando á Julia entre sus brazos.)*
¡Oh Julia, mi dulce hechizo!

(Movimiento general de alegria en los actores.)

JULIA. ¡Cárlos, mi bien!

PEDRO. Muy bien Cárlos.

*(*CARLOS *aparta súbitamente de sí á* JULIA *y vuelve á caer en su anterior preocupacion.)*

CARLOS. *(Ap.)* ¿Y el periódico maldito?

JULIA. ¿Por qué te miran mis ojos.
de mis brazos fugitivo?

LUCIANA. ¿Qué es esto? *(á D. Pedro.)*

PEDRO. ¿Quién lo adivina?

ANTONIO. ¡Don Cárlos!

CONSUEL. ¡El perdió el juicio!

CARLOS. Déjenme ustedes, por Dios,
sino he de perder el tino:
tengo el infierno en el alma....

CONSUEL. Pregunte usted á su tio,
si de mí duda.

JULIA. Es inútil:
de su amor objeto indigno
me juzga ya.

PEDRO. Yo en persona
hablé, Cárlos, al Ministro,
que esa carta nos ha dado
de su error arrepentido.

CARLOS. No dudo de Julia yo,
y eso acrece mi suplicio.

JULIA. Ya no me ama.

CARLOS. No me acuses ...

JULIA. ¿Y á quién?

CARLOS. Acusa al destino.

ESCENA XVIII.

Dichos y D. JUAN.

CARLOS. *(Advirtiendo la entrada de D. Juan.)*
¿Y bien, Silva?
JUAN. No sin pena
dí al cabo con ese pillo.
CARLOS. Muy bien; vamos á buscarle.
(Tomando la caja de las pistolas.)
JULIA. ¡No irás!
LUCIANA. ¡Por Dios!
CONSUEL. ¡Cárlos!
PEDRO. ¡Hijo!
ANTONIO. ¡Juicio, señor!
JUAN. Es negocio
ya del todo concluido,
señor Don Cárlos. Aquí *(Saca un papel.)*
se retracta por escrito
de cuanto estampó villano
en el calúmnioso artículo.
CARLOS. ¡He de matarle!
JUAN. Oiga usted:
(Saca otro papel) aquí deshace el inícuo
negocio de aquellas minas,
pretesto á su latrocinio;
(Saca otro papel.) y en este, bajo su firma,
dice que es Baron postizo,
pide perdon de su infamia,
y contrae el compromiso
de abandonar á Madrid,
para no volver, hoy mismo;
y cumplirá su promesa:
yo, Cárlos, lo garantizo,
pues sabe que de encontrarse
en la sociedad conmigo,
unos cuantos mogicones
llevará con estos cinco:
cual los que ya, á buena cuenta,
no hace mucho ha recibido.
CARLOS. *(A D. Juan.)* ¡Cuántas gracias!

JUAN. No por cierto.
yo soy quien pago, si sirvo
en algo á ustedes, la deuda
de reciente beneficio.
(A Julia.) Señora, á los pies de usted.
Don Cárlos, yo me retiro,
deseando que mas cauto
sea usted en lo sucesivo;
y en todo evento ya sabe
que tiene en mí un buen amigo. *(Váse.)*
CONSUEL. Yo tambien les dejo á ustedes.
(A Julia.) Perdona á mi genio altivo,
sus escesos; y no dudes
del amor de tu marido.
Y usted, Cárlos, suspicaz
no àcreciente su martirio
que yo de Julia respondo
y usted sabe que no finjo *(Vàse Consuelo.)*

ESCENA XIX.

JULIA, LUCIANA, D. CARLOS, D. PEDRO *y* D. ANTONIO.

LUCIANA. Ya vé usted, señor Don Cárlos,
que en humo se han convertido
sus sospechas; ya vé usted
que es altamente ridículo,
haberse puesto en escena
y dar á Julia martirio,
por celos que mal sentaran
de lugar á un señorito.
CARLOS. ¡Señora! *(Colérico.)*
PEDRO. Déjame á mí
contestar, que estoy mas frio.
Señora, no tuvo Julia
que usted mayor enemigo,
sus consejos la arrastraron
al borde del precipicio.
Quizá sin mala intencion,
mas con funesto cinismo
predica usted sin cesar,

escándalo, si no vicio...
LUCIANA. ¿Y se reduce esa arenga?
PEDRO. En nombre de mis sobrinos
á rogar á usted que cese....
LUCIANA. ¿Basta que no quiero oirlo?
Dí Julia ¿Y tú lo autorizas?
JULIA. Lo que diga Cárlos, digo.
LUCIANA. ¿Es decir que tú tambien...?
JULIA. ¿No basta lo que he sufrido?
LUCIANA. Bien está, la culpa yo
me tengo, porque no he visto
que civilizar salvajes
es de mártires oficio.
Queden ustedes con Dios,
y vivan en su retiro,
que para Madrid no sirven
ni los necios ni los niños.
(Toma el brazo de D. Antonio y váse con él.)

ESCENA XX.

D. CARLOS, JULIA, D. PEDRO.

(Apenas se ven solos, D. CARLOS *abre los brazos y* JULIA *se precipita en ellos.)*

PEDRO. No mas lágrimas, muchachos,
que indemnes habeis salido.
CARLOS. ¡Infelices para siempre!
PEDRO. Pues no te entiendo, sobrino.
JULIA. Yo sí señor, por mi mal....
CARLOS. ¡Julia!
JULIA. No soy ya aquel ídolo
á quien tu amor y tu orgullo
le daban culto divino;
de mí te aleja el temor
de comentarios malignos.
No cuidé *las apariencias*
y me está bien el castigo.
PEDRO. Vamos, Cárlos: la verdad.
CARLOS. Y bien, no lo niego, tio:
de la inocencia de Julia
me confieso convencido:

pero al fin la sociedad
puso en duda el honor mio....
y este es un mal sin remedio....

PEDRO. Lo tiene.

CARLOS. ¿Cuál?

PEDRO. Muy sencillo.
Alejarnos del teatro
que fué de vuestro martirio
y dar tiempo á que este lance
dén las gentes al olvido.

CARLOS. Huyamos, Julia.

JULIA. A Valencia.

CARLOS. Allí, Julia, nos unimos!

PEDRO. ¡A preparar las maletas!
Corre á que pongan el tiro,
mas no olvideis la terrible
leccion que habeis recibido:
no basta ser virtuosos,
que el mundo es asustadizo
y ni á los buenos consiente
las apariencias del vicio.

FIN DE LA COMEDIA.

LA LEY DE RAZA,

DRAMA EN TRES ACTOS EN VERSO

DE

DON JUAN EUGENIO HARTZENBUSCH,

quien ofrece este ejemplar en señal de agr

al Sr. Baron Adolfo Federico de Schack.

N.° 180.

MADRID—1852.

IMPRENTA Á CARGO DE C. GONZALEZ: CALLE DEL RUBIO, N.° 14.

PERSONAS.	ACTORES.
HERIBERTA (1) *.	DOÑA TEODORA LAMADRID.
GOSVINDA.	DOÑA MARÍA RODRIGUEZ.
FULGENCIO.	DON JOAQUIN ARJONA.
RECESVINTO.	DON MANUEL OSSORIO.
BERTINALDO.	DON ENRIQUE ARJONA.
EGILAN.	DON FERNANDO OSSORIO.
GUNDEMARO.	DON ANTONIO BERMONET.

GODOS, ESPAÑOLES, SOLDADOS, ESCLAVOS, ESCLAVAS.

La escena es en Toledo, año de Cristo 653 (2).

* Las notas correspondientes á este y los demas números encerrados entre paréntesis, se hallan al fin del drama.

ACTO PRIMERO.

Sala en el palacio del Gobernador de Toledo. Dos puertas, una á cada lado; una mesa con libros, pergaminos sueltos y papiros, y una urna de suertes.

ESCENA PRIMERA.

FULGENCIO. GUNDEMARO.

GUND. Entrad. Mi señor, el Conde
gobernador de Toledo,
manda que espereis aquí,
miéntras vuelve del entierro
de su hermana la princesa,
que está por vos en el cielo.
FULG. Aquí esperaré.
GUND. Vos fuísteis
esta vez único médico
de la difunta: la ley
os coge de medio á medio.
FULG. Sábia ley! seguramente
digna de los que la hicieron.
GUND. La prudencia la dictó.
FULG. No, la ignorancia y el miedo.

GUND. Siendo los conquistadores
de España los godos, siendo
vosotros los españoles
los vencidos, ¿fuera bueno
fiar la salud y vida
nuestra del capricho vuestro?
No sin razon en sus códigos
nuestros reyes escribieron:
«Si hace el médico sangría, (3)
y muere el paciente luego,
quede el médico al arbitrio
de los parientes del muerto.»
—Sangrásteis á la princesa;
murió: bajo este supuesto,
su hija y su hermano tienen
justo, innegable derecho
sobre vos de vida y muerte,
pena y gracia.

FULG. No lo niego.
Los godos se han figurado
que dar salud á un enfermo
es oficio humilde, propio
tan solamente de hebreos
ó de esclavos, y nos tratan
como tales.

GUND. Muy bien hecho:
no merece más estima
nacion de tan poco aliento
que se deja dominar
de todos cuantos quisieron
tomarse el fácil trabajo
de echarle una argolla al cuello.
Fenicios, cartagineses,
romanos, cuantos han puesto
los piés en España, en ella
se os han quedado por dueños.
Con lanza no hicierais mucho;
con lanceta hay que temeros.—
Por eso tambien están
vedados los casamientos
entre godo y española
y español y goda.

FULG. Inmenso
Dios, ¿cuándo acaba tan duro
y afrentoso cautiverio?

GUND. Cautiverio? ¿No quereis
que haya nobles y plebeyos?
Cautiverio! Pues contad
vos con otro más estrecho.
Como alcaide de la torre,
ducho en el oficio, entiendo
algo de causas, y opino
que, á buen librar en el pleito,
no escapais de ser esclavo.

FULG. Esclavo!

GUND. Si han de venderos,
yo os compro: suele ocurrir
más de una vez que tenemos
que dar á algun delincuente
de elevado nacimiento
una pócima que le haga
ir sin ruido al cementerio;
y en la ciudad imperial
de España, no hay carcelero
ni verdugo que en un lance
igual sirvan de provecho.
Vos ya sabréis...

FULG. Gundemaro,
por favor...

GUND. Creed, Fulgencio,
que haré buen amo: aunque soy
ostrogodo, soy biznieto
del rey Téudis.

FULG. ¿Y servís
ál Conde?

GUND. Qué extraño es eso?
La corona es electiva:
muerto un rey, elige el reino
otro, y sus familias quedan
como ántes del nombramiento
del agraciado. Ya van
algunos introduciendo
la costumbre de que al padre
siga el hijo, con asenso
de la nacion; Recesvinto
está nombrado heredero
de Quindasvinto, (4) y por él
rige el timon del gobierno;
mas como no tuvo tanta
fortuna mi bisabuelo,

yo en vez de su vara de oro,
solo empuño mi llavero.
Y por Dios que no me aflige
mi suerte: peligra ménos
un alcaide que un monarca.

FULG. No han fallecido en su lecho
muchos reyes visigodos:
nunca habeis sido modelos
de lealtad.

GUND. Es de valientes
el pecar algo de inquietos.
Ahora mismo un conde, un tal
Froya, con un buen ejército
de vascones y franceses
proclama en el Pirineo
la rebelion, y anteayer
prendimos aquí un mancebo
noble, emisario del dicho,
que iba ganándole adeptos;
pero descubierta ya
la trama, no hará progresos.
Hoy morirá ese muchacho;
los reyes vendrán corriendo
aquí desde San Roman
de Hornisga, adonde se fueron
para la consagracion
de aquel edificio nuevo,
fundacion suya; y juntando
golpe de gente, daremos
al Conde rebelde un susto,
colgándole de un madero.

FULG. ¿Quién es ese jóven, cómplice
de Froya?

GUND. Lotario, deudo
próximo suyo. Ay! ahora
que le he nombrado, recuerdo
que me pidió esta mañana
el pobre con mucho empeño...
Voy á decírselo al Conde.
Por órden suya os encierro.
(*Vase y cierra.*)

ESCENA II.

FULGENCIO.

Esclavo á mi edad! Bien hizo
Dios en llamar á su seno
á mi esposa y á mi hija
sin este dolor acerbo.
Yo solo padeceré.
Con todo, no desmayemos:
la hermosa Heriberta, hija
de la princesa, es espejo
de virtud; y si su tio
el Conde juzga severo
mi causa, ella interpondrá
por mí su piadoso ruego,
que es órden casi: Heriberta
dará la mano, en volviendo
nuestro anciano rey, al príncipe
Recesvinto, rey electo.
Dignísima soberana
será del gótico imperio.
Abren.
(Ábrese la puerta que está á la derecha del espectador, y sale Heriberta con precaucion, trayendo una carta y una llave en la mano.)

ESCENA III.

HERIBERTA.—FULGENCIO.

FULG. Ella es!
HERIB. Dí con vos
al fin.
FULG. Me andabais buscando?
HERIB. En vos estuve pensando
toda la noche de Dios.

FULG. Oh! cuánta bondad!

HERIB. Si corre
peligro la vida vuestra,
con esta llave maestra
podeis huir de la torre.
Por vos al Gobernador
hablé; no me ha respondido
palabra, y aquí he venido...
á que me hagais un favor.

FULG. ¡Ójala me fuera dado
serviros cual corresponde!

HERIB. Desde esta mañana el Conde
me deja sin un criado.

FULG. Por qué de vos los aparta?

HERIB. Porque quiere que me fie
de los suyos, y no envie
hoy al Príncipe esta carta.

FULG. Yo la llevo: dadme...

HERIB. Vais
á oirla; que es importante,
y os sorprenderá bastante
lo que dice.

FULG. Ya tardais.

HERIB. (*Lee.*)
«Al ínclito príncipe godo Recesvinto, rey futuro de España, su sierva fidelísima.»

FULG. Sierva!

HERIB. Lo vais á entender.
(*Lee.*)
«Cuando partiste á San Roman con tu padre el rey, nonagenario y achacoso, temias volver solo á Toledo; volvereis felizmente los dos, y me hallaréis huérfana. Ayer falleció la princesa Berengarda, á quien tuve por madre, y al morir me declaró que no soy su hija.»

FULG. Señora, no os engañais?

HERIB. Ay! no. Oid.
(*Lee.*)
«La declaracion fué hecha delante del conde Bertinaldo y su hija Gosvinda. La moribunda Berengarda confesó que hallándose léjos de su esposo el príncipe Radimiro, dió á luz una niña que murió poco despues, no de enfermedad, sino por un descuido inexcusable de la misma princesa. Temiendo el terrible enojo de Radimiro, sustituyó la malograda criatura con otra que acababa de quedar sin padre ni madre, españo-

les ambos: la supuesta hija fuí yo. La ley de raza, ley primordial del reino, prohibe que se case godo con española, prohibicion que en vano pretendiste abolir en el postrer concilio: toda la nobleza gótica, acaudillada por el duque Egilan, te negó su voto. Nuestro concertado enlace ya es imposible; nuestra separacion precisa y urgente: señala un retiro donde viva léjos de tí la española Heriberta.»

FULG. Vos que brillais
en la cumbre del poder,
en virtud esclarecida,
en gracias única y sola,
¿sois de la raza española
por los godos abatida,
por esos conquistadores
bárbaros vil declarada,
con ignominia alejada
siempre de cargos y honores?

HERIB. Igual vuestra soy.

FULG. Señora,
qué region os vió nacer?
quiénes os dieron el ser?

HERIB. Imposible es por ahora
satisfaceros: la misma
Berengarda no logró
saberlo, y hoy que faltó,
más el secreto se abisma.
Recibióme de un viajero,
que movido á caridad,
me trajo de una ciudad
sita en la márgen del Duero.

FULG. Cuál? Numancia por ventura?

HERIB. La princesa no lo supo.

FULG. Allí perecer le cupo
á la infeliz hermosura
de cuyos labios oí
el dulce nombre de esposo;
tambien allí el fruto hermoso
de sus entrañas perdí.

HERIB. Esposo fuísteis y padre?

FULG. Al ser padre, hube de hacer
un viaje, y hallé al volver
sepultadas hija y madre.

HERIB. Triste suerte!

FULG. Sí, en verdad,

suerte fué bien lastimera:
la infeliz niña viniera
hoy á tener vuestra edad.
Mas cómo de vos me olvido?
Perdonad mis digresiones;
dadme vuestras instrucciones
para el príncipe querido,
que la raza indo-germana
feroz, que nos dominó,
juntar piadoso intentó
con la española-romana.
Lo que principió imparcial
como hábil hombre de estado,
conclúyalo interesado,
á fuer de amante leal.

HERIB. No son tales pensamientos
los que mostrar me compete;
le encargaréis que respete
la ley de los casamientos;
otras puede reformar
que, de menor trascendencia,
ponen á valor y ciencia
vergonzoso valladar.
No se tiranice y befe
más al español honrado,
forzándole á ser soldado
y estorbándole ser jefe. (5)
No más la legal dureza
vicie el arte de curar;
pueda el médico sangrar
sin que arriesgue la cabeza.
Quite el Príncipe advertido
leyes que ordenan horrores,
mengua de los vencedores
y tormento del vencido.
Si esto Recesvinto hiciere,
solo con que se proponga
conseguírnoslo, disponga
de mí segun le cumpliere.

FULG. Señora...

HERIB. Fué en el abril
placentero de mi vida
por el rey Tulga pedida
mi mano casi infantil:
mis padres se la ofrecieron,

la muerte se la quitó,
con pena la daba yo,
con ira me lo riñeron:
Recesvinto, á la sazon
sin el real poderío,
dominaba mi albedrío,
rey era en mi corazon.
Tuvo Tulga que dejar
el cetro mal de su grado,
y el padre de mi adorado
fué elegido en su lugar;
y en época posterior
nombró al hijo el reino entero,
de su padre compañero,
conreinante y sucesor.
De su aclamacion al grito
vertí llanto de placer;
mi amor no pudo crecer,
porque ántes era infinito.
Si Recesvinto, sus fueros
guardando á mi suerte esquiva,
de otro vínculo se priva,
fiel á sus votos primeros;
aunque en triste soledad
viva y muera de él lejana,
felicidad más que humana
será mi felicidad.
Si dispone de su fe,
porque otra en su pecho mande,
mi dolor será muy grande;
mas yo lo soportaré,
y firme se me verá,
combatiendo con mi suerte,
amarle en vida y en muerte,
y aun si puedo más allá.
Esto al Príncipe decid,
esto no más.

Fulg. Ruido siento.
Idos pronto, idos.

Herib. Me ausento;
pero volveré.

Fulg. Salid.

(*Abre Fulgencio con la llave maestra la puerta del lado derecho, y vase Heriberta.*)

ESCENA IV.

BERTINALDO. GUNDEMARO.—FULGENCIO.

BERTIN. (*A Fulgencio.*)
Habréis esperado mucho;
mas para juzgaros, quiero
que os oiga el duque Egilan,
y aun no ha venido: al momento
que llegue, se os llamará;
miéntras viene, distraeos
los dos en la galería
próxima.
GUND. Os obedecemos.
(*Vanse Fulgencio y Gundemaro.*)

ESCENA V.

GOSVINDA.—BERTINALDO.

GOSVIN. Padre, ya despedí á todos
los criados que sirvieron
á Heriberta.
BERTIN. Encarga mucho
que la vigilen los nuevos.
Evita que por ahora
cunda ese descubrimiento.
GOSVIN. Por qué?
BERTIN. Despues lo sabrás.
Qué hace Heriberta?
GOSVIN. Hace... esfuerzos
para mostrarnos que sufre
con valor su abatimiento.
BERTIN. Grande ha sido su caida.
GOSVIN. Mayor fué su orgullo.
BERTIN. Pero
harto lo espia.
GOSVIN. La hermosa

dama, de florido ingenio,
sol refulgente de España,
justa envidia de su sexo,
la que intenta Recesvinto
llevar al tálamo regio,
pérfidamente injuriando
mayores merecimientos,
¡nacer de sangre villana,
cual flor que brotó del cieno!
¡Bien me ha vengado la suerte
del que, voluble y soberbio,
en ella puso el amor
que yo merecí primero!

BERTIN. La venganza verdadera
será conquistar su puesto.
Clava los ojos en él.
Yo te allanaré el sendero.

GOSVIN. Gosvinda le correrá
con esplendor. Ya no tengo
rival que temer: la tuve,
la odiaba; la compadezco.
¡Española quien se estaba
reina de los godos viendo!
Fábula desde hoy será
de grandes y de pequeños:
guarecerla deberé
del general menosprecio.
Sobre su cabeza humilde,
velada en lino modesto,
mi mano pondrá la mitra
de abadesa de un convento.

BERTIN. Ya está aquí Egilan: retírate.

GOSVIN. (*Aparte.*) Ella el báculo, yo el cetro.
(*Vase.*)

ESCENA VI.

EGILAN.—BERTINALDO.

EGILAN.. Léjos de Toledo habito:
por la distancia he tardado.

BERTIN. Duque amigo, te he llamado

porque de ti necesito.
EGILAN. Ya me tienes á tu lado.
Tu carta me sorprendió
más que puedo encarecer.
BERTIN. Por hombres de gran valer
España nos designó.
¿Qué es lo que nos toca hacer
en ocasion tan funesta?
EGILAN. Pensar y obrar sin demora,
Conde.
BERTIN. La cuestion es esta.
Nuestro rey futuro adora
en mi sobrina supuesta.
EGILAN. Ella es española.
BERTIN. Tilde
que sobra para estorbar,
en el órden regular,
que aun el godo más humilde
lleve á Heriberta al altar.
EGILAN. La ley que hasta aquí rigió,
dice: «Quien godo nació,
con goda, segun su clase,
ó vándala ó sueva case;
mas con española no.»
BERTIN. Y bien, ¿se someterá
el príncipe Recesvinto
á esa ley?
EGILAN. Dos veces ya,
desde que reinando está
con su padre Quindasvinto,
dejarla quiso abolida.
BERTIN. En siendo por él sabida
la confesion de mi hermana
(y espero de hoy á mañana
de hijo y padre la venida);
gozoso de una ocasion,
que disculpa en cierto modo
la intentada abolicion,
deroga sin remision
la ley que ennoblece al godo;
la mano á Heriberta da;
y el dia que sustituya
al Rey, que no tardará,
una española será
mi soberana y la tuya.

EGILAN. Oh! pues yo tengo jurado
desde el concilio pasado
no sufrir legislador,
que alce al pueblo conquistado
igual al conquistador.
El vencido, que soporte
su yugo, baja la frente:
por qué no fué más valiente?
BERTIN. La raza oriental del norte
juega con las de occidente.
EGILAN. Si ese terrible decreto
á darse llegara al cabo;
mañana quizas un nieto
mio se viera sujeto
al hijo de un casi esclavo.
Semejantes exenciones
no se adquieren con renglones
de tinta; cuestan más caras:
dén cosecha estas regiones
de Viriatos y Megaras.
¿Qué hazañas han merecido
que saquemos de villanos
á los que tanto lo han sido,
que se les llama *romanos*,
porque hasta el nombre han perdido?
No será, no. Decision,
Bertinaldo.
BERTIN. La tendremos,
Egilan. Dí tu opinion.
EGILAN. Es preciso que estorbemos
á toda costa esa union.
BERTIN. Y... cómo?
EGILAN. Es fuerza ocultar
á esa mujer en lugar
seguro, cual se requiere,
para que miéntras viviere,
nadie la pueda encontrar.
BERTIN. Mal proyecto, Duque. ¿Dónde
sin peligro se la encierra?
Quién de su guarda responde?
Tesoro tal no se esconde
bien, ni aun debajo de tierra.
EGILAN. Pero el Príncipe vendrá,
y Heriberta le hablará
con tierna solicitud.

BERTIN. Caiga ella en un ataud,
y no solicitará.
EGILAN. Juzgo que no hay precision
de que tan allá vayamos.
BERTIN. Pues con determinacion
de otra especie, no afianzamos
la suerte de la nacion.
EGILAN. Tiene muy negro matiz
eso, Conde.
BERTIN. Qué delirio!
Ella ha de ser infeliz:
abreviemos su martirio,
y se le excusa un desliz
al Príncipe.
EGILAN. Cuál?
BERTIN. Si echamos
del mundo á esa desgraciada,
sin esperar la llegada
de su amante, y ocultamos
que fuese española, nada
á Recesvinto exacerba
contra la ley, y la ley
sigue.
EGILAN. En verdad, sangre sierva...
BERTIN. Donde el hacha no reserva
ni aun la garganta del rey...
EGILAN. Poco supone.
BERTIN. Y el mal
que ha de traer es enorme.
EGILAN. La defensa es natural.
BERTIN. Pues muera, si estás conforme,
con un veneno.
EGILAN. Sí tal.
BERTIN. Se dirá que sucumbió
á un accidente violento,
y habrá quien jure que vió
cuanto importare al intento.
EGILAN. Con esclavos se probó
siempre cuanto se queria.
Eso ha de ser.
BERTIN. Todavía
me falta el veneno.
EGILAN. ¿Quién
nos le proporcionaria?
BERTIN. Servirnos pudiera bien

Fulgencio: yo de contado,
para ponerle en apuro,
encarcelarle he mandado,
y teme un castigo duro.

EGILAN. Por qué?

BERTIN. Por haber sangrado
con desacierto fatal
á Berengarda, lo cual
me le entrega á discrecion,
conforme á la ley penal
de su triste profesion.

EGILAN. Háblale.

BERTIN. Ambos le hablaremos.—
(*Llamando.*)
Gundemaro.

EGILAN. No debemos
decir para qué persona
el tósigo proporciona.

BERTIN. En su lugar nombraremos
á Lotario. Óyeme y calla,
y estarás pronto de acuerdo
conmigo.

ESCENA VII.

GUNDEMARO.—EGILAN. BERTINALDO.

GUND. Señor...

BERTIN. Que venga
ese hombre.

GUND. (*A Fulgencio.*)
Pasad adentro.

BERTIN. Vos salid.
(*Vase el alcaide y sale el médico.*)

ESCENA VIII.

FULGENCIO.—EGILAN. BERTINALDO.

BERTIN. (*A Fulgencio.*)
Bien supondréis
la causa por que estais preso.
FULG. Conde Bertinaldo, sí.
BERTIN. Dispone el ordenamiento
sobre los físicos...
FULG. No
teneis que buscar el texto:
de memoria me le sé
desde que el monarca nuestro
mandó que las leyes godas
rigiesen á entrambos pueblos,
en lugar de las romanas
que entre nosotros rigieron.
Muerta Berengarda, yo
de sus parientes dependo:
conocedor de la ley,
á su rigor me someto.
EGILAN. Alma de noble mostrais.
Abogo por este viejo.
BERTIN. Es delincuente: he sabido
que hace larguísimo tiempo
que no asiste á nadie, y debe
creerse con fundamento
que, sin práctica segura,
se me presentó ofreciendo
curar á mi hermana, solo
por la codicia del premio
que prometí, la alquería
de más valor que poseo.
EGILAN. Qué respondeis?
FULG. Que es verdad.
Desde que nos impusieron
la dura ley visigoda,
ley que hunde en el vilipendio
la dignidad del saber.

emanacion del Eterno,
juré no asir en mi vida
el brazo calenturiento
de hombre nacido á la sombra
dél solio de Recaredo.
Muerta mi esposa, y con ella
mi hija, presa del fuego
mi pobre hogar, años y años
devorando mi despecho,
¿qué necesitaba yo
de la ciencia que profeso?
¡He tenido tantas veces
en las manos un veneno!

BERTIN. Cómo?

EGILAN. Sabeis?...

FULG. A Dios gracias,
supe tener sufrimiento.
Me hospedaron algun dia
vuestros piadosos renteros,
y el favor pagarles quise
con la granja de su arriendo.
Solo codiciaba yo
que me llevase uno de ellos
á los campos de Numancia,
para saludar muriendo
los escombros de mi albergue,
de mi consorte los restos.

EGILAN. Bertinaldo, este español,
por sus nobles sentimientos,
merece, en ley de equidad,
indulgencia con sus yerros.

BERTIN. En vez de imponerle pena
mayor, le desterraremos
á los campos de Numancia,
ya que suspira por verlos.

FULG. Patria mia!

BERTIN. Pero es fuerza
que por tan dulce destierro
nos muestre su gratitud.

EGILAN. Justo es.

FULG. Mi vida os ofrezco.

BERTIN. Bien. El conde Froya trae
á los vascones revueltos;
Lotario, cómplice suyo,
está convicto, confeso

y sentenciado, y conviene
mucho que muera en secreto.
De un tósigo hablasteis: uno
para Lotario queremos.

FULG. Es justa su muerte?

BERTIN. Ahí
en la mesa está el proceso:
podeis enteraros.

EGILAN. No
debeis abrigar recelo.

BERTIN. Se quiere que no padezca
rubor ni dolor el reo.

FULG. Me lo jurais?

BERTIN. Por mi nombre.

EGILAN. Por mi fe.

FULG. Pues dándoos crédito,
y descargando en vosotros
de la accion íntegro el peso,
registrad la arquita donde
traje los medicamentos,
y un pergamino hallaréis
en una caja de hierro.
Aquel pergamino es obra (6)
de un hábil físico griego,
por quien en Numancia fué
de órden superior compuesto;
y depositado en mí.
cuidadoso le conservo.
Los caracteres en él
trazados, que son muy gruesos
(pues el que los escribió
debió formarlos á tiento),
con un tósigo impregnados
estan, el más pronto y recio
que hay. Al desarrollarle,
pone el roce en movimiento
la sustancia letal fija
en las letras, despidiendo
un como vapor sutil
el pergamino funesto;
y al aproximarle al rostro
como es natural hacerlo,
para verle, mata en una
sola inspiracion de aliento.

EGILAN. Tan pronto?

FULG. Es un rayo.
BERTIN. ¿Deja
señales ?
FULG. Ninguna.
BERTIN. ¿Hay riesgo
en desarrollarle?
FULG. No,
como se le tenga léjos
de la boca y la nariz;
respirando sus infectos
efluvios, cierta es la muerte.
Por un descuido ligero
del mismo que le compuso,
trastornósele el cerebro,
y murió loco.
EGILAN. Y el arca
dónde está?
FULG. Queda en mi encierro.
EGILAN. Abierta?
FULG. Puesta dejé
la llave.
BERTIN. Duque, busquemos
ese rollo. Vos quedad,
y si aun dudais, convenceos
viendo la causa.
EGILAN. (*Ap. al Conde.*) Que ahora
no éntre nadie.

BERTIN. (*Ap. á Egilan.*) Cerraremos :
allí tú, yo aquí.
EGILAN. Bien.
BERTIN. Vamos
pues á probar los efectos
del pergamino en Lotario.
EGILAN. Sí.
(*Vase cada uno por su lado, y cierran.*)

ESCENA IX.

FULGENCIO.

Se hablaban con misterio.
Me habrán engañado? Público
es lo del levantamiento
de los vascones. Veamos
si resulta verdadero
el delito de Lotario.
(*Llégase á la mesa y examina un papiro, un papel.*)
El lo confiesa.—Yo tiemblo.
á pesar de todo. Alguno
más va á morir sin remedio
con ese escrito.
(*Llaman á la derecha.*).
Quién es?

ESCENA X.

HERIBERTA.—FULGENCIO.

HERIB. (*Dentro.*)
Abrid.
(*Abre Fulgencio con la llave maestra, y sale Heriberta.*)
Informada estoy
de que debe llegar hoy
el Príncipe: dadme pues
la carta.

FULG. Tomadla.

HERIB. ¿Os han
juzgado?

FULG. Se me confina
en mi patria.

HERIB. ¡Peregrina
clemencia! Salí de afan.

FULG. Y á mí un recelo me acosa

cuando mi riesgo fenece.
¿Creeréis que me parece
esta piedad sospechosa?

HERIB. Cómo?

FULG. Con ingratitud
procedo, y me lo acrimino;
pero me saca de tino
cierta invencible inquietud.
Vos, sobre quien el amargo
cáliz la suerte derrama,
vos, nada temeis?

HERIB. Me ama
el Príncipe.

FULG. Sin embargo.
oid, oid los acentos
de mí fe, de mi experiencia.
Señora, la Providencia
nos da los presentimientos;
y al quedar mi vida inmune,
brota en mí la inspiracion.
de que hoy en este salon
Dios por algo nos reune.
Por algo vos hoy en mí
secretos depositais,
por algo sobresaltais
mi pecho desde que os vi.
Yo no sé lo que se trata;
pero al Conde le he fiado
cierto escrito envenenado,
el cual, leyéndole, mata.

HERIB. Que mata, decís?

FULG. Oh! sí,
con rapidez inaudita
ó quita la vida, ó quita
el uso del juicio: así
obrad con detenimiento:
sabed por lo que pudiera
suceder, que tiene afuera
título de testamento.
Con verdad ó con tramoya,
el Conde me le ha pedido
para que muera sin ruido
un reo, secuaz de Froya.

HERIB. Condenado á muerte yace
preso el infeliz Lotario,

que es de Froya partidario;
pero mi vida ¿á quién hace
daño? á quién estorba?

FULG. Jóven
hay á quien la envidia encona:
si os quitaren la corona,
que sin la vida os la roben.

HERIB. Corona! Mano clemente
la alzó sobre mi cabeza;
otra mano con fiereza
me la arrancó de la frente.
Ella se llevó espantados
mis sueños de amor tan bellos,
ella dejó mis cabellos
por el hierro amenazados.
Ya por mi dicha futura
fingiendo sinceros votos,
me hablan de vínculos rotos,
de soledad y clausura.
De sí me arroja el recinto
que tembló bajo mi pié.
Recesvinto! ¿Qué seré
de hoy más para Recesvinto?

FULG. Vienen: debeis retiraos.
Pronto.

HERIB. Adios.

FULG. Adios quedad.
El aviso recordad
sobre el veneno.
(*Vase Heriberta.*)

ESCENA XI.

BERTINALDO. SOLDADOS GODOS.—FULGENCIO.

BERTIN. Llevaros
debe el decurion Arnesto:
id pues con él.

FULG. Permitid...
El pergamino...

BERTIN. Partid.

FULG. Me importa...
BERTIN. (*Al decurion.*)
Alejadle presto.
(*Los soldados se llevan á Fulgencio.*)
Debe de todas maneras
lo que suceda ignorar,
porque es fácil sospechar...

ESCENA XII.

EGILAN, *con un rollo de pergamino en la mano.*—BERTINALDO.

EGILAN. Lotario acabó.
BERTIN. ¿De veras
quedó sin vida?
EGILAN. No hizo
más que lo que viste. Inerte
como la piedra. Es la muerte
misma ese infernal hechizo.
(*Pónele en la mesa.*)
BERTIN. Conocida su eficacia,
y estando para llegar
los reyes, hay que atajar
nuestra inminente desgracia.
Tú no querrás comision
tan odiosa.
EGILAN. Es muy sencillo
que repugnen á un caudillo
comisiones de sayon.
BERTIN. Pero este negocio, ves
que por su misma entidad
pide mancomunidad
completa, y no es para tres.
EGILAN. Confiésolo francamente.
BERTIN. Sorteémos.
EGILAN. Aceptado.
BERTIN. El que saque negro el dado,
hará el funesto presente.
EGILAN. Bien.
BERTIN. Urna hay aquí.
(*Lléganse á la mesa.*)

Menea.
(*Egilan sacude la urna y la abre ó destapa.*)

EGILAN. Saca.

BERTIN. (*Sacando un dado.*)
Marfil me tocó.

EGILAN. (*Sacando otro dado.*)
Azabache.

BERTIN. (*Ap.* Me sirvió
el acaso.)
(*Coge el rollo y se le da á Egilan.*)
Ten. Que lea.
Te la enviaré.
(*Vase.*)

ESCENA XIII.

EGILAN.

Cruelmente
resolví sin vacilar;
y ahora tiemblo de atentar
contra esa pobre inocente.
Pero si vive, consiento
el mal que nos amenaza:
primero es la ley de raza
que una española ni ciento.
Su amante nuestro perjuicio
quiere: esto me justifica.
El es quien la sacrifica,
y á él le salva el sacrificio.

ESCENA XIV.

HERIBERTA.—EGILAN.

HERIB. A vos, Duque, me dirigen:
dadme pues conocimiento
de no sé qué documento
donde se explica mi orígen.

EGILAN. (*Le da el pergamino.*)
Leed.
HERIB. (*Tomándole.*)
Estais conmovido.
EGILAN. Tal vez.
HERIB. Mi suerte os da pena?
Yo la soporto serena,
miradme.
EGILAN. Señora, os pido
que no me hableis ni mireis,
ni pretendais que se os mire...
HERIB. Bien.
EGILAN. Y ántes que me retire,
leed.
HERIB. ¡Qué ceño poneis,
Egilan! (*Ap.* Entro en cuidado.)
Y qué es este pergamino?
EGILAN. Señora, vuestro destino,
que no es muy afortunado.
Leed.
HERIB. Concibo la idea
de que no ha de ser noticia
la que halle, tan impropicia,
cuando me instais á que lea.
EGILAN. Insto...
HERIB. (*Ap. mirando el rollo por fuera.*)
Qué es lo que reparo?
Testamento!—¿Dice aquí
testamento?
EGILAN. No advertí...
Sí. *Testamento*... muy claro.
HERIB. Claro me va pareciendo
ahora.—¿Quereis hacerme
el obsequio de leerme
esto, Duque?
EGILAN. Yo?
HERIB. Comprendo.
EGILAN. Qué?
HERIB. Que este escrito, al reves
de lo que era de esperar,
á vos os debe dañar,
y a mí no.
EGILAN. Sí.
HERIB. Cierto. ¿Y es
aquí vuestra compañía

necesaria á la lectura?

EGILAN. Oh! no Os dejo. (*Ap.* ¡Qué tortura padecí!)

(*En el momento en que Egilan vuelve la espalda, Heriberta desarrolla con ruido el pergamino, evitando verle.*)

HERIB. Vírgen María!

Ah!

(*Cae en el suelo: al oir la exclamacion de Heriberta, vuelve Egilan.*)

EGILAN. Cayó. Desarrolló
el escrito, y por su mano
cumplió el decreto inhumano.
(*Llamando.*)
Conde!

ESCENA XV.

BERTINALDO.—EGILAN. HERIBERTA, *inmóvil en el suelo.*

BERTIN. Qué hay?

EGILAN. Mira.

BERTIN. Ah! Leyó!
(*Recoge y guarda el pergamino.*)
Hola! (*Llama.*)

EGILAN. Infeliz!

BERTIN. Hola!

ESCENA XVI.

GOSVINDA. ESCLAVAS. ESCLAVOS.—*Dichos.*

BERTIN. (*A su hija.*)
Ven.
(*A las esclavas.*)
Llegad: un fiero accidente
la acometió de repente.

Llevadla donde le dén
auxilios.
(*Las esclavas levantan á Heriberta.*)

HERIB. Ay Dios!

EGILAN. Respira!

BERTIN. (*Fuera de sí mirando atónito al Conde.*)
Qué hubo aquí?

HERIB. (*Con voz sorda.*)
Maldad!... engaño!

GOSVIN. Qué ha sido esto?

HERIB. Ya... no hay daño.

GOSVIN. Pero qué fué?

HERIB. Que delira
mi pobre madre... que niega
lo que sabeis que es verdad.
No la creais, no! Callad!

ESCENA XVII.

GUNDEMARO.—*Dichos.*

GUND. Señor, el Príncipe llega.

BERTIN. El Príncipe ya en mi casa!
(*Hace que se va.*)

HERIB. Aguardad.
(*Detiene al Conde.*)

EGILAN. (*Ap.*)
¿Si el maleficio
le habrá trastornado el juicio?

BERTIN. (*A Gosvinda.*)
Vé y cuéntale lo que pasa;
prevenle.
(*Vase Gosvinda. Heriberta, teniendo asido al Conde, coge con la otra mano á Gundemaro, y le dirige las expresiones que debia dirigir al Conde.*)

HERIB. (*A Gundemaro.*)
Viejo taimado,
pariente infernal, confiesa
y jura... que soy princesa:
respeta mi principado.

GUND. Ved...

HERIB. Esa voz de agonía

que te dió gozo feroz,
la has de olvidar: esa voz
ó deliraba ó mentia.
(*Suelta á Bertinaldo.*)

GUND. Pero...
(*Heriberta lleva á Gundemaro delante de una ventana.*)

HERIB. Allí, tras la montaña,
negro vapor aglomera
el cierzo, que á la lumbrera
del dia la luz empaña.
Mas el viento es cambiadizo:
paró; y el turbion que nace...
se deshace... se deshace...
se deshace... se deshizo!
(*Dirígese al Conde y al Duque.*)
De un sepulcro alzarse veis
nube que á mi frente sube:
rayos lanzará la nube,
si no la desvaneceis.

GUND. (*A los esclavos.*)
Qué es esto?

BERTIN. (*Ap. á Egilan.*)
Lo que al autor
del veneno le sucede.

EGILAN. (*Ap. á Bertinaldo.*)
En no casándose, puede
vivir.

ESCENA XVIII.

RECESVINTO. GOSVINDA. GODOS.—HERIBERTA. EGILAN. BERTINALDO. GUNDEMARO. ESCLAVAS. ESCLAVOS.

BERTIN. Príncipe y señor!

GUND. Qué infortunio presenciais!

RECESV. Apartad; hablarla quiero.—
Heriberta...

HERIB. Caballero...

RECESV. Soy Recesvinto.

HERIB. Seais.
No sois más?

GOSVIN. Tu amante.
HERIB. Amante...
amante... Oh dulce sonido!
RECESV. Pero qué le ha sucedido?
HERIB. Mil cosas en un instante.
Sobresaltos y sonrojos
y peligros y caidas.
Víboras pisé dormidas...
embistiéronme á los ojos.
RECESV. Cómo?
HERIB. La viuda á quien diste
un abrazo en esta sala,
de pronto se puso mala:
de verla, me puse triste.
Vinieron á casa ¡tantos
hombres de alta dignidad!...
Su Divina Majestad
y la Vírgen y los Santos...
Pero ay! entre hachas de luz
tendida la vimos yerta,
de áspero sayal cubierta,
las manos juntas en cruz.
¡Cuán poco duran los bienes
del mundo! Quién lo diria?
El pecho se me partia,
se me saltaban las sienes.
Otra más, otra dolencia
me iba royendo cruel:
su nombre es como la hiel
de amargo: se llama *ausencia*.
Ojos, manos y clamores
alcé á la esfera azulada;
cubriómela una bandada
de buitres devoradores.
Una bóveda movible
era de alas, garras, picos...
Graznaban grandes y chicos;
pero en lengua inteligible.
Uno chillaba: «Heriberta,
reina te hace la lisonja;
no lo serás: monja, monja.
Dos gritaron: Muerta, muerta.»
—Huí; tinieblas y truenos
detuviéronme horrorosos,
y reptiles monstrüosos,

lanzadores de venenos.
Imposible resistir
á tal angustia y espanto:
no pude romper en llanto,
y eché de golpe á reir.
Ah, ja, ja, ja, ja!

TODOS. Está loca!

RECESV. Su juicio se extravió.
Alguien contra ella atentó.
Quién ha sido? Hablad. Quién?

HERIB. Poca
precision hay de que arbitres
por mí ninguna medida:
con tu ruidosa venida
se han espantado los buitres.

RECESV. Quién te ofendió?

HERIB. Convendrá
sí, que unos lazos les echen...

RECESV. Dí, dí más.

HERIB. Donde no acechen.
Adentro. Ah, ja, ja, ja, ja!
(*Tómale de la mano y éntranse.*)

FIN DEL ACTO PRIMERO.

ACTO SEGUNDO.

Salon del pretorio, ó palacio del Rey.

ESCENA PRIMERA.

HERIBERTA, *con el cabello corto, y vestida con un saco de penitente.* GOSVINDA, *con traje rico.*

HERIB. Ah, ja, ja, ja! Qué alegría!
GOSVIN. (*Aparte.*)
Qué rabia!
HERIB. Ha sido chistosa
la escena: yo, por la gracia
que tengo, divinatoria,
lo preví. Doliente el Rey,
¿al Príncipe se le antoja
llamarnos á su pretorio?
No volveré pesarosa.
Aun es el Príncipe mio.

GOSVIN. (*Aparte.*)
Que ha de humillarme una loca!
HERIB. Pero ¡qué airado se puso,
cuando me vió motilona!
Qué ojos te echó! Te quedaste
más pálida que una momia.
GOSVIN. Tu confesor y tu médico
lo mandaron.
HERIB. Te equivocas.
Mios no son; de tu padre
sí, pues viven á su costa,
y le sirven... y á tí.
GOSVIN. Crees?...
HERIB. Creo en la Iglesia católica,
mandamientos y oraciones
y obras de misericordia.
GOSVIN. Pero tú...
HERIB. Ya dije al Príncipe:
«Mi prima no es envidiosa:
hecha una vision me trae;
sin embargo, no supongas
que es por deslucirme: yo,
aunque me vista de diosa...
valgo más que ella.»
GOSVIN. Atrevida!
HERIB. Pues si es la verdad. Quien toma
la cara que le dan, y,
sin verla, se la coloca
encima, no tiene culpa
si es fea, ni si es hermosa.
Y si me valiese de algo
la mia... Pero ¡se portan
conmigo de una manera!...
Me escarnecen, me desmochan,
me jaropean, me encajan
un sayo de hilaza tosca,
me llevan de templo en templo,
me santiguan y me hisopan...
A qué?
GOSVIN. A volverte cual ántes,
en tu juicio.
HERIB. ¡Meritoria
idea! ¡Como ántes fué
mi vida tan deliciosa!
Los ojos siempre en el suelo,

siempre un candado en la boca...
Vaya! ¿Quién chista delante
de esas benditas matronas
de Toledo, que de todo
parlan, y todo lo ignoran?
Viva me hubieran comido,
si imprudente ó vanidosa
hubiese dejado alguna
vez traslucir ni una coma
de la instruccion que me dió
mi esclava griega Heliodora.
Porque yo me sé los cuatro
evangelios de memoria,
y he estudiado á Ciceron,
y he leido las historias
de Tito Livio y Procopio,
y deliro con las obras
del genio que inmortaliza
los campos que fueron Troya.

GOSVIN. Eh!...

HERIB. *Ménin aeide, Zea...*

GOSVIN. Basta ya.

HERIB. Y escribo coplas.
Un himno á la Vírgen hice!...
Pues ¿y mi sátira contra
los novios?

GOSVIN. ¿No hay uno bueno
para tí?

HERIB. Pregunta impropia!
Siendo loca una mujer,
qué falta le hace ser novia?
Me lo habrás tú dicho mil
veces, y me quedo corta.

GOSVIN. Tienes razon.

HERIB. El casarse
se queda para vosotras,
las que no entendeis la lengua
de Homero ni de Mahoma.
Por eso, para ocultar
la desnudez vergonzosa
del espíritu, cubrís
el cuerpo de seda y joyas.
A propósito, primita
del alma, por qué me robas?

GOSVIN. Cómo?

HERIB. Ese collar es mio.
GOSVIN. Tuyo?
HERIB. De Constantinopla
mandó que se le trajeran
el rey Tulga, que esté en gloria,
y me le regaló... y estas
manillas... y esa aureola. (7)
GOSVIN. (*Ap*. Y no me advierte mi padre!...)
Tú te engañas.
HERIB. Soy yo tonta?
Sabiendo griego, ¿no quieres
que mis alhajas conozca?
Pero esas bien poco valen;
mira... esta sí que es preciosa.
(*Señala un anillo que lleva.*)
Un corazon de diamante,
que me dió el Príncipe: goza
las demas; esta, no es fácil
que en el dedo te la pongas.
GOSVIN. Heriberta!...
HERIB. ¿Qué te da,
prima?
GOSVIN. Tú de mí te mofas?
HERIB. Tal vez.
GOSVIN. Sabes tú quién eres?
HERIB. Todos princesa me nombran;
lo puedes tú desmentir?
GOSVIN. (*Aparte.*)
¡Oh precision rigorosa
de callar!

ESCENA II.

BERTINALDO.—HERIBERTA. GOSVINDA.

BERTIN. Qué pasa?
HERIB. Es vuestra
Gosvinda que se sofoca,
y porque os hacen tutor
mio, la echa de tutora.
BERTIN. (*Ap. á su hija*. Disimula.) No haya más.
Abrazaos.
—— Cara fosca,

ven acá.

GOSVIN. (*Aparte.*)
Me abraso en ira.

HERIB. Tu padre, ni aun cuando ahorca
sin razon á un infeliz,
sale de su calma heróica:
aprende de él.

BERTIN. En efecto,
no obstante que me ocasiona
grave daño lo que hiciste
dias há, mi bondadosa
condicion, sin reparar
en nada, te lo perdona.

HERIB. Perdonar! ¿Qué habeis tenido
vos que perdonarme?

BERTIN. Rotas
mis arcas lo están diciendo.

HERIB. Les entraba la carcoma
ya: cogí un hacha... zis, zas,
plum!... —Pero ¡buena limosna
dí con el oro que hallé!

BERTIN. No es el oro lo que importa;
guardaba yo allí escrituras
sobre negocios de monta,
y las quemaste, segun
dijiste.

HERIB. Ah! sí.

BERTIN. Reflexiona
un poco, Heriberta: ¿fueron
todas abrasadas?

HERIB. Todas...
No; reservé un pergamino.

BERTIN. Cuál?

HERIB. Uno con letras gordas
por defuera.

BERTIN. Qué decian?

HERIB. Testamento.

BERTIN. (*Aparte.*)
Él es.

HERIB. Curiosa
de verle, le aparté; luego...
ni aun le miré.

BERTIN. Y le custodias?...

HERIB. Sí.

BERTIN. Dónde?

HERIB. En sitio seguro,
en una caja redonda.

BERTIN. En qué sitio?

HERIB. Está en la caja...
con las dulces prendas solas
de que soy en mi orfandad
legítima posesora.

GOSVIN. Qué prendas?

HERIB. Cartas.

GOSVIN. De amor?

HERIB. Son del Príncipe.

BERTIN. Bien, cosa
justa es que las guardes; pero
hay precision perentoria
de que me devuelvas ese
pergamino.

HERIB. Yo estoy pronta...
con tal que discurra dónde
le puse.

BERTIN. Cómo!

HERIB. Se embrolla
mi razon: ya no me acuerdo.

GOSVIN. Esfuérzate.

BERTIN. Prueba...

HERIB. Ociosa
fatiga: no puede ser.
Voz que recorre estas bóvedas,
me susurra: «Cuando el Príncipe
te interrogue, no respondas;
calla y espera.» Vosotros
no sois para mí personas
tan queridas: debo andar
con vosotros cautelosa.

GOSVIN. Nada alcanzais.

BERTIN. (*Aparte.*)
Observándola,
descubriré...

HERIB. Me acongoja
el temor de que ha de ser
mi franqueza perniciosa,
fatal al Príncipe.

BERTIN. Oh! no
lo creas.

HERIB. Ay! En Vasconia,
fuera de Vasconia ya,

suena la bélica trompa;
soldados por todas partes
en Toledo se amontonan;
Recesvinto va á salir
con ellos á Zaragoza;
el Rey enfermo peligra;
voces oigo misteriosas
allá en el palacio nuestro,
y caras miro traidoras.
Mi amor, que observa con susto
las nubes que el cielo entoldan,
calla y la tormenta aguarda
que viene rugiendo sorda.

GOSVIN. Qué tormenta?

BERTIN. Qué has oido?

HERIB. Que los godos se alborotan
porque, á las nuevas legiones
que de españoles se forman,
el Príncipe quiere dar
jefes de la raza propia
de ellos, españoles.

BERTIN. Es
innovacion peligrosa.

GOSVIN. Antinacional.

BERTIN. No sufre
la raza conquistadora
que le amengüen privilegios
que le dan provecho y honra.

HERIB. Y hace bien. El godo, cuando
Marte su pendon tremola,
quita al español sus hijos,
los arma de espada y cota,
y acaudillándolos él,
á la muerte los arroja.
Le suelen ellos ganar
el triunfo, y él se le apropia;
pero esa es la ley, y cuanto
en contrario se disponga,
es injusto: no lo hara
el Príncipe, si es que adopta
mi opinion. Voy al jardin
del Rey...
(*A Gosvinda.*)
Te traeré una rosa...
amarilla... como tú. (*Vase.*)

ESCENA III.

BERTINALDO. GOSVINDA.

GOSVIN. Padre, esta locura...
BERTIN. ¿Tornas
á sospechar que es fingida?
GOSVIN. ¿Qué causa hay satisfactoria
para imaginarla cierta?
BERTIN. Qué causa? Las hay de sobra.
(*Ap.* No sabe lo del escrito
de la letra venenosa.)
GOSVIN. Esto de no recordar
ni una vez que es española,
á grave sospecha mueve.
BERTIN. Circunstancia provechosa,
que debemos bendecir,
pues, cierta ó fingida, apoya
nuestros proyectos. Conviene
que el Príncipe no conozca
el tal secreto, sin que ántes
ciña tu sien la corona.
GOSVIN. Recesvinto no me ama,
ni me amará nunca; me odia,
y yo le aborrezco ya.
BERTIN. Iras de mujer celosa,
que debe lanzar del pecho
quien la diadema ambiciona.
Mal se ganan voluntades
con frente ceñuda y torva,
muéstrate amante, y verás
que ser bien pagada logras.
Al Príncipe en este punto
propóne Egilan tus bodas.
GOSVIN. Las rehusará, le tiene
ciego mi competidora:
triunfará de mí.
BERTIN. ¿Ha de ser
una demente su esposa?
Fia en mí y en Egilan:
toda la nobleza gótica

quiere la union que prepara
mi diestra fuerte y mañosa,
y pronto el regio dosel
dará á tu cabeza sombra.

GOSVIN. Pronto, decís?

BERTIN. Y si no,
Toledo se insurrecciona...
y tu rival... á mí cargo
queda.

GOSVIN. Os oigo con zozobra,
padre.

BERTIN. Quindasvinto hará
que el Príncipe reconozca
lo que el bien del reino exige,
y el suyo propio.

ESCENA IV.

HERIBERTA, *con un ramo de flores.*—BERTINALDO. GOSVINDA.

HERIB. Señora
prima, flores traigo aquí
de vario color y aroma:
para tí las que no tienen
espinas, las punzadoras
para mí.

GOSVIN. Gracias.

HERIB. (*A Bertinaldo.*)
Por vos
pregunta en la estancia próxim
vuestro alcaide.

BERTIN. Gundemaro?

HERIB. Pues: viene con una tropa
de médicos, rebuscados
con celeridad pasmosa
por él y otros, en ciudades
inmediatas y remotas.

GOSVIN. El Príncipe lo mandó.

BERTIN. Hijo amoroso, convoca
sabios, que á su padre asistan
en su dolencia penosa.

HERIB. Fulgencio le dió en Numancia

una epístola amatoria
para mí: vedla y dejádmela
despues; que estoy deseosa
de saber qué dice.

BERTIN. Ven
con nosotros.

HERIB. Quiere ahora
hablarme el Príncipe.

GOSVIN. Vamos
de aquí, padre. (*Ap.* Me devoran
los celos.)

BERTIN. Te enviaré
esa carta sin demora.
(*Vanse padre é hija*)

ESCENA V.

HERIBERTA.

Todo su palacio el Conde
vá á registrar, para ver
si halla el ponzoñoso escrito
de que yo me apoderé.
Conviene que me le guarde
en este pretorio el Rey,
á quien leal descubrí
mi fingida insensatez.
Él manda que lleve aün
la máscara que tomé:
con su hijo, con mi amante
me obliga á fingir tambien,
hasta que pasen los riesgos
que nos cercan en tropel.
Si hoy sabe quién soy el Príncipe,
hoy rompe la odiosa ley;
en el trono me coloca,
y enciende guerra cruel,
guerra en que fin espantoso
nos amenaza á los tres.
Por mucho ménos ya se alzan
los godos contra mi bien:
velar por su vida y gloria,

salvársela es mi deber.
Triunfe del Conde rebelde,
por que ha de triunfar, lo sé;
caerá mi disfraz entónces
á vista de su laurel,
y podrá el Príncipe al reino
su voluntad imponer.

ESCENA VI.

RECESVINTO.—HERIBERTA.

RECESV. Yo no sé, prenda mia,
si en la memoria tienes
el azaroso dia
que á esta ciudad volví.
Despues de ausencia triste,
verte me dió más pena:
tú me desconociste,
yo no te conocí.
«Haz (dije) manifiesta
la causa de tu daño.»
Saqué de tu respuesta
pesar y confusion.
Males sin fin sospecho,
y hablarte determino
bajo el seguro techo
de esta real mansion.
Ella con paz te brinda;
no hay quien tu voz espie;
léjos está Gosvinda
y el Conde y Egilan.
Aviva de tu mente
las fuerzas lastimadas,
y haz la ocasion patente
de tan cruel desman.
Que yo, por más que vea
tu frente sin su ornato,
y que tu cuerpo afea
vil sayo de capuz,
nunca, de ningun modo
me allano a persuadirme

que la razon, del todo
te retiró su luz.
Detras de la apariencia,
descúbrese á mis ojos
mano de atroz violencia,
que fiera te amagó.
Silencio inoportuno
es el que guardas tanto:
dí si te ofende alguno,
dí si te ofendo yo.

HERIB. Quejas me das amantes,
quejas que son mi gozo;
me ves lo mismo que ántes,
cuando tan otra estoy.
Oh! gratitud inmensa,
Príncipe, te dedico.

RECESV. Mi bien!

HERIB. Tú hacerme ofensa!
Yo quien te ofende soy.

RECESV. En qué?

HERIB. No acibaremos
este momento dulce;
pesares olvidemos,
y no preguntes más.
Segura yo contigo,
no en mis contrarios pienses:
¿hubo sin enemigo
poder ni amor jamás?

RECESV. Luego los tienes?... luego...

HERIB. Por Dios, no me interrumpàs;
óyeme con sosiego.

RECESV. Dí.

HERIB. Libre de inquietud,
con risa halagadora
mirándome fortuna,
rayó mi doble aurora
de amor y juventud.
Mi corazon tu marca
desde la infancia lleva:
se le negué á un monarca
por consagrarle á tí.

RECESV. Oh dicha!

HERIB. Él, recelando,
te proscribió sañudo;
con su sangriento bando

no te arrancó de aquí.
RECESV. Tú me infundiste brío
para moverle guerra:
tuyo es el triunfo mio,
y otros aguardo aün.
HERIB. En puesto yo sublime,
tú noble oscuro entónces,
amarte tanto, dime,
es un amor comun?
RECESV. Es solo el que saciara
mi sed de gloria ardiente.
HERIB. ¿Será exigencia rara
pedir mi galardon?
RECESV. Hermosa!... considera
que á ser el premio justo,
mil vidas que tuviera
fueran mezquino don.
HERIB. Nos alza y nos humilla
la suerte á su albedrío:
de mi dorada silla
bien puedo yo caer.
RECESV. Mis brazos en tu ayuda
se tienden amorosos.
HERIB. Ay! la princesa viuda
me dijo al fallecer:
«Dilata el ser esposa
del Príncipe años y años,
ó su funérea losa,
mi espectro moverá.»
RECESV. A voces sin sentido
quién dócil se somete?
HERIB. La tumba se ha movido,
su huéspeda saldrá!
RECESV. Repara...
HERIB. Un bandolero
subleva la Vasconia:
vé y hágala tu acero
postrada obedecer.
Para que no peligres,
vierte de sangre lagos,
ó tus vasallos tigres
la tuya han de beber.
Sin que ornen los dinteles
de este pretorio excelso
trofeos y laureles,

no me hables ya de amor.
Pero promete y jura
que si de ser tu esposa
quiere mi desventura
quitarme el dulce honor,
ó de otra compañera
te negarás la mano,
ó la que yo prefiera
[illegible] la alcanzará.
Con tal ofrecimiento
mi amor tendrá su paga,
con él mi entendimiento
nubes ahuyentará.

RECESV. Ya de ese bien seguro
me dejan tus razones:
cuanto me pides juro,
y amarte hasta morir.

HERIB. Siquiera miéntras guarde
yo tu sortija.

RECESV. Guárdala
siempre.

HERIB. Si puedo, tarde
la he de restituir.

RECESV. Egilan. Vete. (*Ap.* Enfadoso
es este hombre en su teson.)

HERIB. (*Aparte.*)
Oir su conversacion
me debe ser ventajoso.
(*Vase.*)

ESCENA VI.

EGILAN.—RECESVINTO.

RECESV. Y bien?

EGILAN. No vuelvo á insistir
en que á Gosvinda concedas
tu mano: tú me lo vedas,
y hay más en que discurrir.

RECESV. Duque...

EGILAN. Te vengo á rogar
que no alteres la costumbre,
cuando tanta muchedumbre

de gente quieres armar.
Se dice en calle y en plaza
que deben los reclutados
españoles ir mandados
por caudillos de su raza.

RECESV. Tal pienso: con recompensas
justas amor inspiremos;
no digan más que vencemos
sin su pro y á sus expensas.

EGILAN. Tú pues, no tan solamente
al vínculo te has negado,
que te afianzara un reinado
pacífico y floreciente.,
sino que, dado al afan
continuo de malquistarte,
pretendes que el talabarte
se ciña de capitan
gente que se me figura
que va á pensar, muy en ello,
que la cadena del cuello
se le pasa á la cintura.

RECESV. La cadena agobiadora
volver quiero yo ligera:
nuestra raza degenera,
la indígena se mejora.
Forzadas á competir,
ganen ambas á la par:
no querrá el godo bajar
si ve al español subir.

EGILAN. ¿Temes tú que la nobleza
visigoda se avillane?

RECESV. Yo pretendo que se hermane
lo que unió naturaleza.
Siglo y medio há que vivimos
juntos en una region:
ni ellos lo que fueron son,
ni nosotros lo que fuimos.
Tu habla, tu aspecto, esa ropa,
digna de un galan de Aspasia, (8)
¿muestran al bárbaro de Asia,
huésped y azote de Europa?
Echados del setentrion
por el frio y por el hambre,
caimos en grueso enjambre
sobre una y otra nacion,

y donde rico estipendio
no pagó nuestra jornada,
la dejaron bien marcada
la mortandad y el incendio.
Pero en España, que fin
puso al dilatado viaje,
no era ya el godo el salvaje
que á nado cruzaba el Rhin;
ántes al ver con escándalo
en ella déspotas nuevos,
arrolló alanos y suevos
lanzó al silingo y al vándalo.
Mandatarios imperiales,
ascendimos á señores
venciendo á los invasores,
ganando á los naturales,
y ellos, en la sujecion
conservándose sin mengua,
nos impusieron su lengua,
costumbres y religion.
En virtud, sabiduría
y número nos exceden.

EGILAN. Ejercer con fruto pueden
labranza y ganadería,
tejer seda con primor
y edificar un castillo;
pero el cargo de caudillo
pide ánimo superior.

RECESV. Froya dirá si en justicia
mi resolucion se apoya.

EGILAN. ¿Y no vencerás á Froya
sin esa nueva milicia?

RECESV. Poco le temo, Egilan,
soldados rijo de cuenta;
pero á tí ¿no te amedrenta
desde África el musulman?
Hácia nosotros avanza,
nadie de él está seguro:
fabriquémonos un muro
donde se rompa su lanza.
Unidos para las lides
godo y español, sereno
aguardaré al sarraceno
en las columnas de Alcídes;
pero teniendo neutral

al español y remiso,
como tenerle es preciso
cuando se le trata mal;
si nosotros no atajamos
la furiosa inundacion,
dejará con su inaccion
él, que se aneguen sus amos,
y á salvo en puesto contiguo,
reirá de ver que llegó
dia en que pisoteó
nuevo tirano al antiguo.
Corona espera mi sien,
Egilan; y si algo puedo,
no exhalará mi Toledo
el ay de Jerusalen.

EGILAN. Un riesgo que ignoras labras,
y el que presientes no evitas:
mira que te precipitas;
por Dios, que los ojos abras.
Cuando sulquen el Estrecho
las galeras del infiel,
á recibirle en tropel
iremos con firme pecho,
donde sin ayuda ajena,
sino la que el cielo preste,
gane el triunfo nuestra hueste,
ó se abra tumba en la arena. (*)
Muera yo, como haga riza
primero, y quiebre la hoja
de mi espada, no la coja
mano de sangre mestiza,
sangre hispana, que cien veces
con otra se revolvió,
y en la mezcla desechó
lo bueno, y guardó las heces.
Luz de gloria nunca radie
sobre esa familia extraña:
nosotros somos España,
fuera de nosotros nadie.
Al hombre que nace y crece
á nuestros piés, no podemos

(*) Los ocho versos siguientes pueden suprimirse en la representacion.

amarle; le aborrecemos,
y aun al que no le aborrece.
Quieres una prueba? Impía
es, horrorosa es la prueba;
mas dice adónde nos lleva
nuestra terca antipatía.
Si Heriberta no enloquece,
muere á mis manos de fijo.

RECESV. ¡Matar á la que yo elijo
para tu reina! Merece
tan solo el pensarlo mil
muertes, mil. Pues qué os ha hecho?

EGILAN. La llamabas á tu lecho,
y es una española vil.

RECESV. Es hija de Radimiro,
es hija de Berengarda.

EGILAN. Es de la estirpe bastarda:
lanzando el postrer suspiro
Berengarda, reveló
el hecho, el cómo y por qué,
y el Conde testigo fué,
y Heriberta lo escuchó.

RECESV. Cielo santo!

EGILAN. Ahora, desnuda
tu acero, y el pecho parte
al que, mirando á salvarte,
no enfrena su lengua ruda.
Tu luego perecerás:
ya está en feroz asonada
tu muerte determinada.

RECESV. Oh! yo sabré...

EGILAN. Ni sabrás,
ni podrás: no hay defensores
de rey que su ser abjura;
tragará la sepultura
tus planes trastornadores,
tragará contigo al viejo
nonagenario, que hubiera
finado en paz su carrera.

RECESV. Mi padre!... Duque!...

EGILAN. Un consejo.
En sus manos moribundas
pongamos nuestras cuestiones:
yo diré mis pretensiones;
dí tú el no y en qué lo fundas.

RECESV. Egilan, el Rey consiente
mi justo y noble decreto.
EGILAN. Quizá escuche con respeto
la voz del riesgo inminente.
RECESV. Él temer!
EGILAN. Si convenís,
mi parecer avasallo
al tuyo.
RECESV. Dicte su fallo
mi suerte y la del país.
(*Vanse.*)

ESCENA IX.

HERIBERTA. GUNDEMARO.

GUND. Pasad. ¿Qué estabais haciendo
aquí?
HERIB. No lo comprendeis?
GUND. Acechabais, eh?
HERIB. Y oia
cosas de mucho interes.
GUND. Linda maña!
HERIB. Las mujeres
son amigas de saber.
A propósito, ¿me das
el consabido papel?
GUND. A eso vine.
(*Se le da.*)
HERIB. ¿Qué te dijo
Fulgencio?
GUND. Que os quiere ver,
que necesita salir
de Numancia, que logreis
que le perdone el destierro
el Conde, mediando el Rey.
HERIB. Por qué se quiere venir?
GUND. Porque intenta recorrer
media España: ha descubierto
que una hija que tuvo, fué
robada; pues no murió,

como le hicieron creer.

HERIB. Es posible?

GUND. El hombre tiene
el juicio hecho una babel
con la noticia, y anhela...

HERIB. Sí. Leamos.

GUND. ¿Aun leeis
sin dificultad?

HERIB. Ninguna:
todo lo comprendo bien.
Oye y juzga.
(*Lee.*)
«Princesa: Necesito veros por vos y por mí; sabed entre tanto que se disponen varias ciudades á unirse con el rebelde Froya, y que se niegan muchas á hacerle guerra: el designio de conferir grados militares á los españoles irrita á los godos contra el Príncipe, contra nosotros, y aun contra vos: aunque no se dice, comprenderéis el motivo. Dad esta carta al Príncipe: que resuelva pronto, porque el peligro da poca espera.»
¿Y es verdad
todo esto?

GUND. Distinguiré.
A los pobres españoles
hoy los tienta Lucifer:
con lo de ofrecerles jefes
propios, cobran altivez,
y sin pérdida de tiempo
quitársela es menester.
Esto es verdad, y si ocurre
algun degüello, pardiez
que no será extraño. Es cierto
que se conspira tambien
contra el Príncipe... De vos
nadie se queja; al reves,
todos sentimos que el Príncipe
rival tan indigna os dé.

HERIB. Quién? Gosvinda?

GUND. Si esa fuera,
todo se arreglara.

HERIB. Pues
qué otra rival tengo? ¿Cómo
se llama? Quién es? Dí. Quién?

GUND. Dicen que es una española
duende, que no se la vé,

y todo lo enreda.

HERIB. Ah! sí:
ya estoy.

GUND. Contra esa mujer
es el odio general
de toda la goda grey.
Esa pierde al Príncipe, esa
le llevará á perecer,
esa condena á su estirpe
á un exterminio cruel.

HERIB. No lo creas, Gundemaro.
Gracias. Yo lo evitaré.
Aguardo al Príncipe. Déjame
hablar á solas con él.

GUND. (*Aparte.*)
Cuanto el Conde me previno,
se lo he dicho ce por be.
(*Vase.*)

ESCENA X.

HERIBERTA.

Mis remotas esperanzas
acabaron esta vez.
Recesvinto sin los godos
no puede á Froya vencer,
y si arma españoles, víctima
de los conjurados es.
Dando á Gosvinda la mano,
diera á su trono sosten:
esto que le dijo el Duque,
le habrá repetido el Rey.
Aquí vuelve. Corazon,
esfuerza tu intrepidez.
Viva y reine Recesvinto;
pierda yo cuanto anhelé.

ESCENA XI.

RECESVINTO.—HERIBERTA.

RECESV. (*Ap.* ¡Mi padre con tal porfia
mandarme salir !... ¡quedarse
con Egilan!... ¿Va á frustrarse
la firme esperanza mia ?)
Heriberta...
HERIB. ¡Qué oportuna
es tu venida, señor!
(*Rasga la carta.*)
RECESV. Qué rasgas?
HERIB. Un borrador
sin importancia ninguna.
RECESV. (*Ap.* Española! He de indagar...)
Mira, ven: recapacita.
HERIB. Es que aguardo una visita...
Visita que hace temblar!
RECESV. Temblar ? Quién es ?
HERIB. Bien que no:
respetará el regio albergue.
—Ay! mi cabello se yergue.
Nada respeta. Ya entró.
RECESV. Quién?
HERIB. Berengarda. Allí. Mira...
Al verte, se queda atras.
RECESV. (*Ap.* ¡Española, y ademas
así la infeliz delira!)
Vuelve en tí, y el error cese
que tu pensamiento embarga.
HERIB. Viene y la mano me alarga
para que vaya y la bese.
(*Da unos pasos, se arrodilla y hace como que toma y besa la mano que supone le tiende la sombra de Berengarda.*)
RECESV. Sola estás conmigo.
HERIB. Sola!
No la ves pegada á mí?
¿No oyes que me dice: «Dí,
dile que eres española?»

RECESV. Vuelva tu juicio á su ser,
y hasta el solio te levanto.

HERIB. Oís? Queriéndome tanto,
quién le deja de querer?

RECESV. Alza, mi bien.

HERIB. (*Aun de rodillas.*)
Qué?... No: el resto
ménos le debe importar.
Ya no se puede casar
conmigo: basta con esto.

RECESV. ¿Qué más quiere esa vision...
esa ilusion que te engaña?

HERIB. Quiere, para bien de España,
que oigas una prediccion.
(*Dirigiéndose á la Sombra.*)
Mi labio no acertaria...
No espereis que se lo anuncie.
(*Se levanta.*)
No es razon que yo pronuncie
contra mí la profecía.
(*Huye de la Sombra.*)
Señora, mil veces no!
—Ella en mi cuerpo se embebe!
Ella es quien mi lengua mueve,
ella habla en mí; no hablo yo.

RECESV. (*Ap.*)
Este delirio es tan raro,
que á maravilloso pasa.

HERIB. (*Con una voz como sepulcral.*)
Recesvinto! de tu casa
eres el varon preclaro.
Recesvinto! el cielo dones
grandes te va á conceder:
procura corresponder
bien á tus obligaciones.
De la prenda que te quito,
sepárate con grandeza:
en tí fuera una flaqueza
imperdonable delito.

RECESV. Qué es lo que oigo!

HERIB. Cruel, vana,
y amante de ocio y placeres
fuera la que tú prefieres,
en la silla soberana.
Queriendo atajar el curso

del mal que á traeros iba,
para bien de ambos la priva
el cielo de su discurso.
Por esa infausta doncella
vence tu amoroso afan,
ó te la asesinarán,
y á todo un pueblo con ella.
(*Vase.*)

ESCENA XII.

RECESVINTO.

Asesinármela! Rios
de sangre derramaré
primero: yo prevendré
vuestros intentos impíos,
godos, que á la rebelion
teneis tan pronta la mano;
pues no me quereis Trajano,
temblaréis de otro Neron.
De mi justicia despojos
los que hoy osan conspirar,
nadie en mi reino ha de alzar
contra Heriberta los ojos.
Resuélvase el Rey...

ESCENA XIII.

EGILAN.—RECESVINTO.

EGILAN. Vencí.
El Rey, á quien no disuades,
teme de tus novedades
el daño que yo temí.
RECESV. Se opone?...
EGILAN. Dice que está
bien la ley que nos divide,

y que al pueblo que no pide,
le pervierte quien le da.

RECESV. Cuando cien provincias doma
el infiel con sus legiones...

EGILAN. Dice que esas distinciones...
quien las quiere, se las toma.

ESCENA XIV.

BERTINALDO. GOSVINDA.—RECESVINTO. EGILAN.

GOSVIN. Gran señor, los toledanos
contra vos se alborotaban
por mí; fuí donde gritaban,
y atajé voces y manos.

BERTIN. Lazos á mi fe han tendido
con un informe siniestro;
temor del peligro vuestro
me dejó sordo el oido.

RECESV. Gosvinda...

ESCENA XV.

GUNDEMARO.—RECESVINTO. GOSVINDA. EGILAN. BERTINALDO.

GUND. Acudid, llegad.
El Rey envia á llamaros
á los tres, para dictaros
su postrera voluntad.

RECESV. Padre mio!

EGILAN. Ese motin...

BERTIN. Ya cesó completamente.

ESCENA XVI.

HERIBERTA. GODOS.—RECESVINTO. GOSVINDA. EGILAN. BERTINALDO. GUNDEMARO.

HERIB. Recesvinto, el Rey doliente,
que ve próximo su fin,
á tí me envia, fiado
en que es mi ruego eficaz,
para que vuelvas la paz
que á sus reinos has quitado.
RECESV. Yo?
HERIB. Te pide, ántes que rinda
su espíritu al Criador,
que un sí reconciliador
te haga esposo de Gosvinda.
RECESV. Él quiere?...
HERIB. Siendo notorio
tu gran respeto filial,
toda la casa Real
junté para el desposorio.
RECESV. El Rey... que esposa me elige...
me debe escuchar aún.
HERIB. Él te la ofrece, segun
el público bien exige.
RECESV. Cuando eso diciendo estás,
sabes tú lo que profieres?
HERIB. Obedezca á sus deberes
quien los dicta á los demas.
Contempla esa faz que hechiza,
mira estas ropas groseras:
esta es princesa de veras;
yo fuí princesa postiza.
RECESV. (*Aparte.*)
Oh Dios! Oh martirio doble!
EGILAN. (*A Heriberta.*)
Vos cedeis?...
HERIB. De buena gana.
Bah! Desde que soy villana,
tengo corazon muy noble.

Y no porque yo lo diga;
lo ha dicho y lo ha repetido
el Rey, y me ha bendecido
para que Dios me bendiga.
No cesa de sollozar
sobre si gano... si pierdo...
si... Me enternece el recuerdo
sin poderlo remediar.

RECESV. (*Aparte.*)
Infeliz!

BERTIN. (*Ap. á Egilan.*)
Triunfamos.

HERIB. Ea,
id.— Ah! Este anillo tenia...
ser de tu esposa debia...
Toma... para que lo sea.

RECESV. No!

HERIB. Sí. —Mas ¿tan leve encuentro
te hace llanto derramar?
Un príncipe ha de llorar
de los párpados adentro.

BERTÍN. (*A su hija.*)
Ven.

HERIB. Falta la accion postrera
de mi loco frenesí.
(*A Gosvinda.*)
Tu mano.
(*A Recesv.*)
La tuya aquí.
(*Une las de ambos.*)
Marchad: el Rey os espera.
Salga el sí que vais á dar
bien firme de vuestra boca...
– y desterradme á una roca
del piélago balear.

FIN DEL ACTO SEGUNDO.

ACTO TERCERO.

La misma decoracion.

ESCENA PRIMERA.

EGILAN. FULGENCIO, *en pié*. BERTINALDO, *sentado, distante de ellos*.

FULG. Mil veces recuso y tacho
de incompetente el dictámen
de los médicos judíos
en caso tan importante.
EGILAN. Interesado es el tuyo,
y nada en justicia vale.
Diez personas de saber
y en la cuestion imparciales
afirman que el Rey difunto
muerto de veneno yace; (9)
las apariencias acusan

del asesinato infame
á españoles, y español
eres tú: ¿quién ha de darte
crédito cuando pleiteas
la causa de tu linaje?
Tan cierto es el regicidio
como será inevitable
el horroroso escarmiento
que está para ejecutarse.

FULG. Pero es posible? ¿seréis
capaz de tanta barbarie?

EGILAN. Los próceres lo han resuelto
así; Gosvinda y su padre,
que rigen á España en tanto
que Recesvinto combate,
lo han aprobado, y me encargan
la ejecucion: no me es dable
ni aun diferirla.
(*Vase.*)

ESCENA II.

BERTINALDO. FULGENCIO.

FULG. (*Dirigiéndose al Conde, que se levanta.*)
Señor...

BERTIN. Buen Fulgencio, harto se sabe
que vos estais á cubierto
de acusacion semejante.
Casi moribundo el Rey
un mes há, vos le salvasteis,
y le vió con grato asombro
Toledo pisar las calles.
De la ciudad os hallabais
ausente seis dias hace,
noticias de vuestra hija
buscando afanoso en balde,
hasta que volvisteis hoy
por ese funesto lance.
Supuesto que no se os culpa,
dejad que muera el culpable.

FULG. Señor, la muerte del Rey,
segun lo que enseña mi arte,
no ha sido violenta, ha sido
natural.

BERTIN. Soy ignorante
en vuestra ciencia: con todo,
nadie notó en el cadáver
de Lotario seña alguna
de veneno, y fué no obstante
muerto con él.

FULG. No le dió
mano española.

BERTIN. Sin darle,
nos le procuró, y así
pudo tambien procurarse
cualquier consanguíneo vuestro
un tósigo de la clase
misma, y hacer uso de él
en el tumulto que armasteis.

FULG. Tumulto, señor? Llegó
la noticia deplorable
de que dejaban al Príncipe
solo muchos capitanes
godos, y lanzó Toledo
un grito de horror unánime.
Recorrió á pié la ciudad
el anciano venerable
nuestro rey, sin consentir
guardia que le acompañase;
y entónces mil españoles
fieles, de todas edades,
con sus vidas le brindaron
contra el rebelde pujante.

BERTIN. Oferta que no admitió.

FULG. La oyó, sin embargo, afable.

BERTIN. Y ellos hasta aquí vinieron
persiguiéndole tenaces.

FULG. Con ruegos.

BERTIN. Con exigencias
de sedicioso carácter;
y poco despues yacia
muerto el Rey: es indudable
que se introdujo un traidor
entónces á envenenarle.

FULG. Bertinaldo!... siempre fuéron

los de mi raza leales:
siempre miró el español
en su rey la viva imágen
de Dios, á pesar de ser
otra su ley y su sangre.
Si le han mirado los godos
así, las crónicas hablen.

BERTIN. ¿Sabeis, médico erudito,
que usais conmigo un lenguaje
no muy propio ciertamente
de un plebeyo miserable?

FULG. Valor me da la sentencia
bárbara que promulgasteis.

BERTIN. Y se cumplirá: si el reo
no se me entrega esta tarde
ántes de la hora de sexta,
se diezman los habitantes
que hay de vuestra casta dentro
de los muros imperiales.

FULG. Ya sé el edicto, y la hora
se va acercando: contadme
para el sorteo.

BERTIN. Se hará.
Idos fuera.

ESCENA III.

GOSVINDA.—BERTINALDO. FULGENCIO.

GOSVIN. ¿Qué debate
es este?

FULG. Ah princesa! ¡ah reina
mia! con los tristes ayes
de un pueblo infeliz me acerco
á vuestras plantas reales.
El nombre de Recesvinto,
nombre al español amable,
por las calles de Toledo
vaga, ensordeciendo el aire.
Llena el júbilo el pretorio,
llena la casa del grande;

la desolacion en tanto
inunda nuestros hogares.
Abraza al hijo español
muerta de pena la madre;
llorando estrecha al marido
la consorte inconsolable.
Por culpa de uno padecen
inocentes á millares:
no hay razon ni conveniencia
que tal desafuero mande.
Si hemos de entregar el reo,
tiempo dad para buscarle:
para que por él muramos,
dias quedarán bastantes.
La piedad, hija del cielo,
sus bendiciones atrae:
recordad que perturbados (10)
vuestros regios esponsales,
las galas del desposorio
tuvo el Rey que desnudarse,
y sin haber recibido
las bendiciones nupciales,
del tálamo se privó
por las tiendas militares.
Mirad pues que vuestro esposo
quizá en este mismo instante
mueve por segunda vez
contra el rebelde sus haces.
Más feliz que la primera,
triunfe su regio estandarte
con el favor que de Dios
aquí su esposa le gane.
Fuera triste, gran señora,
fuera horrible ensangrentarle
vos la página primera
de sus gloriosos anales.

GOSVIN. No se la ensangrentaré
con un castigo que ultraje
su nombre; mas no penseis
que el regicida se salve.
Muy cerca estoy de saber
quién es.

BERTIN. Cómo! averiguasteis?...

GOSVIN. Mucho.

FULG. Oh Dios!

GOSVIN. Ve y dí á los tuyos
que alienten.
FULG. El cielo os pague
la esperanza que me dais
con tan propicio mensaje.
(*Vase.*)

ESCENA IV.

BERTINALDO. GOSVINDA.

BERTIN. Se descubre algo en efecto?
GOSVIN. Gundemaro nuestro alcaide,
que hasta aquí nada nos dijo
por temor de equivocarse,
me acaba de dar noticias,
pruebas evidentes casi.
BERTIN. Pruebas de qué?
GOSVIN. Anoche el rey
difunto, para librarse
de la turba de españoles
que le acosaba incesante,
se encerró en su cuarto.
BERTIN. Sí.
GOSVIN. A poco de retirarse
los españoles, oyó
Gundemaro como si álguien
hablase al Rey; y mirando
por el hueco de la llave,
vió que trémulo y convulso
peleaba por soltarse
de los brazos...
BERTIN. De quién?
GOSVIN. De una
mujer, que al verle expirante,
huyó veloz por la puerta
oculta de aquel paraje.
BERTIN. Una mujer!
GOSVIN. Y segun
la luz dejaba enterarse,
Heriberta era la furia
en cuyas manos fatales

pereció el Rey.

BERTIN. ¡Gundemaro dice eso!

GOSVIN. Podeis llamarle.

BERTIN. ¿Cómo Heriberta ha venido aquí de las baleares?

GOSVIN. Ella nos lo explicará: la buscan por todas partes.

BERTIN. ¿Sabes, Gosvinda, que fuera mejor que no la buscasen?

GOSVIN. Muera quien mató.

BERTIN. Una loca! No hay castigo que aplicarle.

GOSVIN. Y si está en su juicio?

BERTIN. Atiende.
En la junta de magnates
que se ha tenido secreta
sin Egilan, personajes
de mucha cuenta han querido
que un escarmiento notable
aterre á los españoles,
que han principiado á inquietarse.
Reina te aclaman, con esta
condicion irrevocable:
para cumplirla, conviene
que no se siga el alcance
mucho al matador.

GOSVIN. ¿Quisierais
que llegaran á diezmarse
esos infelices?

BERTIN. ¿Puedes
imaginar tal dislate?
No: se principia el sorteo
con aparatos capaces
de infundir hondo terror
aun á los más arrogantes;
y en juntando una veintena
de esos, que han de malograrse
tarde ó temprano, se indulta
á los demas.

GOSVIN. Cuando tales
indicios hay, lo primero
es que me pongan delante
á quien de antemano amarga
mis venturas conyugales.

BERTIN. Te las amargan tus celos,
que son injustificables.
Esas cartas de Heriberta
que por tu mal encontraste,
las escribió á Recesvinto
cuando eran los dos amantes;
y con todo, tú por ellas
la has cobrado odio implacable.
GOSVIN. Se le tengo: no sé qué
diera por apoderarme
de las que él le escribió: allí
viera si esperanza cabe
de que, habiendo amado tanto
los dos, pueda aniquilarse
la pasion de Recesvinto,
y cumplir el homenaje,
de amor á mí, solo á mí,
de que este anillo es garante.
Martirizado mi pecho
por temores contumaces,
paso con dolor el dia,
sueño de noche pesares,
y no vivo hasta encontrar
á mi rival detestable
delincuente y en su juicio
completo, para vengarme.
VOCES. (*Dentro.*)
No está loca, no.
GOSVIN. Qué escucho!
HERIB. (*Dentro.*)
Ver á la Reina dejadme.

ESCENA V.

HERIBERTA, *vestida de blanco.* GODOS, *que salen con ella.*—BERTINALDO. GOSVINDA.

HERIB. Fingida fué mi locura,
nunca estuve delirante.
GOSVIN. Heriberta!

BERTIN. (*Aparte.*)
Esta mujer
va á desbaratar mis planes.
GOSVIN. Es verdad lo que oigo?
HERIB. Sí:
tiempo es de arrojar disfraces.
Oyeme á solas.
GOSVIN. ¿A qué
fué esa ficcion?
HERIB. (*Al Conde.*)
Decidle ántes
cómo Lotario murió:
tiene aquella muerte enlace
con mi locura.
BERTIN. Oh! Callad.
HERIB. ¿Ignora lo que tramasteis
contra mí?
GOSVIN. Qué se tramó?
BERTIN. (*Aparte.*)
Nos vendió el médico.
HERIB. (*Ap.* Sálvese
Fulgencio.) Tramaron algo
que pudo perjudicarme
á ojos vistas; pero yo
lo oí tras un cortinaje.
BERTIN. (*Aparte.*)
Nos oyó.
GOSVIN. Permitid...
BERTIN. Sí:
convengo en que á solas te hable.
(*Vase y síguenle los que salieron con Heriberta.*)

ESCENA VI.

HERIBERTA. GOSVINDA.

GOSVIN. Con que así nos has burlado?
Así me has escarnecido?
HERIB. Un rey tienes por marido,
Gosvinda; yo te le he dado.
GOSVIN. Tú?
HERIB. Justo es que me indemnice

quien todo mi bien estraga:
yo vengo aquí por la paga
del sacrificio que hice.

GOSVIN. Qué pretendes?

HERIB. Defender
á mi pueblo calumniado:
se le achaca un atentado
que no pudo cometer.

GOSVIN. Que no pudo? Antes que emprendas
la defensa que meditas,
vindicarte necesitas
de inculpaciones tremendas.

HERIB. Lograr mi objeto presumo.

GOSVIN. Por qué no marchaste á Palma?

HERIB. Faltóle valor al alma
despues del esfuerzo sumo.
Debí al Príncipe casar
contigo, y supe cederle;
quise renunciar á verle;
no he podido renunciar.

GOSVIN. Tú le amas aün?

HERIB. Gosvinda,
si el Rey anciano viviera,
él, aunque anciano, dijera
si es posible que se rinda
al tiempo el amor que abrigo.
Él de mi delirio ciego,
él de mi llanto de fuego
fué consolador testigo.

GOSVIN. El Rey? Dónde le veias?

HERIB. En el convento cercano
mixto, de San Emiliano,
que él me destinó.

GOSVIN. ¿Solias
venir aquí?

HERIB. Bien que tuve
la llave correspondiente,
la usé un dia únicamente.

GOSVIN. Estuviste anoche?

HERIB. Estuve.

GOSVIN. Para qué?

HERIB. La vez postrera
que el Rey mi albergue pisó,
de mis padres me ofreció
darme razon verdadera.

Por él anoche llamada.
sola aquí me dirigí;
temblando el quicio moví
de la puerta reservada.
Pero en la cámara augusta
entro apénas y pregunto,
cuando el Rey, casi difunto,
me grita con voz que asusta:
«Mis años... la conmocion...
—Huye, no te encuentren sola
conmigo... eres española...
muero... y odian tu nacion.»
«Allí, prosiguió, allí... apriesa...
Tú verás...»—Y señalaba
una cajita que estaba
cerca de él en una mesa.
A socorrerle acudí;
pero de mí se apartó
convulso: ruido sonó,
tomé la caja y huí.

GOSVIN. Segun lo pintas...

HERIB. Lo pinto
como sucedió.

GOSVIN. ¿Qué habia
en la caja?

HERIB. Contenia
las cartas de Recesvinto.

GOSVIN. Cartas de mi esposo allí!
Pues cómo?... De qué manera?...

HERIB. A fin de que el Rey pidiera
las que al Príncipe escribí,
le fueron por mí entregadas
ántes.

GOSVIN. Y no las cambió!
Sin duda se las negó
Recesvinto: las taimadas
frases de tu amor vulgar
aun leia con placer.—
Tú me las has de volver,
y has de verlas abrasar.

HERIB. La calle, cuando salí,
estaba de gente henchida:
por un tropel oprimida,
la caja en medio perdí.

GOSYIN. Me engañas!

HERIB. Reina, si miento
esta vez, no es con ventaja
mia: guardaba la caja
tambien aquel testamento,
que tu padre sin cesar
de mil modos me pedia...
GOSVIN. De quién era?
HERIB. Él lo sabia,
y yo lo debo callar.
Y á fe que excitó iras tales
al Rey cuando se le dí,
que perecieran sin mí
dos vidas muy principales.
Pasó en fin la triste escena
del Rey, como dije ya:
sin culpa mi pueblo está:
libértesele de pena.
GOSVIN. Aunque hartas dudas me ofusquen,
á creerte me decido
aun hasta el haber perdido
la caja, que haré que busquen.
Consiento en mandar piadosa
que ese proceso se corte;
mas yo soy del Rey consorte,
y le amo y estoy celosa.
De tu funesta beldad
nace el mal que se me atreve:
por la vida de tu plebe
quiero mi tranquilidad.
Como hasta ahora te han visto
grandes y pequeños loca,
te has librado de la toca
de las esposas de Cristo.
Hoy es forzoso que al pié
del altar sumisa llegues,
y esos cabellos entregues,
que á mi pesar te dejé.
No basta para vivir
yo en paz que el amante cedas;
es preciso que no puedas
amarle sin delinquir;
y que al África te ausentes,
donde ahoguen tus gemidos
los tigres con sus rugidos,
con su silbo las serpientes.

Resuelve: la salvacion
de tu pueblo en tí descansa.
HERIB. No esperé más de tu mansa
y apacible condicion.
El edicto furibundo
revoca: yo admito el pacto.
Dispon, ordena en el acto
mi separacion del mundo.
Pero del claustro las leyes
mandan á la religiosa
que ruegue á Dios fervorosa
cada dia por sus reyes;
y para el que amé pedir
mercedes al Criador
tambien es amor, amor
que no se puede impedir.
Soy por ese amor capaz
de rogar por tí, que fuiste
casi desde que naciste
mi enemiga pertinaz.
En fin, haz al que han unido
á tu suerte mis fatigas
tan dichoso, que consigas
que á mí me ponga en olvido.
Templa misericordiosa
de mi raza la opresion...
ó teme la maldicion
de una rival generosa.
GOSVIN. Teme tú que me arrepienta
por tu audacia desmedida,
y que esa cerviz erguida
se doble á mi pié sangrienta.
Puedo hacerte aparecer
del Rey envenenadora.
HERIB. Acusacion bienhechora,
que te debo agradecer.
Hazla: un golpe me liberte
de siglos de atroz tormento.
GOSVIN. No, vivirás: el convento
castiga más que la muerte.

ESCENA VII.

GUNDEMARO.—HERIBERTA. GOSVINDA.

GUND. (*A Gosvinda.*)
Perdonad, señora, tengo
precision de hablaros.

GOSVIN. Habla.

GUND. (*Ap. á Gosvinda, recatándose de Heriberta.*)
Esta caja se ha encontrado
en una calle inmediata.
(*Se la enseña aparte.*)
Cartas contiene del Rey
para Heriberta.

GOSVIN. ¡Las cartas
de Recesvinto! Por fin
logré lo que deseaba.
(*Ap.* Aquí estará el misterioso
pergamino; que con ansia
quiso recobrar mi padre
sin declararme la causa.)
Lleva la caja á mi cuarto
sin que la vean,
(*Vase Gundemaro.*)
(*A Heriberta.*)
Prepara
tu ánimo: dentro de un instante
van á llevarte á las aras,
donde es fuerza que renuncies
á toda aficion mundana.
(*Ap.* Triunfé: quiero sin testigos
saborear mi venganza.)
(*Vase.*)

ESCENA VIII.

HERIBERTA.

Resuelta vine á ceder
á mi patria mi vivir;
Gosvinda supo elegir
más grande mi padecer.
Por tí, sañuda mujer,
Heriberta se destrona;
y tú, que en la ardiente zona
duro encierro me destinas,
clavas en la frente espinas
á quien te dió la corona.
Clávalas; dócil ofrezco
á sus puntas ambas sienes:
no hay madre ni padre, á quienes
angustie lo que padezco.
Sierva nací, y obedezco
la ley que con Dios contrasta
de nuestra abatida casta
la paciente resistencia.—
Muda, Señor, tu sentencia:
basta de ignominia, basta.
Sí: justo compensador,
hará el Santo de los Santos
que el pueblo presa de tantos
se alce un dia vengador.
Temblará de su valor
la verde y la azul campaña,
y cuando á su justa saña
contrario llegue á faltar,
brotará el seno del mar
nuevos mundos para España. (11)
Tú, que á nuestra exaltacion
preparabas el sendero,
recibe el adios postrero
de mi amante corazon.
En dura separacion
nuestro amor vino á parar:
entre los dos un altar

y un conyugal juramento,
aun de sí mi pensamiento
debe tu imágen borrar.
Quédense pues anegadas
en la corriente del Tajo
las ilusiones que trajo
mi pasion acariciadas.
¡Aires de las enramadas
donde á Recesvinto hablé!
cuando él, solo en ellas, dé
por su española un suspiro,
llevádmele á mi retiro
por tantos que exhalaré.

ESCENA IX.

EGILAN. GUNDEMARO. GODOS.—HERIBERTA.

EGILAN. (*Al salir.*) Que Fulgencio se apresure
á venir.
(*A Heriberta.*)
Jóven, jurad
que nos diréis la verdad.
HERIB. La diré sin que lo jure.
Qué ocurre?
EGILAN. Vos, Gundemaro,
mirad bien á esa mujer.
GUND. La vi en el pretorio ayer
noche: cuanto más reparo
en el aire y vestidura,
más en mi aserto me afirmo.
HERIB. Yo vuestro aserto confirmo,
alcaide.
GUND. Huyó con presura,
y de su brazo pendia,
cuando abrió para escapar...
HERIB. Una caja circular.
GUND. Lo mismo que yo decia.
HERIB. Tengo á la Reina mi encuentro
con el Rey allí explicado.
EGILAN. La Reina... nos lo ha callado.
¿Llevaba la caja dentro

algo?

HERIB. Cartas.

EGILAN. Solamente
la cartas?

HERIB. Y un pergamino,
que vos, segun imagino,
conoceis perfectamente.

EGILAN. Decid claro lo demas.

HERIB. El pergamimo ministra
la muerte al que le registra.

EGILAN. (*A los godos.*)
Oís?
(*A Heriberta.*)
Convencida estás.
El Rey tu amor contrarió:
en su aposento has entrado
con el rollo envenenado:
el Rey con él pereció.

HERIB. Con él? En poder estaba
del Rey; pero bien sabia
el peligro que debia
correr si le desdoblaba.
Declaradme ántes de todo
si dar os manda este paso
Gosvinda, pues en tal caso
responderé de otro modo.

ESCENA X.

FULGENCIO.—*Dichos.*

FULG. Señor...

EGILAN. ¿Lograsteis que aliente
siquiera su pecho helado?

FULG. Dios para siempre ha quitado
la corona de su frente.

EGILAN. Murió Gosvinda, Heriberta.

HERIB. Gosvinda!

EGILAN. Un esclavo halló
la caja, la Reina vió
el rollo fatal, y es muerta.

HERIB. Gran Dios! Qué fin le ha cabido!

EGILAN. El que te previne á tí.
FULG. Vos envenenarla!
EGILAN. Sí;
que más le hubiera valido,
pues hoy á muerte más triste
se ha condenado insensata.
(*A Heriberta.*)
Por tí Gosvinda se mata,
despues que al Rey muerte diste.
Declara sin dilacion,
ó tormentos inauditos
habrán de arrancarte á gritos
la espantosa confesion.
FULG. Señor...
(*Tocan clarines dentro.*)
EGILAN. Oye los pregones
con que á tu mísera raza
nuestro poder amenaza;
renuncia á tus ambiciones;
pues aunque del Rey quizas
no fueses la matadora,
no fueras la sucesora
de nuestra reina jamás.
HERIB. Razones tan convincentes
alegais, que no me es dable
resistir. Soy la culpable. (12)
FULG. Vos!
EGILAN. (*A los godos*)
Ya lo oís.
HERIB. Sed clementes
conmigo en acelerar
la pena al delito junta...
—y excusad cualquier pregunta
que no deba contestar.
FULG. Godos, el entendimiento
de esta mujer está herido.
EGILAN. Ha declarado que ha sido
su locura finjimiento.
HERIB. Sí, todo se descubrió.
Respiren los toledanos,
mis inocentes hermanos,
y muera quien delinquió.
FULG. Godos, ajena es del crímen
tan noble serenidad.
No la creais, no, dudad

al ménos.

HERIB. No se dirimen
así tan graves contiendas:
si no soy yo delincuente,
que Fulgencio le presente,
ó dé para hallarle prendas.

EGILAN. Vana es, si no tu fatiga.
(*A Fulgencio.*)
Culpar ó no defender.

FULG. (*Aparte.*)
Irresistible poder
á libertarla me instiga.

EGILAN. Quién el crímen perpetró?
Habla.

HERIB. De qué estais perplejo?

FULG. (*Ap.* Ella es jóven, yo soy viejo.)
El delincuente soy yo.

EGILAN. Tú?

HERIB. Quien al Rey dió salud,
cómo su obra destruyera?

FULG. ¿Cómo una mujer hundiera
al Rey en el atahud?

HERIB. Por él fuí desposeida
del bien que mi alma anheló.

FULG. Él á mi estirpe negó
una gracia merecida.

HERIB. Él coronó á mi rival.

FULG. Fue ingrato conmigo.

HERIB. Acabe
la cuestion: yo tengo llave
de la cámara real.
(*Muéstrala.*)

FULG. Yo tambien esta que veis.
(*Muéstrala.*)

EGILAN. Iguales exactamente.—
Más ó ménos claramente,
reos ambos pareceis:
mas á tan oscuro cáos
dará luz el tribunal,
castigando á cada cual
segun merece.
(*A Heriberta y Fulgencio.*)
Quedaos.
(*Vanse Egilan, Gundemaro y Godos.*)

ESCENA XI.

HERIBERTA. FULGENCIO.

FULG. Heriberta, qué habeis hecho?
Porque vos os acusais
falsamente.
HERIB. Bien juzgais
mi pecho por vuestro pecho.
Sí, me dejó la advertencia
vuestra al riesgo prevenida,
y esa locura fingida
me conservó la existencia.
Odiar su conservacion
me hace mi destino aciago:
aquel yerro satisfago
con esta nueva ficcion.
FULG. Yo no puedo consentir
el sacrificio que haceis.
Perezca yo.
HERIB. No teneis
vos causa para morir.
Dejad, pues de pena salgo,
dar á mi raza un tributo:
sobrado mentí sin fruto;
sirva lo que mienta de algo.
FULG. ¿Así de vuestra virtud
perdeis la reputacion?
HERIB. ¿Quién estima su opinion
viviendo en esclavitud?
FULG. Tomad mi vida, señora;
que haceros reina confio:
el trono deja vacío
ya vuestra competidora.
HERIB. Me obligarán á enclaustrarme,
perturbarán el Estado...
Al Rey han abandonado
porque dudó abandonarme.
FULG. Cerca de Toledo se halla,
segun avisos recientes.
HERIB. Vendrá á juntar combatientes

para segunda batalla.
No es justo que mi defensa
contra el Rey armas provoque;
lauro en mi tumba coloque,
no anhelo más recompensa.
Ya sacrifiqué mi amor
de mi amante en beneficio:
despues de tal sacrificio,
el de la vida es menor.

FULG. La mia á su fin avanza,
florida la vuestra veis.

HERIB. Aun esa hija hallaréis.

FULG. Me abandonó la esperanza.

HERIB. Noticias me prometió
daros el Rey.

FULG. Es verdad?
es posible?

HERIB. El santo abad
Ildefonso ya partió
con otro encargo y con ese.
Aun no ha vuelto.

FULG. Se ha sabido?...

HERIB. Poco tiempo ha transcurrido
para que el Rey escribiese.

ESCENA XII.

EGILAN, *con una caja para volúmenes.*—HERIBERTA. FULGENCIO.

FULG. Cielos!

HERIB. Qué nos anunciais?

EGILAN. Discurrid qué pensaremos
de los dos, cuando sabemos
el secreto que ocultais.

HERIB. Qué secreto?

EGILAN. ¿Reconoces
esta caja por la tuya?

HERIB. Sí.

EGILAN. Todo lo que ella incluya,
lo habrás visto.

HERIB. (*Saca varias cartas.*)
Sí. ¡Oh goces
para siempre fenecidos!

Sí, sí. Estarán como al darlas
al Rey... No puedo mirarlas,
me trastornan los sentidos.

EGILAN. Y esto?
(*Presenta á Heriberta un papiro.*) (*Un papel.*)

HERIB. Letra del Rey!

FULG. ¡Del
rey difunto letra ahí!

HERIB. Para esto llamada fuí!
por que viera este papel
dijo con voz ronca y tarda:
Allí, allí!

FULG. Qué os escribe?

HERIB. (*Lee*)
«Vuesta madre ya no vive,
como afirmó Berengarda;
pero...»

FULG. Dios que reverencio!

HERIB. «En lo demas se engañó;
Ildefonso averiguó
que sois hija de Fulgencio.»
Ah!

FULG. Hija!

HERIB. Padre!...

EGILAN. (*Aparte.*)
No es falso
esto, no se conocian.

FULG. Hija adorada! ¡Y querian
conducírmela al cadalso!
No, jamás, no lo tolero:
para tí no se ha de alzar
el hacha de ajusticiar;
perezca el mundo primero. —
Ya veis, Duque, yo tomaba
su defensa tan activa...

EGILAN. Porque la fuerza instintiva
de la sangre te impulsaba.

FULG. Porque supe su inocencia:
sí, Duque, no es criminal.
Heriberta, hija, en señal
primera de tu obediencia,
rinde homenaje sincero
á la verdad: yo lo mando.

HERIB. ¿Y qué lograré negando
lo que sostuve primero?

EGILAN. Nada, si al punto nò tratas
de acreditar lo que niegues;
todo, si ya que no entregues
otro reo, le delatas.

HERIB. Yo! Padre, vuestra cordura
medite la condicion:
me salva una delacion,
es decir, una impostura.

FULG. Duque, por Dios que atendais
á lo que dije y repito:
yo soy autor del delito,
yo el culpable que buscais.

EGILAN. Ya indagaron mis conjueces
la verdad y se aclaró:
Heriberta delinquió,
y tú inculpable apareces.
Tú entrabas por ese umbral
cuando el Rey ya no existia;
de allí Heriberta salia,
y el Rey quedaba mortal.

FULG. Ved que á vuestros piés me humillo.
Yo soy el reo.

EGILAN. Levanta.

FULG. No.

HERIB. Padre!...

EGILAN. Esa es la garganta
que debe herir el cuchillo.

FULG. No disimules tu encono,
juez con entrañas de fiera;
tú solo quieres que muera
la que está cerca del trono.

EGILAN. Piensa lo que más te cuadre;
quéjese al Rey tu malicia
porque le privo en justicia
de quien le deja sin padre.

HERIB. Señor!...

FULG. Sí, te acusaré,
cobarde emponzoñador.

EGILAN. Impertérrito el furor
del Rey desafiaré.

FULG. ¡Hijo tengas que te aflija,
yendo á morir de este modo!
Mas no, no merece un godo
un hijo como mi hija.
(*Voces á lo léjos.*)

ESCENA XIII. (*)

GUNDEMARO. GUARDIAS.—HERIBERTA, EGILAN. FULGENCIO.

GUND. Señor...
EGILAN. Qué es ese murmullo?
GUND. La hora fatal es cumplida.
HERIB. Recibid mi despedida
sin flaqueza y sin orgullo,
señor. Por modo bien raro,
en los brazós paternales
Dios me pone hoy, de los cuales
yo soy la que me separo.
Puesto que sola provoco
el mal que vos padeceis,
padre amado, no acuseis
al cielo... ni á mí tampoco.
Nuestra españolá constancia
en vuestro auxilio llamad;
imitadme, recordad
que nacísteis en Numancia.
Con esto, digno de vos,
diréis al Rey en mi nombre
que no se vengue cual hombre,
que perdone como Dios;
que en deber le constituyo
de que mi sangre utilice,
y un pueblo desesclávice
que hará la gloria del suyo;
que yo le amé siempre fina,
que le amo en la tumba yerta,
y en fin que supo Heriberta
morir como numantina.
FULG. Dadme, Señor, vuestro amparo!
HERIB. Adios.
FULG. Hija!
HERIB. Nos veremos
á la luz de un sol más claro,

(*) Para la representacion pueden suprimirse en esta escena las redondillas 2.ª 3.ª y 4.ª

el sol que en torno de sí
ni error ni dolor consiente.
Vamos.
(*Fulgencio quiere seguir á su hija.*)

GUND. Tened.

EGILAN. (*Aparte.*)
Esta gente
vale más que yo creí.
(*Vanse Heriberta, Egilan, Gundemaro y la Guardia. Ciérranse las puertas.*)

ESCENA XIV.

FULGENCIO.

FULG. Conducid al sacrificio
la víctima voluntaria:
para ella será de gloria,
para vosotros de infamia. (*)
¿Por qué á tan mísera edad
llegó mi vejez cansada?
¿por qué no perdí la vida
cuando murió Berengarda?
Yo quisiera perdonar
como esa infeliz me manda;
mas no lo puedo conmigo,
no, ni mi perdon bastara;
la eterna justicia infunde
su rigor en mis palabras.
Venid, secuaces feroces
del vil profeta de Arabia,
extermine vuestro acero
la estirpe fatal á España,
la que trajo y propagó
del Pirene á Lusitania
la esclavitud de los cuerpos,
la corrupcion de las almas,

(*) Los cuatro versos siguientes pueden suprimirse en la representacion.

la herejía. (*) ¿Dónde estás,
rey único de tu raza,
que á los tristes españoles
como á tus hermanos amas?
Pero ese amor es quizá
quien te lleva la desgracia,
y acaso en este momento
sufres la suerte ordinaria
con que el godo se desquita
del igual suyo que ensalza,
de su frente derribando
la corona con el hacha.
—Qué estrépito es ese? Gritos
suenan aquí y en la plaza.
Hija sin ventura! ya
vuelas al empíreo en alas
de tu heroismo sin par,
de tu inocencia sin mancha.
(*Abrese la puerta del fondo.*)

ESCENA XV.

EGILAN, *que sale confundido y turbado.*—FULGENCIO.

FULG. Duque! y mi hija?
EGILAN. Tu hija...
FULG. Duque, miradme á la cara.
No os atreveis? ¿Me teneis
compasion? Desventurada!
Más desventurado yo!
EGILAN. Sin razon te sobresaltas.
La vergüenza es la que ves
en mi semblante pintada.
FULG. Vergüenza! De qué? De quién?
EGILAN. De mí, del Conde, de que haya
españoles que se ilustren

(*) En la representacion se varía esta escena desde aquí, diciéndose:

Pero gritos
suenan aquí y en la plaza.

Es decir que se suprimen once versos.

cuando los godos se infaman.
Tu hija es inocente.

FULG. Oh! sí!

EGILAN. Tu hija enaltece su patria.
Dios fué quien del Rey dispuso;
Bertinaldo lo declara;
él á los médicos hizo
dar declaraciones falsas;
pero viendo que Heriberta
al suplicio caminaba,
ellos, acusando al Conde,
la horrible verdad le arrancan.

FULG. ¡Ahora, Dios mio, abrid
la huesa bajo mis plantas!—
Pero dónde está?...

EGILAN. De aplausos
y bendiciones cercada,
recibe al Rey, que triunfante
penetra en el regio alcázar.

FULG. Al Rey!

EGILAN. Yo os aborrecí;
ya no puedo.

ESCENA XVI.

RECESVINTO. HERIBERTA. GODOS. ESPAÑOLES. *con trofeos y palmas.*—EGILAN. FULGENCIO.

FULG. Hija del alma!

HERIB. Padre!

RECESV. Fulgencio!

FULG. Señor!

EGILAN. Recesvinto, lutos hallas
cuando á Toledo conduces
victoriosas tus escuadras:
el hombre sienta en secreto,
y aquí, responda el monarca.
Los caudillos que llevaste,
dónde están?

RECESV. Mira sus armas:
parte hay de su sangre en ellas,
la tierra el resto se traga.
Traidores me saltearon;
preso, á Froya me llevaban,
que me aguardaba en lo espeso

de un valle entre dos montañas,
cuando hórrida gritería
de ambas vertientes estalla,
y rocas enormes ruedan
sobre el tirano y mis guardas.
Unos jinetes heridos,
hundiéndose otros en zanjas,
la fuga imposible queda,
y lid acérrima traban
los traidores con aceros,
los fieles con honda y clava.
Españoles eran todos
los que por mí peleaban:
mozos, ancianos, mujeres,
los ministros de las aras,
los niños, juntos allí
salieron de entre las matas
cuantos brazos ve mover
Zaragoza en su comarca.
Dura el combate dudoso,
la muerte indecisa vaga,
Froya recibe de mí
el golpe que me aprestaba,
y desmayando sus tropas
de la Vasconia y la Galia,
libre y triunfante me vuelve
la lealtad zaragozana.

FULG. Ese, godos, es el pueblo
que vuestros grillos arrastra.

RECESV. (*A Egilan.*)
Tú, que de ánimo español
nunca esperaste una hazaña,
declara lo que merecen
los que de Froya me salvan.

EGILAN. Si por su rey Zaragoza
ganó inmarcesibles palmas,
Heriberta por Toledo
su vida sacrificaba.
Yo, celoso defensor
de mi altanera prosapia,
ya injusta la ley declaro
que tanto tiempo apartadas
familias tuvo que deben
un pueblo formar entrambas.

GODOS. Sí.

HERIB. } Buen Dios!
FULG. }

EGILAN. Quede abolida
por siempre la ley de raza. (13)

GODOS. Sí, sí

EGILAN. Y en reparacion
de nuestra enemiga saña,
Rey, da tu mano á Heriberta
para poder aclamarla
gloria de los españoles
y Reina de las Españas.

RECESV. Duque, respeta á mi padre.

HERIB. Duque, dos féretros guarda
esta mansion.

EGILAN. De ambos féretros
voz de desagravio se alza
que dice: Viva la Reina!

TODOS. Viva!

EGILAN. (*A Heriberta, arrodillándose.*)
Manos temerarias
he movido contra tí:
dispon de mi vida.

FULG. (*A su hija.*) Habla
como española.

HERIB. (*A Egilan.*) Los locos,
Duque, no recuerdan nada.
No sé que decís. Alzaos.

FULG. Bien, hija! Reina te aclaman:
te lo dejo ser, con tal
que ignores lo que es venganza.

HERIB. Huya con vuelo rápido
léjos de aquí el encono,
dulce hermandad recíproca
suba conmigo al trono,
y ¡ójala difundiérase
por cuanto alumbra el sol!
Gloria se de al Altísimo,
y él bendicion derrame
sobre el piadoso espíritu,
que, roto el yugo infame,
la libertad ingénita (14)
devuelve al español.

FIN DEL DRAMA.

NOTAS.

(1)

HERIBERTA.

Sirve de desenlace á este drama el casamiento del rey godo Flavio Recesvinto con *Heriberta*. Segun los críticos más avisados, la esposa de Recesvinto fué la princesa *Reciberga*, á quien otros suponen mujer de Quindasvinto, padre de Recesvinto. Siendo el nombre de *Reciberga* poco á propósito para el teatro, principalmente habiendo de llevarle una princesa jóven, le he sustituido con el de *Heriberta*, que tiene las mismas vocales colocadas en el mismo órden.

(2)

La escena es en Toledo, año de J. C. 653.

He supuesto que las bodas de Recesvinto y Heriberta ó Reciberga se verificaron en el año 653 en que falleció el rey Quindasvinto (*), porque nada hay en la historia que lo contradiga. De aquella malograda reina solo sabemos, por el epitafio que le compuso S. Eugenio III, que habiéndose casado á la edad de quince ó diez y seis años, falleció de veintidos y ocho meses, muy llorada por su real esposo, de quien fué entrañablemente querida. El epitafio carece de fecha.

Sostienen algunos historiadores que la rebelion de Froya, único disturbio que agitó el quieto reinado de Recesvinto, ocurrió algunos años despues del fallecimiento de su padre; yerran en mi concepto. Quindasvinto murió el dia último de setiembre ó primero de octubre de 653; y en 17 de diciembre del mismo año se abrió el concilio octavo de Toledo, en el cual se habla de una rebelion reciente ya sofocada: esta debió ser la de Froya, que segun Ferreras, estalló aun en vida de Quindasvinto.

(3)

Si hace el médico sangría, etc.

(Fuero Juzgo, libro 11.°, títolo 1.°, ley 6.ª Texto castellano.)

«Si algun físico sangrar algun omne libre... si muriere, metan el físico en poder de los parientes que fagan dél lo que quisieren.»

(4)

Está nombrado heredero
de *Quindasvinto*.

Chindasvinto y *Chindasvindo* solemos llamar á este rey; pero

(*) Algunos dicen que este rey murió en 653; otros que en 652; otros que en 650. *Non nostrum tantas componere lites.*

segun la etimología del nombre y el uso de personas eruditas, debe ser *Kindasvinto* ó *Kindasüinto*, porque se compone de las dos palabras góticas *Kind* y *swinth*, que significan *poderoso en hijos*. En las ediciones de la Historia de Mariana hechas por la Real Biblioteca, en la introduccion al Fuero Juzgo publicado por la Real Academia española y en algun otro libro aquel nombre se vé impreso de esta manera: *Chîndasvinto*. El acento circunflejo sobre la *i* significa que la consonante doble que le precede varía de sonido, convirtiéndose la *ch* en *k* ó *q*: no pudiendo ponerse acento ni otra señal sobre dicha consonante, se ponia en la vocal inmediata. Así leemos *Simmaco* y *Antioquía* donde aparece impreso ó manuscrito *Simmâcho* y *Antiochîa*, y aun respecto de estos dos nombres y otros, tengan ó no el acento circunflejo, pronunciamos constantemente la *ch* como *k*.

El Sr. Bergnes de las Casas, traductor de la *Historia de España*, escrita en frances por Mr. Romey, escribe *Quindasvinto*.

(5)

No se tiranice y befe
más al español honrado,
forzándole á ser soldado
y estorbándole ser jefe.

(Historia universal por el conde de Segur, traducida por don Alberto Lista, con adiciones. Tomo 13, pág. 503.)

«Ervigio, rey de los visigodos. (Año 680.) Atribúyesele la ley que hacia iguales para el servicio militar á los españoles y á los visigodos.»

Es decir que ántes del año 680 no eran iguales.

(6)

Aquel pergamino, etc.

Este recurso y las situaciones á que dá lugar están tomados de *La fingida Arcadia*, comedia de Calderon, Moreto y otro poeta cuyo nombre se ingnora.

Ántes habia empleado Lope un recurso análogo en *La boba para los otros y discreta para sí*; despues se halla usado en *La prudencia en la niñez* y otras composiciones dramáticas.

(7)

Esa aureola.

Así llama Heriberta á la faja, cinta ó chapa de oro del *nimbo*, adorno mujeril que, segun San Isidoro en sus Etimologías, tenia cierta semejanza con la luz ó aureola que en su tiempo solian figurar los pintores al rededor de las cabezas de los ángeles.

(8)

Esa ropa,
digna de un galan de Aspasia, etc.

En el siglo VII era muy conocido en España el traje griego, ó por las poblaciones griegas que habia en ella, ó porque algunos españoles usaban aquel traje, como puede colegirse de estas palabras de San Isidoro en sus Etimologías: «Exotica vestis est peregrina de foris veniens, ut in Hispaniam á Græcis.»

(9)

El rey difunto
muerto de veneno yace.

(Mariana, Historia de España, libro 6.°, capítulo 8.°)

«Falleció Quindasvinto en Toledo de enfermedad, ó como otros dicen, con yerbas que le dieron.»

(Morales, Crónica general de España, libro 12, capítulo 28.)

«Fallesció en Toledo de su enfermedad, y otros dicen con ponzoña.»

(10)

Recordad que perturbados
vuestros regios esponsales,
. . . .
. . . .
y sin haber recibido
las bendiciones nupciales, etc.

El contrato de esponsales, esposayas ó desposorios, era entre los godos un verdadero matrimonio civil, hecho el cual, aunque podia diferirse el matrimonio sacramental hasta dos y cuatro años, los novios quedaban durante este tiempo obligados á guardarse fidelidad completa; y si el desposado se casaba clandestinamente con otra, ó la desposada perdia su honor, ambos eran castigados con la pena de los adúlteros. Así Gosvinda, aunque aun no hubiese recibido las bendiciones de la Iglesia, era ya consorte de Recesvinto por haberse desposado con él, recibiendo el anillo y el beso. Véase el Fuero juzgo, libro 3.°

(11)

Brotará el seno del mar
nuevos mundos para España.

Heriberta, que habia estudiado los autores latinos, recordaria el famoso vaticinio hecho por Séneca en su *Medea*.

Venient annis secula seris,
Quibus Oceanus vincula rerum
Laxet, et ingens pateat tellus;
Tethysque novos detegat orbes,
Nec sit terris ultima Thule.

(12)

Soy la culpable.

La noble ficcion de Heriberta, la causa que la motiva y la competencia entre Heriberta y Fulgencio, están imitadas de la *Jerusalen* del Taso, canto 2.° Hay sobre aquel asunto una tragedia alemana del Baron de Cronegk y un drama de Mercier, ambas obras con el título de *Olinto y Sofronia*. En la comedia de Calderon *Fineza contra fineza* se halla tambien una imitacion de ese bello episodio del Taso.

(13)

Quede abolida
por siempre la ley de raza.

(Fuero Juzgo, libro 3.°, título 1.° ley 1.ª Texto vulgar.)

«Tollemos nos la ley antigua, é ponemos otra meyor: establescemos por esta ley, que ha de valer por siempre, que la mujier romana pueda casar con omne godo, é la mujier goda puede casar con omne romano.»

Romano significaba en esta ley *español*.

Lardizábal en la introduccion al Fuero Juzgo, impreso el año de 1815 por la Real Academia Española, dice: «Siguiendo Recesvinto el ejemplo y máximas de su padre,..... para introducir la union é igualdad entre las dos naciones de godos y romanos que componian la monarquía, comprendiendo bajo el nombre de *romanos* á los *españoles*, como se debe entender que se comprenden en las leyes, volvió á prohibir el uso de las leyes romanas en toda la extension de la monarquía.»

Salvá en su Diccionario dice: *Romano* significaba antiguamente *español*, en contraposicion á *godo*.

(14)

La libertad ingénita
devuelve al español.

(Fuero Juzgo, libro 3.°, título 1.°, ley 2.ª Texto latino.)

«Nec parùm exultare debet libertas ingenita, quum fractas vires habuerit priscæ legis absoluta sententia... Sancimus ut tam gotus romanam, quàm etiam gotam romanus... facultas eis nubendi subjaceat.

GOBIERNO POLITICO DE LA PROVINCIA DE MADRID.

Madrid 14 de Abril de 1852.

Examinada por el Censor de turno, y de conformidad con su dictámen puede representarse.

Melchor Ordoñez.

Artículos de los Reglamentos orgánicos de Teatros, sobre la propiedad de los autores ó de los editores que la han adquirido.

«El autor de una obra nueva en tres ó mas actos percibirá del Teatro Español, durante el tiempo que la ley de propiedad literaria señala, el 10 por 100 de la entrada total de cada representacion, inclusa el abono. Este derecho será de 3 por 100 si la obra tuviese uno ó dos actos.» *Art. 10 del Reglamento del Teatro Español de 7 de febrero de 1849*

«Las traducciones en verso devengarán la mitad del tanto por ciento señalado respectivamente á las obras originales, y la cuarta parte las traducciones en prosa.» *Idem art. 11.*

«Las refundiciones de las comedias del teatro antiguo, devengarán un tanto por ciento igual al señalado á las traducciones en prosa, ó á la mitad de este, segun el mérito de la refundicion.» *Idem art. 12.*

«En las tres primeras representaciones de una obra dramática nueva, percibirá el autor, traductor, ó refundidor, por derechos de estreno, el doble del tanto por ciento que á la misma corresponda. *Idem art. 13*

«El autor de una obra dramática tendrá derecho á percibir durante el tiempo que la ley de propiedad literaria señale, y sin perjuicio de lo que en ella se establece, un tanto por ciento de la entrada total de cada redresentacion, incluso el abono. El maximum de este tanto por ciento será el que pague el Teatro Español, y el mínimum la mitad.» *Art. 59 del decreto orgánico de Teatros del Reino, de 7 de febrero de 1849.*

«Los autores dispondrán gratis de un palco ó seis asientos de primer órden en la noche del estreno de sus obras, y tendrán derecho á ocupar tambien gratis, uno de los indicados asientos en cada una de las representaciones de aquellas.» *Idem art 60.*

«Los empresarios ó formadores de Compañías llevarán libros de cuenta y razon, foliados y rubricados por el Gefe Político, á fin de hacer constar en caso necesario los gastos y los ingresos.» *Idem art 78.*

«Si la empresa careciese del permiso del autor ó dueño para poner en escena la obra, incurrirá en la pena que impone el art. 23 de la ley de propiedad literaria » *Idem art. 81.*

«Las empresas no podrán cambiar ó alterar en los anuncios de teatro los títulos de las obras dramáticas, ni los nombres de sus autores, ni hacer variaciones ó atajos en el testo sin permiso de aquellos; todo bajo la pena de perder, segun los casos, el ingreso total ó parcial de las representaciones de la obra, el cual será adjudicado al autor de la misma, y sin perjuicio de lo que se establece en el artículo antes citado de la ley de propiedad literaria.» *Idem art. 82.*

«Respecto á la publicacion de las obras dramáticas en los teatros, se observarán las reglas siguientes:

1.ª Ninguna composicion dramática podrá representarse en los teatros públicos sin el previo consentimiento del autor.

2.ª Este derecho de los autores dramáticos durará toda su vida, y se transmitirá por veinte y cinco años, contados desde el dia del fallecimiento, á sus herederos legítimos, ó testamentarios, ó á sus derecho-habientes, entrando despues las obras en el dominio público respecto al derecho de representarlas.» *Ley sobre la propiedad literaria de 10 de junio de 1847, art. 17.*

«El empresario de un teatro que haga representar una composicion dramática ó musical, sin previo consentimiento del autor ó del dueño, pagará á los interesados por via de indemnizacion una multa que no podrá bajar de 1000 reales ni esceder de 3000. Si hubiese ademas cambiado el título para ocultar el fraude, se le impondrá doble multa.» *Idem art. 23.*

LA REDOMA ENCANTADA,

COMEDIA DE MAGIA

EN CUATRO ACTOS,

EN PROSA Y VERSO,

DE

Juan Eugenio Hartzenbusch.

MADRID:
EN LA IMPRENTA DE YENES,
CALLE DE SEGOVIA, NÚM. 6.
1839.

PERSONAS.

DON ENRIQUE.
EL CONDE DE LA VIZNAGA.
DOROTEA.
PASCUALA.
GARABITO.
DON LAÍN.
DON GASPAR.
DON RAMON.
EL SECRETARIO.
ALMA DE CÁNTARO.
PÁJARO-PINTO.
UNA CRIADA.
SIETE BRUJOS.
UN ALDEANO.
UN SOLDADO.

CABALLEROS, DAMAS, BRUJOS, BRUJAS, GENIOS, DIABLOS, SOLDADOS, BAILARINES, CRIADOS, ETC.

La accion pasa en Madrid y sus inmediaciones, en una cueva de Barahona, y cerca de Villarino, á la raya de Portugal.

ADVERTENCIA.

—

Cuando por mis pecados prometí escribir una comedia de mágia, dos composiciones de este género habia yo visto; la una por curiosidad, por equivocacion la otra (1). *Tal era mi aversion á estos espectáculos, que la famosa* Pata de Cabra *no habia conseguido contarme en el número de sus oyentes: asistí despues á una de sus últimas representaciones para estudiarla. No sabiendo qué senda seguir cuando conocí el laberinto en que me habia enredado, acudí al medio mas fácil de salir del apuro; fuí cogiendo retazos de aqui y allá, y los zurcí como Dios quiso, ó como yo pude.* El Anfitrion *de* Molière, *la* Piel de Asno, *y un cuento de Madama Beaumont, me proporcionaron las principales escenas del drama; si en lo demas, que no es mucho, se notan imitaciones, lo serán de originales que no he leido. Sin la bondad, sin la paciencia, sin los conocimientos prácticos de don Francisco Lucini, imposible me hubiera sido arreglar una tramoya: él es el que ha desembrollado mis ideas en embrion; y si*

---

(1) *Fue la de* Azor, ó el Genio caprichoso, *representada el año* 1825. *El título me indujo á creer que seria una comedia de carácter; chasco que no me hubiera llevado yo, si la hubiesen anunciado los actores con su título original:* El Genio Azor, ó el Protector caprichoso.

esta obra de taracea gustase, á sus consejos y á su pincel lo deberé principalmente. El pensamiento de trasladar á tiempos modernos un personage antiguo, pensamiento que era ya rancio en la época del marques de Villena, podria seguramente producir situaciones cómicas; pero yo me abstuve de bosquejarlas, porque sé que lo hubiera intentado en vano: asi es que en la Redoma encantada, *lo mismo podia llamarse el personage principal don Enrique de Aragon, que Perico el de los Palotes. Esto es lo que yo necesitaba decir al público en descargo de mi conciencia, con respecto á esta obra: por eso la imprimo..... y porque, como dijo el otro,..... todo se imprime.*

ACTO PRIMERO.

Vista de tejados, buhardillas, campanarios y chimeneas En el fondo, á la derecha del actor, una buhardilla practicable, y otra á la izquierda, mas cerca del proscenio, delante de la cual hay un terradillo, y en él una artesa. Es de noche y alumbra la luna.

ESCENA PRIMERA.

GARABITO.

(*Dirígese por el caballete de un tejado á la buhardilla de la derecha.*)

¿Si me estrellaré yo esta noche? (*Da un vaiven.*) ¡El Señor de las alturas me asista! Un pizarrero, que ha medido á nalga todos los chapiteles de Madrid, ¡resbalar de tal modo! Diabluras serán de la tia Marizápalos, esa bruja que vive, ó que muere, en aquella bohardilla de la azotea. Ya dicen que está dando las boqueadas, y aun piensa en sus adobos para viajar por el aire y en maleficiar al prógimo... (*Llama suavemente al postigo de la buhardilla.*) Pascualita, Pascuala.—¿Está sorda esta chica?—Pascuala.

ESCENA II.

PASCUALA.—GARABITO.

Pascuala. (*Dentro.*) ¿Quién llama ahí?
Garabito. ¿Quién ha de ser? Yo.
Pascuala. No conozco á nadie por ese nombre.
Garabito. ¿No te hace cosquillas en el tímpano la voz de tu Garabito?
Pascuala. (*Abriendo la ventana.*) ¡Jesus! ¡Tú por aqui!
Garabito. Yo, Pascualita mia: yo, que despues de

una ausencia de catorce dias, á catorce leguas de tí, vuelvo á verte, catorce veces mas enamorado. Y tú, pichona, ¿te has acordado de mí mucho?

Pascuala. Hace unos dias que me he vuelto muy desmemoriada.

Garabito. Ese es defecto de gente que ha subido muy alto desde muy hondo. A tí no te cuadra. Una pobre bonetera, á quien se le pasan los meses sin que le encarguen un solideo...

Pascuala. Una bonetera puede elevar sus pensamientos mas arriba de la cabeza de un cura.

Garabito. Por eso los has fijado en la mia, que se roza con las veletas de los campanarios.

Pascuala. Han variado mucho mis circunstancias desde tu partida.

Garabito. ¡Y con qué tonillo me lo dice! Vamos, con la entrada de los tudescos en Madrid, los amores en pleito corren la misma suerte que el rey Felipe. Otro recibimiento me hacias antes, cuando ponia mis labios, y mis jornales, en esa mano. Y hoy que vengo á anunciarte una noticiona...

Pascuala. ¿Que los aliados se van á Toledo?

Garabito. ¿Qué me importan á mí todas las alianzas del mundo? La tuya es la que yo ambiciono. Mañana declaró á la cócora de tu madre que si no me franquea sus puertas, daré una campanada que suene desde la vicaría hasta la parroquia. Ya con este fin he negociado un empréstito, porque del conde de la Viznaga no hay que esperar un maravedí.

Pascuala. Sí: ya sé lo que te pasó con él, antes que salieras para el sitio. ¡Vaya, que fue lance gracioso!

Garabito. Maldita la gracia que le encuentro yo á una paliza, cuando la recibo.

Pascuala. ¿Supiste lo que hubo aqui la mañana siguiente?

Garabito. No me lo has escrito, y yo desde el cimborio del Escorial no alcanzaba á verlo.

Pascuala. Pues, amigo, he tenido una visita de mi casero.

Garabito. ¿Qué pobrete se libra de una cada mes?

Pascuala. Esta vez no venia de oficio. ¿Quién te figurarás tú que le acompañaba?

Garabito. ¿Algun clérigo aleman, que habia perdido el alzacuello por esos caminos?

Pascuala. Sí, sí; nada menos que su amo, el conde de la Viznaga.

Garabito. ¡El que me mandó dar tantos palos como pesos me debia!

Pascuala. El mismo. Cuando llamaron, y vi al conde por el ventanillo...

Garabito. Echarias el cerrojo á la puerta.

Pascuala. No; pero me volví de puntillas...

Garabito. Para esconderte.

Pascuala. Para mirarme al espejo. Me arreglé la trenza y el vestido, y abrí de par en par á su señoría.

Garabito. ¡Al don Juan Tenorio de estos tiempos! ¡A un secuaz del archiduque Carlos! ¡A un enemigo acérrimo de S. M. don Felipe V!

Pascuala. Las mugeres en esta guerra hacemos el papel de potencias neutrales.

Garabito. Ya: tú que no has de ser monja, dirás: guerra de sucesion, que dure hasta que yo peine canas.—Pero, ¿á quién buscaba el conde?

Pascuala. A mí.

Garabito. ¡Cáigame en el colodrillo una fundicion de estaño! ¿Y qué te dijo? ¿qué queria?

Pascuala. Verás. Principió refiriéndome que se le habia encajado en su casa, pidiéndole el pago de cierta cuenta, un bárbaro de un vidriero, un estúpido, un insolente...

Garabito. ¿Eso lo decia por mí?

Pascuala. Las señas eran infalibles. Que te respondió que aguardases unos dias... ó meses... Para los señores es lo mismo.

Garabito. Para el pobre es muy diferente. Pero, ¿qué tiene que ver el despolvoreo de mis lomos... con...?

Pascuala. Si voy á eso. El conde habia sabido que tú me obsequiabas, y que yo era muy linda chica: estas fueron sus espresiones.... Y dijo que por eso venia...

Garabito. ¿A qué?

Pascuala. A casarme.

Garabito. ¿Conmigo?

Pascuala. No; con mi casero.

Garabito. ¡Su mayordomo!
Pascuala. Don Laín Cornejo.
Garabito. ¡Un setenton! ¡Un pícaro que debia estar en la horca!
Pascuala. Para ese pretendia el conde mi mano: para tí tenía negociada una plaza...
Garabito. ¿Dónde?
Pascuala. En las galeras del archiduque.
Garabito. Tú dirias que no quiero ser gravoso al estado.
Pascuala. Pero su señoría estaba decidido á emplearte. Su proyecto era ó que aceptara yo aquella boda, ó que tú cargases con un grillete.
Garabito. ¡Oh iniquidad! Tú rehusarias...
Pascuala. Por supuesto.
Garabito. Llorarias...
Pascuala. A todo trapo.
Garabito. Te desmayarias...
Pascuala. Me quedé muerta. Pero al volver del soponcio, me hallé con una joya al cuello; y mi madre me dijo que en medio de mi turbacion, habia dado á don Laín el sí de esposa.
Garabito. ¡Vírgen de Vallecas! ¿Y no consideraste...?
Pascuala. Considerando que te daba la mayor prueba posible de mi cariño, el lunes pasado me dejé llevar á la iglesia; y de la noche á la mañana, me encontré con un marido Matusalen al lado, coche á mi disposicion, diamantes, criados, y seis mil ducados de renta.
Garabito. ¿Es verdad lo que oigo? ¿Tú casada? ¿Y qué es lo que hago yo ahora?
Pascuala. Por lo pronto, darme la enhorabuena.
Garabito. Tú te burlas; no puede menos. ¡Una señorona de coche aposentada en una buhardilla!
Pascuala. He venido á visitar á mi madre... y de camino á otra cosa. El conde ha puesto los ojos en la vecinita de al lado, la Dorotea. Su abuela la solia traer aqui algunas noches... y... por cierto que hace ya tres que no la vemos; de modo, que el señor conde está desesperado.
Garabito. El desesperado, el furioso, el frenético soy yo... yo, que me arrojaria del tejado al suelo, si no

fuera mas justo arrojar á la pérfida que me ha vendido.

Pascuala. Venderte en seis mil ducados anuales, no es hacer mal negocio.

Garabito. ¡Esta injuria á un maestro vidriero, pizarrero y plomero!

Pascuala. Ponte en razon. Tú me ofrecias un porvenir tan frágil, tan resbaladizo, tan pesado... Es menester que conozcas que una muchacha de mi palmito merecia mejor suerte. En fin, marido como el que tengo, no ha de durar gran cosa: si cuando enviude yo, tus vidrios, tus plomos y tus pizarras te han hecho millonario; si puedes satisfacer los caprichos de una muger bonita, y apalear á tus acreedores impunemente, entonces... hablaremos. Mientras tanto, paciencia y espera.

Garabito. Oye, escucha.

Pascuala. Buenas noches... y buena fortuna, Garabito. Vete por donde viniste, y cuidado con una costalada. (*Quítase de la ventanilla y la cierra.*)

ESCENA III.

GARABITO.

¡Cielos! ¡Ella casada, y yo con mi dinero perdido, ganada una paliza, y amenazado de galeras por añadidura! ¡Se me ha lucido el haber gastado todo el fruto de mis sudores con esa víbora! Es necesario que me desahogue, dándole una vuelta de mogicones, que le haga cantar la letanía de todos los santos. (*Intenta forzar la ventana de la buhardilla.*) Como logre colarme dentro, del primer guantazo... (*Abrese la ventana y aparece el conde dentro de la buhardilla.*) ¡El conde!

ESCENA IV.

EL CONDE (*que sale al tejado*).—GARABITO.

Conde. Si quieres conservar las costillas que te quedaron el otro dia, vete de aqui mas que á paso.

Garabito. Señor conde...

Conde. Lejos de aqui, repito.

Garabito. ¿No está V. S. contento con haberme negado el premio de mis afanes...?

Conde. Soy conde: pago cuando quiero.

Garabito. ¿Sino que no ha parado V. S. hasta dejarme sin novia?

Conde. Leccion para el pobre que se insolenta con el poderoso. Un hijo de un zurrador y una molinera, nieto de un saltimbanqui, hermano de un ventero, ¡atreverse á decir á un título: «De aqui no salgo sin lo que usted me debe!»

Garabito. Y si el que me manda trabajar no me paga, ¿cómo vivo yo?

Conde. Y si no guardas consideraciones al que te sostiene, ¿querrá emplearte en servicio suyo? ¿No te abandonará? Su abandono, ¿no te condenará á la miseria?

Garabito. Y si el señor no se sirve del obrero, ó el obrero se niega á servir al señor, ¿no tendrá el rico, el noble, el grande, que coserse su vestido, reparar su casa y enjaezar su caballo?

Conde. Para no abatirse á tan viles ocupaciones, hallará de sobra espíritus débiles y apocados, almas miserables de plebe, que le sirvan de grado ó por fuerza. Con valor ó con industria hemos adquirido el poder nosotros, envidiosa canalla: mientras no sepais hacer lo que nosotros hicimos, humillaos ante el hombre que tiene mas, que puede mas, que vale por consiguiente mas que vosotros.

Garabito. Señor conde, el hombre que veo delante de mí, es un hombre como yo, inferior á mí, porque yo soy robusto; yo aqui soy el fuerte. Aqui no tiene V. S. la escolta de sus lacayos; todos somos iguales de tejas arriba; y por Dios, que si me dejo arrebatar de la cólera...

Conde. ¿Qué podrá esa cólera contra este preservativo? (*Saca dos pistolas.*)

Garabito. ¡Ah! ¡que no haya podido gastar seis doblones en armas!

Conde. Pues esa es la diferencia que media entre los dos, sobre tejas y sobre baldosas.

Garabito. Yo le juro á V. S. que alguna vez...

Conde. Eres muy dueño de jurar, como sea en otra manzana.

Garabito. Guárdese V. S. de mí desde hoy. (*Retirándose.*)

Conde. Guárdate tú de una leva. Pillos de tu especie sobran en Madrid, y pueden hacer su papel con un remo en la mano.

Garabito. Si no me vengara... (*Va á arrojar una teja al conde.*)

Conde. ¡Bribon! (*Le encara una pistola, que da fogonazo: Garabito se entra en la buhardilla del terradillo.*) Se refugió en casa de la bruja: basta con haberle asustado.

ESCENA V.

DON LAÍN.—EL CONDE.

Laín. (*Asomándose por la buhardilla.*) ¿Dónde está ese bellaco? ¿No parece ya, eh? Bien ha hecho en escurrirse, porque si no... ¡Cuidado con subírsele á las barbas á mi amo, por causa de mi muger!

Conde. ¡A buen tiempo me venia el socorro, si lo hubiese necesitado! Da treguas á tu valor, amigo Laín; que no te asalario yo para que me guardes las espaldas, sino para que desuelles á mis arrendatarios.

Laín. Pero yo soy criado fiel, y por servirle...

Conde. Retirémonos, porque ya es hora de penetrar en el cuarto de Dorotea. Está visto que su abuela sospecha de mí, y que por eso no vuelve á casa de tu suegra. La niña me gusta; obsequiándola, encubierto con el nombre de don Juan, he advertido en ella una inclinacion, que tiene visos de verdadera; su árgos me la esconde; razon para que yo burle su vigilancia.

Laín. El albañil habrá roto ya el tabique que separa esta habitacion de la de Dorotea. Yo le encargué el mayor silencio... Voy á ver si ha despachado. (*Vase.*)

Conde. Nuestro valenton parece que se halla bien con la Marizápalos. A ese mozo es menester enviarle á empizarrar el palacio del gobernador de Manila. (*Entrase en la buhardilla.*)

ESCENA VI.

GARABITO.

(*Sale de la buhardilla del terradillo, recatándose.— La luna se ha cubierto, y la oscuridad es completa.*)

No podia permanecer mas tiempo delante de ese cadáver. Sola y abandonada se ha muerto la infame bruja. No, si la hubiese encontrado en disposicion de oirme, no hubiera yo dejado de implorar su ausilio para hacer una jugarreta al conde. Ya estarán las doce al caer, hora en que los brujos emprenden sus caminatas aéreas: á la primera campanada, me pondria de patitas en el barreño de los untos para volar, montaria en una escoba, y cruzando los aires... (*Dan las doce: Garabito tropieza en una artesa que hay en el terradillo, y cáese dentro de ella.*) ¡Voto á cribas! ¡Lo que he cruzado es el suelo! Me he zampado en una artesa llena de agua. ¡Hif! ¡qué frio! Y no acierto á levantarme... No sé qué revolucion se obra en mi cuerpo. Y me hundo... (*Desaparece por un momento y luego sale de la artesa volando, transformado en vieja.*) ¡Que me escapo! ¡Que me vuelo! ¡Que me llevan los diablos á Barahona! (*Algunos brujos salen por las chimeneas de los tejados, y cruzan el aire en la misma direccion que Garabito.*)

ESCENA VII.

(Un desvan.)

DOROTEA.—EL CONDE.

Dorotea. Márchese usted al momento.
Conde. ¡Qué inhumana tiranía!
Dorotea. Mayor pena merecia
tan estraño atrevimiento.
Conde. Es demasiado rigor.
Dorotea. Quien paredes atropella,
muy poco de una doncella
respetará el pundonor.
Conde. (*Aparte.* ¡Que han de ser tan montaraces
las Lucrecias de trapillo!)

En fé de mi amor sencillo,
debemos hacer las paces.

Dorotea. Las hago, si usted se va.

Conde. Oigame usted, y me iré.

Dorotea. Si me habla lejos, oiré.

Conde. Bien. ¿Desde aqui?

(*Colocándose á cierta distancia de Dorotea.*)

Dorotea. Mas allá.
¿Cómo usted se propasó
á romper aquel tabique?

Conde. Primero que á usted esplique
la razon que me obligó,
reciba ese don, señal
de lo que agradarla estudio.

Dorotea. Aunque es bien raro el preludio,
aparo en el delantal.

(*El Conde echa á Dorotea en la falda un estuche de alhajas, que ella abre y examina.*)

Conde. (*Aparte.* Segun mi segura táctica,
es esta la gran retórica.
Mas que una pasion teórica,
vale un donativo en práctica.)

Dorotea. ¡Qué miro! Diamantes son.
Tal regalo corresponde
á un hombre rico.

Conde. Es un conde
quien hace á usted ese don.

Dorotea. ¿Un conde?

Conde. El de la Viznaga.

Dorotea. Muy señor mio y mi dueño. (*Sonriéndose.*)

Conde. Ese semblante risueño
mis esperanzas halaga.

Dorotea. No hay que tomar á favor
de mi labio la sonrisa.
Me rio, porque la risa
dice á mi cara mejor;
y porque ¿quién se contiene
al ver en este desvan
al conde mas perillan
que toda la corte tiene?

Conde. ¿Quién aqui me calumnió?

Dorotea. El que no proceda bien,

sufra que todos le den
el nombre que mereció.

Conde. Si un retrato verdadero
hace la fama de mí,
nada puede haber allí
que deshonre á un caballero.
Dirá la enemiga crónica
en su censura mas rígida,
que tuve aficion á Brígida,
y quise despues á Mónica;
pero ¿es delito buscar
con afanoso teson
un amante corazon,
y no poderlo encontrar?
Si no supieron las bellas,
á quienes rendí mi pecho,
ligarle con nudo estrecho,
la culpa tuvieron ellas;
ó quizá del sumo Ser
fue decreto soberano
que yo suspirase en vano
entre mil, por la muger
que me pintaba la idea,
para que el alma en despojos
me llevase con sus ojos
la divina Dorotea.

Dorotea. Y acaso fue suerte mia
que yo á usted me aficionase,
solo mientras ignorase
que un conde me pretendia.

Conde. Cuando ficciones renuncio,
¿con tal desengaño toco?

Dorotea. ¿Aprecia usted en tan poco
la franqueza del anuncio?

Conde. Diciendo mi calidad,
mi fé sincera acredito.

Dorotea. Esa ingenuidad imito,
pues tambien digo verdad.

Conde. ¿Con que te pierdo? ¡Oh tormento!
¿Con que mi muerte deseas?
¿Qué dices?

Dorotea. Que me tuteas,

y te apeo el tratamiento.

Conde. ¿De dónde el hechizo sacas, que avasalla mi altivez?

Dorotea. Sé yo desde la niñez
no espantarme de alharacas.
Como siempre en un rincon
encarcelada he vivido,
ratos de sobra he tenido
que dar á la reflexion;
y pesando en fiel balanza
mis cualidades un dia,
me pareció que podia
entregarme á la esperanza
de que algun hombre de bien,
que amor y honradez buscase,
ofrecerme se dignase
una mano por sosten.
Esperando con afan
aquel protector soñado,
en la buhardilla de al lado
hallé mi primer galan.
Me habló de amor: escuché;
dijo que me idolatraba;
por ver que maña se daba,
idolatrar me dejé.
Fue mi primera aficion;
él tiene un pico de perlas:
le dí, pues, sin defenderlas,
las llaves del corazon.
Decia para mi saya
muchas veces yo: recelo
que es don Juan un picaruelo;
pero si me quiere, vaya;
nómbreme suya, y me obligo,
sagaz y tierna consorte,
á lograr que se reporte,
y se contente conmigo.
Proyectos sin duda buenos;
mas, para servir á ustedes,
¿quién era mi Ganimedes?
Todo un conde, por lo menos,
de amor célebre adalid,

que por sus triunfos gallardos,
el conde de picos pardos
le llamá todo Madrid.
Firme, si al principio atónita,
de tanto engaño en el piélago,
digo á mi galan murciélago
que ya conozco su mónita;
y pues en tan mal camino
los pasos ha de perder,
lo mejor que puede hacer,
es irse por donde vino.
Queden para otra beldad
esas joyas que me ofrece:
semilla son que perece,
sembrada en mi voluntad,
porque mas que dones ricos
vale el honor que atesora
esta humilde servidora
del conde de pardos picos. *(Quiere irse.)*

Conde. Detente, esquiva hermosura,
deten el paso veloz,
porque me encanta tu voz,
aunque ofende mi ternura,
Si viste amor en don Juan,
¿cómo en el conde no fias?

Dorotea. Amor de túes y usías
va de bolin de bolan.

Conde. ¿No puedo yo dar mi fé
á dama de humilde cuna?

Dorotea. ¿De qué nace que ninguna
le contenta á vuesarcé?

Conde. ¿Quién, Dorotea gentil,
quién contigo se compara?

Dorotea. Eso mismito apostara
que lo ha dicho usted á mil.
En fin, supuesto que soy
una niña tan cabal,
y usted me adora leal,
á hacer un ensayo voy.
Hija de un mísero hidalgo,
noble soy sin vanagloria:
ni adoro mi ejecutoria,

ni me oculto lo que valgo.
A veces juguetoncilla
en casa, á veces apática,
parezco una diplomática
en tomando la mantilla.
Me hallo con disposicion
de aprovechar un caudal,
y al ver el ageno mal,
se me parte el corazon.
Perdon supiera pedir,
si ofendiese á un pordiosero,
y á un pisaverde grosero
con un gesto confundir;
en suma, por varios modos
cuento con poderme hacer
reverenciar y querer
de mi marido y de todos.
Asi un don Juan se me esplica
en una amorosa carta,
y los elogios que ensarta,
de su mano los rubrica.
Yo en su buena fé descanso,
y de su voz al compás,
si me alabo, no hago mas
que hablar por boca de ganso.
Pues si en mí todo embelesa,
si tanto mérito brilla,
¿no me viene de perilla
para hacer una condesa?

Conde. (*Aparte.* ¡Friolera es la ambicion
de la niña!) Yo veré...

Dorotea. Nada; nada: ¿para qué
pensar la resolucion?
Usted que mi amor anhela,
que adora con frenesí,
¿cómo ha de negarme un sí
en presencia de mi abuela?

Conde. Pero... de improviso...

Dorotea. ¡Bah!
Es sorpresa muy gustosa.

Conde. Una vieja recelosa
de todo sospecha.

Dorotea. ¡Cá!
Le creerá á usted... como yo.
Conde. Declárate sola tú.
Dorotea. Yo empezaré, y usted...
Conde. ¡Uh!
¡Qué apurar!
Dorotea. Animo.
Conde. ¡Eh! nó.
Dorotea. Sí, venga su señoría
donde despliegue gentil
todo ese amor señoril
que señorea en usía.
Conde. Soy incapaz de bastardos
designios; pero...
Dorotea. Ya estoy;
mas yo quiero quedar hoy
condesa de picos pardos.
(*Ase de la mano al conde y se entra con él.*)

Salon subterráneo de arquitectura antiquísima, debajo de los campos de Barahona. En el fondo se ve en un nicho la redoma encantada. En medio del tablado un pedestal. Se oye música estrepitosa dentro, y la algazara de un baile desordenado.

ESCENA VIII.

GARABITO (*de vieja y con el trage de archimaga, conducido por el Secretario*). PORTEROS. *Luego* BRUJOS Y BRUJAS.

Secretario. (*A un portero.*) Avisad á todos que vengan: decid que es órden de la archimaga. (*Vase el portero.*)

Garabito. Ni yo doy esa órden, ni necesito aqui á nadie, ni quiero sino soltar estos arrequives que me habeis encajado... por sorpresa. Dale con archimaga, aqui; archimaga, allá; despache usted esto, entérese usted de lo otro... ¿Cómo diablos os he de decir que no soy la tia Marizápalos?

Secretario. ¿Y cómo se lo quereis persuadir á vuestro secretario íntimo?

Garabito. Me teneis ya frito, señor secretario.

Secretario. Esa es una metáfora; pero si persistís en tan ridículo empeño, se os freirá positivamente.

Garabito. ¿Cómo?

Secretario. En la caldera de los conjuros. Esa pena imponemos á los dignatarios recalcitrantes.

Garabito. (*Aparte.* Para el pícaro que haga dimision por ahora.)

Brujo 1.º (*Que sale corriendo tras una jóven.*) Una contradanza conmigo, mi diosa.

La jóven. No, que reñirá mi marido.

Brujo 2.º (*Corriendo tras una vieja.*) Un fandango, abuela. Vamos, que ese cuerpecito pide guerra todavia.

La vieja. Déjeme en paz, mostrenco.

Voces dentro. ¡Aqui, aqui! (*Sale un tropel de brujos y brujas voceando y tocando varios instrumentos, como bandurrias, panderetas, gaita, triángulo y castañuelas. Algunos bailan. Palmadas: cesa la música.*)

Secretario. Basta ya de broma. Guarden los sócios órden, si quieren.

Garabito. Guarden silencio las socias, si es posible.

Los porteros. (*Haciendo sonar sus mazas huecas.*) Atencion.

Secretario. (*A Garabito.*) Subid á vuestro puesto.

Garabito. (*Aparte al Secretario.*) Pero, secretario... si mis achaques me han barajado la memoria.

Secretario. No se admite disculpa. Habeis visto los espedientes y habeis repasado el proyecto de arenga: dadnos esta vez, que será la última, el gusto de veros desempeñar vuestras funciones directivas.

Garabito. (*Aparte.* ¡Ay! Dios me la depare buena.) (*Sube á un pedestal que hay en medio del teatro.*) Brujos y brujas de todos los aquelarres de España, se da principio al conciliábulo.

La jóven. No hurgue la vieja.

La vieja. No se eche encima la mocosa.

1.º (*A un brujo muy despilfarrado.*) Colóquese en su

grupo; los de aqui gastamos medias de seda.

Los porteros. (*Haciendo ruido con sus mazas.*) Atencion)

Garabito. (*Aparte.* ¿Cual es el primer punto? Ah! ya estoy.) Sabios compañeros... La hora en que el ejercicio de la hechiceria se abandone para siempre en España, va á sonar al instante. Escrito estaba, como sabeis, en nuestros libros proféticos, que nuestra secta cesaria de existir en la península, cuando desapareciese la valla natural que la divide del continente. Esta condicion está ya cumplida. Diez años há que el rey de Francia pronunció aquellas fatídicas palabras: «ya no hay Pirineos.»

2.° Pido que se averigue la verdad del hecho.

Garabito. Aqui no se viene á averiguar verdades.

1.° Fuera el que interrumpa.

Todos. ¡Fuera!

Los porteros. Orden.

Garabito. Yo, que ví bambolear en sus cimientos el alcázar de la mágia, quise evitar que pereciésemos entre sus escombros: quise mas; quise que de la ruina del arte naciese la prosperidad de los que lo profesaban; quise, en fin, que renunciando á ser brujos, nos dedicásemos á hacernos ricos, y que en lugar de chupar la sangre á nuestros contrarios, trasladásemos á nuestros bolsillos el oro de sus gabetas.

2.° ¡Cómo lo parla!

1.° ¡Cómo rebuzna!

Todos. (*A un tiempo.*) Silencio. Orden. Chito. Callen ellas. Callen ellos.

Garabito. (*Dando una gran voz.*) Callen los que mandan callar. (*Se restablece el silencio.*) Mi proyecto fue admitido con entusiasmo; y cuando pasado el tiempo prescrito para darle felice cima, os reuno en estas catacumbas, sobre las cuales se estienden los célebres campos de Barahona, en vuestros ojos, en vuestros vestidos, en vuestros ademanes descubro, enagenada de júbilo, el orgullo, la petulancia, el sobrecejo insultante que caracterizan al hombre que de pobre ha pasado á opulento.

1.° Eso se podia suprimir.

2.° Aqui no se viene á averiguar verdades.

Algunos. Que se llame al órden á la archimaga.
Secretario. (*Aparte á Garabito.*) Usad del gran recurso.
Garabito. ¿Y cuál es? ¿Emprender á palos con ellos?
1.º Propongo un voto de censura.
Muchos. Apoyado.
Garabito. (*Despues de haber hablado en secreto con el Secretario.*) Silencio. Yo empuño el baston de archimaga todavía, y si me faltan al respeto.... ¡voto al marques de Villena!... (*Suena dentro un estrépito horroroso: los brujos caen aterrados al suelo.*)
Todos. Perdon, perdon.
Garabito. Alzad, y no me obligueis á repetir ese juramento terrible que hace estremecer las puertas del infierno. (*Repítese el estruendo, pero menos fuerte.*) Visto ya que no se halla entre vosotros ninguno tan estúpido que no haya sabido enriquecerse á costa agena, solo me falta averiguar las profesiones que algunos sócios han elegido. Cornelio Trapisondas, ¿con qué modo de vivir se ha disfrazado?
Brujo 3.º Soy casamentero.
Garabito. Judas Sanguijuela.
4.º Escribano real.
Garabito. Matatias Garrones.
5.º Usurero.
Garabito. Dimas Tragaldavas.
6.º Asentista de todos los ejércitos beligerantes.
Garabito. Toribio Pichote.
7.º Poeta.
Todos. Fuera, fuera el profano.
Garabito. Nuestro instituto no permite á ningun sócio egercer una profesion indiferente. Desde la de holgazan pensionado hasta la de sacamuelas, hay mil empleos en que hacer daño á la sociedad, cuyo azote somos. Elegid uno de ellos.
7.º Voy á escribir en comedias la vida del hombre malo.
Garabito. Eso es distinto. Entontecer y desmoralizar al público es una obra meritoria para nosotros. Ultimo punto. (*Aparte al Secretario.* ¿Cuál es el último punto?)
Secretario. Lo de la botella....
Garabito. ¡Ah! sí: tengo esta cabeza perdida.—En esa

redoma yace, cual sabeis, encantado el reformador de la mágia en Castilla, el célebre don Enrique de Aragon, marques de Villena. (*Todos los brujos hacen una profunda reverencia.*) Trasladada esa ampolla desde Madrid á este sitio por los espíritus inf.... por los espíritus nuestros auxiliares, dejando en su lugar otra para que el insensato vulgo la hiciese añicos, ha parmanecido largos años intacta. En el momento en que una mano atrevida quebrante ese vaso, volverá el marques de Villena á contarse en el número de los vivientes. Habiendo vosotros.... habiéndonos nosotros servido de la mágia para fines distintos de los que se propuso aquel hombre singular, que empleó neciamente su saber en beneficio del mundo, de temer era que si le libertábamos de esa estrecha cárcel, nos castigase por haber desnaturalizado la índole de su doctrina. Propongo, pues, que la redoma encantada quede en este parage hasta la consumacion de los siglos.

Todos. Aprobado.

Garabito. (*Aparte.* Abreviemos la despedida.) Secuaces de Merlin, hijos de Celestina, soltad ya de las manos el cetro con que mandabais á la naturaleza. Gozad de los bienes que os procuró vuestra industria: ellos os harán respetar de los mismos á quienes habeis despojado; y al bajar á la tumba, la necia posteridad, lisongera siempre con el poderoso, estampará en vuestra losa con el oro que usurpasteis pomposos letreros en alabanza de virtudes que jamas habreis conocido. Libres sois, compañeros, libres sois, espíritus que nos habeis asistido. (*Unas figuras aladas vuelan.*) La secta de los brujos queda para siempre disuelta en España. (*Rompe el baston, se baja del pedestal y deja las demas insignias archimágicas.*)

Brujo 1.° (*Al que tiene á su lado.*) V. me insultó en Zugarramurdi.

2.° (*A otro.*) V. se habia propasado conmigo.

3.° (*Al* 1.°) V. me debe y no me paga.

Una bruja á otra. Ella será la puerca.

1.° (*Al* 3.°) Satisfaccion.

2.° Esplicacion.

3.° (*Al* 1.°) Mi dinero.
Bruja. Mi limpieza.
Muchos. Fuera, fuera.
Algunos. Aquí ya nadie manda.
Otros. Cachete y tente perro.
Todos. Afuera, afuera.
(*Riñen todos unos con otros y salen aporreándose.*)

ESCENA IX.

GARABITO.

Ya salí del apuro. No: en llegando á Madrid, me voy derechito á la buhardilla de la tia Marizápalos á ver qué riquezas habia adquirido. Esto se entiende si no han acudido antes los alguaciles, porque oliendo que chupar, andan mas listos que los brujos. ¿Pero cómo me dirijo yo ahora á Madrid? Esa familiota ha renunciado solemnemente á la hechicería; pero su primer dignatario hechizado se queda. Derechos adquiridos, que se respetan en esta revolucion. Sirvámonos de las noticias que se me han dado. Consultemos al protomaestro de la facultad. Aquella es la redoma encantada, donde está en forma de álcali volátil el marques de Villena: restituyamos al mundo un hombre de bien; no abundamos hoy dia tanto, que uno mas nos estorbe. (*Coge del suelo un pedazo del baston de archimaga.*) A la una, á las dos: ¡pum! (*Rompe la redoma. Sale de ella una llama primero, y humo despues que se va aclarando y dejando ver la figura de don Enrique.*) ¡Calle! pues se ha disipado; se conoce que la tal combinacion mágica se habia desvirtuado con el tiempo. Pero no: allí distingo no sé qué pajarraco, que casi tiene figura humana. Sí, cada vez lo veo mas claro. El es.... digo, él puede ser, que yo no he alcanzado los tiempos de su señoría. (*Don Enrique baja del nicho al tablado.*)

ESCENA X.

DON ENRIQUE.—GARABITO.

Enrique. Deste parage non guardo
membranza. ¡Dios eternal!
¿dó estó? ¿Qué ha sido de mí?
Melendo, Nuño, Ferran...—
Ningun servidor me acude.
Dormir he debido asaz.
Vos, ¿quién sodes?

Garabito. (*Aparte.* Yo no entiendo
pizca de tal guirigay.)
Si usted pregunta quien soy,
le diré en primer lugar
que no soy lo que parezco.

Enrique. ¿En que parla me fablais?
De lueñe venís, la fembra
de arreo descomunal.

Garabito. Arreo es cosa de bestias,
y bien que pobre pelgar,
nombre de aguda cabeza
por todo Madrid me dan.

Enrique. ¿Esto es Madrid?

Garabito. No señor.
es Barahona.

Enrique. ¿Dó yaz
la caverna en que se ayuntan
los nigromantes?

Garabito. Cabal.

Enrique. (*Aparte.* A las mientes se me viene
la mi redoma, mi gran
encantamento...) ¿Cuál año
corre de la era volgar?

Garabito. Mil setecientos y diez,
si no miente el almanac.

Enrique. ¡Oh triunfo del mi saber!
Sciencia fallada por Cam,
yo á la perficion te aduje,
yo fiz lo que nadie faz.
Vos, don rey de las esferas,

cuyo dedo es el pilar
do asienta la pesadumbre
de la máquina mundial,
de finojos vos adoro:
mi superbia perdonad.
Cá, señor, ¿quién se guaresce
de un tanto de vanidat,
si torna en aquesta guisa
á ver la lumbre solar?
Docientos setenta y tres
años he posado en paz
en mi escondredijo.

Garabito. Ha sido
una siesta regular.
¿Y despierta usted con toda
su mágica habilidad?

Enrique. ¿Qué cosa es *usted*?

Garabito. *Usted*.....
es..... usted..... cuando yo á hablar
me pongo con él,.... soy yo,
si me habla un pelafustan;
y él y todos son *ustedes*,
si se lo quieren llamar.

Enrique. Dios me fine, buena vieja,
si vos entiendo.

Garabito. Alto allá:
si soy vieja, es que me han hecho
que me madure en agraz,
envolviendo en esta cáscara
un hombre como un varal.

Enrique. Ruminad lo que fablardes.
¿Traen en aquesta edad
los varones de Castilla
ese aparejo?

Garabito. No tal;
pero hace poco me dí,
bien contra mi voluntad,
un baño en cierto calducho,
preparacion infernal
que una bruja en su tejado
tenia puesto á enfriar;
y míreme usted trocado

en ella, sin mas ni mas.

Enrique. (*Aparte.* El mi anillo prepotente
ganoso estoy de probar.)
Criatura contrafecha,
torna á tu ser natural.

(*Desaparecen los vestidos mugeriles de Garabito, quedando en su traje ordinario.*)

Garabito. ¡Ajajá! Ya me conozco.
Sentia una frialdad
antes en la sangre... ahora
no, hierve como un volcan.
Mil gracias, señor marques;
no se muera usted jamas.
Usted es hombre de pro:
bien hice yo en quebrantar
su redoma.

Enrique. ¿Que tú fuiste?
Gualardonarte me cal.
Garzon bien queriente mio,
demándame á tu solaz,
y en acudir al tu gusto
mi prestedumbre verás.

Garabito. A un conde que sin razon
me ha mandado apalear,
quisiera yo darle..... así....
una leccion de moral,
para que á la pobre plebe
tratase con caridad.

Enrique. ¿Tú eres pechero?

Garabito. Artesano.

Enrique. ¿Pobre?

Garabito. Cuanto gano el pan.

Enrique. ¿E á un grande aborreces?

Garabito. Pues,
y por él á los demas.

Enrique. Grande ansimesmo so yo;
membrédeslo, don fulan.

Garabito. (*Aparte.* ¡Bestia de mí! ¡A buena parte
vine mis quejas á dar!
Dos lobos de una camada,
digo, ¿si se morderán?)

Enrique. Palos, desorejaduras,

azotamientos, é lo al
desta guisa, lo sofrian
antaño con homildat
los villanos, cá tal era
ley é usanza general.

Garabito. (*Aparte.* Pues no hemos perdido poco
los pobres con no alcanzar
ese siglo!)

Enrique. Plazme empero
la facienda averiguar
de esotro conde, é si peca,
punido de mi será.
¡Ah de los genios del aire
que obedescen mi mandar!
Sepades poner por obra
mis disinios.

Voz dentro. Ya lo están.

(*Abrese en el muro del fondo un boquete, y se ve al conde en su casa, acompañado de don Gaspar y don Ramon.*)

Enrique. ¿Cuál es tu inimigo?

Garabito. Aquel.

Enrique. Oigámosle en poridad.

ESCENA XI.

EL CONDE. DON RAMON. DON GASPAR, *sentados alrededor de una mesa y bebiendo.*—DON ENRIQUE. GARABITO.

Conde. Tal fue su resolucion:
ó bodas, ó calabazas.

Gaspar. ¿Y de qué manera trazas
humillar su presuncion?

Conde. (*Bebiendo.*) Satisfaciendo su antojo.

Ramon. ¿Casarte con ella quieres?
Vaya, tú por las mugeres
serás capaz de un arrojo.

Conde. Bebed mientras os instruyo
del plan que en mi mente ordeno.

Gaspar. Bebamos, que el vino es bueno:
el plan será como el tuyo.

Conde. (*A Gaspar.*) Si yo no recuerdo mal,

me has dicho en una ocasion
que tienes un caseron
allá junto á Portugal.

Gaspar. Si es un castillo roquero
con cuatro torres enormes.

Ramon. Desde ellas se le ve al Tormes
desembocar en el Duero.

Gaspar. Su nombre solo anonada
y aterra al vulgo sencillo.

Conde. ¿Como se llama?

Gaspar. *Castillo*
de la cabeza encantada.
Llevo por punto de honor,
ya que todo lo vendí,
salvar esta finca.

Ramon. Sí,
hasta que halles comprador.

Conde. Pues allí pienso llevar
á mi orgullosa hermosura,
y allí vestido de cura,
me casarás tú, Gaspar.

Ramon. ¡Bravo!

Gaspar. ¡Bien!

Garabito. ¿Qué tal?

Enrique. Judio
será, que non fijodalgo,
aquese home.

Gaspar. Un mundo valgo
para el lance.

Garabito. ¡Vaya un tio!

Conde. Ramon de padrino hará.

Ramon. De sacristan, si conviene.

Gaspar. ¡Buen chasco se le previene
á esa necia! Rabiará
cuando averigue el misterio.

Conde. Se le deja que alborote,
y luego le doy un dote,
ó la llevo á un monasterio.
Por el logro de mis fines. (*Brindando.*)

Gaspar. Por la simple que se vende
á sí propia.

Enrique. Yo por ende

la defiendo, malandrines,
mengua del nombre español.
(*Ciérrase la abertura.*)

ESCENA XII.

DON ENRIQUE. GARABITO.

Garabito. Y sepa, señor marques,
que la Dorotea es
una chica como un sol.
Enrique. ¿Fermosa?
Garabito. Y noble y honrada.
Enrique. ¿Noble doncella otrosí?
Garabito. Sabe mas que un zahorí.
Enrique. Será un tanto engorgollada,
Garabito. Si es la dulzura en persona.
Enrique. ¡Cuerpo de tal! Noble, esciente,
garrida, honesta é placiente...!
Meresciera una corona.
Garabito. Pues nada pondero.
Enrique. Aína
faz el encomio que dud
si con él similitud
habrá la dama.
Garabito. Es divina.
Enrique. (*Aparte.* Sabrélo, en tanto que fablo
contigo mesmo, á socapa.)
(*A una señal de Enrique se hace en el foro una abertura pequeña, donde se ve el rostro de Dorotea.*)
¡A fé que es moza de chapa!
Garabito. ¿La ve usted? ¿Dónde?
Mira al fondo, y en lugar del rostro de Dorotea, se le aparece un feo mascaron. Garabito aparta la vista espantado.)
¡Huy! ¡qué diablo!
(*El busto de Dorotea vuelve á aparecer.*)
Enrique. Estrellas sus ojos son,
su semblanza toda un cielo.
Garabito. (*Aparte.* Capaz era ese mochuelo
de asustar á san Anton.)
Enrique. Ya es forzado que me nombre

captivo suyo.

Garabito. (*Aparte.* ¿Habrá visto
él lo que yo?

(*Vuelve á mirar, y aparece otra figura horrenda.*)

¡Jesucristo!
¿De qué se enamora este hombre?

(*Cúbrese la apariencia.*)

Enrique. Ora pues, al conde trato
befar; mas empeño es mio
que non partas man-vacío
de mí, cá non soy ingrato.
Tres cosas en tu magin
discurre, é dartelas hé.

Garabito. ¿Tres? Pensaré, pediré,
y no pecaré de ruin.
¡Tres deseos! Doy un susto
mañana á Madrid, lo espanto.
¡Jesus! ¡Si me ocurre tanto...!
¡Qué barbaridad! ¡qué gusto!
Ya el gozo me tiene chispo.
Adios, plomo; adios, pizarra.
De aquí he de salir, no marra,
lo que menos, arzobispo.
Tres cosas pedir intento,
con las cuales, ni al villano
envidie su cuerpo sano,
ni á la virtud su contento,
ni los deleites al rico
con que la suerte le adula.
Para contentar su gula
sudan esteva y pellico,
y el caudal de un pueblo entero
en un plato lo devora. (*Bosteza.*)
Un hambre me dá, que ahora
me tragaria un carnero.

(*Aparece en el aire un plato enorme con un carnero asado.*)

Enrique. Primer deseo complido.

Garabito. ¡Mentecato de mí! ¡Bruto!
Por un antojo sin fruto
mil ventajas he perdido.
¿A quien sino á mí le asalta

ese bestial pensamiento?
La cola para jumento
es solo lo que me falta.

Enrique. Dóitela pues.

(*Vuela el plato, y sálele á Garabito una cola de asno.*)

Garabito. ¡San Millan!
(Hácia el fin del espinazo
he sentido un embarazo...
(*Viéndose la cola.*)
¡Pues cierto que estoy galan!
¡Cielos! ¿A quién el destino
con tanto rigor aqueja?
Ya me transfiguro en vieja,
ya me ingertan de pollino.
¿Qué he de hacer yo, Dios eterno,
con esta superfluidad?

Enrique. Quédate una voluntad.

Garabito. Vaya la cola al infierno.

(*Se abre un escotillon, por el cual asoma un diablillo, que arranca la cola á Garabito.*)

Enrique. Ya mi debda satisfiz.

Garabito. Y á poca costa.

Enrique. Magüer
complí, farete placer.
¿Qué cobdicias?

Garabito. Ser feliz.

Enrique. Aqueso sin mí lo has.
Agrádate de tu estado,
é cuéntate afortunado.

Garabito. Deseara yo ademas...

Enrique. ¿Dineros?

Garabito. Algunos.

Enrique. Esa
piedra es tuya.
(*Señálale un pedestal.*)

Garabito. ¡Gran tesoro!

Enrique. Cátala bien.
(*El pedestal se convierte en oro.*)

Garabito. ¡Cómo! ¿Es oro?

Enrique. Oro.

Garabito. ¿Y es mio?

Enrique. Sí.

Garabito. Pesa
mucho para que de aqui
pueda ni movella yo...

Enrique. ¿Levarla non puedes?

Garabito. No.

Enrique. Ella, pues, lévete á tí.

(*El pedestal se lleva á Garabito.*)

ESCENA XIII.

DON ENRIQUE.

Espritos del aire, cual él de sotiles,
que al home enseñades, burlándole al par,
viandante yo agora por nueves carriles,
atáñevos ende mi planta guiar.
Si el cuento á mis años me plugo alongar,
cobdicia me priso de honesto placer;
mi vida segunda comience á correr
veyendo mi pecho su afan alcanzado,
su afan sempiterno de ser bien pagado
de amante fermosa, é firme muger.

(*Se ha abierto el foro: una porcion de genios alados rodea á don Enrique; condúcenle á la abertura de donde salieron y le colocan en un carro aéreo que le saca del subterráneo.*)

ACTO SEGUNDO.

Decoracion de jardin magnífico. Dos pedestales á los lados y uno en el fondo: sobre cada uno de los primeros hay un jarron, sobre el último una esfinge. Bancos de piedra, asientos rústicos, &c.

ESCENA PRIMERA.

DON ENRIQUE. GARABITO.

Gar. ¿Con que renuncia usted á la sorpresa
que al mundo causaria
revelando su nombre verdadero?
Bien hecho podrá ser; pero me pesa.
Enr. Me sobra con mi antigua nombradía;
solo felicidad es lo que quiero.
Gar. Nuestro secreto morirá conmigo,
aunque en hacerlo público tenia
el interes de parte y de testigo.
Enr. Un siglo no es bastante,
contando á maravilla por instante,
para gozar completo el portentoso
espectáculo nuevo
que á tu mano benéfica le debo.
Alzate del sepulcro tenebroso,
ruda generacion, cuya demencia
confundiendo el saber con los delitos,
á ceniza redujo mis escritos:
contempla de otra edad en la esperiencia
los magníficos frutos de la ciencia.
Cruza Colon las indomadas olas
del férvido Occeano,
y allá en un mundo incógnito su mano
pone audaz las banderas españolas;
abre á la ilustracion canal inmensa,
productora multíplice la prensa;

la cristalina lente,
por el cielo esplendente
siguiendo el giro de sus luces bellas,
avecina del suelo las estrellas;
y la mal disfrazada alegoría,
tímido ensayo de la pluma mia,
de interes, de verdad, de pompa ornada,
ya de puñal armada,
ya tomando la máscara risueña,
deleite ofrece á sentimiento y juicio,
y en ingeniosas fábulas enseña
respeto á la virtud, horror al vicio.
¡Siglo feliz, que con veloz progreso
ves á la perfeccion en todas partes
las costumbres correr, las ciencias y artes!

Gar. Pues á un decano váyanle con eso.
Mátenme si no jura por su vida
que solo allá, cuando su edad florida,
pudo haber en España cosa buena.

Enr. La vejez en su ciego rigorismo
ya de placer agena,
todo lo nuevo con afan condena.
Dura, desmemoriada, intolerante,
siempre será lo mismo
que antes y en tiempo de don Juan Segundo,
mientras existan Juanes en el mundo.
Sabe mas en el dia un estudiante
á los seis años que lecciones toma,
que (fuera de la mágia, por supuesto)
yo cuando preparaba mi redoma.

Gar. Y por mas que prediquen, algo es esto.

Enr. Una fregona de hoy cuando se aliña,
manto luce y basquiña
que, aunque no soy en la materia ducho,
creo que codiciádolos hubiera
la marquesa mi esposa, que Dios haya.

Gar. Y digan lo que quieran, esto es mucho.

Enr. Mengua el delito y se le tiene á raya;
no tan ceñuda ya ni tan austera,
la virtud se reviste de dulzura;
y ocupando su puesto la hermosura,
la hace el hombre de esclava, compañera.

La guerra, vuelta la morisca prole
al árido confin que orígen dióle,
menos bárbara es ya, menos impía.

Gar. No nos falta materia para lloros;
tudesquitos tenemos todavía,
que hacen mas daño que si fueran moros.
¿Cómo no echa usted mano de sus untos,
y á rebeldes y aliados, todos juntos,
no los coge y estrella de un porrazo
en la cumbre del monte Chimborazo?

Enr. Ya la suerte del trono don Felipe
dejó en Villaviciosa decidida:
nube será que leve se disipe,
la furia de la hueste fratricida.
Próxima está la paz, y la campaña
tenido hubiera duracion mas corta,
si no fuese destino de la España
no conocer jamas lo que le importa.
Esta mi suerte fue tambien un dia,
y me costó el error perder estado,
y honra y felicidad. Escarmentado,
vuelvo por fin á la segura via;
y en el presente empeño,
la postrimera vez será sin duda
que á mis recursos mágicos acuda.
De numerosas posesiones dueño,
donde practique la virtud sin brillo;
retirado tal vez en un castillo,
en la corte tal vez, y en esta aldea,
desconocido viviré en reposo,
felicísimo esposo
de mi dulce y hermosa Dorotea.

Gar. ¡Qué ageno estará el conde
de la funcion que aqui se solemniza!
¿Cómo ha de imaginarse, ni por dónde,
que la boda que en falso preparaba,
usted la realiza,
tomando su figura, nombre y trage?
Bramando de corage,
vagará por Madrid, buscando el coche
que llevó á ustedes á casarse anoche.

Enr. Castigo merecieran mas severo

que usurparle la dama, sus deslices.

Gar. Díganlo mis costillas infelices.
Mas todavia desquitarme espero.

Enr. Desecha pensamientos inhumanos:
vengarse es el placer de los villanos.

Gar. Esa razon me favorece al doble:
ni el conde muestra ser, ni yo soy noble.

Enr. Culparán en la sala mi tardanza
los convidados ya. Toma: te dejo
mi talisman, mi poderoso anillo,
que te dará completa semejanza
con don Laín...

Gar. El traducirme en viejo
no me divierte, vamos.
Que usted se cambie en otro es muy sencillo,
porque no es un adónis que digamos;
pero yo...

Enr. En mí ¿qué ves?

Gar. Reproducido
miro al conde que causa mis enojos.

Enr. Pues yo solo he mudado de vestido:
la ilusion no está en mi, sino en tus ojos;
y asi, sin que en tu ser mudanza se haga...

Gar. Si es usted el mismísimo Viznaga.

Enr. Te lo parece; pero visto fuera
de la mágica esfera,
igual se presentara mi persona,
que allá al resucitar en Barahona.

Gar. ¡Buena igualdad, por Dios! Cuando una dama
con usted se desposa, persuadida
de que es el conde á quien amante llama,
¿puede una cara haber mas parecida?
¿Cabe mas fiel traslado?
Larguirucho, delgado,
un poco saltarin, el pelo en roscas...
(*Don Enrique se rie.*)

Enr. Aleja al mayordomo si llegare.

Gar. De buena gana; pero usted repare....

Enr. A Dios. (*Vase.*)

Gar. Hecho me deja un papamoscas.

ESCENA II.

GARABITO.

¿Y porque yo me adorne mi meñique
con este anillo, de tan mala vista,
que no diera por él un diamantista
para tres cuarterones de alfeñique,
sin mudar ni una pinta mi pellejo,
me han de trocar con don Lain Cornejo?
Me parece que en esto don Enrique,
mal que le pese á su prudencia toda,
discurrió.... como novio en tornaboda.
Un farolon apuesto de rosario
á que si un tocador tuviera enfrente,
ni un pelo me veia diferente.

(*Diciendo esto se coloca delante del pedestal de la izquierda, que se convierte en un espejo donde aparece don Lain de cara: el pedestal de la derecha le representa de espaldas.*)

¡Válgame San Macario!
¿No es aquel el vejete estrafalario,
de Pascuala dignísimo pariente?
¡Calle! ¡y me copia cada movimiento!
¿Me hace usted burla? Cuenta, no le tire
por la caricatura,
un guijarro á los dientes.—¡Qué jumento!
Dice bien el marques: si es la figura
que en mí tiene que ver el que me mire.

(*Adelántase un poco hácia el proscenio, y desaparece la imagen de don Lain en ambos espejos.*)

¡Semejanza cabal es la que tomo,
por cierto, con el rancio mayordomo!

(*Retrocede, y vuelve á verse la figura de don Lain en los dos espejos.*)

¡Y tengo aquí á Pascuala,
que ha venido á la boda de su amiga!
De su traicion el cielo la castiga.
Para vengarme, la ocasion no es mala.
Estaba de tus ojos escondido
porque no peligrase la tramoya;
mas ya, infiel, que remedo á tu marido....

Juro acatar tus vínculos legales;
pero donde te pesque.... Allí arde Troya.

(*Vuélvese de cara al pedestal de la derecha, y se ve en él de frente á don Lain.*)

Mis manos conyugales,
en tus lomos haciendo fiera riza,
vengarán tu traicion y mi paliza,
leccion que enseñe á toda bonetera
á no engañar al hombre que la quiera.—
Veamos en el ínterin si encuentro
por allá á don Lain.—Hételo dentro.

(*Asoma don Lain por el fondo, y se cierran los pedestales.*)

ESCENA III.

DON LAIN.—GARABITO.

Lain. (*Aparte.* A esta quinta se ha encaminado, segun me dicen, el carruage de Dorotea. Preguntemos.) Guarde Dios á V., camarada.

Garabito. Servidor, hidalgo.

Lain. ¿Pudiera V. decirme si ha visto pasar un coche por estas inmediaciones?

Garabito. Una docena de ellos pararon aquí á mediodia.

Lain. Pues no tiene traza de meson este edificio.

Garabito. Yo lo creo: es el palacio del señor conde de la Viznaga.

Lain. ¡Del señor conde de....! ¿A quién dice V. que pertenece esta finca?

Garabito. Dale. Al conde de la Viznaga.

Lain. ¿Sabe V. que habla con quien tiene en la uña todas las posesiones del señor conde?

Garabito. Pues esta se ha escapado de sus uñas de V., amigo.

Lain. Sin duda es compra muy reciente de su señoría; tan reciente acaso, que todavía no la habrá visto.

Garabito. Señor..... cuando come hoy aquí...... me parece.....

Lain. ¿Aquí está el señor conde?

Garabito. Hombre, V. se admira de todo. ¿Qué tiene de particular que un conde coma en su casa?

Lain. Maldito; y tampoco lo tendrá que participe yo de su mesa. Con permiso de V., mi dueño.

Garabito. ¿Adonde va V. tan diligente?

Lain. A ver á mi amo.

Garabito. ¿V. sirve al conde de la Viznaga?

Lain. ¡Bueno seria que me lo quisiera V. disputar!

Garabito. Yo conozco á todos los dependientes de su señoría, y jamas he tenido el poco envidiable gusto de mirar ese coramvobis de fariseo.

Lain. ¿Si querrá V. conocer á los criados del conde mejor que yo?

Garabito. ¿Pues quién es V. para conocerlos?

Lain. Su mayordomo.

Garabito. ¿Su mayordomo?

Lain. Sí señor, don Lain Cornejo.

Garabito. ¿Sabe V. que voy sintiendo una comezon irresistible de cargarle á V. de leña? (*Toma de un banco un palo.*)

Lain. Haga V. por resistir la tentacion, á lo menos hasta que yo sepa la causa.

Garabito. ¿V. se atreve á usurpar el nombre de Lain Cornejo, vinculacion de mi familia?

Lain. Yo no usurpo nada á nadie: ese nombre lo he llevado yo desde el dia de mi bateo.

Garabito. Mi opinion en este particular, es enteramente contraria, y va V. á probar el peso de mis argumentos. (*Alza el palo.*)

Lain. Permítame V. le diga que esa lógica fulminante podrá dejarme sin costillas; pero no sin mi nombre.

Garabito. Yo tengo en la mano los medios de convencer á V. de su error.

Lain. ¿Pero hombre, que le importa á V. que yo me llame don Lain, ó Periquito Fernandez?

Garabito. Sepa V., para que se confunda, que quien se llama Lain Cornejo, quien es mayordomo del señor conde de la Viznaga, soy yo.

Lain. ¿Usted? ¿Está V. seguro de ello?

Garabito. ¿Quién sino yo há diez años que reduce á la mitad las rentas del conde? ¿Quien le arruina y le presta á cincuenta por ciento el mismo dinero que le desfalca? ¿Quién le induce á que pase la vida entre banquetes, amoríos y jugadores, para que sus gastos se aumenten y no repare en las cuentas?

Lain. ¡Dios de Israel! Si este hombre no es don Lain, ¿cómo sabe tanto? Sobre que ya voy teniendo dudas.... Y en verdad, ahora que reparo en él, que se parece á mí como se parecen dos cosas cuando son iguales. Con todo, yo creo que yo soy yo, soy Lain todavía.

Garabito. La prueba. ¿Conoce V. á un gallardo mozo cuya fama vuela por las ventanas de la corte, llamado Garabito?

Lain. Sí señor que le conozco. ¿Y qué?

Garabito. ¿Y quién es ese hombre?

Lain. Un majadero de á folio.

Garabito. No preste V. á nadie cualidades propias: yo hablaba de su egercicio.

Lain. Es vidriero.... y torpe, y carero y descortés.

Garabito. V. parece de su oficio segun le elogia. ¿Qué ha trabajado para el conde?

Lain. Valor de ochenta pesos, que le han sido pagados con ochenta palos á propuesta mia, y en virtud de decreto verbal del conde.

Garabito. ¡Oiga! Y ¿qué ha hecho V. de la novia del susodicho?

Lain. Mi muger.

Garabito. Y con respecto á él, ¿se ha encargado V. siquiera de algun negociado?

Lain De enviarle á ganar un curso de rebenque bajo la direccion de un cómitre de buenos humos.

Garabito. ¿Sí, eh?—Viejo canalla, recibe el premio de tus bellaquerias. (*Le apalea.*)

Lain. ¡Ay ay! ¡Favor! ¿No hay quien me socorra? Aquí me refugio. (*Súbese al pedestal de la esfinge, la cual le echa al cuello una guirnalda que tiene en las manos, y le sujeta.*) ¡Dios mio! ¡Hasta los bultos de piedra se levantan contra un pobre mayordomo! ¡Piedad! ¡Misericordia! Por nuestra señora del Fresno, por el señor atado á la columna....

Garabito. Es usted don Lain todavía?

Lain. No señor, ya no soy mas que un hombre molido á palos. (*Bájase.*) Sus argumentos de V. me han hecho conocer que me he equivocado de nombre hasta el dia de la fecha.

Garabito. ¿Volverá V. á usar el mio?
Lain. No señor, á fé de Laín Cornejo.
García. Pícaro, toma, para que tengas memoria.
Lain. San Dimas, favorecedme. (*Huye.*)

ESCENA IV.

PASCUALA.—GARABITO.

Pascuala. ¡Qué alboroto! Yo sin duda
que os mataban me creí.
Garabito. ¿Y te hace salir aqui
la gana de verte viuda?
ascuala. Desatender es mejor
á quien en locuras da.
¿Teneis acaso hecho ya
testamento á mi favor?
¿Y cómo es que habeis venido
aqui contra mi mandato?
Cuando de esparcirme trato,
lejos de mí mi marido.
Lo tengo dicho mil veces.
Garabito. Yo lo escucho la primera.
Pascuala. Os faltaba la sordera,
tras tantas ridiculeces.
Garabito. (*Aparte.* Para enfilar una riña,
se va preparando bien.)
Y dígame usted: ¿á quién
se figura que habla, niña?
Pascuala. Al hombre que se obligó
con toda formalidad
á no tener voluntad,
porque le sufriera yo.
Garabito. No consiento que me roben
mis derechos maritales.
Pascuala. Teneis setenta cabales,
y habeis casado con jóven.
Por eso, vuestro deber
es contemplar mis antojos,
y adivinar en mis ojos
indicios de mi querer.
Solamente puedo así
no echar menos los amantes

que me pretendieron antes
que os acordarais de mí,
y me amaban con pasion,
y siempre me obedecieron,
y solo pintado vieron
á don Pedro Calderon.

Garabito. ¡A un hombre de mi calibre
decir desvergüenza tal!

Pascuala. ¡Eh! déjeme el carcamal
hoy de su presencia libre.

Garabito. Tú te propones hacerme
que te mida las espaldas.

Pascuala. Guardad respeto á las faldas:
no desperteis á quien duerme.
Mirad que diré clarito,
porque á Lucifer os deis,
que ni besar mereceis
donde pise Garabito.

Garabito. ¡Qué oigo!

Pascuala. Es un bobalicon,
á quien no estuviera mal
ir atado de un ramal,
á beber en un pilon;
pero á una muger la esponja
mucho el mimo y el regalo;
y él por mí...

Garabito. (*Aparte.* ¡Dé usted un palo
despues de tanta lisonja!)

Pascuala. Siempre un mozo es muy distinto
de un viejo.

Garabito. ¿Con que en resúmen..?

Pascuala. Me agradaba su chirumen,
mas que vos, con tercio y quinto.

Garabito. ¡Qué es lo que oigo! ¡Voto á chápiro!
Y despues del casamiento,
¿va por ventura en aumento
la aficioncilla al gaznápiro?

Pascuala. ¿Y qué tuviera de exótico,
si en vuestro genio ridículo
halla natural vehículo
todo capricho estrambótico?
De gruñir á troche y moche

no parais en todo el dia,
y á Garabito veia
mas rendido cada noche.
Desde que en vos el autor
miro de su zarandeo,
ha subido vuestro feo
á la línea del horror.
¡Pobrecillo!

Garabito. Sí, vindícalo,
y á tu podrigorio, béfalo;
que es...

Pascuala. Un huron.

Garabito. Un cernícalo.

Pascuala. Un avestruz.

Garabito. Un bucéfalo.
(*Aparte.* ¡Qué tarde mi amor se aprecia
tan fino, puro y brillante
como punta de diamante,
como cristal de Venecia!)
Milagro del Lavapies,
buhardillero serafin,
no mires á don Laín
en el botarga que ves;
mira á una persona ambigua,
que une con prodigio nuevo
un corazon de mancebo,
y una cara de estantigua;
y aunque tu razon no entienda
de mi discurso el busílis,
pónle diques á la bilis,
suelta al cariño la rienda,
y halle en tus brazos hermosos
mi mal su dulce específico.

Pascuala. Proseguid, que va magnífico:
asi han de ser los esposos;
y aseguro por mi honor,
que jamas os escuché
ponderarme vuestra fé
con tono tan seductor.

Garabito. En esa mano mi boca
temple del pecho la fragua.

Pascuala. Tomadla.

Garabito. (*Aparte.* Soy hombre al agua,
si me hace alguna caroca.)
Pascuala. Contenta de vos estoy.
Por el abrazo llegad;
es el primero en verdad
que de buena gana os doy.
Garabito. (*Aparte.* Muger del prógimo es,
si es prógimo quien me zurra;
pero es tan mona... tan curra...)
Pasouala. ¿Os disgusto?
Garabito. ¡Ay! al reves.
Pascuala. ¿Qué decís entre vos?
Garabito. Rezo,
y digo...
Pascuala. ¿Qué?
Garabito. Que tú eres,
entre todas las mugeres,
de mi virtud el tropiezo.
Pascuala. Antes la virtud se paga
del cariño que os esplico.
Garabito. (*Aparte.* Si no la convierto en mico,
mi resolucion naufraga.)
Pascuala. ¿Con que un desaire...?
Garabito. ¿Qué dices?
Pascuala. Que hubiera sido insultarme,
rogar primero y dejarme
con un palmo de narices.
Garabito. Eso, diablo tentador,
(*Asiendo el palo y amenazándola.*)
tendrás.
Pascuala. ¡A mí tal injuria!
Garabito. Huye.
Pascuala. ¡Dios mio! ¡qué furia!
Garabito. Huye.
Pascuala. ¡Socorro! ¡Favor!
Garabito. Pierda ese rostro, depósito
de fuego de amor volcánico,
pierda su influjo satánico,
no sucumba mi propósito.
Pascuala. ¡Socorro!
Garabito. Nadie te salva.
Pascuala. ¿No hay quien á librarme acuda?

Garabito. La ocasion es peliaguda;
pero yo la quiero calva.

(*Pascuala huyendo de Garabito, pasa por detras de un pedestal. Garabito la ase del cabello que se le queda en la mano, y la fugitiva cruza el teatro calva, con una nariz enorme, y vestida de dueña.*)

Pascuala. ¡Ay, ay, ay! (*Vase.*)
Garabito. Aseguré
mi virtud, he sido un santo:
no supo hacer otro tanto
el castísimo José. (*Vase.*)

ESCENA V.

DON RAMON. DON GASPAR. DON ENRIQUE. DOROTEA. SEÑORAS. CABALLEROS. CRIADOS.

Gaspar. (*Dentro.*) Afuera: síganme ustedes
al jardin.
(*Voces dentro.*) Al jardin.
Gaspar. (*Dentro.*) Ea,
dame ese brazo, Matea.
Tú, Ramon, á la Mercedes. (*Salen.*)
Ramon. Con tiento, Gaspar, con tiento;
que era muy fuerte el Jerez.
Gaspar. Perdonen por esta vez
las leyes del miramiento.
Ayer sin maravedi,
y hoy bien repleto el bolsillo
con la paga del castillo
que á nuestro amigo vendí,
justo es que bebiendo invoque
al númen de la alegría,
pues no hay boda sin orgía,
ni venta sin alboroque.
Enrique. Diles á esos aldeanos, (*A un criado.*)
si nos quieren obsequiar,
que vengan aquí á bailar.
Gaspar. ¿Hay dancita de villanos?
Pues si me cansan, á fe
que desenvaine el acero,
y los arroje......
Ramon. Primero

es que te tengas en pie.
Enrique. ¿Nada me dice mi hermosa
Dorotea. ¿No revela mi placer
esta frente ruborosa?
¿No ves en tu tierna esposa
la mas felice muger?
Enrique. Miro en tus ojos lucir
ternura y felicidad;
mas quiere mi vanidad
ufanarse con oir
tan lisongera verdad.
Dorotea. Yo pidiera en premio justo
de esa verdad lisonjera
que mi esposo me dijera
el orígen del disgusto,
que á veces su rostro altera.
Enrique. ¿Disgusto notas en mí?
Dorotea. Duda, inquietud.... qué sé yo?
Enrique. No: tu amor se alucinó.
Dorotea. Me ha sonado como *sí*
el acento de ese *no*.
¿Estás pesaroso ya
de haber hecho mi ventura?
¡Oh! mira que te amará
esta humilde criatura....
cual no se estila quizá.
Pues de lo que llego á ver
en mil casadas, colijo
que no suelen entender
un importante acertijo
que yo quiero resolver.
Pocas lágrimas derrama
por conyugales traiciones
muger que de veras ama,
si sabe seguir de dama
despues de las bendiciones.
Podrás responder esquivo
tal vez á mi fino amor;
mas no en mi labio festivo
sonará el acento vivo
del enojo y del dolor;
que á fuerza de desplegar

mis halagos y artería,
en tí volveré á mandar,
y un año has de suspirar,
si me olvidas solo un dia.

Enrique. En prueba de eso poder
que no puedo resistir....

Dorotea. Me vas al punto á decir
lo que anhelo por saber,
aunque lo haya de sentir.

Enrique. Me acosa un triste desvelo.

Dorotea. ¿Qué es lo que te sobresalta?

Enrique. ¡Será tal mi desconsuelo,
si un dia tu amor me falta!

Dorotea. Faltárale el sol al cielo.

Enrique. Puedo perder mis blasones.....

Dorotea. ¡La pérdida es de llorar!

Enrique. Puede mi suerte cambiar,
y aun en otras mis facciones
se pudieran transformar.

Dorotea. ¡Qué temores tan estraños!
comunes á todos son
tales mudanzas y daños:
en mí verás con los años
la misma transformacion.

Enrique. Si mi nombre ó mi figura
fuese lo que en mí te agrada.....

Dorotea. El nombre me importa nada,
y en materia de hermosura,
no te cupo demasiada.
No te ofenda la franqueza
de un cariño verdadero:
lo que yo en mi esposo quiero
no es fausto, ni gentileza,
ni títulos, ni dinero:
quien merece mi aficion,
no es el señor, sino el hombre
que me hace de su alma don:
quiero en él su corazon,
y allí no hay rostro ni nombre.

Enrique. Cesaron, ídolo mio,
mis amargas inquietudes;
á la suerte desafio,

pues tengo con tus virtudes
sujeto su poderío.
Dicha en la ciencia busqué,
y en la gloria y los honores:
¡ay! ¡cuanto me equivoqué!
La hiel de los sinsabores
en copa de oro apuré.
Que no es dichoso en la tierra
quien entre muros sombríos
montones de plata encierra,
ni quien vierte sangre á rios
en los campos de la guerra,
ni quien á fuerza de dar
tormento al sabio discurso,
logró poder señalar
á las estrellas el curso
que en el cielo han de llevar.
Amor es el bien mayor
que en esta oscura morada
le dió al hombre su Hacedor,
que le formó de la nada
por un impulso de amor.

Dorotea. ¡Cuenta luego no imagines
que este bien muy débil es,
y á buscar otro te inclines!

Enrique. ¡Yo! (*Tomándole una mano.*)

Dorotea. Vienen los bailarines.

Enrique. ¿Piensas.....?

Dorotea. Veremos despües.

ESCENA VI.

UN CRIADO. BAILARINES. ALDEANOS.—*Dichos.* (*Los recien-venidos saludan á los novios: las damas y los caballeros se sientan para ver el baile. Acabado este, el criado entrega á un aldeano una bolsa de dinero que le ha dado don Enrique.*)

El criado. Esto el señor os regala.
Tomad.

El aldeano. ¡Que vivan los amos!

Todos los aldeanos. Vivan.

El aldeano. Venid y partamos.

El criado. (*A Dorotea.*) Señora, ya está en la sala, el refresco.
Enrique. Vamos.
Todos. Vamos.

Entrada de un lugar.

ESCENA VII.

EL CONDE. DON LAÍN.

Conde. Repito que estás beodo.
Laín. Juro por treinta millares
de demonios, que siquiera
he...
Conde. Procura serenarte,
y dime...
Laín. ¿Qué?
Conde. La verdad.
Laín. Pero ¿cómo? ¿sin disfraces,
ó callando lo que á usted
pudiera desagradarle?
Conde. Lo que te haya sucedido
quiero saber.
Laín. Adelante.
Pregúnteme usted.
Conde. Anoche,
al punto que averiguaste
la fuga de Dorotea,
te encargué que la buscases
por aqui, mientras que yo
recorria otros lugares.
¿Qué fue lo que hiciste luego
que de mí te separaste?
Laín. Renegar de usted cien veces,
y de su encargo.
Conde. ¡Vergante!
Laín. ¿Incomodo por sincero?
Mentiré: nada mas fácil.
Conde. ¡Buen ánimo de servirme!
Y por esos andurriales,
¿qué te pasó?

Laín. Andar á oscuras
hasta que el alba asomase.
Conde. ¿Y qué mas?
Laín. Tener un miedo...
colosal, inmensurable.
Conde. Ya: siempre fuiste un gallina.
Laín. Caprichos con que uno nace.
A usted le gusta esponer
su pellejo; á mí guardarme.
Conde. Supiste qué direccion
tomó con su carruage
la prófuga, y á esa quinta
cercana te encaminaste.
Laín. Pues: me colé en los jardines,
sin que me tosiera nadie,
hasta que tuve un encuentro
fatal entre los fatales.
Conde. ¿Con quién?
Laín. Con un hombre, con
una entidad improbable,
inverosímil, absurda;
pero que existe no obstante.
Con un don Laín Coruejo,
con otro yo, que mas sabe
de negocios mios, que este
yo que tiene usted delante.
Conde. ¿A mí te vienes ahora
con simplezas semejantes?
Laín. Señor, si es la verdad pura.
Yo que pensaba ignorante
que era un solo don Laín,
original incopiable,
retruécano de Quevedo,
incapaz de trasladarse,
me ví en el jardin aquel
partido en dos ejemplares,
oracion de dos personas,
la que padece y la que hace.
Conde. Barrabás que te comprenda.
Pero ve diciendo: ¿entraste?
Laín. ¿Entrar? ni pisé siquiera
del palacio los umbrales.

Conde. ¿Por qué no?

Laín. Porque intervino
un garrote en aquel lance,
que me hizo ver las estrellas
á la mitad de la tarde.

Conde. ¿Con que te han apaleado,
Laín?

Laín. ¿Pero cómo? en grande.

Conde. ¿Y quién?

Laín. Yo.

Conde. ¿Tú?

Laín. Sí señor.

Conde. ¿Tú á tí mismo te zurraste?

Laín. Distingo: *yo* zurró á *mí*;
al *yo* antiguo el *yo* flamante,
que segun sienta costuras,
parece oficial de sastre.

Conde. Cargue el infierno contigo.
Y de Dorotea ¿hallaste
razon? ¿la viste?

Laín. No he visto
sino la vara.

Conde. ¿Qué diantres
has hecho entonces?

Laín. Yo, nada.
Dejar que me apaleasen
por servir á usted.

Conde. Si á alguno
la sarta de vaciedades
le has encajado que á mí,
poco era descuartizarte.—
¿Qué miro? ¿No es Dorotea
quien viene aqui?

Laín. No hay escape.
Ella es... digo, si no hay otra
con quien pueda equivocarse.

ESCENA IX.

DOROTEA. ALDEANOS.—*Dichos.*

Aldeano. Venga usted, verá el lugar.

Tiene reló, dos alcaldes,
y botica, y una fuente
de un agua muy saludable,
cuando mana.

Conde. ¡Dorotea!

Dorotea. ¡Tú por aqui! Vienes antes
de lo que yo me pensé.

Conde. ¡Hola! ¿Con que no dudaste
que te hallaria?

Dorotea. No tal:
tu deber era buscarme.
Quedamos en eso.

Conde. ¡Y qué!
¿debí esperar encontrarte
aqui? ¿Para qué viniste?
¿Quiénes son esos patanes
que te acompañan?

Dorotea. (*En voz baja al conde.*) ¿No ves
cómo debiste escucharme
cuando te pedí en la mesa
que ya la copa dejases?

Conde. ¡Cómo!

Dorotea. Mira, vuelve á casa.

Conde. Gracias por el hospedage;
pero ¿dónde vive usted?

Dorotea. Me figuré al desposarme,
que era la de mi marido
mi casa.

Conde. Como ese enlace
lo ignoraba yo...

Dorotea. Pues es
ignorancia bien notable
para un casado de anoche.
Tu memoria es harto frágil.

Conde. ¡Yo estoy casado contigo!

Dorotea. ¿Será preciso que mande
á Madrid por la partida
de matrimonio?
(*A los aldeanos.*) Dejadme.

Conde. Laín ¿qué dices?

Laín. Que sèa
con muchas felicidades.

Conde. Dorotea, ya tomando
giro tan estravagante
nuestro diálogo, que dudo
cómo contigo esplicarme:
si me queje... si me olvide...

Dorotea. ¿No has olvidado bastante?

Conde. Dime: á estas horas ayer...
á tí y á la que de madre
te sirve, ¿qué dije yo?

Dorotea. Que aspirabas á casarte
conmigo...

Laín. (*Aparte.* Pues: mintió mi amo,
y en mí la pena recae.)

Dorotea. Que querias en secreto
verificar nuestro enlace
en un castillo á la raya
de Portugal; que al instante
para salir de Madrid
dispusiese mi equipage...
Te dí las gracias.

Conde. Y yo..

Dorotea. A poco, te retiraste.

Conde. Para volver en tu busca.

Dorotea. Y volviste, mas amante
y tierno que nunca.

Conde. Pero...

Dorotea. Con Mercedes y su padre...

Conde. ¿Yo?

Dorotea. Y entonces me dijiste
que no era ya nuestro viage
al castillo, sino aquí;
y que nuestros esponsales
se anticipaban... Parece
que oyes unas novedades
estrañas, segun se pinta
la sorpresa en tu semblante.

Conde. Prosigue esa relacion.
Prosigue, que no es en balde.

Dorotea. ¿Pues no te acuerdas?

Conde. De nada.

Dorotea. ¿Padeces algun achaque
para...?

Conde. Sí. (*Aparte.* Celos, furores.)
Dorotea. (*Aparte.* Si es un capricho, sigámosle.
Si es distraccion, pasará.)
Laín. (*Aparte.* ¿Habrá habido dos galanes,
como hay dobles mayordomos?)
Conde. Haz que mi ansiedad acabe.
Dí. Sigue.
Dorotea. En quatro palabras
está contado el pasage.
Marchamos á la parroquia...
Alli, puedo asegurarte,
que no sé qué me pasó.
Mi felicidad tan grande,
mi mérito tan humilde,
tu nobleza, los desaires
con que un dia recelosa
hice de tu amor exámen...
¡Oh! mil recuerdos á un tiempo
con repetidos ataques
el corazon asaltaban.
solo por tí palpitante.
Conde. Al hecho sin digresiones.
Dorotea. ¿Te incomoda este lenguaje?
Conde. No. (*Aparte.* Yo rabio.)
Dorotea. Desde alli,
con nuestros acompañantes
fuimos...
Conde. ¿A dónde?
Dorotea. A tu casa.
Laín. No era hora de pasearse,
sino de tomar los dulces...
Conde. ¿Quieres callar, badulaque?
Dorotea. Sobre cena se trató
de venir á este parage
á divertirnos, saliendo
muy de madrugada...
Conde. (*Aparte.* Casi
creo que se ha vuelto loca.)
Dorotea. Lo demas...
Laín. Está al alcance
de cualquiera: se retiran,
tras mil importunidades,

convidados y padrinos,
el teniente y el sochantre...

Conde. Y quedamos...

Dorotea. Con mi abuela.
Lloraba la pobre á mares
de alegría, y me abrazaba...
y tú tambien me abrazaste.

Conde. Y tú...

Dorotea. Porque no creyeras
que era ingrata á tus bondades...

Conde. ¿Ceñiste mi cuello?

Dorotea. Gracias
á Dios, que al fin te acordaste
de algo.

Conde. ¡Infeliz! ó me vendes,
ó te ha engañado un infame.

Dorotea. ¡Conde!

Conde. Algun vil impostor,
con incomprensibles artes,
ha conseguido sin duda
burlar de mi amor los planes.
Ni anoche te hablé, ni tengo
por aqui mis heredades,
ni soy tu esposo.

Dorotea. Esa farsa,
señor conde, ¿qué carácter
tiene?

Conde. Terrible, señora,
porque ha de acabar con sangre.
Mi amor, si al principio niño,
creció entre dificultades,
y elévase con los celos
amenazador gigante.
Ven á la quinta conmigo,
ven y á mi rival señálame,
señálame el pecho vil
donde este acero se clave.

Dorotea. Basta; hombre pérfido, basta:
no mas en fingir te canses;
con tus iras, que no creo,
tu intencion me revelaste.
Ya te comprendo: deseas

de tu lado separarme,
porque mi amor te parece
afrenta de tu linage.
Yo te debí conocer:
bien es que mi yerro pague.
Serás servido: ya nunca
te veré.

Conde. Escúchame.

Dorotea. Apártate.

Conde. No.

Laín. Señora.

Dorotea. No me sigas,
que me eres insoportable. (*Yéndose.*)

Conde. No me desvío de tí,
hasta que logre vengarme.
(*Siguiendo á Dorotea.*)

ESCENA X.

GARABITO (*con un trage de disfraz.*)—EL CONDE.
DON LAÍN.

Conde. ¡Cielos! ¿quién pára mi planta?

Garabito. (*Saliendo.*) Mi poder incontrastable.

(*Queda el conde encerrado en una jaula puesta sobre un carricoche, del cual tira don Lain, llevándole Garabito del diestro.*)

Conde. Por mas que lucho...

Garabito. Es en vano.
(*A don Laín.*) Arre, borriquito, arre.

Gabinete diabólico.

ESCENA XI.

ALMA DE CÁNTARO. PÁJARO PINTO. EL SECRETARIO. DIABLOS. BRUJOS.

Los diablos. (*Al secretario.*) Bien venido, bien venido.

Alma de cántaro. Señor ex-secretario, recibid mi.... mi... Apuntad, Pájaro-Pinto.

Pájaro-Pinto. (*Bajo.*) Mi enhorabuena.

Alma de cántaro. Admitid mi enhorabuena.

Secretario. No hay de qué, señores: maldito el deseo que tenia yo de venir aqui tan pronto.

Alma de cántaro. Todos los ex-vivientes que bajan acá, dan en decir lo mismo. Que entre la demas garulla de... de...

Pájaro-Pinto. De brujos.

Secretario. ¡Qué veo! ¿Se han citado aqui todos los miembros de la sociedad mágica disuelta?

Brujo 1.º (*Saliendo.*) ¡Venganza contra mi boticario!

Brujo 2.º ¡Venganza contra mi suegra!

Brujo 1.º Trocó mi pócima con la de mi mula.

Brujo 2.º Me habló de testamento, para que me muriera de susto.

Alma de cántaro. No hay que acusar á suegras, ni á boticarios de...

Pájaro-Pinto. (*Bajo.*) De ese flaco servicio.

Alma de cántaro. De que hayan hecho su oficio.—Nosotros debemos el gusto de teneros hoy en nuestras garras..

Pájaro-Pinto. Quiere decir, en nuestra dulce compañía...

Alma de cántaro. Eso es... A un personage á quien todos vosotros debeis consideracion... y respeto, y...

Pájaro-Pinto. (*Bajo.*) Basta.

Alma de cántaro. Y basta.

Brujos. ¿Quién es? ¿quién es?

Alma de cántaro. Escuchadme. (*Rodéanle los brujos, y él les habla en voz baja.*)

Secretario. (*A Pájaro-Pinto.*) ¿Me podreis decir cómo se llama el fecundo orador á quien servís de consueta?

Pájaro-Pinto. Alma de cántaro es su nombre.

Secretario. Me parece muy bien aplicado.

Pájaro-Pinto. Es el primer ministro tonto que hubo en España.

Secretario. De antiguo datará S. E.

Pájaro-Pinto. No menos que desde el rey Ataulfo. Se le confió la direccion de los infiernos peninsulares, porque para ser azote de la humanidad, menos á propósito es un diablo, que un necio con poder absoluto.

Brujos. ¿El marques de Villena?

Alma de cántaro. Pues. (*Aparte á él.* Ayudádme, Pájaro-Pinto.) El marques de Villena..... resentido con vuesarcedes.... cuando supo sus proezas... y deseoso de hacer en España una... una limpia que le pareció... asi... conveniente...

Pájaro-Pinto. Envió á cada uno de los ex-profesores de mágia un don de su mano...

Alma de cántaro. Un tabardillo, un torozon, un encuentro con los héroes del archiduque, &c., &c., &c.

Brujos. ¡Venganza! ¡Guerra al marques de Villena!

Alma de cántaro. A los cesantes, es decir, á los muertos, nó se usa aqui concederles licencia para perseguir á los vivos, sino solamente cuando los susodichos muertos pueden ser instrumento de algunos vivos irritados contra aquellos otros vivos, de quienes solicitan vengarse los muertos.

Secretario. Siendo nuestro contrario marques, siendo poderoso, ¿no ha de tener un enemigo

Alma de cántaro. Pues no tiene uno.

Brujos. ¡Oh furor!

Secretario. ¿Es posible?

Alma de cántaro. Muy posible, porque son dos, y dos... ya se ve... no es uno. Me parece que me esplico.

Secretario. Como un alma de cántaro.

Alma de cántaro. Yo, en atencion á nuestros antiguos vínculos, quiero dignarme de permitiros ausiliar el resentimiento de esos dos personages. Importa que conozcais al que legalmente se halla mas ofendido, que es al que le han traspapelado su muger. Acaba de acostarse en una posada: vendrá dormido, y creerá que es un sueño cuanto aqui le pase. ¡Hola!

ESCENA XII.

DON LAÍN (*que baja acostado en una cama*).—*Dichos.*

Alma de cántaro. Ya le tenemos en casa.

Lain. (*Soñando.*) Pascuala... Pascuala... Demonios...

cargad conmigo, si me decís dónde se halla.

Los diablos. (*Con una gran voz.*) Aceptamos. (*Truenos: las llamas rodean la cama: don Lain despierta y se levanta en camisa; los diablos le cercan.*)

Lain. ¿Qué me sucede? ¡Patrona, fuego! ¡Fuego!— ¡Huy! ¡qué visiones descubro! ¡Huy! ¡qué rabo tiene aquel! ¡Este, qué geta! ¡Ay! ¡qué feos son todos! ¿Dónde me encuentro?

Diablos. En los infiernos.

Lain. ¿Pues no estoy soñando que me he venido al infierno? Soñando estoy, porque no me he muerto todavía para hacer este viage. Vamos, son ilusiones.

Diablos. No, no, no.

Lain. Sí, sí, sí. (*Aparte.* Como no me mantenga tieso, me lo hacen creer, y me soplan en la caldera de los mayordomos con coche.)

Alma de cántaro. Desengáñate, mortal cabezudo. (*Se abre el telon del fondo y se ve lo que dice el diálogo.*) Mira allí la laguna Estigia, mira las orillas del Tártaro, mira la barca de Caronte.

Lain. ¡Calle! pues las señas son infernales, mortales, garrafales... ¡Ay! ¡qué angustias me asaltan! ¡Ay, que me van á pedir cuenta de mis embrollos! Yo desfallezco. Dejadme respirar un instante. (*Siéntase en un asiento redondo.*)

Alma de cántaro. ¿Quieres recobrar tu muger?

Lain. En ese caso no me habré muer... (*Gira el asiento á un lado.*) ¡Qué diablo de asiento!

Pájaro-Pinto. ¿Quieres vengarte del que te la ha ocultado?

Lain. Por supues... (*Gira el asiento á otro lado.*) Dale. Disimulen ustedes mi impolítica mientras no me den una silla de mas fundamento. (*Le vuelve de espaldas y él se levanta.*) Esto es una piedra de tahona. (*Levántase.*)

Pájaro-Pinto. Tu señor y tú, por vuestros méritos estraordinarios...

Alma de cántaro. Pues; por vuestros méritos patibularios...

Pájaro-Pinto. Habeis merecido nuestra proteccion.

Alma de cántaro. Sí; nuestra amistad poderosa.

Lain. Parece que el molino ha parado. (*Se sienta.*) ¿La

amistad de ustedes, eh? (*Aparte.* ¡Amistad de demonios!) Oh! Nos honra infinito. (*Se le hunde el asiento hasta el suelo.*) Adios, mi taburete. El que tengo ahora será mas estacionario. (*Quédase sentado en el suelo.*)

Alma de cántaro. Oye lo que hemos dispuesto en favor tuyo y del conde.

Lain. (*Sintiendo que le tocan en las espaldas.*) ¡Hola! respaldo tenemos. Siempre es una comodidad.

Alma de cántaro. Tu amo recibirá mañana el despacho de capitan al servicio del archiduque.

Lain. (*Viendo al cancerbero que le asoma una cabeza, ya por encima de un hombro, ya por encima de otro.*) ¿Eres tú, chuchito, monito, guardian de la casa? Continúe usted, que bien oigo.

Alma de cántaro. Mandará una compañía de bizarros tudescos. (*A los brujos.* Sereis vosotros.) Tendrá á sus órdenes el valiente oficial... (*Al secretario.* Sereis vos.) El denodado oficial Etelfredo Raufenrofenrif. (*El cancerbero pone las manos sobre los hombros de don Lain, asoma por encima de la cabeza del mismo las tres suyas, y le deja caer.*)

Lain. ¡Me he descostillado! Ese nombre de conjuro que usted ha dicho, ha espantado al falderin que me sostenia. (*Levántase.*) Pero diga usted: para recobrar yo á mi Pascuala ¿necesito esa cáfila de soldados austriacos? ¿No bastaba con un escribano y dos alguaciles?

Alma de cántaro. Nuestro decoro... Apuntad, Pájaro-Pinto.

Pájaro-Pinto. Nuestro decoro no permite emplear medios tan prosaicos y ruines; y nos obliga á recurrir á la numerosa falange que va á desplegar á tus ojos su aspecto imponente. (*Salen soldados infernales que hacen varias evoluciones al son de una música guerrera.*)

Lain. ¡Buenos chicos! Seguro está que mi enemigo se atreva á hacerles frente... (*Aparte.* Siquiera por no verlos...)

Alma de cántaro. No creas tampoco que tu adversario es un enemigo, asi... pues... que digamos.

Lain. Ya: con que entonces es, asi... pues... que diremos.

Secretario. Es un personage poderoso.

Alma de cántaro. De alto nacimiento... de nacimiento muy antiguo.

Secretario. Y no hay que tenerle lástima, aunque se le vea rendido, postrado, exánime.

Alma de cántaro. Aunque se le vea hecho gigote.

Secretario. Porque es muy astuto, muy ladino.

Alma de cántaro. Muy redomado.

Lain. ¿Redomado, eh? ¿Con que es boticario, segun las señas? Pero ahora que me acuerdo, dígame usted, señor don demonio; ese enemigo, ese que se ha llevado mi muger, ¿es siquiera aquel amiguito que se parece á mí todo, menos en los puños?

Alma de cántaro. (Dejémosle ignorar la verdad para encender sus celos.) Cabalmente.

Lain. ¡Rayos y culebrinas! ¡Infeliz de él! No; la infeliz será ella. No; el único infeliz soy yo, y no ellos. Pues no: es preciso que todos seamos infelices. A la lid, bravos y espantables guerreros. Guerra esterminadora al pérfido que... Nómbreme usted al pérfido contra quien yo me encoragino.

Alma de cántaro. Su nombre es un secreto.

Lain. Guerra al hombre secreto.
¡Persecucion cruel, devastacion!
¡Muerte! ¡Degollacion!
Nada de transaccion:
O la suya ó la mia: armas al hom...

ACTO TERCERO.

Gabinete rico con dos puertas laterales: un tocador en el fondo y dos péndolas de caja grande. A los costados unos pedestales con unos floreros. Una mesa y dos sillones.

ESCENA PRIMERA.

EL CONDE. EL SECRETARIO. SOLDADOS. CRIADOS *y* CRIADAS.

Conde. (*A un soldado que se retira.*) Centinelas todo alrededor de las murallas; al que huyere, un balazo.

Secretario. Niñas, respouded la verdad al señor comandante.

Conde. (*A una criada.*) ¿Cómo decís que se llama vuestro amo?.

Criada. Don Enrique de la Redoma.

Secretario. (*Que habla aparte con el conde.*) Es el hechicero vuestro enemigo.

Conde. Habrá tomado ese nombre por asemejarse en algo al famoso marques de Villena.

Secretario. Tiene con él gran semejanza.

Conde. Mas pensaba yo que tenia conmigo. Pero estos criados no me han equivocado con él.

Secretario. Porque no usará de su talisman, sino para engañar á las personas que os conocen.

Conde. (*A la criada.*) ¿Cómo es el nombre de vuestra señora?

Criada. Doña Dorotea.

Secretario. (*Aparte al conde.*) ¿Lo veis?

Conde. (*Aparte.* ¡Traidores!) ¿Y cuánto tiempo hace que habitan vuestros amos en esta especie de fortaleza á la raya de Portugal?

Criada. Muy pocos dias. Mientras se reparaba la casa, estuvieron en Villarino, porque el propietario anterior, don Gaspar Hinojosa, la tenia derrotadísima.

Conde. Lo creo. Luego ¿este es el castillo de la cabeza encantada?

Criada. El mismo.

Conde. (*Aparte.* ¿Con que es aqui donde pensaba yo triunfar de mi esquiva? Triunfaré.) ¿Volverán vuestros señores pronto?

Criada. No pueden tardar. Estan ahi cerca, en la huerta de un tal don Ramon, junto al rio.

Conde. (No haberme contestado Gaspar ni Ramon desde que salieron de Madrid, quedándome yo para conducir á Dorotea! Ya veremos qué disculpa me dan.) Oid, teniente; vos ireis á observar ese punto. (*A los criados.*) Si alguno de vosotros intenta avisar á don Enrique de nuestra llegada, lo pagará con la vida. Etelfredo, seguidme, y sabreis mis designios. (*Vanse el conde, el secretario y los criados: dos de estos vuelven con botellas y vasos, y dan de beber á los soldados.*)

ESCENA II.

DON LAIN.—CRIADAS. SOLDADOS.

Lain. (*Saliendo por una puerta un momento despues que el conde se ha retirado por la otra.*) Descansad de la batida, mientras yo hago aqui un reconocimiento. (*Esto lo ha dicho dirigiéndose á los soldados que estan adentro.*) Donde quiera que veo mugeres, se me van los ojos á buscar la mia.—Jovencitas, palabra.

Criada. ¿Qué tiene usted que decirnos?

Lain. Cosas de grave interes. En primer lugar, que sois nuestras prisioneras.

Criada. ¡Interesante noticia para dárnosla por estraordinario!

Lain. El prisionero sufre la ley del vencedor.

Criada. ¿Y qué ley es esa? ¿la de Mahoma, ó la ley de gracia?

Lain. Es una ley elástica, lo mismo que las demas; ancha, ó angosta, segun la mano que la maneja.

Criada. Prosiga usted noticiando.

Lain. Aquellos hipopótamos que estan allí, tal vez os espulgarán el bolsillo y...

Criada. Diligencia inútil: como estamos en guerra, nuestros amos, porque no nos roben, no nos pagan.

Lain. Tal vez se os decomisarán vuestros cofres...

Criada. No les puede servir á ustedes mi ropa.

Lain. No me creais capaz de ir á la parte con ellos: yo solo exijo de vosotras una declaracion sincera.

Criada. Si no es mas que eso, no se quejará usted de mí. Me muero yo por declarar todo lo que no me importa.

Lain. (*Aparte.* Ninguna de estas chicas se parece á Pascuala; pero Dios sabe en qué me la habrá convertido el otro yo.) Vosotras ¿qué sois?

Criada. Doncellas de mi señora.

Lain. Y alguna de vosotras, ¿se acuerda de haber estado casada conmigo antes de ser doncella?

Criada. Señor, ¿qué dice usted?

Lain. Temblad si me engañais.

Criada. ¡Oh! no señor; casadas hay que se olvidan de su estado; pero, si yo lo fuera, no daria lugar á que mi marido me pudiera hacer esa pregunta.

Lain. ¿No hay mas mugeres en esta casa?

Criada. Una dueña quintañona que jamas sale de su cuarto, y jamas ve á nadie.

Lain. Que se persone conmigo inmediatamente.

Criada. Le dará mucha vergüenza.

Lain. Denguecitos á un lado. Que venga sin dilacion, si no quiere que la mande traer asida de los cabellos.

Criada. (*Aparte al irse.* Mas fácil seria traerla de las narices. *Vanse las criadas.*)

ESCENA III.

DON LAIN. SOLDADOS. CRIADOS.

Lain. ¡Cuál empinan mis camaradas! ¿Si serán almas del otro mundo? Entonces almas de tudescos son sin duda. ¡Que no he de poder desechar las ideas de aquel sueño profético-fatídico-diabólico! «Mañana será capitan tu amo.» Y me lo encapitanan al dia siguiente. ¿Y quién le trae el nombramiento? El oficial... Rifirafe, ó ¿qué sé yo cómo se llama? Todo se ha cumplido al pie de la letra, menos el hallazgo de mi muger. Ya voy yo viendo que cuando se estravía por esos mundos una casada, pescarla luego es poner una pica en Flandes. (*Vanse los soldados y los dos criados.*)

ESCENA IV.

PASCUALA (*con velo echado*). DOS CRIADAS.—DON LAÍN.

Criada. Venga usted, que está aquel señor empeñado en verla.

Pascuala. Dejadme.

Lain. Adelante, señora. Fuera miedos, ¡voto á un cañon de á 24!

Pascuala. ¡Qué voz escucho!

Lain. Alce usted la pantalla, y veamos el frontispicio.

Pascuala. ¡Él es! (*Alzase el velo.*) *Mírame*: *¿me conoces? ¿me conoces?* (1)

Lain. Hasta ahora nunca; pero de hoy mas, aunque la vea á usted entre cien elefantes, distinguiré yo esa trompa.

Pascuala. Tú eres el que me ha puesto de este modo, infame, pérfido.

Lain. ¿Yo?

Pascuala. Yo soy Pascuala; yo soy tu esposa.

Lain. ¡Jesus!

Pascuala. Yo, quien en venganza te va á sacar los ojos.

Lain. Socorro... Los de guardia, compañeros, pasad á cuchillo esas narices. (*Huye.*)

Pascuala. He de beber tu sangre. (*Va tras don Lain.*)

ESCENA V.

EL CONDE, *y un momento despues* GARABITO.

Conde. Me pareció que habia oido la voz de mi mayordomo. Le envié con una descubierta, y habrá hecho lo que siempre; nada. (*Llamando.*) Lain Lain.

(1) Verso de Otelo.

Garabito. (*Saliendo por un sillon, en el cual se queda sentado.*) Señor.

Conde. ¿Ahí te estabas arrellanado, sin dar aviso de tu llegada? ¿Qué hacias ahí?

Garabito. ¿Ya lo ve usted: descansar. Como he venido por un camino poco trillado... y peligroso...

Conde. ¿Y qué has averiguado por junto?

Garabito. ¡Friolera! (*Aparte.* Aqui entra el embrollo para hacerle desocupar el puesto.) He descubierto el asilo de don Enrique y Dorotea: los he visto.

Conde. ¿Dónde?

Garabito. En casa de don Ramon.

Conde. ¿De mi amigo?

Garabito. Pues: dos tiros de bala de aqui.

Conde. Vamos allá á prenderlos. ¿Es la casa grande?

Garabito. La casa, no; pero la huerta tiene media legua de circuito.

Conde. Necesitamos entonces toda nuestra gente para acordonarla. Evacuemos este punto. Yo no necesito su castillo, sino sus personas. Sígueme sin tardanza.

Garabito. Al instante.

Conde. Voy á dar la órden de marcha. Los he cogido. (*Vase.*)

Garabito. Los he salvado. En saliendo tú del castillo, dificil será que vuelvas á poner en él las plantas.

ESCENA VI.

DON LAÍN, *y despues* PASCUALA.—GARABITO.

Lain. Señor, señor...—¡Vírgen de las Candelas! ¡Con lo que he tropezado!

Garabito. (*Asiendo á don Lain.*) Anda allí, mayordomo infiel.

Lain. Piedad; siquiera por lo bien que usted me conoce.

Garabito. Quieto y callado. (*Le encierra dentro de una caja de reloj.*)

Pascuala. (*Que sale corriendo y se dirige á Garabito.*) Brujo, mal marido, canalla.

Garabito. Atrás, atrás, señora.

Pascuala. Te he de despedazar con mis uñas.

Garabito. Tenga usted un rato de recogimiento, que hartos ha tenido de desahogo. (*La encierra dentro de la otra caja de reloj.*)

Pascuala. ¿No hay un tabardillo para este hombre?

Garabito. Pareja feliz, en quien he logrado establecer aquella igualdad que es prenda de un buen matrimonio: examinad vuestra conciencia; y si ella no os dice quién es el hombre que tiene derecho para castigaros de ese modo, sabed que debajo de esta apariencia de don Lain, se oculta Garabito.

Lain y Dorotea. (*Asomando el rostro por la cabecera del reloj, cuyo horario ha desaparecido.*) ¡Garabito!

Garabito. Señor mayordomo: usted me usurpó mi novia; yo le he separado á usted de su muger. Usted me debia una partida de leña, yo me he cobrado en la misma especie. Agradézcame usted que mi venganza no haya pasado de las costillas á la cabeza, verbi gracia... (*Sálele un par de cuernos á don Lain.*)

Lain. Usted abusa de mi posicion, y por eso me torea impunemente.

Garabito. Tú, Pascualita, no debes sentir la pérdida de tu hermosura, porque ya te habia servido para tu objeto. Quisiste ser rica, y yo no he tocado a las riquezas de tu marido. El oro y los diamantes son capaces de embellecer la cabeza de Medusa. (*Rodea la cabeza de Pascuala una cabellera de serpientes.*)

Pascuala. Garabito, acuérdate de que me quisiste.

Garabito. Quien te quiera bien, te pondrá mala cara.

Lain. Acuérdese usted de que todos somos prógimos.

Garabito. Dar posada al peregrino es obra de misericordia.

ESCENA VII.

DON ENRIQUE.—*Dichos.*

Enrique. ¡Garabito!

Garabito. ¡Mi amo! (*Los relojes vuelven á su ser.*)

Enrique. Yo te confié mi talisman para que me librases de esos huéspedes enemigos...

Garabito. Ya han salido de casa. Ahora levantan el rastrillo.

Enrique. Sí, me has servido bien; pero yo no te habia autorizado para que te burlaras inhumanamente de estos dos infelices.

Garabito. Las represalias son lícitas. Ellos hicieron otro tanto conmigo.

Enrique. Es decir, que tan bueno eres tú como ellos.

Garabito. ¡Si sabe tan bien esto de sentar la férula al que se pilla por debajo!

Enrique. Alguna desgracia te ha de acarrear ese proceder rencoroso.

Garabito. No guardo mucho rencor á esos maulas, cuando al uno de ellos, á mi original, no le he encajado en el subterráneo, de donde, segun usted dice, nunca se sale.

Enrique. ¿En la cueva de la cabeza encantada? Sí: encerrado alli don Laín, ya podia Pascuala buscar otro esposo.—Pero esto no es del caso.—He conocido á los ausiliares del conde.

Garabito. ¿Y los teme usted?

Enrique. Las potestades maléficas son menos fuertes que las del bien; pero su furor y su malicia trabajan sin descanso. Aunque yo no temo por mí, debo escusar á mi esposa el espectáculo de una lucha encarnizada. Ayúdame tú á disponer á la defensa la gente que tenemos.

Garabito. Primero tengo que servir de guia al conde hasta donde me parezca. Volveré al instante, y me encargaré de los recienvenidos de Tetuan, que tanto divierten á mi ama.

Enrique. Yo me propongo examinar por mí mismo el acampamento de mi contrario; pero antes voy á hacer á Dorotea una revelacion.

Garabito. ¿Se determina usted á decirle quién es?

Enrique. ¿Declararle yo que su marido tiene tres siglos acuestas? Mucha es la virtud de mi esposa; pero es lo mas prudente no intentar una prueba arriesgada. Ella viene. Retírate. (*Vase Garabito*)

ESCENA VIII.

DOROTEA. DON ENRIQUE.

Dorotea. Conde, ¿qué tropas son esas
de que estamos rodeados?
Enrique. Son tudescos agregados
á las armas portuguesas.
Dorotea. ¿Pensarán acometer
la casa?
Enrique. Con eso cuento;
mas yo defenderme intento.
Dorotea. ¿Y cómo?
Enrique. Con mi poder.
Dorotea. Muy mal en la decision
de tus criados confias:
son pocos, y há cuatro dias
que conocidos te son.
Enrique. Sin embargo, no te azores;
estás conmigo segura:
la virtud y la hermosura
siempre tienen defensores.
Dorotea. Vaya, tu calma celebro.
¿No es cosa que desatina,
cuando el riesgo se avecina,
salirme con un requiebro?
Yo tengo el alma en un hilo.
Enrique. Ven, ídolo amado, pon
la mano en mi corazon.
¿Ves como late tranquilo?
Pues deja el cuidado, hermosa,
lánzalo del alma luego:
mal tuviera yo sosiego,
si peligrara mi esposa.
Dorotea. Siempre de modo discurres
que con la tuya te sales;
pero usas misterios tales,
que ya, la verdad, me aburres.
Aqui junto á Portugal,
me trajiste á ver el Duero,
sin decir: asi lo quiero
por tal razon ó por cual;

y sobre lo de la quinta,
que fue bien pesado lance,
no hay forma de que yo alcance
ni una esplicacion sucinta.
Esto, conde, es una ofensa
que hace usted á su muger:
yo quiero y debo saber
lo que hace usted, dice y piensa.

Enrique. Pero...

Dorotea. Formalmente riño;
si esa conducta tan rara,
no se me pone tan clara
como usted ve mi cariño.

Enrique. Ya con amenaza tal
temo sostener la lucha;
prepárate, pues, y escucha
mi confesion general.
(*Va á tomar dos sillas.*)

Dorotea. (*Aparte.* Cuando se va á entretener
en sosegar mis afanes,
no habrá de los alemanes
mucho daño que temer.)
(*Viendo que don Enrique vuelve con dos sillas.*)
¿A dónde va usted, señor?
Para mí basta una silla.(*Siéntase.*)
Usted hinque la rodilla,
y diga el yo pecador.

Enrique. Limpia tengo la conciencia,
y no es mucho que rehuse...

Dorotea. Hermano, no se me escuse,
ó doblo la penitencia.

Enrique. (*De rodillas.*) De sobrado rigorosa
pecara entonces.

Dorotea. Y digo:
¿merece menor castigo
quien reniega de su esposa?
¡Atreverse á desmentir,
atrevérseme á negar
que juró al pie del altar
solo para mí vivir?

Enrique. No creas que te mintió
quien en debate prolijo

esas razones te dijo.

Dorotea. ¿No fuiste tú mismo?

Enrique. No.

Dorotea. Tú quieres abrir la llaga
que aun mal cerrada me queda.
¿Quién me aturdió en la alameda?

Enrique. El conde de la Viznaga.

Dorotea. ¿Eso tu labio responde?
Y mi marido ¿quién es?

Enrique. El que tienes á tus pies.

Dorotea. ¿Y no está á mis pies el conde?

Enrique. Antes un lobo le coma.

Dorotea. Pues ¿qué enredos hay aqui? (*Levántanse.*)
¿Quién eres tú? Vamos, dí.

Enrique. Enrique de la Redoma.

Dorotea. Ese disfraz nominal
no es cosa de que me pique.
Ya sé la causa.

Enrique. Es Enrique
mi nombre cierto y real.

Dorotea. ¿Por qué te has hecho querer
de mí con ageno nombre?

Enrique. Por libertarte de un hombre
que te quiso envilecer.

Dorotea. ¿Quién?

Enrique. El conde.

Dorotea. ¿Es esto sueño?
Estoy confundida toda.

Enrique. Con una farsa de boda,
de tí quiso hacerse dueño.
Yo descubrí su intencion,
y apropiándome su cara,
legitimé sobre el ara
mi atrevida usurpacion.

Dorotea. ¿Te apropiaste su semblante?
Ya te miro con espanto.
Travieso eres para santo:
¿si serás un nigromante?

Enrique. La mágia es mi profesion;
paro es la blanca, y te aviso
que la ejerzo con permiso
de la santa Inquisicion.

Dorotea. Muy bien. ¿Con que me redujo
la suerte á vivir al lado...?
Enrique. De un hombre rico y honrado.
Dorotea. Con sus ínfulas de brujo.
Enrique. No provocará tu encono
el engaño que sufriste.
Dorotea. Por el petardo que diste
al conde, te lo perdono.
¿Y cuándo te proponias
que yo el secreto supiera?
Enrique. Solo cuando yo estuviera
cierto de que me querias.
Dorotea. ¡Ay qué mago tan bolonio,
que no sabe conocer
si le quiere su muger
en un mes de matrimonio!
Poca habilidad presagia
tal torpeza, y de ella infiero
que cualquier titiritero
sabrá mas que tú de mágia.
Enrique. Te diré para que adviertas
que no soy tan ignorante,
qué piensas en este instante.
Dorotea. ¿Cuánto va que no lo aciertas?
Enrique. ¿Cuánto va que al suelo humillas,
al escucharme, los ojos,
y vivos matices rojos
asoman en tus mejillas?
Dorotea. ¿Me he de avergonzar siquiera
de que se me haya ocurrido
conocer de mi marido
la figura verdadera?
Enrique. Es que tu deseo esconde
un temor...
Dorotea. ¿Yo temer? ¿Qué?
Enrique. Si como Enrique seré
mas feo que como conde.
Dorotea. Yo no pensaba en tal cosa.
(*Abochornada y volviéndole la espalda.*)
Enrique. ¿Por qué me ocultas la faz?
Dorotea. Quítate, déjame en paz.
¡Vaya una aprension graciosa!

Me vóy.

Enrique. Un instante.

Dorotea. Nada.

(La puerta por donde iba á salir, desaparece. Va á la de enfrente, y le sucede otro tanto.)

¡Calle! ¿Y la puerta de aquí?
Voy á aquella.—¿Tambien?—Dí,
¿quieres ponerme arrestada?

Enrique. Me has insultado, y me vengo.

Dorotea. Yo para obtener perdon,
me resigno á la prision,
pues otro arbitrio no tengo.

Enrique. *(Llevándola á ver dos pedestales, cuyos adornos se cambian.)*

Ven, mira.

Dorotea. ¡Nueva sorpresa!—
¿Mas aun?—No hay que decir
que no quieres divertir
á la pobrecita presa.

(Se sienta al lado de una mesa y se hace aire con un abanico de plumas.)

Que busquen en todo el orbe
mas galante carcelero.

Enrique. Sin embargo, no tolero
que un abanico me estorbe.

(Vuelan las plumas del abanico.)

Dorotea. Eso ya toca en dureza.
Cuando se tiene calor,
se necesita...

(Toma de la mesa un pañuelo blanco y se hace aire con él.)

Enrique. Es mejor
eso para la cabeza.

(El pañuelo que tenia Dorotea en la mano, se le sube á la cabeza y se le queda prendido; Dorotea tira de la parte de pañuelo que queda sobre la mesa, y va desplegándose un largo y magnífico velo.)

Dorotea. ¡Miren qué elasticidad
de pañuelo!

Enrique. Te harás cargo
de que era un poquito largo
para la mano.

Dorotea. Es verdad.

(*Un rico manto aparece sobre los hombros de Dorotea.*)

¿Y con qué pretension es
el vestirme este ropage?

Enrique. Vas á hacer un corto viage.

Dorotea. ¿Para alguna funcion?

Enrique. Pues.

(*Aparte.* Cuando á lidiar se prepara
conmigo contraria hueste,
no es bien que mi amor le cueste
pesar á mi esposa cara.
Viva libre de temor
en un asilo ignorado;
y despues de haber triunfado,
coróneme vencedor.)

Dorotea. (*Levantándose vestida con un vistoso trage.*)
¿Te agrado así?

Enrique. Bella estás
como una flor del Eden.

Dorotea. Pareciéndote tan bien,
¿qué gracia me negarás?

Enrique. Si quieres mi vida propia...

Dorotea. No: cosa muy leve.

Enrique ¿Cuál?

Dorotea. El verte en original
para descartar la copia.

Enrique. Temblando esa prueba arrostro,
bien que mi recelo calma,
saber que estimas el alma,
sin hacer caso del rostro.

(*Pásase el anillo de una mano á otra.*)

Mira al que te adora.

(*Momento de silencio.*)

(*Aparte.* Lucho
con una inquietud cruel.)

Dorotea. (*Aparte.* Vale mas el conde que él,
y eso que no vale mucho.)

Enrique. Sol de mis ojos, irradie
sobre mí tu lumbre pura.

Dorotea. No es en verdad tu figura
para enloquecer á nadie;
pero mi amor no se altera

de tus cambios al tenor:
como eres encantador,
gustas de cualquier manera.
Un tierno abrazo te esplique
si quiero como queria. (*Abrázanse.*)

Enrique. Ídolo del alma mia;
¿quién mas feliz que tu Enrique?
(*Suena música dentro.*)

Dorotea. ¿Qué música se oye?

Enrique. Son
los que te han de acompañar
á donde vas á marchar.

Dorotea. ¿Ahora?

Enrique. Sin dilacion.

Dorotea. ¿Qué page lleva esta cola?
(*Abrense los relojes y salen dos pagecillos.*)

Enrique. Esos dos.

Dorotea. Para salir,
esas puertas hay que abrir.

Enrique. Basta que se abra una sola.

(*En el fondo hay un tocador, que se transforma en puerta, abierta la cual salen por ella Himeneo y varias virtudes conyugales, como la fidelidad, la mansedumbre, la obediencia, &c. Varios genios las acompañan.*)

ESCENA IX.

GENIOS.—*Dichos.*

(*El Genio que representa á Himeneo canta.*)

Ven á mi asilo plácido,
y no en seguirme dudes:
un coro de virtudes
te cerca en derredor:
ampárate solícita
la mano superior.
Harán la paz y el júbilo
tu dulce compañía;
te guarda cada dia
un nuevo goce amor.
Serás estrella fúlgida
de eterno resplandor. (*Vanse.*)

Acampamento.

ESCENA X.

EL CONDE. EL SECRETARIO. SOLDADOS.

Conde. Apartaos, alejaos de mí.

Secretario. ¿Y qué hareis sin vuestros soldados?

Conde. ¿De qué me habeis servido hasta ahora?

Secretario. Si nos hubiéseis querido escuchar, no hubiérais evacuado el castillo; pero como somos meros instrumentos de vuestra voluntad...

Conde. Instrumentos que me son inútiles, los desprecio, los abandono. Ya que estamos en el cuartel general, renuncio mi grado; encargaos de la tropa, y no se me ponga delante ninguno de vosotros, si no quiere esperimentar mi colera.

Secretario. (*Aparte.* Su orgullo merece que hagamos lo que nos manda: ya le pesará.) Os obedezco. (*Vase y con él los soldados.*)

Conde. (*Solo.*) ¡Abrazar la vida de campaña solo con el objeto de apoderarme de Dorotea y de mi rival, y no conseguirlo cuando les tenia casi en mis manos! Donde quiera que halle al pérfido mayordomo, que me hizo salir de la casa para escapárseme y volverse allí con mis enemigos...

ESCENA XI.

DON LAÍN, *y despues* DON GASPAR *y* DON RAMON.— EL CONDE.

Lain. (*Dentro.*) Les digo á ustedes que es capitan mi amo.

Conde. Su voz es esta.

Lain. (*Dentro.* Van ustedes á convencerse... (*Sale.*) Señor, anuncio á usted la llegada...

Conde. (*Sacando la espada.*) Yo te anuncio la de tu hora, pícaro. (*Salen don Gaspar y don Ramon.*)

Lain. Don Ramon, don Gaspar, ampárenme ustedes.
Conde. Dejadme quitarle la vida.
Ramon. ¿Qué te ha hecho ese mentecato?
Gaspar. Si has tenido alguna reyerta con él, basta mandarle cortar las orejas.
Laín. Señor don Gaspar...
Ramon. O mantearle.
Lain. Señor don Ramon...
Conde. Me ha hecho salir del castillo traidoramente.
Lain. Señor conde...
Ramon. Hombre, el que te ha hecho salir, he sido yo.
Conde. ¿Tú?
Lain. ¿Ve usted como yo soy un inocente? Si hasta ahora casi, me han tenido preso, y en una cárcel bien estrecha.
Ramon. ¿No te acuerdas del favor que te pedí ayer?
Conde. ¿Cuándo te he visto yo hace mes y medio?
Ramon. ¿No hemos pasado juntos toda la mañana...?
Conde. ¿Yo con vosotros?
Gaspar. Desde que te vendí el castillo, no hay dia que no nos reunamos: con que...
Conde. ¿Me has vendido tu castillo?
Gaspar. Si me lo quieres volver á comprar, por mí no hay reparo; lo cobraré dos veces.
Ramon. Yo presencié el pago.
Conde. (*Aparte.*) Esta es otra como la pasada. (*A Gaspar.*) Tú habrás vendido esa posesion á una persona: tú (*A Ramon.*) habrás presenciado la venta; pero esa persona no soy yo, no es vuestro amigo, y la prueba es que me he apoderado hostilmente de la casa que me aseguras ser mia.
Gaspar. Busca otro mas simple que te dé crédito.
Ramon. ¿Cómo puede ser eso verdad?
Conde. Como que hay un impostor que ha tomado mi nombre, y que por arte del diablo, sin duda, se parece á mí en términos, que todos le equivocan conmigo.
Ramon. Vaya, déjate de cuentos de niños, y esplícanos tu conducta, que es harto contradictoria. Nos encargas que salgamos de Madrid para cooperar á tu matrimonio supuesto, y á las dos horas te casas de veras. Como don Enrique, apeteces la paz, como

conde de la Viznaga, te haces de golpe capitan al servicio del austriaco...

ESCENA XII.

DON ENRIQUE.—*Dichos.*

Enrique. El conde de la Viznaga ha jurado á Felipe.
Ramon. ¡Qué pasmo!
Gaspar. ¡Dos condes!
Lain. No discrepan un pelo.
Conde. ¡Al fin te he hallado, traidor! Uno de los dos es preciso que desaparezca. Desnuda la espada.
Enrique. Veremos qué valor muestra delante de un hombre el que hasta ahora no ha sabido mas que perseguir á una dama.
Conde. Vas á morir, impostor.
Enrique. Defiéndete, falsario. (*Se baten.*)
Ramon. Señores, señores...
Gaspar. Deteneos.
Lain. Ahora que se han revuelto, ¿quién conoce al verdadero conde?
Los dos. Yo soy.
Lain. Quedamos enterados. Nada, el mejor medio de salir de confusiones es dejar que se mate uno: siempre les queda á ustedes su amigo y á mi mi amo.
Conde. ¿Es esa la ley que me tienes? Te he de atravesar las entrañas.
Enrique. Guárdese usted de tocar á mi mayordomo.
Lain. Este es mi amo; el conde que me protege es el verdadero conde.
Enrique. Ramon, ven á recibir el préstamo que habíamos tratado.
Ramon. Este es mi amigo; el conde que presta es el verdadero conde.
Conde. Gaspar, mira que es nula la venta del castillo.
Gaspar. ¿Eso es decir que tendria que devolver el dinero que ya he gastado?
Enrique. La venta es válida, Gaspar.
Gaspar. El conde que compra es el verdadero conde.
Conde. Ramon, Gaspar, escuchadme: ved que el engaño que padeceis puede seros funesto.

Enrique. En el castillo nos espera un banquete. Seguidme.

Gaspar. Sigámosle. El conde que convida es el verdadero conde. (*Vanse todos menos el conde.*)

ESCENA XIII.

EL CONDE, *y luego el* SECRETARIO *y* SOLDADOS.

Conde. ¡Soldados! Ninguno me oye. No podia haberlos mandado retirar de aqui á peor tiempo. ¡Soldados! (*Salen el secretario y soldados.*)

Secretario. Señor. (*Ap.* Ya sabia yo que me llamarias.)

Conde. Vamos á asaltar ese castillo. No ha de quedar en él piedra sobre piedra.

Secretario. Volémosle entonces.

Conde. Pereceria Dorotea entre sus ruinas.

Secretario. Dorotea no está ya en él; se encamina con una escolta hácia este sitio.

Conde. ¡Oh! de ese modo, mi victoria es segura. Apoderémonos de la ingrata, y destruyamos despues el asilo del hechicero.

Secretario. Preparad vosotros la mina. (*Húndense varios soldados.*)

Conde. ¿Qué significa eso?

Secretario. Que tambien yo soy mágico. Mirad lo que perdiais, renunciando á mi ausilio.

Conde. Conozco que me es preciso aceptarlo. Dividamos en dos pelotones la fuerza, y ocultémonos entre estos árboles á un lado y otro, para que supongan que hemos abandonado el acampamento.

Secretario. Y cogemos entre dos fuegos á la débil comitiva de Dorotea.

Conde. Vamos. (*Retíranse unos á un lado, y otros al opuesto. Sale Dorotea conducida en un palanquin ó silla de manos magnífica, rodeada de genios y ninfas que la acompañan danzando.*)

El Conde y el Secretario. (*Presentándose á cada lado del proscenio, al frente de los suyos.*) Ahora. (*Dóblanseles á los soldados los arcabuces, cuando están en actitud de apuntar, quedando la mitad de la caja pendiente de una visagra, y mirando á *tierra el cañon y arrojando fuego. Los soldados huyen; la comitiva de Dorotea cruza el teatro sin obstáculo.)*

Conde. ¡Ah! nos han burlado.

Secretario. Dorotea tiene en su póder el talisman de su esposo. Venid, conde; don Enrique es nuestro.) (*Vanse todos.*)

Vista esterior del castillo.

ESCENA XIV.

DON ENRIQUE. DON GASPAR *y* DON RAMON *en las murallas del castillo:* CRIADOS *armados.*

Enrique. El enemigo se acerca.

Ramon. Manda retirar la avanzada. (*Tocan á retirada.*)

Gaspar. (*Acabando de beber una botella.*) Ahora que vengan cuando gusten á acometernos. En destripando yo un par de botellas, no me queda títere por delante.

Enrique. Yo os estimaria que os volviéseis á vuesrtas casas. Con mis dependientes y con los labradores que se han reunido aqui, tengo bastante para escarmentar á mis enemigos.

Ramon. Nosotros no te abandonamos.

Gaspar. Ni en la mesa, ni en el peligro.

ESCENA XV.

GARABITO (*mandando un peloton de monos ridiculamente vestidos y armados*).—*Dichos.*

Garabito. Paso redoblado: sin correr... Orden, soldadesca desenfrenada. Hileras á la derecha... El paso, el paso... Hileras á la izquierda, alto. Prevénganse... Como primera fila. (*Los monos sueltan las armas y rodean á Garabito, llevándole á un lado y á otro.*) Insubordinados, rebeldes... Soltadme, para que os forme consejo de guerra.

Un centinela de las murallas. El enemigo, el enemigo.

Garabito. A las armas. (*Los monos cogen las carabinas, se las ponen por caballito, y se van unos por un lado y otros por otro, para subir á las murallas.*) Si mi tropa se vuelve de caballería, que los mande un gefe de su arma. (*Entrase.*)

ESCENA XVII.

EL CONDE. EL SECRETARIO. SOLDADOS.—*Dichos.*

Conde. Rendíos, si quereis salvar las vidas: el castillo está minado.

Gaspar. Esta es nuestra respuesta. (*Le tira una botella.*)

Enrique. Fuego. (*Descargas de ambas partes.*)

Conde. Fuego.

Gaspar. Ladrillazo en ellos.

Conde. ¡Perros! ¡Cómo se defienden!

Secretario. Apelemos al último recurso. (*Esplosion de la mina, arruínase el castillo.*)

Todos. ¡Oh!

Los del Conde. ¡Victoria, victoria! (*Penetran por la brecha, y desarman á don Enrique y á los suyos.*)

ACTO CUARTO.

Portalon abierto, por el cual se ve parte del castillo arruinado. A un lado una chimenea, una puerta y una ventanilla, delante de la cual pende una alcarraza.—Es de noche, y de cuando en cuando se oye algun trueno lejano.

ESCENA PRIMERA.

DOROTEA. PASCUALA.

Dorotea. No dudes decirme la verdad: sá came de afanes, Pascuala. ¿Dónde han encerrado á mi esposo?

Pascuala. En un subterráneo muy profundo, debajo de esa torre.

Dorotea. ¿En la cueva de la cabeza encantada?

Pascuala. Allí mismo.

Dorotea. Desde mi retiro oí la esplosion de la mina, y el corazon me anuncio al momento mis desgracias. No debia hablarte de ellas, porque no eres capaz de compadecerte de mí. Siempre tu corazon fue de bronce.

Pascuala. ¡Ay! eso era cuando no me habian crecido tanto las narices. ¡Me he hecho tan sensible desde que soy fea!

Dorotea. Tú no comprendes lo que es estar una muger separada de su marido.

Pascuala. Conforme él sea. ¡Lo que sentiria yo perder de vista al mio! ¡Mira qué delicadeza de hombre! ¡Mandar que le espere aquí sola, en una noche como esta, oscura, nublada.... ! Tiene una alma de caribe, por no decir de mayordomo.

Dorotea. ¿Tardará en venir?

Pascuala. ¡Qué! no por cierto. Reconciliado ya con el conde, le encargó este no sé qué comision, para la cual llevó consigo unos soldados. Con ellos volverá, segun me previno. Ya ves el riesgo en que estás de que te encuentren.

Dorotea. (*Aparte.* Eso es lo que yo quiero.)

Pascuala. Te prenderian, te llevarian á presencia del conde.

Dorotea. (*Aparte.* A eso he venido.) ¿Dónde se ha alojado el conde?

Pascuala. En la galería de los trofeos, que es el costado de la fábrica que menos ha padecido. (*Mirando adentro.*) ¡Ay Jesus! que ya están aquí.

Dorotea. ¿Quienes?

Pascuala. Mi marido y los soldados. Ya no puedes huir.

Dorotea. Escóndeme en cualquier parte. (*Para sí.* Oiré lo que digan.)

Pascuala. En esta pieza. Ven. (*La hace entrar por la puerta de la derecha.*) Procura estar con silencio, ó eres perdida.

ESCENA II.

DON LAÍN. SOLDADOS.—PASCUALA. DOROTEA, *oculta.*

Lain. Pues, señor, allá nos aguarde por muchos años.

Pascuala. ¿Quién?

Lain. Mi duplicado, el otro yo, Garabito.

Pascuala. ¿Qué decís? ¿Ha muerto?

Lain. Se han empleado todos los medios conducentes. Íbamos dándole caza á lo largo del Duero; ve que ya le podia alcanzar una bala, y.... ¡zas! Embócase de cabeza en el rio, y tú que le viste.

Pascuala. ¿Y no hubo entre vosotros una alma capaz de socorrerle?

Dorotea. (*Asomándose á la ventanilla.*) No estaba yo lejos.

Lain. Sí tal: Becker y Straus se arrojaron al agua tras él. Esos dos muchachones que ves ahi, que son dos atunes.

Pascuala. ¿Y consiguieron....?

Lain. Sacarle á la orilla.

Pascuala. ¿Vivo?

Lain. No lo parecía; pero en la duda de sí ó no, los

amiguitos desenvaynaron las charrascas, le hicieron moneda en un periquete, y colgaron sus pedazos de los árboles, para escarmiento de usurpadores fisionómicos.

Pascuala. ¡Oh inhumanidad! — ¿Y teneis valor para decírmelo?

Lain. ¿Si te parecerá que no siento yo que haya muerto de esa manera?

Pascuala. Callad: teneis peor intencion que un novillo.

Lain. Niña, el Galateo enseña que no se le hable de sogas al ahorcado. Yo digo la verdad pura. El señor teniente Ráufenrofenrif....

Pascuala. Yo no tengo que ver con ningun teniente.

Lain. ¡Pues no faltaria mas.....! ¡Vaya!—Digo, pues, que el mencionado señor teniente Raufenrofen tenia á Garabito una tirria, lo mismo que si el vidriero le hubiese aplicado algun verbigracia.—Dios nos libre y nos defienda.

Pascuala. Bien: ¿y qué?

Lain. Y como el susodicho señor teniente Raufen es un mágico de los mas aprovechaditos de las márgenes del Rin, habia descubierto el único medio posible para que recobrases tu juventud y tu hermosura.

Pascuala ¿Y cuál es?

Lain. La cosa mas sencilla del mundo. Fusilar al que dió desarrollo á esas narices.

Pascuala Y el quedarme yo sin ellas ¡habia de costar sangre!

Lain. Sangre cuesta cualquier desnarigadura ordinaria. Dígalo el albeitar que nos cura las caballerías.

Pascuala. ¡Sacrificar á mi restauracion un amante! Si fuera un marido....

Lain. Es verdad: siempre á nosotros nos tocan los sacrificios.

Pascuala. A tal precio, mas quiero permanecer así toda la vida.

Dorotea. (*Á la ventana.*) La pobre Pascuala merece ya volver á su primitivo estado, y tener un esposo menos indigno. Mi talisman obrará. (*Al quitarse de la ventana, deja caer la alcarraza al suelo; se rompe, y el agua salpica á don Lain.*)

Lain. ¡Canario! Ahí dentro hay gente. Soldados, entrad á la bayoneta.

Pascuala. No, no entreis. La casualidad, el aire....

Lain. El aire puede traer agua, pero no en cacharros. Avanzad. (*Los soldados entran en el cuarto donde se ocultó Dorotea, y vuelven á salir poco despues con ella.*)

Pascuala. Escuchadme.

Lain. ¿No digo? ¡Una muger! Afuera, afuera con ella.

Pascuala. (*Aparte.* ¡Infeliz amiga!)

Lain. ¡Dorotea!

Dorotea. Dejadme: no me lleveis á presencia del conde.

Lain. Precisamente tenemos la orden contraria.

Dorotea. Por Dios.... Yo reclamo....

Lain. Sí, reclame V., reclame sin pérdida de tiempo. (*A los soldados.*) Llevad presa á esta señora, en calidad de reclamante.

Pascuala. (*Aparte.* Ella se ha perdido.)

Dorotea. (*Aparte.* Logré mi intento.) (*Los soldados conducen á Dorotea.*)

ESCENA III.

DON LAÍN. PASCUALA.

Pascuala. ¡Os habeis portado bizarramente! ¡Poner á la pobre Dorotea en manos de los satélites del conde!

Lain. ¿No es el conde su marido? Reunir dos esposos descarriados es una accion de alta moralidad.

Pascuala. Mereceis por vuestra barbarie que el cielo os castigue.

Lain. ¡Qué tonteria! El cielo... (*Trueno horroroso.*) ¡Hola! Guardémosle respeto, porque habla gordo. (*Sigue tronando y relampagueando.*)

Pascuala. Sobre vos debian caer sus rayos.

Lain. ¡Santa Bárbara bendita! Tempestad para toda la noche hay.

Un eco. ¡*Ay*!

Pascuala. ¿Habeis oido? Se han quejado.

Lain. Algun perro, alguna lechuza.... El miedo que tienes te alucinó.

Eco. No.

Pascuala. ¿Lo veis ahora?

Lain. No veo; pero oigo.... lo que no quisiera.

Pascuala. ¿Si será una alma en pena quien se queja así?

Eco. Sí.

Pascuala. Yo no acierto á hablar ni á moverme.

Lain. Serenidad; no hay motivo para amedrentarse tanto. Hablando se entiende la gente. Parlamentaremos. (*Aparte.* Hagamos de tripas corazon.) ¿Qué quieres de nosotros, ente invisible que nos remedas? ¿Quién eres? Dilo; que yo me holgara...

Eco. Gara....

Lain. Yo te invito.

Eco. Bito. (*Don Lain y Pascuala hablan casi á un tiempo.*)

Lain. Ha dicho: *Gara....*

Pascuala. Ha dicho: *bito.*

Eco. Gara.... bito.

Lain ¡Garabito! Aun despues de hecho cinco, ¿ha de perseguirme? Tal tenacidad en un muerto me admira.

Eco. Mira. (*Caen las piernas de Garabito por la chimenea.*)

Pascuala. ¿Qué es aquello que ha caido por la chimenea?

Lain. Alguna media canal que estaria al humo. (*Lléganse los dos al hogar.*)

Pascuala. ¡Qué horror! (*Refúgiase en el cuarto donde estuvo Dorotea.*)

Lain. ¡Las piernas del maestro plomero! Muerto mas agil no lo he visto en mi vida. (*Caen los brazos, y despues el cuerpo.*) Un brazo.... dos. El hombre se me viene aquí por menor, para darme un susto con cada cuarto. Pero falta lo principal. Apostara que alguna bruja se ha llevado ya la cabeza para arrancarle los dientes.

Eco. Mientes.

Lain. ¡Mientes! ¡Qué urbanidad gasta el eco consonantista! ¡Mientes! Lo que yo veo es que la prenda capital no asoma.

Eco. Toma. (*Cae la cabeza.*)

Lain. Tómela un peluquero frances para muestra.

ESCENA IV.

LOS SOLDADOS.—DON LAIN.

Lain. ¡Ay, hijos! ¡qué falta me habeis hecho tan grande!

Un soldado. ¿*Warum*?

Lain. Porque necesitaba repartir con vosotros una dosis de miedo, sobrado fuerte para mí solo. Mirad.

Soldado. ¿*Was giebts*?

Lain. Mirad lo que se ha descolgado por esa chimenea.

Soldado. ¡*Was wunder*!

Lain. ¿Sabeis lo que estoy pensando? Que el señor Raufenrofenrif no me dijo que para rejuvenecer á mi esposa, fuese necesario fusilar á ese hombre en vivo. Un difunto que se cuela en el hogar doméstico furtivamente, bien merece media docena de almendritas de á onza... y puede que el efecto sea el mismo. ¿Qué se pierde en probar?

Soldado. *Nichts.*

Lain. Manos á la labor. El deseo de ver á mi muger buena moza, tal y como era antes de sus averías, me infunde un aliento... quirúrgico, veterinario. (*A los soldados.*) Traedme pieza por pieza ese mueble, y yo lo iré ensamblando, arrimadito á la pared. Aquí hay unas escarpias: atando á ellas un pañuelo.... ó mis ligas.... (*Los soldados hacen lo que don Lain les indica, y él arma el cuerpo de Garabito, cantando en el interin.*) Principiemos la obra por los cimientos. ¡Lo que puede el amor conyugal! — Esto ya se tiene. Vengan mas materiales. — Adelante.— Prenderemos los brazos con unos alfileres. ¡Guapo!— La cabeza es la que da en quedarse torcida. Nada: hasta lo último se ha de salir con la suya. ¡ Válgate un.....!—Muchachos, al avío: preparad los chismes; aquí no hay necesidad de descabezar el credo. (*Los soldados toman las armas: Garabito echa á andar.*) ¡Ay! ¡ay! ¡Dios todopoderoso!

Soldados. ¡ *Dicsen verräther*!

Pascuala. (*Saliendo en su figura de joven.*) ¡Qué sucede! ¡Ah!

Lain. ¡San Cosme! ¡San Emeterio! ¡Santa Lutgarda! (*Huyen todos despavoridos gritando, y Garabito va tras ellos.*)

Una galería del castillo.

ESCENA V.

EL CONDE. EL SECRETARIO.

Conde. Yo quiero verla, y basta.

Secretario. Tambien ella quiere veros.

Conde. Sí, porque no ha podido ocultarse de mis soldados.

Secretario. Artificios mugeriles, de que sereis víctima. Dorotea os buscaba, y está deseando la entrevista. No me es lícito oponerme á vuestra voluntad; pero os aviso que os va á pedir la libertad del hechicero.

Conde. No la obtendrá de mí.

Secretario. Y fuera inútil que se la concediérais: os lo prevengo.

Conde. ¿Pues cómo?

Secretario. Es casi imposible que salga del subterráneo, donde se halla.

Conde. ¿Por qué?

Secretario. Cuantos han puesto los pies en la cueva de la cabeza encantada, desde que lleva ese nombre, todos se han quedado dentro. Allí de nada sirve su talisman á Enrique.

Conde. De ese modo, nada tengo que temer. Inútil es quitarle la vida como me aconsejabais.

Secretario. Era sin embargo lo mas seguro.

Conde. ¿A qué nos hemos de privar de los soldados que bajen á pasarlo por las armas?

Secretario. Vos pagais con un parte. (*Para sí.* No sabe que para nosotros no hay puerta cerrada.)

Conde. Antes de resolver, quiero hablar á Dorotea. Podeis retiraros. (*Vase el Secretario.*)

ESCENA VI.

DOROTEA.—EL CONDE.

Conde. Tras dias y dias
que vago perdido,
buscando la estampa
de un pie fugitivo,
por fin, Dorotea,
tus ojos he visto.
Cambiando papeles,
buscarme te miro:
tan alta ventura
me saca de tino.
Dorotea. Sabiendo que estabas
en este castillo,
hacer los honores
le quise á un amigo.
Conde. ¿Amigo?
Dorotea. Perdona,
si tal he creido.
Conde. De serlo me alabo.
Dorotea. Mi casa testigo.
En ella, aunque á nadie
pediste permiso,
has hecho.... y deshecho,
segun tu capricho.
Conde. Que yo la he comprado
su dueño me dijo:
ninguno se agravie,
si yo la derribo.
Dorotea. Por eso yo nada
en contra te digo.
Conde. Palabras que importan,
jamas las olvido.
Dorotea. Yo en punto á recuerdos,
separo y distingo.
Jamas hago caso
del mal que recibo;
mas gravo en el alma
cualquier beneficio.

Conde. Y dime: ¿te acuerdas
de un conde...?

Dorotea. Infinito.
¿Pudiera olvidarme
de un hombre que quiso,
perdido de amores,
casarse conmigo?

Conde. Casóse en efecto:
así me lo has dicho.

Dorotea. Pues ya.

Conde. De ese modo,
yo soy tu marido.

Dorotea. Si tú lo dudabas,
el yerro no es mio.

Conde. ¿Con que eres mi esposa?

Dorotea. ¿Cómo he de decirlo?

Conde. ¿Y quién es entonces
aquel individuo,
que preso se queja
con triste suspiro?

Dorotea. Aquel....

Conde. Sí señora.

Dorotea. Será un pobrecillo....

Conde. Que burla á los condes.

Dorotea. Que sabe suplirlos.

Conde. Carrera ha tomado
de mucho peligro.

Dorotea. Por término de ella,
aguarda...

Conde. El suplicio.

Dorotea. ¡Oh! yo no lo creo.

Conde. Pues yo te lo afirmo.

Dorotea. Pues yo te declaro
que no lo permito.

Conde. Yo soy el que manda.

Dorotea. Y yo la que pido,
y á dama que ruega,
ceder es preciso.

Conde. ¿Por dónde confias
hallar tan propicio
al hombre que estaba
furioso contigo?

No irrites mi ciego
caracter altivo;
que puedo acordarme
de agravios antiguos.

Dorotea. ¿De agravios..... qué has hecho?

Conde. De mil que he sufrido.

Dorotea. ¡Qué injustos que somos,
y qué olvidadizos!
El mal que nos hacen,
nos llega á lo vivo,
y en nada apreciamos
el daño que hicimos.
Aquel que pensaba
lograr el cariño
de honrada doncella
por medios inicuos,
¿podrá figurarse
de culpa tan limpio,
que no mereciera
ni un leve castigo?

Conde. ¿Quién juez de mis hechos
á Enrique le hizo?

Dorotea. A todos alcanza
la ley del destino,
al conde y al mago,
al grande y al chico.

Conde. Jamas se perdona
la befa, el ludibrio.

Dorotea, Pues yo he perdonado,
mi conde querido,
la farsa de boda
que usted me previno.

Conde. Señora, acabemos.
Enrique, el indigno
rival, que envidioso,
mi dicha deshizo,
forzoso es que muera.

Dorotea, ¿Morir? ¡Qué delirio!
Si libre no mandas
que salga ahora mismo,
jamas en mis labios
oirás un cariño.

Conde. Pero óyeme....

Dorotea. Y mira
que ya, si reñimos,
declárote guerra,
y nunca transijo.

Conde. No temo....

Dorotea. ¿Desprecias
mi gran poderío?
Verás lo que puede
mi mágico anillo.

Conde. ¿Podrá por ventura
vencer mi albedrío?

Dorotea. ¡Ay conde del alma!
si está ya vencido.
Teniendo estos ojos,
¿qué mas necesito?

Conde. Verán su desaire,
cual vieron el mio.

Dorotea. Son siempre los condes
humanos y finos.

Conde. Te cansas en vano.

Dorotea. No te hagas esquivo.

Conde. Sí Enrique no puede
salir ya del sitio,
donde esos soldados
le tienen hundido.

Dorotea. Saldrá, si tu quieres.

Conde. Que no, te repito.

Dorotea. Con tal que lo mandes,
te dejo tranquilo.

Conde. ¿En la orden tan solo
se cifra tu ahinco?
Daréla al momento...
con un requisito.

Dorotea. ¿Cuál?

Conde. Has de entregarme
tu sortija.

Dorotea. ¡Lindo!
(*Aparte.* Caiste en el lazo.)
¡Gentil desatino!
Están en las damas
mejor los hechizos.

Conde. Sobrados ostenta
tu rostro divino.

Dorotea. Conviene que dure
sin mengua su brillo,
y así mi sortija
guardar solicito.

Conde. Pues guárdala, y siga
Enrique cautivo.

Dorotea. Ya es mucha la tema.

Conde. La tuya lo mismo.

Dorotea. (*Aparte.* Ignora que tengo
igual otro anillo,
que darle.) ¿Qué dices?

Conde. Que yo no desisto.

Dorotea. Si no hay otro medio....

Conde. No hay otro.

Dorotea. Me rindo.
(*Da una sortija al conde.*)
Ordena que á Enrique
suelten.

Conde. Convenido.
(*Aparte.* Mandarlo es bien fácil,
mas no conseguirlo.)

Dorotea. (*Aparte.* Soy feliz.)

Conde. Ahora,
permite..... (*Va á besarle una mano.*)

Dorotea. (*Retirándose.*) Quedito.

Conde. Mi esposa no debe
mostrarme desvío.

Dorotea. En tanto que la orden
no des por escrito,
estoy divorciada.

Conde. Pero un anticipo
tan facil....

Dorotea. Es antes
cumplir lo ofrecido.
Paga adelantada
retarda servicio. (*Vanse.*)

Cueva de la cabeza encantada.—A los lados del proscenio dos estátuas tendidas sobre pedestales; la una tiene atadas las manos; la otra sueltas. Un asiento informe en medio del teatro; una lámpara encendida sobre una repisa, en otro lado una antorcha apagada.

ESCENA VII.

DON ENRIQUE.

Todo lo que ha podido alcanzar mi discurso es persuadirme mas y mas de lo que ya sabia: de que las puertas de este subterráneo se abren por sí solas al que intente penetrar en él, y se cierran para siempre en seguida. Por algo me condujeron aquí mis enemigos, dejándome sueltas las manos. No debí entregar á Dorotea mi talisman, sabiendo á lo que me esponia. Pero de otro modo, ella era la que peligraba. No: bien hice. Viva ella segura, y perezca yo, si es necesario. (*Mirando hácia adentro.*) ¡Cielos! ¡Dorotea!

ESCENA VIII.

DOROTEA.—DON ENRIQUE.

Dorotea. ¡Esposo mio!

Enrique. ¡Bien de mi vida (*Se abrazan.*)

Dorotea. ¡Cómo me has engañado! ¿Por qué me encubrias el riesgo que te amenazaba?

Enrique. No lo creí yo tan grave: me engañé yo mismo.

Dorotea. Al fin te encuentro: ya estoy segura.

Enrique. ¿De qué? ¿de quién?

Dorotea. Del conde.

Enrique. ¿El conde te perseguia?

Dorotea. Furioso. Ya se ve, yo le habia embaucado para arrancarle la promesa de ponerte en libertad.

Enrique. ¿Y ha faltado á su palabra?

Dorotea. Conoció mis designios un oficial tudesco, y se

los reveló al conde. Considera tú como se pondria. Si no tengo en mi poder el anillo mágico, de seguro que no llego á verte.

Enrique. Pero ¿sabes, infeliz, sabes lo que has hecho con poner las plantas en este recinto?

Dorotea. El deber de una fiel consorte; buscar á mi esposo, abrazarle, participar de su suerte.

Enrique. ¿Sabes que acaso no volverás á ver la luz del dia?

Dorotea. ¡Qué! ¿no podremos huir de aquí á favor de tu talisman?

Enrique. A todo alcanza, menos á eso. Imposible es la salida, si no descubrimos....

Dorotea. ¿Algun resorte? ¿alguna puerta oculta? Yo veo bien.

Enrique. El encanto de esta cueva consiste en una adivinanza, compuesta de tres renglones, de los cuales es necesario acertar el primero.

Dorotea. ¿Y dónde están escritos?

Enrique. En los muros de esta pieza.

Dorotea. No descubro letras por ningun lado.

Enrique. Ese es el secreto. Se han de imaginar y pronunciar aquí las palabras de uno de los tres renglones, sin ningun antecedente.

Dorotea. ¡Vírgen de Atocha!

Enrique. Entre las infinitas combinaciones que se pueden hacer con las voces de un idioma, ya ves si será dificil atinar con las que estén ahí trazadas, las cuales no aparecerán hasta que haya quien las adivine.

Dorotea. Pues ya es empresa.

Enrique. Solo á la casualidad se puede deber ese descubrimiento. Yo compré el castillo por tener la gloria de desencantar á los moradores de esta caverna; pero todos mis cálculos han sido inútiles, y por lo mismo, nunca me habia atrevido á pasar de sus umbrales. Aquí permaneceremos encarcelados...... sabe Dios hasta cuando.

Dorotea. La mansion no es muy agradable; pero teniéndote á mi lado, no echaré menos los magníficos salones de arriba. El amor todo lo embellece. Podremos conversar tambien con nuestros compañeros de cautiverio.

Enrique. Ellos podrán oirte, pero no responderte.

Dorotea. ¿Solamente nosotros estamos en el uso de la palabra?

Enrique. Gracias á mis privilegios científicos.

Dorotea. Pues en esa circunstancia estriba nuestra salvacion. Nada; lo que debemos hacer es estar charlando á todas horas, hasta que á fuerza de vaciar palabras, demos con las del enigma. Recorramos ahora estas silenciosas moradas, por si hallamos algun resquicio que nos facilite la fuga.

Enrique. ¡Vana esperanza! (*Toma la lámpara, y se van los dos esposos.*)

ESCENA IX.

GARABITO.

(*Dentro.*) ¡Ay! ¡ay! Despacio, que yo no vuelo. ¡Que me estrangulo! (*Sale conducido por un cuervo, el cual tiene asida con el pico una cinta que trae Garabito atada al cuello.*) Alto aquí, señor cuervo: no me da la gana de correr mas. Tire V. por donde quiera. (*Con las manos tira de la cinta; esta se rompe, Garabito cae, y el cuervo desaparece en la direccion que llevaba.*) ¡Ay! se me ha desquiciado toda la columna vertebral. ¡Que no ha de haber gusto completo! Cuando mas gozoso iba yo persiguiendo á don Lain, ¡pif! cruza ese maldito grajo; me echa la guindaleta, y unas veces colgando, y otras á trompicones, me trae... ¿qué sé yo adonde? porque no veo. A la cuenta, desde que me descuartizaron, vine á ser propiedad de las aves de rapiña, y la primera que me atisvó, dijo: aquí te veo, aquí te cojo. (*Se levanta.*) ¿Qué apostamos á que en esta huronera tienen esos bichos su almacen de víveres, y que á lo mejor vienen á darse un refrigerio con mi persona? Lo peor es que estoy tan molido, que no podria defenderme ni de un gorrion. Descansemos un instante, aunque sea en el suelo. No; aqui tiento un pedrusco, y....... (*Lo que cree que es un asiento, es un monstruo, el cual al sentarse Garabito, se levanta sacudiendo unas grandes alas: un relámpago ilumina instantáneamente el teatro.*) ¡Válgame el marques de Villena! ¿Qué animalote es ese? ¿Qué son aquellas figuras blancas que he traslucido? ¿Cuánto va que me han embocado en la cueva de la cabeza encantada, la del enigma que tanto da que cavilar á mi amo? (*Otro relámpago.*) Dicho y hecho; estoy condenado á reclusion perpetua, y Dios sabe qué será de mí con semejantes huéspedes. ¡En lo que han venido á parar las esperanzas que concebí cuando me dijo mi amo en Barahona: ¿qué apeteces? Pide lo que quieras. (*Se oyen dos fuertes golpes en metal, y aparecen en el muro, resplandeciendo como si estuvieran formadas con piedras preciosas, estas palabras en letra gótica.*)

Pide lo que quieras,

Haz lo que veas,

y lograrás lo que deseas.

(*Garabito continúa.*) Ese ruido.... ese letrero..... No hay mas: he dado con la adivinanza, sin pensar en ello. ¡Y mi amo que andaba volviéndose loco! Sí; pero ahora falta que yo sepa seguirla, esplotarla con tento. (*Lee.*) «Pide lo que quieras...» En lo de pedir, iré con tiento; no tengamos otro apéndice al nalgatorio, como cuando los tres deseos. Lo primero que quiero, y que no tiene duda que me conviene, es no estar á oscuras. Una luz. (*El cuervo vuelve con una mecha en el pico, enciende la antorcha que hay en teatro y vuela.*) Gracias, amigo. Buen viage. Ahora, útil será examinar el terreno. No veo mas que dos estátuas tendidas. (*El monstruo que ha cambiado de puesto, se mueve al acercársele Garabito.*) No se incomode V.: soy de casa. Estos personages serán á la cuenta dos campeones cuyas proezas habrian escitado la envidia de algun encantador malandrin.... y cátelos V. berroqueñizados. En efecto, son hombres de armas tomar, porque aquí conservan las suyas. Si lograse desencantarlos, me hacia con dos aliados formidables. Este tiene un chafarote, y el otro.... una arma de fuego, á manera de retaco. ¡Calle! ¡Si están aquí sus nombres! (*Lee.*) «Bernardo.» ¡Cómo! «Ambrosio.» ¡Voto va! Ya caigo. Este es el de la espada que ni pincha ni corta, y aquel el que cargaba la carabina con cañamones. ¡Buen refuerzo esperaba yo! La espada de Bernardo me serviria lo mismo que la carabina de Ambrosio. Continuemos ejerciendo el derecho de peticion; y para no equivocarlo... Fuera circunloquios... Quiero que inmediatamente se me ponga... (*El monstruo ruge y se dirige á Garabito, furioso.*) No, señor, no se enfurezca V. así; que aun no he acabado: no iba á pedir que me pusieran en libertad, como V. se figura; iba á decir que me pusieran.... la mesa para cenar. ¡Pues estamos bien! «Pide lo que quieras,» ¡y por poco no me despedaza ese dragon cuando pido lo que mas me importa! (*Sube por un escotillon una mesa aparada, debajo de cuyo tablero hay dos osos, como sosteniéndole: la mesa trae consigo un banco largo.*) ¡Hola! Parece que de puertas adentro no se opone nadie á que regale yo mi individuo. Sea enhorabuena: los duelos con pan son menos. Así como así, me voy convenciendo de que contra todas las reglas de la encantaduría, en esta tierra hace hambre. Y guisan muy bien por allá abajo; porque el olorcillo convida. En verdad, que donde hay quien guise, podia haber quien sirviera. (*Los osos salen de debajo de la mesa y se ponen en dos pies á los lados de la mesa, cada uno con una servilleta al hombro.*) ¡Vaya un par de camareros! ¡Qué atrocidad! Háganme ustedes el favor de no atarearse por mí. ¿Oyen ustedes? (*Viendo que no le hacen caso.*) ¡Eh! ¡Mozo! Con usted hablo.... y con usted. Que se larguen ustedes de aqui, y no vuelvan hasta que suelten el pelo de la dehesa. Lo quiero, lo pido. (*Los osos vuelven á colocarse debajo de la mesa.*) ¡Hum....! No sé si me fie... En fin, vamos á comer. Lo primero, un huevecito pasado por agua; que en esto no pueden haber ingerido ninguno jarope. ¡Oh! y parece fresco. Aquí no estoy con tranquilidad. (*Se va de la mesa, mirando á los osos, y llevándose el huevo.*) En este lado, de dos sorbos...

(*Abre el huevo, y sale de él un pájaro.*) ¡Pues estaba reciente, por Dios! ¡y tenia un pollo volandero! ¿Y porqué me pringo yo en tal fruslería, habiendo aquí un pastelon de liebre, que es mi plato de preferencia? (*Toma un cuchillo, y trincha. Mientras tanto las dos estátuas van levantándose lentamente hasta sentarse en el banco, uno á cada lado de Garabito.*)

ESCENA X.

BERNARDO. AMBROSIO.—GARABITO.

Garabito. ¡Que tierna está! La liebre es el animalito mas docil, y.... (*Sale de ella un gato.*) Pero, señor, ¡que no ha de haber un hosterero que no encaje gato por liebre! Bien dicen que tienen siete vidas los tales: este reservó la séptima para librarse de mis dientes. Como sigamos así, voy á cenar opíparamente. Veremos si este par de perdices son de recibo. (*Trincha.*) Lo que es esta, se deja trinchar sin oposicion. Vamos, esto es perdiz, verdadera perdiz, como se venera en las mejores pastelerías del reino. Y sin embutidos heterogéneos, ni cuerpos exóticos...... La destrocé. ¡Con qué gusto voy....! (*Toma con el tenedor un pedazo, y al ir á comer, repara en las estátuas.*) ¡Válgame el relicario del Escorial! ¡Dos convidados de piedra! (*Huye.*) Señor don Bernardo... señor don Ambrosio.... permítanme ustedes les diga que esto de sentarse á mi mesa de mogollon, sin decir oste ni moste, ni tus ni mus, ni hache ni erre... ¿Eh?—Pues.—Nada, como si hablase con una estátua.

Ambrosio llama con la mano á Garabito.

Garabito. ¿Qué? ¿Que vaya?

Ambrosio dice con la cabeza que sí.

Garabito. Yo digo que no quiero. Si tiene V. algo que decirme, desde aquí puedo oirlo.

Ambrosio toma un vaso y pide vino.

Garabito. ¿No pueden ustedes hablar? ¡Qué diantres! Tienen lengua para saborear el vino, ¡y no les sirve para pedir! Ahí está la botella.

Ambrosio dice que eche de beber á Bernardo.

Garabito. ¿Y qué quiere V. decir con toda esa pantomima? ¿Que dé de beber al camarada? Pues no me acomoda. Que se sirva á sí mismo el señor Bernardo.

Ambrosio hace á Garabito notar que Bernardo tiene las manos sujetas.

Garabito. Y es verdad, que tiene atadas las manos. Soy un pollino.

Bernardo y Ambrosio hacen señal afirmativa.

Garabito. Celebro la uniformidad de pareceres. Ea, vamos á darle un traguito. ¡Yo sirviendo á semejantes estafermos! Empine usted: arriba con él. Buen provecho.

Ambrosio pide vino para sí.

Garabito. Señor don Ambrosio, V. se halla con las manos hábiles y espeditas: escánciese á su gusto.

Ambrosio insta.

Garabito. Digo que no quiero.

Ambrosio con la cabeza, sí, sí, sí.

Garabito. Noooó.

Ambrosio se levanta muy incomodado.

Garabito. A mí me importa un bledo que V. se incomode. No quiero ser copero de un mazacote de cantera: lo dije. Y cuidado que á cabeza dura no me ganan ustedes.

Ambrosio enfurecido, arranca la cabeza á Ambrosio, y hace ademan de arrojársela á Garabito.

Garabito. ¡Eh! no tire usted. ¡Vaya! Yo le daré á V, de beber porque no se desgracie esa preciosa escultura. Solo mi amor á las artes podia hacerme dócil en esta ocasion. (*Echa de beber á Ambrosio: Bernardo entretanto se duerme, Ambrosio hace luego lo mismo.*) ¡Qué asombro! Lo mismo bebe que si fuera de carne y hueso. (*Mirando á Bernardo.*) Eso es: ahora á desollarla. ¡Qué sueño tan pesado debe ser el de mis comensales. Y no hay mas: se durmieron como dos cachorros los pedazos de estuco. Me alegro: hora es de que yo piense seriamente en mi situacion. El segundo artículo del acertijo dice: »haz lo que veas.« ¿Qué he visto yo hacer á esta gente? (*Remeda las acciones que indica.*) Sentarse... No: sentarse no; los he visto sentados. Llamarme el uno, pedirme vino, beber el otro, empeñarse el primero en que le sirviese, y al negarme yo, quererme romper la crisma con esta cabeza. (*Va á cogerla. Golpes de tamtan dentro; truenos. Las estátuas se ponen en pie y quedan inmóviles; el monstruo se mueve y sacude las alas.*) ¿Qué significa este estrépito? ¿Es para alentarme ó para detenerme? Lo que no admite duda es que he atinado con el secreto: esta debe ser la cabeza encantada. Yo bien le echaria el guante; pero ¿quién no teme un revés de un cuerpo tan sólido, tan compacto?

ESCENA XI.

EL CONDE. EL SECRETARIO. DON LAIN *y* SOLDADOS, *que saldrán por un lado.* DON ENRIQUE *y* DOROTEA *por otro.*— GARABITO.

Secretario. (*Dentro.*) Nuestro dominio peligra: acudid.

Garabito. Los tudescos vienen. ¿Cómo me defiendo? (*Salen todos.*)

Conde. Aseguradle.

Secretario. Matadle.

Lain. Pulverizadle.

Enrique. Deteneos.

Garabito. Ahí va eso. (*Quita la cabeza á Bernardo, y asi que la tiene en las manos, ambas estátuas quedan en trages antiguos. La mesa se hunde.*)

Enrique. Triunfé. Se descubrió el secreto de la cabeza encantada, y ahora mi talisman es el poderoso.

Conde. ¿De qué te sirve? Mis soldados te cercan.

Lain. Estás en un calabozo.

Enrique. Estoy en mi palacio. Huid. (*Transfórmase el subterráneo en un salon magnífico. Los osos, el monstruo y los monos que salieron en el tercer acto, retiran al conde y los suyos. Los encantados acuden en tropel en trages elegantes.*)

Secretario. Se frustró nuestra venganza. Llevémonos una víctima. (*Se llevan á don Lain.*)

Garabito. (*Aparte.* Ya es viuda Pascuala.)

Enrique. Dulce esposa, hoy renuncio á mis artes májicas. Si hice uso de ellas para obtener tu mano, para conservar tu amor no las necesito.

Dorotea. Amame como hasta hoy: ese hechizo te basta. (*Los encantados ejecutan un baile, y se da fin.*)

NOTA.

Esta comedia se ha impreso por un borrador plagado de enmiendas casi ilegibles: no hay por tanto que estrañar que se hayan cometido en ella las siguientes

ERRATAS.

Página.	*Línea.*	*Dice.*	*Léase.*
5	16	bohardilla	buhardilla
14	7	enemiga	galante
22	8	parmanecido	permanecido
26	33	aborfeces	aborresces
32	3	movella	moverla
61	1, 4, 7	*Secretario*	*Pájaro-Pinto.*
80	19	vuesrtas	vuestras
82	8	sá came	sácame
87	37	Dicsen	Diesen

SANCHO ORTIZ DE LAS ROELAS,

DRAMA TRÁGICO

DE LOPE DE VEGA,

REFUNDIDO

POR D. CÁNDIDO MARÍA TRIGUEROS

Y ARREGLADO EN CUATRO ACTOS

POR DON JUAN EUGENIO HARTZENBUSCH.

N.º 175.

MADRID—1852.

IMPRENTA Á CARGO DE C. GONZALEZ: CALLE DEL RUBIO, N.º 14.

PERSONAS.

EL REY DON SANCHO EL BRAVO (27 años).

DON SANCHO ORTIZ DE LAS ROELAS, ***Veinticuatro de Sevilla.***

DON BUSTOS TABERA, ***id.***

DOÑA ESTRELLA TABERA.

TEODORA, ***su criada.***

CLARINDO, ***criado de don Sancho.***

DON ÁRIAS.

DON PEDRO DE GUZMAN, ***Alcalde mayor de Sevilla.***

FARFAN DE RIBERA, ***id.***

UN CRIADO.

CABALLEROS. PUEBLO. GENTE.

La escena es en Sevilla por los años de 1285.

ACTO PRIMERO.

Salon del Real Alcázar.

ESCENA PRIMERA.

El Rey Don Sancho el Bravo. Don Arias.

Rey. Sé que sin razon me agravio;
pero ese desden prolijo
no lo mereciera el hijo
de Alfonso décimo el Sabio.
Si es ella de buen linaje,
rey, mozo y amante soy,
casi divorciado estoy:
quererla no es un ultraje.
Reina de Castilla al cabo
la pudiera coronar
el que se oye apellidar
Sancho *el Fuerte*, Sancho *el Bravo*.—
Mas ¡qué inoportuno alarde
hago de tal sobrenombre,

cuando una mujer y un hombre
me han vuelto Sancho el cobarde!
Para mi eterna mancilla
ví sin duda, y por su mal,
la hermosura celestial
de la Estrella de Sevilla.
Yo adoro á Estrella, y en vano
es cuanto mi amor emprende,
segun de mí la defiende
Bustos Tabera su hermano.
Ni vencerme ni vencer
á nadie sé en este lance:
díme lo que se te alcance,
don Arias, dí qué he de hacer.

ARIAS. Romper debiérais por todo:
ántes que todo sois vos,
y es cosa dura, por Dios,
que padezcais de tal modo.
Vuestra voluntad es ley
que no exceptúa á ninguno;
y si ha de ceder alguno,
no ha de ser quien ceda el rey.

REY. Para que Bustos siquiera
decir mi amor me dejara,
más afané que afanara,
si un reino ganar quisiera.
Puestos le dí apetecidos,
y no me los admitió,
y á emplearlos me obligó
en hombres aborrecidos.
Yo mismo le visité,
contra la real costumbre,
buscando la clara lumbre
por quien tan ciego quedé.
Tantos favores perdí:
no sé si los estimó
Bustos; lo cierto es que no
fió sus puertas de mí.
Estrella en tanto, mi Estrella,
con ruborosa esquivez,
me pareció cada vez
más atractiva, más bella.
Matóme con su humildad
tan reverente y severa;
que si ella se envaneciera,

fuera mia su beldad.
ARIAS. Vos ¿no la hablásteis, señor?
REY. Una sola vez la hablé,
y amante le revelé
de mi pasion el furor.
ARIAS. ¿Qué dijo, pues?
REY. Me pasmó,
don Árias, con su respuesta,
que dada con voz modesta,
mi sangre en mi pecho heló.
Paréceme que la escucho:
«Soy, dijo á mi furor loco,
para esposa vuestra, poco;
para dama vuestra, mucho.»
ARIAS. ¡Respuesta bizarra!
REY. Y tal,
que cuando me la propuso,
si ella más bella se puso,
yo quedé yerto y mortal.
ARIAS. Desamor fué muy cruel.
REY. No alcanzando ya otro medio,
pues no esperaba remedio
ni por ella ni por él,
diestro una esclava les gano
me avisa anoche, voy, entro;
y al buscar á Estrella, encuentro
con Bustos, espada en mano.
Cubierto con mi antifaz,
desenvainé, me embistió...
Sin duda me conoció,
porque me dijo: «Id en paz,
y respete vuestro arrojo
casa en que os han respetado.»
—Volvíme, pues, abrasado
de cólera y de sonrojo;
torné á salir... y á la puerta
del alcázar vi que estaba
la desventurada esclava
con tres puñaladas muerta.
Veo, pues, que no hay remedio.
ARIAS. ¿Y aun conteneis el rigor?
No espereis más, gran señor.
Hoy que os facilito el medio...
REY. Árias, ¿no fuera crueldad,
por ser honrado Tabera,

castigarle?

ARIAS. Señor... fuera
prudente severidad.
Vuestra indulgencia extremada
con Bustos, os ha cegado:
¿es disculpa el ser honrado
de atajaros con la espada?
¿Es pequeño desacato
el dar á la esclava muerte,
y ponerla de esa suerte
á vuestra puerta? Ese ingrato,
¿qué no intentará mañana,
si no le escarmientan hoy?
Temiendo, temblando estoy
no dé la muerte á su hermana.

REY. ¡Su hermana! Si hiciera tal,
dos mil pedazos le hiciera.

ARIAS. Cuando recurso no hubiera
para remediar el mal.
Hoy le debeis contener,
para libraros de sustos:
ved que es muy capaz el Bustos
de cuanto podais temer.
A vuestra razon lo dejo,
y dicho lo tengo ya:
quizá un dia os pesará
de no seguir mi consejo.

REY. ¡Duro consejo! ¡Ay Estrella!
quiero tu seguridad...
—Trazamos una maldad:
pensemos ántes de hacella.

ARIAS. Bien. A Sancho Ortiz llamé...
No obstante, nada sabrá.—
Pero, señor, allí está
Bustos.

REY. Vé qué quiere, vé.
(*Vase don Árias.*)

ESCENA II.

EL REY.

Acaso está arrepentido
de su sangriento rigor
y el celo con que el amor
que me abrasa, ha reprimido:
mi poder y dignidad
le harán sentir que, aunque honrado,
fue su proceder osado
mediando la majestad.

ESCENA III.

DON ARIAS.—EL REY.—*Despues*, BUSTOS TABERA.

ARIAS. Bustos, señor, quiere hablaros.
REY. Entre.—Oigámosle: quizá
(*Váse don Arias.*)
mi enojo desarmará.
(*Sale Bustos Tabera.*)
BUSTOS. La mano aspiro á besaros.
REY. Alzad, Bustos: ¿qué quereis?
BUSTOS. Señor, es mi hermana Estrella,
por mi desgracia, tan bella...
REY. Pues en eso, ¿qué perdeis,
si es su virtud extremada?
BUSTOS. Eslo sin duda, es Tabera,
y ya yo muerto la hubiera
si fuese ménos honrada.
REY. Capaz de ello os juzgan, Bustos.
BUSTOS. Con ser tan honrada y pura,
siempre está por su hermosura
mi honor cercado de sustos.
Ojos hay de gran denuedo
que se encienden por Estrella;

guárdola, y se guarda ella;
mas contra todos no puedo.
Guárdola por justa ley
que me obliga, y es tan rara,
que de nadie la fiara,
ni aun de vos, que sois mi rey.
Aun los criados, señor,
domésticos enemigos,
son otros tantos postigos
por donde entra el deshonor.
Cansado de estar en vela,
que no es á mí competente
(porque de vos solamente
puedo yo ser centinela),
casarla al punto he querido.
Licencia os vengo á pedir;
que es mejor, en mi sentir,
que la guarde un buen marido.

REY. Casarla tu rey pensó;
mas pues tú casarla quieres,
cásala como pudieres:
si ella gusta, gusto yo.

BUSTOS. Libráisme así de recelo,
y de vuestra vénia usando,
trataré la boda...

REY. ¿Cuándo?

BUSTOS. Hoy.

REY. Pronto es. Guárdete el cielo.
(*Vase don Bustos.*)

ESCENA IV.

DON ARIAS.—EL REY.

REY. Hasta aquí pudo llegar...
Su muerte al fin resolví.
¿Oiste?

ARIAS. Oí y entendí
su modo de amenazar.
En cara con todo os dió,
cual pudiérades á él.

REY. Él me forzó á ser cruel;

no quisiera serlo yo.
¿Quién será el afortunado?...
Mi enojo hará que su amor
pene cual yo... Mi furor
debiera haberse informado.
¡Casarla su hermano intenta!...
No, á fe, no la casará.
Mano arrojada y sangrienta
las bodas estorbará.
Al fin me decido en esto.

ARIAS. Aquel orgullo entonado...

REY. Aquel orgullo es honrado,
Arias; pero es muy molesto.
Mira si Ortiz llegó ya,
y pondré, miéntras aguardo,
la sentencia, y el resguardo
del que la ejecutará.
Hazle entrar y echa á la puerta
la llave. Tú no entres.

ARIAS. ¿No?

REY. Quiero que entre él solo y yo
quedarse el secreto advierta:
la venganza á mi deseo
se acomoda mas así.

ARIAS. Os sirvo.
(*Váse.*)

ESCENA V.

EL REY.

Amor reina en mí:
suyo es un horror tan feo.
(*Se sienta á escribir.*)
Sello y cierro este papel
que lleva sentencia y nombre.
—Otro, y el resguardo en él,
para que el riesgo no asombre
al que obligo á ser cruel.
Dicen que valiente es...
Llámanle el Cid sevillano.

ESCENA VI.

DON ARIAS.—EL REY. *Despues*, SANCHO ORTIZ DE LAS ROBLAS.

ARIAS. Sancho Ortiz.
REY. Cierra tú, pues:
no entre nadie hasta despues.
(*Váse don Arias y sale Sancho Ortiz.*)
SANCHO. Dadme á besar vuestra mano.
No extrañeis que yo, señor,
me turbe... y no sepa aquí
agradecer el favor...
REY. Pues ¿qué veis, Ortiz, en mí?
SANCHO. La majestad y el valor,
y una imágen sacra veo
de Dios, que es su copia el rey,
y despues de él en vos creo,
y en servir á vuestra ley,
despues de su ley, me empleo.
REY. ¿Cómo estás?
SANCHO. Nunca me he visto
tan honrado como estoy.
REY. Muy aficionado os soy
por callado y por bien quisto,
y he de honraros desde hoy.
—Pues estareis con cuidado,
codicioso de saber
para lo que os he llamado,
os lo digo, y es por ver
en vos mi mejor soldado.
SANCHO. En la corte, gran señor,
el soldado se amancilla;
se ve mejor, y más brilla
junto al moro lidiador.
REY. Tambien brillará en Sevilla.
A mí me importa matar
en secreto un hombre, y quiero
este lance confiar
á vos solo; que os prefiero
á cuantos pudiera hallar.

SANCHO. ¿Está culpado?
REY. Sí está.
SANCHO. Pues ¿cómo muerte en secreto
á un delincuente se da?
Poner su muerte, en efeto,
públicamente podrá
vuestra justicia, sin darle
pena secreta; que así
os culpais vos en culparle;
y habrá quien piense que aquí,
sin crímen, quereis matarle.
Mas si el triste os ha ofendido
en culpa leve, señor,
que le perdoneis os pido.
REY. Para su procurador,
Sancho Ortiz, no habeis venido,
sino para darle muerte;
y pues se la mando dar
escondiendo el brazo fuerte,
debe á mi honor importar
que muera de aquesta suerte.
El que contra mí, inhumano
la espada desenvainó,
¿qué merece?
SANCHO. Muerte, y yo
se la diera por mi mano
á quien tal hizo ó pensó.
REY. Tal delito ha cometido
este hombre.
SANCHO. Perezca luego.
REY. Nadie mi riesgo ha sabido:
que vos lo calleis os ruego,
y quede el riesgo escondido.
SANCHO. Con tal crímen le daré
la muerte á mi propio hermano,
y en nada repararé.
REY. Dadme esa palabra y mano.
(*Dánse las manos y besa Ortiz la del Rey.*)
SANCHO. Y en ella el alma y la fe.
REY. En paraje retirado
habeis de lidiar.
SANCHO. Señor,
¿un Roelas, un soldado,
se habrá de esconder taimado
como si fuese un traidor?

Cuerpo á cuerpo he de matalle
donde Sevilla lo vea,
en la plaza ó en la calle:
que al que mata y no pelea,
nadie puede disculpalle.

REY. No: dad á ese desdichado,
sin testigos á su lado,
la muerte que le destino.

SANCHO. Le mataré como honrado;
pero no como asesino.

REY. En eso libre quedais.
Este papel, para abono,
de mí firmado llevais:
la justicia no temais;
que él os libra de su encono.
Ved qué dice.

SANCHO. Dice así:
(*Lee.*)
«Al que este papel te advierte,
Sancho Ortiz, luego por mí
y en mi nombre dale muerte;
que yo por tí salgo aquí:
y si te ves en aprieto,
por este papel firmado
sacarle de él te prometo.
Yo el Rey.»—Estoy admirado
de que tan bajo conceto
de mí tenga Vuestra Alteza.
¡Yo cédula, yo papel!
¿He de confiar en él
mejor que en vuestra nobleza?
¿Será él acaso mas fiel?
Las palabras reales obran
sobre todo; en todo labra
el real valor que ellas cobran:
todos los papeles sobran
donde está vuestra palabra.
Rompedle, os ruego: sin él
más mi diestra se habilita
(*Se le devuelve y el Rey le rompe.*)
para obedeceros fiel;
que en parte desacredita
vuestra palabra el papel.
Sin papel, señor, así
nos obligamos los dos

con mútuo secreto aquí,
yo á obedeceros á vos,
y vos á mirar por mí.

REY. ¿Qué merced te haré bastante,
que en este caso importante
servido me manifieste?

SANCHO. Elegirme en adelante
para empeños... no como este.

REY. Yo te he de favorecer.
¿Eres soltero ó casado?

SANCHO. Pronto he de tomar estado,
si de vos merece ser
mi casamiento aprobado.

REY. Aun cuando la dama sea
Rica-Fembra de Castilla,
(*Se levanta.*)
te la concedo.

SANCHO. Posca
vuestro pié la alarbe silla,
y el mar de ambos polos vea
vuestros pendones morados
entre sus hielos clavados.

REY. Tus hechos, Sancho, excelentes
por mí quedarán premiados
con cuanto pedir intentes.
En este papel va el nombre
del que tiene de morir.
(*Dásele.*)
Cuando le abrais, no os asombre:
mirad que he oido decir
en Sevilla, que es muy hombre.

SANCHO. Presto, señor, lo verémos.

REY. Los dos, Sancho, solamente
este secreto sabemos.
No hay que advertiros... prudente
sois: con que... obrad, y callemos.
(*El Rey abre la puerta y se va.*)

ESCENA VII.

SANCHO. *Despues*, CLARINDO.

SANCHO. El éxito asegurar
podrás, señor, porque anhelas:
que obrando sabrá callar
y callando pelear
Sancho Ortiz de las Roelas.
(*Sale Clarindo.*)

CLARIND. Al ver al Rey que salia,
no me detuve, y llegué.
Este papel os traia
de Estrella; y aunque no sé
qué contiene, juraria
que soy nuncio de contento;
pues cruzando por delante
de su balcon, há un momento,
me llamó, y en su aposento,
ménos curiosa que amante,
preguntó si en casa estábais.
Le respondí que acabábais
de salir.—«¿Adónde fué?
repuso. Yo contexté:
A palacio: si pensábais
alguna cosa advertirle...
—Bien tuviera que decirle,
misteriosa interrumpió.
—Pues, señora, aquí estoy yo.
—Sí, aguarda, voy á escribirle.»
—Púseme frente á su silla,
y miéntras media cuartilla
con pulso inquieto llenaba,
carmin vi que se tornaba
la rosa de su mejilla.
Pronóstico lisonjero
formé de todo; si ha sido
pronóstico verdadero,
decídmelo: solo quiero,
solo estas albricias pido.
Ved, señor, pues, el papel.

SANCHO. Dásme en él tal alegría,

que me das la vida en él:
grabe un eterno cincel
este venturoso dia.
(*Abre el papel y lee.*)
«Mi hermano á buscarte va;
mas yo, Sancho, me acelero
para anunciarte primero
las nuevas que llevará.
Tus bodas hoy con Estrella
secretamente apercibe;
la mano que te lo escribe
pronta se halla: ven por ella.»
—¡Mi Estrella, mi sol, mi cielo!
¿Quién es como yo dichoso,
si al fin de tu labio hermoso
logra mi ferviente anhelo
el dulce nombre de esposo?
Y aun en más obligaciones
con el secreto me pones:
perdonen deudos y amigos;
no quiere el amor testigos,
ni la dicha ostentaciones.—
Clarindo, aunque no codicias
más que mi contento, fuera
mal hecho que no te diera
este jacinto en albricias,
y aun el alma si pudiera.
Corre, y á Estrella dirás
que el aviso que me das
me obliga á buscar veloz
á su hermano, cuya voz
me explique mi dicha más.
Porque al ver tan de repente
conseguido mi deseo,
casi dudo lo que leo,
se me confunde la mente,
peno y gozo, dudo y creo.
Necesito averiguar
por qué en secreto se tejen
lazos tan dulces de atar...
Necesito que me dejen
un momento solo estar.

CLARIND. Vivas, señor, mil edades
con el bien que hoy afianzas.
(*Vase.*)

ESCENA VIII.

SANCHO.

Sancho Ortiz, ¡qué dicha alcanzas!
Todo es hoy felicidades,
amores y confianzas.
¿Todo? ¡Ay envidiosa suerte!
¡Cómo en la mia y en todas
el mal junto al bien se advierte!
Bustos ordena mis bodas;
¡el Rey me manda una muerte!
¿No se pudiera expedir
ese decreto más tarde?
Si me paro á discurrir,
mi brazo, vuelto cobarde,
no va á saber combatir.
Camino á buscar á Busto...
Mas ¿quién ha de ser el muerto?
Veamos: ceda mi gusto;
primero es el Rey. Con susto
abro el papel.—Está abierto.
(Lee.)
«Sancho Ortiz, habeis de dar
la muerte á Bustos Tabera...»
(Turbándose.)
¡Muerto soy! ¡Sentencia fiera!
Cuanto bien pensé encontrar,
voló ya cual si humo fuera.
¿Si acaso mal lo leí?
Mano, no á temblar empieces...
«A Bustos Tabera»...—Sí.—
«Bustos Tabera»... ¡mil veces!
Caiga el cielo sobre mí.
Perdido soy. ¿Qué he de hacer?
Al Rey la palabra he dado...
soy noble... ¿Y he de perder,
despues de tanto cuidado,
á Estrella? No puede ser.
Viva Busto...—Busto, injusto
contra su Rey, ¡por mi gusto

ha de vivir!... Bustos muera.
¡A qué batalla tan fiera
me entrega tu nombre, Busto!
Yo no puedo con mi honor
cumplir, si al amor acudo;
mas ¿quién de sí triunfar pudo,
si ama, y es grande su amor?
Morir me será mejor
ó ausentarme, de manera
que por mi mano no muera...
Pero ¿al Rey he de faltar?
(*Lee.*)
« Sancho Ortiz, habeis de dar
la muerte á Bustos Tabera. »
¿Si le mata por Estrella
el Rey, y en servirla trata?
¿Y he de creer que le mata,
porque no recibe grata
livianos obsequios ella?
No, no: porque amo sospecho,
porque pierdo el bien ansiado,
y al Rey supongo malvado
para adquirir el derecho
de no cumplir su mandado.
¡La espada sacásteis vos,
y al Rey quisísteis herir!...
(*Sobre sí.*)
El Rey ¿no pudo mentir?
No, que es imágen de Dios.
Bustos, habeis de morir.
¿Hay ley que á tanto me obligue?
Sí: todo leal la sigue:
no sé si es injusto el Rey;
hacer lo que ordena es ley:
si obra mal, Dios le castigue.
Y él, que me ve combatiendo
conmigo en recio vaiven,
dirija el choque tremendo
de modo, que pereciendo
Bustos, muera yo tambien.
(*Al salir de la sala, se encuentra con Bustos.*)

ESCENA IX.

BUSTOS TABERA.—SANCHO.

BUSTOS. Hermano, vine á buscaros,
sabiendo estábais aquí,
cuando salir al Rey ví,
y tengo á fortuna hallaros.
SANCHO. (*Aparte.* Hermano dijo: ¡ay de mí!)
BUSTOS. Vuestros deseos lograis:
ya por escritura estais
casado con doña Estrella.
SANCHO. Casarme quise con ella;
mas ya no, aunque me la dais.
BUSTOS. ¿Me conoceis?
SANCHO. Bustos, sí:
sé que sois Bustos Tabera.
BUSTOS. ¿Y me hablais, Ortiz, así?
SANCHO. Os hablo de esta manera,
Bustos, porque os conocí.
BUSTOS. Habreis en mí conocido
sangre, nobleza y valor,
y virtud, que es el honor,
que sin ella honor no ha habido:
y estoy, Sancho Ortiz, corrido...
SANCHO. Más lo estoy yo...
BUSTOS. ¡Vos! ¿De qué?
SANCHO. De hablaros.
BUSTOS. Si presumís
encontrar mancha en mi fe,
como un villano mentís,
y aquí os lo sustentaré.
(*Echa mano á la espada.*)
SANCHO. Tened, Tabera, la espada;
que en casa del Rey estamos.
BUSTOS. En cosa tan delicada
estarlo no importa nada,

cuando tal punto tratamos.
SANCHO. Esa torpe lengua calle.
BUSTOS. ¡Torpe!
SANCHO. Sí, y es mucho honralle.
BUSTOS. Yo os honro á vos.
SANCHO. Mentís vos.
BUSTOS. Afuera voy á esperalle.
SANCHO. Salgamos juntos los dos.

FIN DEL ACTO PRIMERO.

ACTO SEGUNDO.

Salon ó gabinete adornado en casa de Bustos.

ESCENA PRIMERA.

DOÑA ESTRELLA. TEODORA.

ESTREL. No sé si me vestí bien,
como me vestí de prisa.
Nunca hice de galas caso,
ni de la belleza estima:
sin guarda entre poderosos
gala y beldad perjudican;
mas hoy, por mi dueño amante
bien guardada y bien querida,
es obligacion y gusto
ponerme á sus ojos linda.
Quisiera hoy ser la más bella
de cuantas hay en Sevilla,

porque el placer de don Sancho
con mi contento compita.
¡Qué gloria será ser suya
despues de tantas fatigas,
tales sustos, dudas tales,
tanto suyas como mias!

TEODOR. Siento que en secreto sea
la boda.

ESTREL. No convendria
que fuese pública: el bien
que uno logra y otro envidia,
debe ocultarse á los ojos
que al mirarle se lastiman.

TEODOR. Teneis razon: de esta suerte
cualquier peligro se evita.
Si el Rey viniese á la boda,
nos la turbara su vista.

ESTREL. No hablemos de cosas ya
felizmente fenecidas.
El Rey (Dios le guarde) es justo:
nada de nadie codicia;
y me tendrá más respeto
ajena, que cuando mia.

TEODOR. Fuerte pasion le avasalla.

ESTREL. Pero una pasion indigna
jamas arrastra al que en todos
reprime las demasías.
Vióme libre y vióme honrada;
si como tal me queria,
al verme honrada, y no libre,
fuerza es que su amor se extinga;
que no es posible que falte
Sancho el Bravo á la justicia.—
Alterado tengo el rostro
y la color encendida.

TEODOR. Es, señora, que la sangre
se asoma á vuestras mejillas;
que el temor y la vergüenza
vienen á honrar tales dias.

ESTREL. ¡Con qué alborozo, Teodora,
mi papel recibiria
aquel corazon que tiene
su gloria en amarme fija!
De júbilo me temblaba
la mano cuando escribia;

por mi contento el contento
de mi Sancho se adivina.
Pienso escucharle, y que dice
mil cosas tan bien sentidas,
que sale el alma á los ojos
con el amor que las dicta.
Dichas ¡ay! son de mi estrella:
¡dichosa la estrella mia!

TEODOR. Gente ha llegado. Clarindo
es quien aquí se encamina.

ESCENA II.

CLARINDO.—ESTRELLA. TEODORA.

CLARIND. Señora, por mí quedais
puntualmente obedecida.
Mi señor en el alcázar
estaba, como os decia.

ESTREL. ¿Le diste el papel?

CLARIND. Señora,
le dí, y aun le oí: benigna
recibid mi parabien,
y Dios vuestra union bendiga.

ESTREL. Tu buena ley agradezco.
Pero ¿cómo la noticia
recibió Sancho? ¿Qué dijo?
Cuéntamelo, nada omitas.

CLARIND. Tomó y besó vuestra carta,
la abrió y besó vuestra firma;
y tan desusada luz,
tan desusada delicia
brillaba en su noble frente
cuando la carta leia,
que ni la he visto jamas,
ni sé yo cómo se pinta,
sino llamándola igual
á la que mostrais vos misma.
Cuando leido la hubo,
el placer le confundia,
y alternaban sus palabras,

ni bien llanto ni bien risa.
Luego me mandó dejarle
á solas con su alegría...
mandó que á veros viniera,
precursor de su venida...
Casi me riñó, señora,
porque no le pedí albricias;
y este jacinto me dió.

ESTREL. Hizo bien, le merecias.
Tus albricias feriar quiero.
Dame al punto esa sortija
por esta mejor.

CLARIND. Vivais
mil años venturosísima.

ESTREL. ¿Y cuándo vendrá, no dijo?

CLARIND. Dijo que al punto vendria.

TEODOR. Ruido en el patio ha sonado.

CLARIND. Ya por la escalera arriba
sintiéndose gente va.

ESTREL. Sancho será y su familia.
No puedo jamas tener
momento de tanta dicha.
Cuando es un placer tan grande,
no hay alma que le resista.

ESCENA III.

PEDRO DE GUZMAN. *Alguaciles.*—ESTRELLA. TEODORA. CLARINDO.

ESTREL. Ya llegan... Pero ¡en mi casa
la justicia!

GUZMAN. La justicia
en vuestra casa, señora,
á su pesar os visita.

ESTREL. ¿Qué es esto, Pedro Guzman?

GUZMAN. Estrella, la edad florida
en que os hallais, no ha corrido
sin que sintais las espinas
del dolor; que en este mundo
pesares labran la vida.
Otros debeis esperar.

ESTREL. Vuestra voz me atemoriza.
¿Qué sucede?
GUZMAN. Vuestro hermano...
ESTREL. ¿Qué?
GUZMAN. No sé cómo os lo diga.
Vuestro hermano... es muerto.
ESTREL. ¡Muerto!
Dios poderoso me asista.
GUZMAN. En el alcázar del Rey,
junto á su cámara misma,
de una estocada murió.
(*Sale gente que trae el cadáver de Bustos Tabera.*)
ESTREL. ¡Hermano! ¡hermano! La herida
cerrar con mis labios quiero.
(*Se quiere arrojar sobre el cadáver y besar la herida, y la detienen.*)
Dejad que su sangre fria
con mi sangre vivifique...
¿Por quién, por quién fué vertida?
Y en el alcázar... ¿quién fué
capaz de tanta osadía?
¿Debiera de allí salir
el rayo que me aniquila?
¡Y su amigo el más leal
allí Tabera tenia!
Sancho Ortiz estaba allí
tambien: ¡y no me le libra!
No estaba, no; le condujo
léjos mi suerte maligna.
Llevadle los tristes ayes
de una mujer afligida.
Buscadle, traedle; fiero
desnude su espada invicta;
consuéleme con vengarme.
GUZMAN. ¡Ay! ese es el homicida.
ESTREL. ¿Quién decís?
GUZMAN. Don Sancho Ortiz.
ESTREL. Pedro Guzman, es mentira.
GUZMAN. Sancho Ortiz de las Roelas
cometió esta muerte inícua:
preso está, y él lo declara.
ESTREL. Dejadme, gente enemiga,
que en vuestras lenguas traeis
del negro infierno las iras.
¡Mi hermano es muerto, y le ha muerto

Sancho Ortiz!... ¿Cómo estoy viva?
¿Me engañas, Pedro Guzman?

GUZMAN. Ahora le vereis vos misma:
la declaracion primera,
del cadáver á la vista,
~~vamos á tomarle~~ al punto.

ESTREL. Y estas puertas que se abrian
al sentirse las pisadas
del Cid de la Andalucía,
¡estas le verán ahora,
la diestra en mi sangre tinta!
(*Déjase caer en un sitial.*)
¡Ay! Siento que desfallezco,
por la congoja rendida.
¡Ay! De apoyo y de consuelo
mi aciaga suerte me priva.
¡Mi hermano es muerto, y le ha muerto
Sancho Ortiz! El que debia
la inocencia sostener,
ese ¡ay cruel! la derriba...
Venga... y muera: con mis manos
le castigaré yo misma.
(*Quiere levantarse, y la contienen.*)

ESCENA IV.

FARFAN DE RIBERA. SANCHO, *preso entre Alguaciles.*—ESTRELLA. PEDRO DE GUZMAN. CLARINDO. TEODORA. *Alguaciles. Gente.*

ESTREL. ¡Ah cruel!... ¡Jesus mil veces!
(*Cae desmayada.*)

SANCHO. ¿Quedan aün más desdichas
para mí? ¡Bustos! ¡Estrella!
Dos almas que fuéron mias,
que yo separé sangriento...
(*Ap.* ¡Ay, palabra dura, impía!
¡palabra por mi mal dada
y para mi mal cumplida!)

FARFAN. (*A Guzman.*)
Llévole á Triana preso,
porque la ciudad se altera;

mas ántes, para el proceso,
la declaracion primera
tomarémos de su exceso.

SANCHO. Dejadme que el cuerpo helado
abrace con tierna fe,
y en noble sangre bañado,
quizá al cadáver daré
la vida que le he quitado.

FARFAN. Tened.

SANCHO. Obediente os soy.

FARFAN. Oid.

SANCHO. ¿Qué quereis de mí?

FARFAN. ¿Conoceis este hombre?

SANCHO. Sí.

FARFAN. ¿Quién es?

SANCHO. En su casa estoy.

FARFAN. ¿Quién le dió muerte?

SANCHO. Yo fuí.

FARFAN. ¿Sin querer?

SANCHO. Con intencion.

FARFAN. ¿Cuerpo á cuerpo, ó á traicion?

SANCHO. Si otro me lo preguntara,
¡vive Dios, que le matara!
Cuerpo á cuerpo, y con razon.

FARFAN. ¿Con qué razon?

SANCHO. Yo la sé.

FARFAN. Pues ¿en qué os ofendió?

SANCHO. En nada.

FARFAN. Pero la causa, ¿cuál fué?

SANCHO. Una grave y reservada.

FARFAN. Decidla.

SANCHO. No la diré.

FARFAN. Si Bustos no dió ocasion,
asesino en conclusion
sois, por ajena rencilla.

SANCHO. No asesinan los que son
veinticuatros de Sevilla.

FARFAN. ¿Cómo fué el caso?

SANCHO. Por suerte,
le hallé en el alcázar fuerte,
y ambos reñimos allí.

FARFAN. ¿Le heriste por defenderte?

SANCHO. No, por matarle le herí.

FARFAN. Ved que á muerte os condenais.

SANCHO. Eso es lo que quiero yo.

FARFAN. ¿Por qué disculpa no dais?
SANCHO. Porque, como no ignorais,
morir debe el que mató.
FARFAN. Sancho, en cualquiera furor
varía el modo la culpa.
SANCHO. Farfan, aunque en este error
mi disculpa es la mejor,
no puedo tener disculpa.
FARFAN. Así gran culpa teneis.
SANCHO. Quizá no tenga ninguna.
FARFAN. Pues ¿confesado no habeis?...
SANCHO. Ese es golpe de fortuna,
Farfan, que vos no entendeis.
FARFAN. Lástima á tu vida ten.
SANCHO. En vano es empeño tal.
FARFAN. Daré sentencia mortal.
SANCHO. Dadla, si os parece bien;
Dios sabe si yo hice mal.
ESTREL. ¡Ay Dios!... ¡Oh muerte tirana!
(*Volviendo.*)
FARFAN. Llevad á Bustos, Guzman.
GUZMAN. Sí, que vuelve ya su hermana,
y fuera vista inhumana
que renovara su afan.
(*Vánse Pedro de Guzman y los que trajeron el cadáver de Bustos, los cuales se lo llevan.*)

ESCENA V.

SANCHO. ESTRELLA. FARFAN. CLARINDO. TEODORA. *Alguaciles.*

FARFAN. Nosotros tambien el preso
llevemos; que si le ha visto,
su dolor...
ESTREL. Farfan, tened.
FARFAN. ¿Qué mandais?
ESTREL. Ese hombre digo
que no os lleveis.
FARFAN. Ved, señora,
que llevárnosle es preciso.

ESTREL. Yo la justicia venero
y sus decretos no impido;
pero detenedle, os ruego.
FARFAN. Deténgase, si así os sirvo.
ESTREL. Apartad.—Sosten, Teodora,
(*Se esfuerza á levantarse, da un paso, y bajando la voz, vuelve á sentarse. Farfan y los ministros de justicia se retiran al fondo del teatro.*)
mi cuerpo desfallecido,
y acércame á ese infeliz,
de mi sosiego enemigo,
que fué duro como el mármol,
y está como el mármol frio.—
Vuélveme á sentar, amiga...
no pueden mis piés conmigo.
(*Sancho llora.*)
¿Lloras, Sancho? En ese pecho
tan feroz y empedernido
¿pudo lástima caber
del pesar y dolor mio?
¿del dolor que vos causais?
Acercádmele, os suplico;
que aun la voz alzar no puedo.
SANCHO. ¡Gran Dios! ¿hay mayor suplicio?
ESTREL. Dime, corazon de piedra,
Sancho, por mi mal nacido,
de odio y amor junta extraña,
y origen de mis martirios,
¿en qué te ofendió mi hermano?
Estrella ¿en qué te ha ofendido?
De donde esperé el amparo,
¡la desolacion me vino!
SANCHO. Pues veis que un corazon duro,
cual decís, y empedernido,
llora, ¿por qué preguntais?
Leed en el pecho mio;
él y estas lágrimas dicen
la que á mí no es permitido.
ESTREL. ¿No sabias las venturas
que el amado hermano mio
te preparaba?
SANCHO. Señora.
Bustos propio me las dijo.
ESTREL. ¡Y pagaste su fineza
con darle la muerte impío!

SANCHO. Pues entónces le maté,
ved cuál seria el motivo.
ESTREL. Pero si ni de Tabera
ni de mí le habeis tenido,
¿quién pudo tanto con vos,
que os arrastró á un precipicio?
¿Quién fué?
SANCHO. Mi suerte y la vuestra,
la ojeriza del destino.
Maté un hombre, maté á Bustos,
maté á mi mayor amigo,
un hombre tal, que primero
me mataria á mí mismo;
y le maté con razon,
matándole sin motivo:
cometí una atrocidad;
mas no cometí delito.
Ni puedo ni diré más,
y aun más que debiera he dicho.
ESTREL. Id, hombre duro y tenaz,
contradiccion de vos mismo,
id á la muerte, y gozaos
con aumentar mi conflicto;
que pues solo os explicais
para no ser entendido;
pues placer os da la pena
que acrecienta mi martirio,
yo seré la ejecutora
de vuestro justo castigo.
Quitad, Farfan, de mis ojos,
(*Adelántase Farfan, con los demas que estaban retirados.*)
quitad, os ruego ese risco,
que es más duro en la disculpa
que fué en el mismo delito.
FARFAN. El cielo, Estrella, os consuele.
SANCHO. Llevadme á morir, amigos,
llevadme al punto á morir;
que ya no puedo sentirlo.
(*Vánse Sancho, Farfan, los Alguaciles y Clarindo.*)

ESCENA IV.

DOÑA ESTRELLA. TEODORA.

ESTREL. ¿Qué es lo que pasa por mí?
¿Qué desamparo es el mio?
Bustos, mi hermano y mi padre,
¿dónde estás, dónde te has ido?
Sueño, pero sueño horrible,
me parece cuanto miro.
¡Sancho! Tú que ibas á ser
el dueño de mi albedrio,
Sancho cruel, tú mi amor....
¡tú mi mayor enemigo!
¡Válgame Dios! ya que el cielo
por sus ignorados juicios
quiso colmar la medida
de dolores y martirios,
y darme el amargo vaso
que otro mortal no ha bebido,
¿por qué los contentos hace
de los dolores camino?
¿Por qué me elevó á la cumbre
para arrojarme al abismo?
Fuera esta pena menor,
si aquel bien no hubiera visto.
¡Qué cercano de la dicha
está el pesar! .. ¡qué vecino!
En tanto el tiempo se pierde...
y ese infeliz... ese inícuo ..
va á morir... y el Rey entónces
tal vez con mayor ahinco
su empeño injusto renueve.
No; yo me quedo conmigo:
la virtud me dará fuerzas
para mayores peligros.
Alienta ya, corazon,
recobra tu honrado brio:
Sancho, el Rey, y el mundo sepan,
que aun soy la que siempre he sido.

FIN DEL ACTO SEGUNDO.

ACTO TERCERO.

Salon del Alcázar.

ESCENA PRIMERA.

El Rey. Don Árias. Guzman. Farfan.

Guzman. Confiesa que le mató;
pero nos calla el porqué.
Rey. ¿No dice qué le obligó?
Farfan. Solo responde: «No sé,
ni debí saberlo yo.»
Guzman. Con él confiesa amistad,
y que le amaba infinito;
sostiene que fué impiedad
y aun horrible atrocidad
matarle, mas no delito.
Farfan. Su dolor y desacierto
llora por él todo el dia;
pero si no hubiera muerto,
jura que le mataria.

REY. ¿No deja camino abierto
para usar con él clemencia?
FARFAN. No hay ninguno, á fe de juez
que en vos la ley reverencia.
GUZMAN. Muerte será su sentencia.
REY. Id, pues, á verle otra vez,
y advertidle que yo digo
que el justo descargo dé;
que el rey don Sancho es su amigo;
pero su dudosa fe
me fuerza á ser su enemigo.
Que no se empeñe en callar,
consigo mismo cruel;
pues ¿dónde podrá encontrar
quien lo que él quiere ocultar
os lo revele por él?
De mi parte le decid
que descubra por quién dió
la muerte, ó quién le incitó
á ello; instad, exigid
que nombre uno, aunque sea yo.
Mas si callar es su intento,
sepa que hoy de su desliz
dará público escarmiento.
(*Vánse los Alcaldes.*)

ESCENA II.

EL REY. DON ARIAS.

REY. Hombre extraño es Sancho Ortiz.
ARIAS. Como quien es obra atento.
REY. ¡Qué consejo, Arias, me diste!
ARIAS. El solo que os convenia.
REY. Siento que por causa mia
padezca Ortiz pena triste.
Callando intenta vencerme.
ARIAS. Cual quien es, obedeció.
REY. Él su promesa cumplió,
y confuso llego á verme,
pues no me atrevo á cumplir
la palabra que enojado

le dí.

ARIAS. Habiéndosela dado,
no la podeis eludir.
Sois rey: teneis que salvarle.

REY. Pero, ¿he de publicar yo
que soy el que lo mandó,
culpándome al libertarle?
El cabildo de Sevilla,
viendo que la causa fuí,
Arias, ¿qué dirá de mí?
¿Y qué se dirá en Castilla,
cuando don Alonso en ella
me está llamando tirano,
y el Pontífice Romano
con censuras me atropella?

ARIAS. Mas ved que dejar morir
á Sancho...

REY. Fuera bajeza,
sí, no hay duda: á una flaqueza
¡cuántas se suelen seguir!
Arias, á Triana vé,
y haz con toda diligencia
que traigan á mi presencia
preso á Sancho.

ARIAS. Le traeré
yo mismo; pero me temo
que de él no se alcance nada:
hazaña que está empezada,
la ha de llevar al extremo.

REY. Y si él se empeña en morir,
¿qué he de hacer, con su dureza?

ARIAS. Puede entónces Vuestra Alteza
en secreto persuadir
á los Alcaldes mayores
á que con solo un destierro,
por ser quien es, pague el yerro,
sin usar de otros rigores.
Cuando se olvide el error,
general de una frontera...

REY. Algun ruido siento afuera:
mirad lo que es.

ARIAS. Voy, señor.
(*Váse.*)

ESCENA III.

EL REY.

¡A qué violentos excesos
una pasion irritada
lleva, si no es atajada
con razon en sus progresos!
Amé á esa noble doncella:
su virtud, la de su hermano,
me atajaron; fuí tirano...
¡y aun no me olvido de Estrella!
No me olvido; mas mi afeto
dejó ya de ser furor:
aun conozco que es amor;
mas comienza á ser respeto.

ESCENA IV.

DON ARIAS.—EL REY.

ARIAS. Estrella permiso os pide
para besaros las manos:
veinte ilustres ciudadanos
la acompañan.
REY. ¿Quién lo impide?
Id por ella. ¿Cómo viene?
ARIAS. Valor muestra y sentimiento:
luto viste ceniciento,
como á su clase conviene.
REY. Valor necesito ahora
yo para disimular.
Avisa.
ARIAS. (*A la puerta.*)
Podeis entrar.
(*Abre la puerta, entra Estrella y váse él.*)

ESCENA V.

ESTRELLA. TEODORA. ACOMPAÑAMIENTO DE CABALLEROS.—EL REY.

ESTREL. Quedad todos con Teodora.
(Todos se quedan retirados junto á la puerta; Estrella, despues de saludar, se arrodilla ante el Rey.)
Prudente y justo don Sancho,
rey excelso de Castilla,
para cuya augusta silla
el orbe todo aun no es ancho...
REY. Alzad.
ESTREL. Estar así es ley.
REY. Sentáos.
ESTREL. ¿Me lo mandais?
REY. Lo pido.
ESTREL. Veo me honrais
como caballero y rey;
mas que esté en pié permitid;
que al suplicar, me acomodo
más con estar de este modo.
REY. Despejad.—Vos proseguid.
(Vanse los del acompañamiento.)
ESTREL. La desventurada Estrella,
cubierta de luto y llanto,
viene á mostrar el quebranto
que el cielo derramó en ella.
Justicia á pediros viene;
y de ella no ha de dudar,
pues que Dios en su lugar
imágen suya os mantiene.
Yo, señor, tuve un hermano,
que por su virtud sin cuento,
pisa sobre el firmamento,
gracias á un golpe tirano.
Con él en mi honrada esfera
viví, sin que recelara
que ni aun el sol me injuriara
miéntras mi hermano viviera.
Nuestra hermandad se elogiaba
por todos los sevillanos,

y éramos los dos hermanos
que todo el pueblo envidiaba.
Un tirano cazador,
vibrando el arco cruel,
disparó el golpe, y dió en él;
en mí recayó el dolor.
Sin hermano y sin esposo;
busco amparo en una ley,
que debe cumplir el Rey,
cuando cumplirla es forzoso.
Fija-dalga, á vos me humillo,
y á vuestras plantas espero
que no me negueis el fuero
antiguo del homecillo.
Por él justicia demando,
y que vos no me la hagais;
sino que al reo pongais
en mi poder y á mi mando.
Yo pido, pues, que hoy, señor,
se me entregue el homicida;
y esta obligacion cumplida
tendrá visos de favor.

REY. No os puedo nada negar
de cuanto pidais ahora:
contra Sancho Ortiz, señora,
es justo vuestro pesar;
pero yo os ruego por él.

ESTREL. Si me rogais, me le dais.

REY. Primero...

ESTREL. Ved, si dudais,
que mi derecho...

REY. Es cruel.

ESTREL. Yo ni la ley ni el delito
hice: procedo al tenor
de ambos contra el matador
de Bustos, y necesito
que hoy, hoy mismo y sin tardanza,
me le entregueis.

REY. Yo lo haré.
(*Ap.* Pero medio encontraré
de impedirte la venganza.)

ESTREL. Rendida gracias os doy.

REY. Traerán á Sancho al momento.

ESTREL. Yo con mi acompañamiento
afuera á esperarle voy.

REY. A preguntaros me atrevo
qué hareis con él.

ESTREL. Quiero, pues
me ofendió como quien es,
castigarle como debo.

REY. Como dama principal,
mostraros debeis piadosa;
bien que, por ser tan hermosa,
llevais lo piadoso mal.

ESTREL. Si llegara yo á entender
que esto que llamais belleza,
en mí engendraba fiereza
impropia de una mujer,
con mis manos me afeara,
aplicando para ello
filo agudo á mi cabello,
tizon ardiente á mi cara.
Á tanta costa supiera
de mí defenderme yo;
que si un Tabera murió,
ha quedado una Tabera.

REY. Tened: no salgais así.

ESTREL. ¿Vais por Sancho á interceder?
Yo sé lo que debo hacer.

REY. Tengo que hablaros de mí.

ESTREL. A un rey es fuerza escuchar;
pero, aunque súbdita al cabo,
dígnese don Sancho el Bravo
de hablarme en otro lugar.

REY. Mis leyes son vuestros gustos.
¿Dónde, pues, oirme os place?

ESTREL. Venid, señor, donde yace
cadáver el triste Bustos.
Allí, donde le tengais
que ver cuando me mireis,
allí, don Sancho, podréis
decirme cuanto querais.
(*Vase.*)

ESCENA VI.

El Rey.

Todo lo ha sabido, ó todo
lo presume, por lo ménos.
Conviene obrar: ya es inútil,
ya es vergonzoso el silencio;
no se ha de haber derramado
sangre sin ningun provecho.
Altiva hermosura, mia
serás, yo te lo prometo.
Severa sostiene Roma
que es nulo mi casamiento;
su voz desoí rebelde;
la escucho por fin, la creo.
Estrella, yo sentaré
mi corona en tus cabellos,
y al peso te hará mi mano
doblar el erguido cuello.—
«Para esposa vuestra, dijo,
poco es mi merecimiento.»
—¿Rehusaria la mano
que le presentaba un cetro?
Por honor ó por modestia,
¿cabe?... No es eso, no es eso.
Casarla Tabera quiso.
¿Será ese desden violento
nacido solo de amor?
Yo necesito saberlo,
y ¡desdichado el rival
que me dé con ella celos!
(*Vase.*)

ESCENA VII.

DON ARIAS. SANCHO.

ARIAS. No hay nadie. Pasad aquí,
Sancho, pasad y esperemos.
SANCHO. ¿A qué me traen al alcázar?
¡Oh! nunca yo hubiera puesto
los piés en él!
ARIAS. Por encargo
del Rey, otra vez os ruego
declareis quién es la causa
de tan infeliz suceso,
y una persona nombreis,
aunque sea Su Alteza mesmo;
y si teneis de su mano
papel, entregadle, haciendo
lo que debeis.
SANCHO. Si eso hiciera,
no cumpliera lo que debo.
Decid á Su Alteza, pues,
que yo cumplo lo que ofrezco;
y si él es don Sancho el Bravo,
yo de Sancho Ortiz me precio.
Añadid que bien pudiera
tener papel; mas me afrento
de que papeles le pidan
á hombre que sabe romperlos.
Alguno quedó, que acaso
por su firma fuera bueno;
mas porque nadie le viese,
supe comérmele entero;
y en verdad que en todo el dia
no he querido otro sustento.
Esto solo al Rey decid.
ARIAS. Sí diré; pero os advierto
que al cabildo y á Sevilla
habeis ofendido, y puesto
á su rigor vuestra vida,
y á su furor vuestro cuello.

SANCHO. Quien cumple bien su deber,
hundirse verá los cielos,
sin que el susto de los otros
le prive de estar sereno.
ARIAS. (*Ap.* Qué entereza!) Sancho Ortiz,
esperad; que pronto vuelvo.

ESCENA VIII.

SANCHO.

Que hable, que hable. No: vileza
fuera eso, y falta de fe:
obrad y callemos fué
lo que me dijo Su Alteza.
Si rebaja su grandeza
tal vez con darme favor,
abandone sin temor
mi defensa: es justa ley
que salve su honor un rey
á costa de un regidor.
Culpado era Bustos, reo
fué de lesa majestad;
¿cómo, pues, dificultad
para defenderme veo?
Pero ese crímen tan feo
bien pudo calumnia ser.
Si el Rey lo llegó á entender,
si fué su mandato error...
¡ay! morir es lo mejor
que me puede acontecer.
¡Bustos contra su rey osa
mano sacrílega alzar!
¿Iria el Rey á ultrajar
á la que hoy fuera mi esposa?
Jóven él, Estrella hermosa,
Bustos audaz con exceso...
De grave, de enorme peso
tantas conjeturas son.
¡Oh vil imaginacion,
imaginacion de preso!

¡Tabera! pues donde estás
la eterna verdad asiste,
sabiendo por qué moriste,
á Sancho perdonarás.
Los brazos me tenderás,
cuando este mísero suelo
deje mañana sin duelo...
¡Ah! no: con duelo cruel.
Estrella me acusa en él,
Estrella no está en el cielo.
Yo, que con pasion ardiente
la amé cuanto cabe amar,
¡yo con ella he de callar
pasando por delincuente!
No es el lidiar ser valiente;
más valor, más fuerte brio
requiere el silencio impío
que mantengo contra el llanto
de aquella á quien amo tanto,
tanto... ¿Quién llega? ¡Dios mio!

ESCENA IX.

ESTRELLA. DON ARIAS.—SANCHO.

ESTREL. Ese preso me entregad.
SANCHO. ¡Es Estrella!
ARIAS. Ya os le doy,
cumpliendo la voluntad
del Rey.
SANCHO. ¡Estrella!
ESTREL. Avisad
á Clarindo.
ARIAS. Al punto voy.
(*Vase.*)

ESCENA X.

SANCHO. ESTRELLA.

SANCHO. ¡Estrella, mi bien!... ¿Qué digo?
¡Bien que perdí! ¿Qué me espera,
cuando aquí verte consigo?
ESTREL. He cumplido con Tabera,
me falta cumplir contigo.
Tú en miserable orfandad,
si dijiste la verdad,
me has hundido sin razon;
yo te doy en tu prision
la vida y la libertad.
SANCHO. ¡La libertad!
ESTREL. Ya, con dos
caballos, Clarindo afuera
tu pronta salida espera.
Vete.
SANCHO. Óyeme, Estrella.
ESTREL. Adios.
SANCHO. Una palabra siquiera.
ESTREL. Detenerte es desvarío:
hay tumulto en la ciudad,
y si tardas, no confio...
SANCHO. Ángel adorado mio,
¡qué inútil es tu piedad!
ESTREL. ¡Inútil! ¿Cómo ó por qué?
SANCHO. Yo debo quedarme aquí.
ESTREL. ¿Ese caso haces de mí?
¡La vida que te alcancé,
me la desprecias así!
SANCHO. Estrella, grato recibo
y en mi corazon escribo
tal merced; pero tu amante
debe salir ó triunfante
ó muerto, no fugitivo.
ESTREL. ¡Cómo! ¿Triunfante salir
imaginas? De ese modo
no debiste delinquir.

Sancho, explícate, habla: todo,
todo me lo has de decir.

SANCHO. No hagas caso, Estrella amada:
como con mis penas lucho,
yerra mi lengua turbada.
No puedo decirte nada.

ESTREL. Yo quiero decirte mucho.

SANCHO. ¡Tú á mí! ¿Qué?

ESTREL. Que desde el dia
que el Rey en Sevilla entró,
supo donde yo vivia,
y con amante porfía
mensajes me dirigió.

SANCHO. ¡Justo Dios! ¿El Rey te amaba?

ESTREL. Y de continuo buscaba
de hablar conmigo ocasion,
y ántes de anoche una esclava
le allanó mi habitacion.

SANCHO. ¡Estrella! ¿es posible? ¿es cierto?

ESTREL. Allí le encontró mi hermano:
él pereció por tu mano,
y á tí, por haberle muerto,
fin te preparan cercano.
De él te he querido salvar:
justo será que medites
en qué vendrás á parar,
si mi socorro no admites
huyendo de este lugar.

SANCHO. Estrella del alma mia,
¿qué me has dicho? ¡Oh trance fuerte!
Lo que aun pensar no queria,
¡fué verdad! ¡Que siempre acierte
quien piensa una villanía!
¡Vive Dios!

ESTREL. ¿Cuál es tu intento?

SANCHO. ¿Qué harás tú si muero? ¿si huyo?

ESTREL. Me manda mi nacimiento
dar á Dios en un convento
el corazon que fué tuyo.

SANCHO. ¿Y el lazo que nos unió?

ESTREL. Roto ha sido, no por mí.
Tú me sepultas allí.

SANCHO. ¿Y quieres que huyendo yo
quede sin honra y sin tí?
Deja que mi fallo dén:

no quieras tan liberal
con el bien hacerme mal,
cuando está en el mal el bien.
No es justo que viva quien
la muerte á su hermano dió.

ESTREL. De otro el impulso nació;
que si un hermano perdí,
tanto pesar le costó
como el que me cuesta á mí.
Vive, pues, por vida mia.

SANCHO. No es bien que de aquí me aparte.

ESTREL. Es crueldad.

SANCHO. Es bizarría,
que me hace digno de amarte;
que huyendo no lo sería.

ESTREL. Por tu esposa te has de ir.

SANCHO. Otro ha de hacerme vivir,
ó morir tengo, señora:
con tu amor maté, y ahora
¿por tu amor no he de morir?

ESTREL. Sancho Ortiz desventurado,
más bien que no delincuente,
vence ese aliento esforzado,
y vive.

SANCHO. Vivir ausente
de Estrella, vivir privado
de su amor, ser de mi ser,
es mal con que no me atrevo.
Ménos quiero padecer:
más vale hacer lo que debo,
y morir si es menester.

ESTREL. Tal, Sancho, será tu suerte.

SANCHO. ¡Mi Estrella lágrimas vierte!

ESTREL. Son por uno de los dos.
¡Sancho! huye.

SANCHO. No. Adios.

ESTREL. Adios,
hasta despues de la muerte.

SANCHO. ¡La perdí, siendo tan bella!

ESTREL. ¡Tan noble y tan infeliz!

SANCHO. ¡Triste y forzoso desliz!

ESTREL. ¡Sancho Ortiz! olvida á Estrella.

SANCHO. No, no, miéntras viva Ortiz.

FIN DEL ACTO TERCERO.

ACTO CUARTO.

Salon del Alcázar.

ESCENA PRIMERA.

EL REY.

¡Válgame Dios, y qué dia
tan confuso y tan turbado!
¡Cuántos daños he causado!
De esta aciaga pasion mia
¡cuántas veces me ha pesado!
Yo por ella me arrojé...
Aquella infeliz esclava
por mi arrojo muerta fué...
Quieta doña Estrella estaba;
yo su quietud perturbé.
Mi arrojo á Bustos forzó
á que de su honor se armara;

un consejo me ofuscó,
y lo que en otro premiara,
en Bustos lo castigó.
¡Oh pasion! ¡Oh injusta muerte!
Por tí, por ella he perdido
al Cid de Sevilla fuerte:
Ortiz me tiene corrido,
¡y le abandono á su suerte!
¡Oh, no! librarle es forzoso;
que pues por mí se arriesgó,
pues él mi afrenta evitó,
fuera muy indecoroso
no hacer otro tanto yo.
No fuera el riesgo inminente,
si obrara yo con prudencia:
con tanto arrojo inclemente
está todo en contingencia,
por no haber sido prudente.
Reyes, huid del furor,
huid de un consejo fiero:
sea mi ejemplo el postrero.
Un error llama otro error;
libraos bien del primero.—
¡Hola!

ESCENA II.

UN CRIADO.—EL REY.

CRIADO. Señor...
REY. Venga Sancho
con vos, y á Estrella don Árias
avise.
CRIADO. Voy á serviros.
REY. ¿Y los Alcaldes?
CRIADO. Ya aguardan.
REY. Que pasen al punto á verme.

ESCENA III.

EL REY.

Su rectitud y sus canas
aun á mí me dan respeto:
casi los temo... y no alcanza
mi deseo con qué voces
pida que alteren la causa.
Justicia, tu nombre solo
estremece y anonada
siempre al mortal infeliz
que de tu senda se aparta;
ora en el trono se encumbre,
ó le oculte una cabaña.
Mas libertar á Don Sancho
la misma equidad lo manda:
lo que para Ortiz fué gloria,
para mí fué ruin venganza.
Entrad, Alcaldes, entrad.

ESCENA IV.

FARFAN. GUZMAN.—EL REY.

REY. ¿Teneis ya bien sustanciada
la causa?
FARFAN. Ya está el proceso
para la sentencia.
REY. Dadla:
id y poned la sentencia;
que quiero verla y firmarla.
Encargo que no olvideis
que sois padres de la patria.
La justicia es sobre todo;
mas debe ser bien pensada,
pues la clemencia es justicia

tal vez, y aun se le aventaja.
regidor es de Sevilla
Sancho Ortiz, si es el que falta
Regidor; uno piedad
pide, y el otro venganza:
en tan iguales sujetos
igualad bien las balanzas.

GUZMAN. Alcaldes somos, Señor,
de Sevilla, y hoy se encarga
sobre nuestros flacos hombros
su honor y su confianza.
Sabemos cuánto Sevilla
sus regidores amaba,
cuánto á la clemencia inclina,
cuánto por justicia clama:
no podemos apartarnos
en tan duras circunstancias
de lo que Sevilla hiciera,
y corresponde á estas varas.
Estas varas representan
á Vuestra Alteza; y si tratan
de alterar la equidad justa,
pecan contra vos, y os faltan:
derechas, miran á Dios,
torcidas, de Dios se apartan.

REY. No quiero que las torzais;
quiero que equidad se haga
en la justicia.

FARFAN. Señor,
la causa de nuestras causas
es Vuestra Alteza: en su mano
tienen todos la esperanza.
Si quereis que muera, muera;
si darle la vida, dadla:
libre es la diestra del rey;
la ley nuestras manos ata;
delito en nosotros fuera
lo que en vos lícita gracia.
Si por desdicha ó por yerro
perdimos la confianza
que á merecer aspiramos,
tomad, Señor, nuestras varas;
pero miéntras las tenemos,
por conservarlas intactas,
solo harémos lo que ordena

la ley, y exige la causá.

REY. Entrad, y ved la sentencia
que poneis: si es fuerza, salga
al suplicio Sancho Ortiz;
mas ved si cabe templanza.—
(*Vase Farfan.*)
Oíd, Pedro de Guzman.

ESCENA V.

EL REY. GUZMAN.

REY. Quiero hablarte una palabra.

GUZMAN. Mande, Señor, Vuestra Alteza.

REY. Confuso me trae esta causa.
Quitar la vida á don Sancho
la de Bustos no restaura,
y deja al reino privado
de un héroe que le guardara.
Los dos riñeron; bien pudo
llegar ántes la otra espada;
lo que entónces fué fortuna,
no hemos de hacerlo desgracia.
Este silencio de Ortiz
sin duda el honor lo causa,
y hace creer que tuviera
buena disculpa si hablara.
Por todas estas razones
y otras que de él me apiadan,
quisiera que, si es posible,
se evitase su desgracia.
Un destierro es pena útil,
y Ortiz sirviera á su patria.

GUZMAN. Si vivir fuera posible,
un nuevo Cid se guardaba.
Don Pedro Guzman, Señor,
está siempre á vuestras plantas:
vuestra es su vida y su honra,
vuestra su hacienda y espada.

REY. De quien es Pedro Guzman
nunca ménos esperaba.
Dí á Farfan que quiero hablarle.
(*Vase Guzman.*)

ESCENA VI.

EL REY. *Luego*, FARFAN.

REY. Montes la lisonja allana.
(Sale Farfan.)
FARFAN. Los piés beso á Vuestra Alteza.
REY. Farfan de Ribera, estaba
con pena de que muriese
Sancho Ortiz, y ya las causas
he dicho á Pedro Guzman;
mas ya respiro: se trata
de que en destierro se cambie
la pena, y será mas larga,
porque ha de ser miéntras viva.
Tu parecer solo falta;
y, si es posible, deseo
que falles así la causa,
por el honor que Ortiz puede
dar, y ha dado ya, á su patria.
FARFAN. No hay regidor en Sevilla
más capaz que Ortiz de honrarla.
Farfan de Ribera fué
siempre muy suyo; y si alcanza,
cuando media Vuestra Alteza
para estorbar su desgracia,
resquicio de facultad,
sin que se injurie la vara
de la justicia, creed
que Sancho la vida salva.
REY. Tal esperaba de vos;
mi cuidado no descansa
hasta verme libre de este
afan que me sobresalta.
(Vase Farfan.)

ESCENA VII.

EL REY.

No han recibido mi empeño
tan mal como yo pensaba;
al fin los jueces son hombres,
y es el poder quien los manda.
De la rectitud de entrambos
temí mucho, pues la causa
no ofrece ningun resquicio
para poder mejorarla.
Es este Ortiz tan heróico,
que los recursos ataja;
y las razones que expuse,
son de muy poca importancia
para un juez; pero ya veo
que aun la más débil palabra,
cuando es un rey quien la dice,
recibe grande eficacia.
¡Cómo debemos medirlas!
¡Cómo debemos pesarlas!
Una sola de ellas puede
sacar del fiel la balanza.
Al fin, en esta ocasion
á un hombre inocente salvan,
porque Ortiz debió sin duda
hacer lo que yo mandaba.

ESCENA VIII.

GUZMAN. FARFAN.—EL REY.

FARFAN. Ya la sentencia, señor,
unánime está firmada;
solamente que la vea

Vuestra Alteza es lo que falta.
(*La entrega besando la mano al Rey.*)

REY. No dudo ya que será
como yo la deseaba,
y como de hombres tan nobles.

GUZMAN. De lealtad hacemos gala.

REY. (*Lee*)
«Y fallaron que debian
pronunciar y pronunciaban
que al tal Sancho Ortiz Roelas
se le cortase en la plaza
la cabeza...»—¿Esta sentencia
es la que traeis firmada?
¿Esta me entregais, despues
que como á rey la palabra
me dísteis?...

FARFAN. Sí. prometimos
serviros con vida y alma
en cuanto fuese posible;
que esta fué vuestra demanda:
ponednos, señor, á exámen,
y vereis si alguno falta,
ora se arriesgue la vida,
ora la hacienda y la fama;
mas faltar á la justicia
de lo que ofrece la causa,
es, señor, tan imposible
para nuestras nobles canas,
que ni pudimos hacerlo,
ni el Rey nos lo demandara.

GUZMAN. No era posible, señor.
Como á vasallos nos mandas;
mas como Alcaldes mayores
somos la misma ley sacra;
y si ella no lo permite,
ni empeños ni riesgos bastan;
que el cabildo de Sevilla
es quien es;

REY. Basta ya, basta.
¡Vive Dios, que me avergüenzan
cuantos de este hecho me tratan!

ESCENA IX.

DON ARIAS. DOÑA ESTRELLA.—*Dichos.*

ARIAS. Ya doña Estrella está aquí.
REY. ¿Qué tengo de hacer, don Arias?
¿Qué me aconsejas ahora,
entre confusiones tantas?
A muerte le sentenciaron,
sin que mi empeño le valga.
ARIAS. Válgale el poder, y baste
con la sangre derramada.
Que le indulteis es preciso
ya, por una circunstancia
que he sabido...

ESCENA X.

EL CRIADO. SANCHO.—*Dichos.*

CRIADO. Entrad, don Sancho.
SANCHO. Gran, señor, ¿por qué no acaba
con un golpe y una muerte
tanto padecer?
REY. Aguarda:
¡tanto empeño por morir!
¿Es posible que no hallas
algun resquicio ó vereda
para evitar tu desgracia?
SANCHO. Miéntras mi Rey no la encuentre,
nunca puedo yo encontrarla.
REY. Por un papel diste muerte:
dinos algo más.
SANCHO. Si hablara
el papel, él lo dijera,
sin faltar una palabra;

pero los papeles rotos
no dan las razones claras.

REY. Discúlpate, Ortiz, por mí:
mira que á tu Rey desairas.

SANCHO. Por no desairar mi Rey
daré la vida y el alma;
mas ved el luto de Estrella:
justo es que le déis venganza.

REY. Tú sola, Estrella, eres parte
aquí: tú que te entregaran
el reo pediste; y luego
que le hablaste en esta sala,
salir se te vió llorando,
cediendo de tu demanda.
Esfuerza la compasion
que te inspiró quien te agravia;
libértale con tu ruego,
y eterna será tu fama.

ESTREL. Señor, libertar á Sancho
yo por sorpresa intentaba:
ménos dudaré librarle
cuando el Rey mismo le ampara.

REY. Con esa declaracion
para indultarle me basta.
Id, don Sancho, á la frontera
de la arrogante Granada:
el fallo de vuestros jueces
en este por mí se cambia.

FARFAN. Como rey que sois, podeis
perdonar, y con el alma
vuestra piedad aplaudimos,
en nuestro amigo empleada;
pero, en este caso, vez
que la justicia se agravia.
No es el delito menor
porque la parte contraria
suplique en favor del reo
con piedad interesada.
Sabed, Rey, si lo ignorais,
que Estrella y Sancho se amaban.

REY. ¡Se amaban los dos!

ESTREL. Mi hermano
con él dejó concertada
mi union.

REY. ¿Luego es con Estrella

Lightning Source UK Ltd.
Milton Keynes UK
UKHW032246141118
332327UK00005B/362/P